반드시! 다시 출제되는

JLPT
최신기출유형
실전모의고사
N1

Aj Online Test 지음

S 시원스쿨닷컴

JLPT
최신기출유형
실전모의고사
N1

초판 1쇄 발행 2023년 8월 31일
초판 2쇄 발행 2024년 4월 2일

지은이 에이제이온라인테스트
펴낸곳 (주)에스제이더블유인터내셔널
펴낸이 양홍걸 이시원

홈페이지 www.siwonschool.com
주소 서울시 영등포구 영신로 166 시원스쿨
교재 구입 문의 02)2014-8151
고객센터 02)6409-0878

ISBN 979-11-6150-762-0 13730
Number 1-310113-18120400-06

기술을 통해, 언어의 장벽을 낮추다, AOT

Aj Online Test(이하, AOT)는 독자 개발 AI 기술과 데이터사이언스 경험을 기반으로 고퀄리티의 일본어 교육 콘텐츠를 온라인을 통해 합리적이고 효율적으로 전 세계 언어 학습자에게 제공하고자 탄생한 에듀테크 스타트업입니다. AOT는 언어 교육이 직면하고 있는 정보의 불평등 이슈에 적극적으로 도전하여, 일상에 만연한 언어 교육의 장벽과 격차를 해소하고자 노력하고 있습니다.

일본어능력시험(JLPT)은 여타 공인 어학 시험과 비교하여 응시 기회가 적고 학습을 위한 기회비용이 큰 탓에 많은 학습자들이 어려움을 겪어 왔습니다. 그 결과 많은 일본어 학습자들 사이에서는 온라인을 통해 편리하고 또 저렴하게 모의시험을 응시할 수 있는 서비스에 대한 요구가 적지 않았습니다. 또한 일본어 교사, 학원 등 일본어 교육 기관에게 있어서도 신뢰할 수 있는 일본어능력시험 대비 모의 문항 및 학습 콘텐츠 개발의 어려움은 학습자들의 요구와 기호에 맞는 다양한 학습 교재의 개발과 응용을 어렵게 하는 원인으로 작용하기도 했습니다.

이러한 문제의식 속에서 AOT는 독자 AI 시스템을 활용하여 과거 일본어능력시험 기출문제 빅데이터를 분석하고 학습하여, 실제 시험과 매우 유사한 내용과 난이도 그리고 형식을 가진 문제를 빠르고 정확하게 작성하는 문항 제작 프로세스를 확립했으며, 이를 통해 대규모 일본어능력시험 문제은행을 구축하여 세계 최초로 풀타임 온라인 모의 일본어능력시험 서비스, 「io JLPT」를 출시하여 많은 일본어 학습자에게 사랑받고 있습니다. 또한 AI 학습자 진단 테스트를 통해, 학습자가 단 12문제를 풀어보는 것만으로도 자신의 실력을 정확하게 진단할 수 있는 「무료 진단 테스트」 그리고 유튜브와 블로그 등 다양한 매체를 통해 JLPT 시험 대비 학습 자료, 듣기 평가, 온라인 강의, 일본 문화 정보 등 일본어 학습자를 위한 다양한 오리지널 콘텐츠도 제공하여 학습자 여러분의 일본어 학습을 서포트하고 있습니다.

AOT는 여러분이 「io JLPT」와 같은 실전과 유사한 모의고사에 응시하는 것을 통해 실제 시험의 형식에 익숙해지는 것뿐만 아니라 실제 언어생활에서 만날 수 있는 많은 실수와 오류를 한발 앞서 범할 수 있기를 바랍니다. 완벽하지 않은 상황 속에서 고민하고 틀려보는 것을 통해 여러분은 한 단계 더 성장할 수 있을 것이며 결국에는 스스로 미지와의 조우에 두려움을 갖지 않게 될 것입니다. AOT는 이러한 학습자 여러분의 일본어 학습의 완성으로 가는 여정에 함께하는 동반자가 되고자 합니다.

Aj Online Test, 「io JLPT」

목차

전략 해설집

실전문제 정답&
해설 및 풀이 전략

특별 부록

쉿! 시험 직전
기출 시크릿 노트

이 책의 특징

 시원스쿨어학연구소

AI 기술과 **빅데이터 분석**을 기반으로 하는
고퀄리티 일본어 교육 콘텐츠 **AOT**와 일본어능력시험의 최신 경향과 변화를 탐구하고 분석하는
JLPT 전문 연구 조직 **시원스쿨어학연구소**가 만났습니다.

✓ AI 빅데이터 분석

2만 개의 기출 빅데이터를 빠르고 정확하게 분석하여 예상 적중 문제 3회분을 담았습니다.
AI 및 딥러닝 기술에 의한 자동 문항 개발 시스템으로 2010년부터 2023년까지 14년간의 모든 기출 문제를 분석하여
최신 기출 경향에 맞는 양질의 문제를 제공합니다.

✓ 최신 기출 100% 반영

시원스쿨 JLPT 전문 연구진들이 직접 시험에 응시하여 2023년도 7월 기출 문제까지 모두 반영하였습니다. 다양한
실전 문제를 풀면서 최신 출제 유형을 파악하고, 딱 3번의 연습만으로도 실전 대비를 충분히 할 수 있습니다.

✓ 합격, 고득점 그리고 만점

회차가 나아갈수록 조금씩 높아지는 난이도로 구성하였습니다. 1회에서 3회까지 풀어나가면서 자연스럽게 합격에서
고득점, 그리고 만점까지 목표로 하며 학습할 수 있습니다.

✓ 탄탄한 부가 자료

어디서든 간편하게 찍어 바로 들을 수 있는 청해 MP3 QR 코드와 근 13년간 출제된 기출 어휘&문형을 모아둔
시크릿 노트, 더 높은 점수를 획득할 수 있는 고득점 부스터 암기카드 PDF를 제공합니다.
(※연계 유료 강의 제공)

문제집
- 1회분 : 시험 유형을 파악하며 현재 나의 실력 점검하기!
- 2회분 : 시간 배분 트레이닝 하며 고득점 도전하기!
- 3회분 : 최종 점검하며 만점을 목표로 도전하기!

❶ 테스트 전 파이널 체크

실제 시험과 같은 환경에서 응시할 수 있도록 3STEP 을 통해 해답 용지와 필기도구, 청해 음성 등 테스트 전 필요한 것을 다시 한 번 점검할 수 있도록 하였습니다.

❷ 청해 MP3 파일로 실전 감각 끌어올리기

청해 MP3 파일로 실전 감각을 더욱 극대화시켜 시험에 대비할 수 있고, 간편하게 QR 코드로 바로 찍어 들을 수 있습니다.

❸ 고득점 부스터 암기카드 PDF

합격뿐만 아니라 고득점에 도전할 수 있도록 반드시 알아야 하는 핵심 어휘와 문형을 수록하였으며, 언제 어디서든 간편하게 QR 코드로 학습할 수 있습니다.

학습자들을 위한 특별 부가 자료

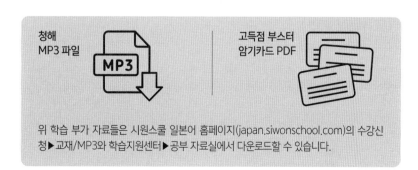

위 학습 부가 자료들은 시원스쿨 일본어 홈페이지(japan.siwonschool.com)의 수강신청▶교재/MP3와 학습지원센터▶공부 자료실에서 다운로드할 수 있습니다.

이 책의 100% 활용법

문제 풀이는 실전처럼!

언어지식과 독해에서 문제 풀 때 걸리는 소요시간을 표시해 두었습니다. 시간 내에 모든 문제를 푸는 트레이닝을 하며 실전 감각을 익힐 수 있습니다.

가채점표로 셀프 점검!

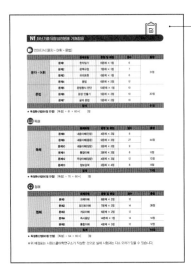

다년간의 시험 배점 분석으로 시원스쿨어학연구소가 제시하는 각 영역별 배점표에 따라 시험 후 가채점하고, 현재 실력을 확인하며 합격을 예측할 수 있습니다.

학습자들을 위한 특별 부록

쉿! 시험 직전 기출 시크릿 노트 어휘편 문형편

최신 2023년 7월 시험까지 모두 반영하여 수록하였습니다. 모든 어휘와 문형에 기출 연도를 표시해 두었고, 셀프테스트를 통해 시험 직전에 꺼내어 빠르게 실전에 대비할 수 있도록 서포트합니다.

전략 해설집

합격부터 만점까지 완벽 커버!

최신 기출 어휘는 물론, 2만여 개의 AI 기반 빅 데이터를 바탕으로 출제가 예상되는 최다 빈출 단어만 뽑아 만점까지 도전할 수 있습니다.

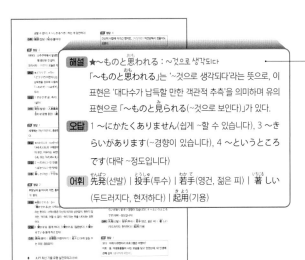

문제 핵심 공략 포인트 제시!

문제에 나온 핵심 문법 포인트를 한 번 더 짚어주고, 오답 해설뿐만 아니라 문제 접근법이 보이는 시원한 공략TIP을 상세히 제시하여 더욱 쉽게 이해할 수 있습니다.

정답이 보이는 친절한 문제 풀이 가이드!

문제를 풀 때 정답의 근거가 되는 부분을 형광펜으로 표시하여 직관적으로 한눈에 찾아볼 수 있으며 지문에 사용된 어휘를 나열하여 더욱 효율적으로 학습할 수 있습니다.

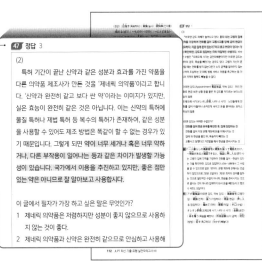

JLPT N1 개요

⊘ JLPT(日本語能力試験)는 무엇일까요?

일본 국내 및 해외에서 일본어를 모국어로 하지 않는 사람을 대상으로 일본어 능력을 객관적으로 측정하고 인정하는 것을 목적으로 하는 시험입니다. 급수가 없는 JPT와는 달리 JLPT는 N1부터 N5까지 총 다섯 가지 레벨로 나뉘어 있으며 N1이 가장 난이도가 높은 레벨입니다. 시험에 합격하기 위해서는 '구분별 득점'과 '종합 득점' 두 가지의 점수가 필요합니다. 즉 과락 제도가 있으며 '득점 등화'라고 하는 상대 평가의 방식으로 채점이 시행됩니다. 시험은 7월과 12월, 총 연 2회 실시되며, 접수는 각각 4월, 9월부터 진행됩니다.

⊘ N1 출제 유형과 시간 및 득점표

레벨	유형	교시	시간		득점 범위	총점
N1	언어지식 (문자·어휘·문법)	1교시	110분	170분	0~60점	180점
	독해				0~60점	
	청해	2교시	60분		0~60점	

⊘ N1 인정 기준

레벨	유형	인정 기준
N1	언어지식 (문자·어휘·문법) · 독해	논리적으로 약간 복잡하고 추상도가 높은 문장을 읽고 문장의 구성과 내용을 이해할 수 있으며, 다양한 화제의 글을 읽고 이야기의 흐름이나 상세한 표현 의도 또한 이해할 수 있음
	청해	자연스러운 속도로 읽어 주는 체계적인 내용의 회화나 뉴스, 강의를 듣고 내용의 흐름 및 등장인물의 관계나 내용의 논리구성 등을 상세히 이해하거나 요지를 파악할 수 있음

JLPT N1 출제 유형 가이드&문제 공략 비법

언어지식(문자·어휘)

문제1 한자읽기 6문항

출제 유형 : 한자로 쓰인 어휘의 읽는 법을 묻는 문제로, 음독과 훈독으로 올바르게 읽은 것을 고르는 문제가 출제된다.

> 예 **1** 大好きだった祖母が昨日老衰で亡くなりました。
>
> 　　1　ろうすい　　2　おいすい　　3　ろうずい　　4　おいずい

📖 시원한 공략 **TIP!**

앞뒤 문장 상관없이 오로지 밑줄 친 어휘 발음 읽기에 주의하여 문제 풀이 시간을 단축하는 것이 중요하다. 발음이 비슷하거나 촉음, 탁음, 장음 등 헷갈릴 수 있는 발음이 선택지에 등장하니 혼동하지 않도록 주의하자.

문제2 문맥규정 7문항

출제 유형 : 괄호 안에 들어갈 문장과 어울리는 어휘를 고르는 문제가 출제된다.

> 예 **7** 初対面の人と(　　　)なく話すためには、やはりお酒が必要だ。
>
> 　　1　きだて　　　2　きまぐれ　　3　きがね　　　4　きくばり

📖 시원한 공략 **TIP!**

문장을 읽고 앞뒤 문맥을 파악하여 괄호 안에 들어갈 힌트가 되는 단어를 찾는 것이 중요하다. 오답 선택지에는 의미가 비슷하거나 서로 반대되는 뜻이 나오기도 하고, 주로 관용 표현을 알고 있으며 쉽게 정답을 찾을 수 있으니 관용 표현을 정리해 두자.

문제3 유의표현 (6문항)

출제 유형 : 밑줄 친 어휘나 표현과 가장 의미가 가까운 것을 고르는 문제가 출제된다.

> 예 **14** オーバーに騒いだところで、問題は何も解決しない。
>
>   1   おおまか   2   おおげさ   3   おおむね   4   おおざっぱ

📖 시원한 공략 **TIP!**

밑줄 친 어휘와 바꿔 쓸 수 있는 유의 표현을 고르면 된다. 그러나 어떤 뜻인지 모를 경우, 문장을 읽고 힌트가 되는 표현을 찾아 정확히 뜻을 알고 있는 선택지를 소거하며 문제를 풀면 된다.

문제4 용법 (6문항)

출제 유형 : 주어진 어휘가 올바르게 사용된 문장을 고르는 문제가 출제된다.

> 예 **20** おろか
>
>   1   彼にはプロも驚くほどの腕前はおろか、基本的な技術だけはもっている。
>
>   2   このお店は評判がよくて休日はおろか、毎日客が来ることはない。
>
>   3   重い病気にかかり歩くことはおろか、起き上がることすらできない。
>
>   4   高橋部長はテレビドラマはおろか、毎日見ているので芸能情報にとても詳しい。

📖 시원한 공략 **TIP!**

선택지의 모든 문장을 읽으며 밑줄 친 어휘가 문장에서 자연스럽게 해석되는지 확인해야 한다. 문장이 자연스럽게 해석되지 않을 경우, 밑줄 친 부분에 어떤 표현이 들어가야 자연스럽게 연결되는지 체크하며 푸는 연습을 하도록 하자.

언어지식(문법)

문제5 문법형식 판단 `10문항`

출제 유형 : 문장 전체를 읽고, 문맥에 맞춰 괄호 안에 들어갈 알맞은 문형을 고르는 문제가 출제된다.

예 **29** 世界には貧しさ（　　　）、十分な食事ができない人が大勢いる。

　　1　ゆえに　　　2　だけに　　　3　とはいえ　　　4　ばかりに

📖 **시원한 공략 TIP!**

문장을 읽고 각 선택지를 괄호 안에 넣어가며 자연스럽게 해석되는 표현을 고른 후, 괄호 앞뒤에 쓰인 문법의 접속 형태를 확인하여 들어갈 수 있는 선택지를 고르면 된다.

문제6 문장만들기 `5문항`

출제 유형 : 나열된 단어를 재배열하여 문장을 완성시키고, ＿★＿ 안에 들어갈 알맞은 것을 고르는 문제가 출제된다.

예 **40** 映画監督としても活躍してきた ＿＿＿＿ ＿＿＿＿ ＿★＿ ＿＿＿＿ を発表しました。

　　1　休止すること　　　　　　　2　この作品を限りに

　　3　人気俳優が　　　　　　　　4　芸能活動を

📖 **시원한 공략 TIP!**

문장을 읽고 앞뒤 문맥을 파악하여, 먼저 문법적으로 확실하게 연결해야 하는 선택지들을 나열하고, 그 후 해석상 자연스럽게 연결되는 표현을 재배열하며 문장을 완성시킨다.

출제 유형 : 글을 읽고 문장과 문장 사이의 앞뒤 연결이 자연스럽게 연결되는 표현을 찾는 문제가 출제된다.

> ㈜ 近年、日本では人が住んでいない空き家が 41 。その中で特に問題になっているのが、
>
> 管理者が不在の放置状態にある空き家だ。具体的にどんな問題があるだろうか。
>
> 1　増加したためしがない　　　　　2　増加してやまない
>
> 3　増加するきらいがある　　　　　4　増加しつつある

📖 시원한 공략 **TIP!**

전체 지문을 읽고, 앞뒤 문장 사이의 빈칸에는 선택지들을 하나씩 넣어 해석하며, 가장 자연스럽게 연결되는 것을 찾으면 된다. 각 빈칸에는 접속사, 부사, 문법, 문장 등 다양하게 나올 수 있으며, 내용의 흐름에 맞춰 가장 적절한 것을 고르면 된다.

독해

문제8 내용이해(단문) 3~4문항

출제 유형 : 200자 정도의 글을 읽고, 내용을 이해하였는지 묻는 문제가 출제된다. 짧은 설명문이나 지시문, 공지, 문의와 같은 다양한 형식과 일이나 일상생활 주제의 지문이 출제된다.

> ㈜　毎年冬になると除雪中の事故が増えるが、秋田県では、除雪中の安全対策について啓
>
> 発活動を行うと同時に、過去10年の被害状況をまとめ、公表している。それによると事
>
> 故の原因で多いのが屋根やはしごからの転落であり、除雪中の事故にあった人の中で65
>
> 歳以上の高齢者が5割以上を占めているという。除雪活動を行う際は、一人で作業をしな
>
> いことが大切だと言われているが、高齢者の増加や過疎化の進む地方では難しいのが現
>
> 状だろう。

46 この文章の内容に合うのはどれか。

1 除雪中の事故の主な原因は転落であり、今年は昨年よりも被害が増加した。

2 除雪中の事故を防ぐために、全国で様々な啓蒙活動が行われている。

3 除雪中の高齢者の事故は過去10年で5割以上、増加した。

4 除雪作業は複数人で行うことが安全のためには大切だ。

📖 시원한 공략 **TIP!**

먼저 질문과 선택지를 읽고, 찾아야 하는 내용이 무엇인지 파악하는 것이 중요하다. 그리고 나서 전체 지문을 읽으며 선택지에서 말하고 있는 내용을 체크하며 풀면 된다. 주로 글쓴이가 말하고자 하는 내용은 초반과 후반에 나오며, 반복해서 나오는 키워드는 결정적 힌트이므로 꼭 체크해 두자.

문제9 내용이해(중문) 8~9문항

출제 유형 : 500자 정도의 글을 읽고, 인과 관계 또는 이유 등을 이해하였는지 묻는 문제가 출제된다. 한 주제의 지문당 2~3개의 문제를 푸는 문제이다.

(예) 「井の中の蛙大海を知らず」ということわざを耳にしたことがありますか。「自分が持っている狭い価値観だけで物事を考え、広い視野で物事を考えることができない人」という意味を持っています。「井の中の蛙」と短くして用いられるのが一般的です。中国の古典を元にした言葉で、原文をわかりやすく説明すると「井戸の中の蛙は海について語ることができない。海を見たことがないため、視野が狭くありきたりの知識しかないからだ」という意味になります。

53 「井の中の蛙大海を知らず」はどういう人だと述べているか。

1 暗い性格の人

2 考えが狭い人

3 考えが浅はかな人

4 平凡で面白くない人

📖 시원한 공략 **TIP!**

중문은 한 지문당 2~3문제를 풀어야 하기 때문에, 먼저 질문을 읽고 각각 찾아야 하는 내용이 무엇인지 체크해 두자. 그리고 나서 한 단락씩 나눠 읽으며 핵심이 되는 키워드를 체크하고, 한 단락이 끝났을 때 해당 단락에서 질문의 근거가 나왔는지 확인하며 풀어야 한다. 한 단락을 읽었을 때 문제를 다 풀지 못하였을 경우에는 뒤 단락에서 근거가 나올 수도 있기 때문에 전체 지문을 다 읽고 다시 한번 내용과 선택지를 대조하며 근거가 되는 내용을 좁혀가는 방식으로 풀면 된다.

문제10 내용이해(장문) 3~4문항

출제 유형 : 1,000자 정도의 글을 읽고, 글쓴이의 주장이나 줄거리 등을 이해하였는지 묻는 문제가 출제된다. 에세이, 소설과 같은 주제의 지문이 출제된다.

예

妙なもので、書物も三百年位の歳を取ると、私にはただ懐かしいのだ。よくも今まで生きていて、そしてよくも貧しい私の懐に飛込んで来てくれたものだ。そういう感謝の気分にもなるし、時にはまた、ほんとうにこの世でお目にかかれてよかった、という様な、三百年前の恋人とのめぐり逢い。——どうかすると、そんな気分にもなることがあるのである。

しかし、何か仕事をしなければ、書物も買えないような身分の私は、いつまでも、そんな陶酔気分に浸っている訳には行かない。やがて<u>その気分</u>から醒めると、今度は急に、
①
内容の検討、価値批判の精神で、頭が一杯になって来る。三百年前の書物というのも、私にとっては、楽しみに読むのではなく、実は仕事のための資料なのだった。

批判することは、批判されるよりも苦しいのだが、しかし、その苦しい批判を外にして、どこに学問の歴史があり得るだろう。

57 ①その気分とあるが、それはどのような気分か。

1 判断されるよりも苦しい気分

2 本気で仕事がしたくなる気分

3 ただ懐かしい気分

4 恋人と遭遇したような気分

📖 시원한 공략 **TIP!**

장문은 한 지문에 3~4문제를 풀어야 하기 때문에, 마찬가지로 질문을 먼저 읽고 각각 찾아야 하는 내용이 무엇인지 체크해 두자. 말하고자 하는 내용을 이해하였는지 흐름을 파악하는 것이 중요하며, 한 단락씩 나눠 읽으며 핵심이 되는 키워드를 체크해 두자. 또한, 질문의 밑줄 친 내용에 대해 나오는 부분은 앞뒤 문장에 결정적 힌트가 나와 있으므로 꼼꼼히 확인하고 선택지와 내용을 비교하며 풀어야 한다.

문제11 통합이해 2문항

출제 유형 : 총 600자 정도의 A, B의 글을 읽고, 각 내용을 비교하고 통합하여 지문의 주제에 대해 어떤 견해를 갖고 있는지 묻는 문제가 출제된다.

A

　メッセンジャーアプリのラインには、受け手がメッセージを読んだことを示す「既読」という機能があり、これによってすぐに返信しなければならないと考える人がいるようだ。そのため対話を終わらせることができず、やりとりが延々と続いてしまうという。返信しなかったことで相手に悪い印象を与えるかもしれないという間違った気遣いが原因のようだ。気遣いというよりは強迫観念に近い。また自分が送り手になった場合に返信がないことを気にするのも同様だ。不快な思いをさせてしまったかもしれない、存在を無視されているかもしれないと悩む。「既読」のたった二文字を深読みし過ぎないで、今忙しいんだろう、そのうち返事があるだろうと気楽に構えているのがよい。

B

　ラインが「既読」になっているのに反応がないと不満を言う人がいる。ましてや「既読」で返信がないのにSNSの投稿をしていると指摘をしてきた人もいる。なんと自分勝手なのだろうか。すぐに返信をするのがマナーだと勘違いしている人がいるが、それこそが重大なるマナー違反である。相手の事情や都合をまったく考えていない。万が一緊急の用事であれば、その理由を書くべきだし、電話など別の手段を併用して、相手と連絡を取るべきだろう。一方的なルールを押し付けてくるような人とは距離を取るべきだ。もっと腹立たしいのは、そうした人たちに振り回されて疲弊している人たちだ。返事が必要かどうかは自分で判断するべきで、意味のないイラストのやり取りを繰り返すことはない。

62 AとBのどちらの文章にも述べられているのはどれか。

1　返信をするもしないも、あまり気にする必要はない。

2　連絡をもらったらすぐに返信するのがマナーである。

3　相手に対する気遣いが人間関係でもっとも重要である。

4　強迫観念は人間に強いストレスを与える。

A와 B의 지문을 읽고 각 지문에서 주장하고 있는 내용이 무엇인지 파악하는 것이 중요하다. 보통 A와 B의 공통되거나 서로 반대되는 의견을 묻거나, A 또는 B의 입장에서 해당 주제에 대해 어떻게 생각하는지 묻는 문제가 많다. 따라서 각각 주장하는 의견이 무엇인지 정리하고, 선택지에서 맞지 않는 의견을 제외하며 소거법으로 풀면 된다.

문제12 주장이해 4문항

출제 유형 : 1,000자 정도의 글을 읽고, 사설이나 논설문 등 추상적이고 논리적인 주제의 지문을 전체적으로 전달하고자 하는 주장이나 의견을 묻는 문제가 출제된다.

例 　国土交通省の調査によると、近年の通信販売、特にインターネットを利用した通信販売(EC)の伸びとともに宅配便の取扱個数は急伸している。2008年度は約32.1億個だった宅配便の取扱個数は、2017年度には約42.5億個と、ここ10年で3割以上増加している。一方で、全体の取扱個数のうち約2割が再配達になっている。再配達とは、不在などによって宅配荷物を受け取れなかった場合に用いられる制度のことで、基本的に無料である。この再配達が今、大きな問題となっている。

63 再配達とは何か。

1　あらかじめ荷物を受け取る日を決めて配達してもらうようにする仕組み

2　ある地域への配達を1日の間に何度も行うように予定を立てる仕組み

3　不在で荷物を受け取れなかった場合には、集荷所まで取りにいく仕組み

4　不在で荷物を受け取れなかった場合には、無料でもう一度届けてくれる仕組み

📖 시원한 공략 **TIP!**

먼저 4개의 질문을 읽고 각각 찾아야 하는 내용이 무엇인지 체크해 두자. 장문의 경우 지문이 길기 때문에 내용의 흐름을 놓치지 않도록 한 단락씩 끊어 읽으며, 중요한 키워드나 화제 전환이 되는 접속사에 표시를 하며 푸는 것이 좋다. 글쓴이의 주장은 보통 지문의 중후반에 나오는 경우가 대부분이지만, 장문의 경우 내용 전체에서 일관되게 주장하기도 하므로 말하고자 하는 내용의 흐름을 파악하는 것이 중요하며, 한 단락씩 나눠 읽으며 핵심이 되는 키워드를 체크하며 풀도록 하자.

출제 유형 : 700자 정도의 광고, 팸플릿, 비즈니스 서류, 잡지 등과 같이 정보가 담긴 글 안에서 필요한 정보를 찾는 문제가 출제된다.

月額定額のオンライン英会話教室「スマイルスクール」新規会員募集中！

目標にあわせたコースを選んだら、好きな時間を選んでレッスンを予約。授業は
オンライン、1対1の個人レッスンなので自分のペースで勉強できます。

【コース・料金】　　　　　　　　※すべてのコースで7日間無料体験を申し込むことができます。

コース名	コース紹介	曜日 時間	料金
初心者コース	はじめての方向けに 基礎からしっかり	月～金 19時～20時	月額5,000円
英検対策コース	英検合格のための総合学習	月・水・金 14時～16時	月額7,000円
おもてなしコース	接客業のためのロールプレイが中心	土・日 10時～13時	月額5,000円
ビジネスコース	自己紹介からプレゼンテーションまで	土・日 15時～18時	月額7,000円
海外旅行コース	旅行で使う実践フレーズを中心に	水・土・日 20時～22時	月額5,000円

68 学生の瓜田さんは平日は毎日5時まで授業がある。夏休みにはアメリカひとり旅に出

かけたい。卒業後は外資系企業に就職したいし、ゆくゆくは英検合格を目指してい

る。瓜田さんが受けられるコースはいくつあるか。

1　なし

2　一つ

3　二つ

4　三つ

📖 시원한 공략 **TIP!**

먼저 질문을 읽고, 필요한 정보가 무엇인지 확인하여 지문을 전체 다 읽지 않고도 내용을 빠르게 파악해야 한다. 조건과 부합하는 것을 고르는 문제가 많으며, 정보 검색 문제는 표가 나오는 경우가 많고, ※ 표시에 결정적 힌트가 나와 있는 경우가 많으니 표 안의 내용과 ※의 내용을 빠르게 훑는 것이 중요하다.

문제1 과제이해 `6문항`

출제 유형 : 두 사람의 이야기를 듣고, 대화가 끝난 후 과제 해결에 필요한 정보를 듣고 앞으로 할 일 또는 가장 먼저
어떤 일을 해야 하는지 등을 묻는 문제가 출제된다.

⑩ 夫婦がテレビショッピングを見ながら話しています。夫はこのあと何をしますか。

F : この掃除機、見て。わー、すごい吸引力。最近、うちの掃除機、小さいほこりを吸わ

なくなってきたんだよね。これ買ってみない？

M : 今の掃除機、まだ使えるよ。買い替えるにはまだ早いよ。フィルターが詰まってるん

じゃないのか。

F : いやあね。フィルターの掃除はこまめにしてるわよ。これ、色も気に入った。電話す

るわ。

M : おいおい。どうせ買うなら、いろんな掃除機を見てからにしないか。家電量販店に行

けば、もっと安くていいのがあるかもしれないぞ。

F : 量販店はたくさんありすぎて、迷って結局買う気がなくなるのよね。

M : テレビショッピングって、故障したときの保証はあるのか。

F : さあ、分かんないけど。してくれるんじゃない。

M : もう、適当なんだから。じゃ、俺が聞くよ。そのあと、量販店にも行くからな。

夫はこのあと何をしますか。

1　フィルターを取り換える

2　掃除機を注文する

3　家電量販店に見に行く

4　電話で問い合わせる

📖 시원한 공략 **TIP!**
음성이 나오기 전에 먼저 빠르게 선택지의 내용을 훑고 중요한 핵심 키워드가 무엇인지 체크해야 한다. 그리고 나서 남자와 여자의 대화를 잘 들으며 내용의 흐름을 파악하고, 대화에 등장하는 상황을 순서대로 정리하면서 풀도록 하자. 또한, **결국 화자가 해야 할 일이 무엇인지 핵심 키워드** 내용은 마지막 대사에 나오는 경우가 많으므로 끝까지 놓치지 않도록 주의하자.

문제2 포인트이해 `7문항`

출제 유형 : 이야기를 듣고 화자가 말하고자 하는 이유나 문제점의 포인트를 찾는 문제가 출제된다.

예 女の人と男の人が話しています。男の人が会社に満足している理由は何ですか。

F：神木君、最近、仕事はどう？楽しい？

M：うん、順調だよ。いい人ばかりだし、新しいことにチャレンジすることを応援してくれる社風なんだ。資格を取るための支援が充実していて、受験料の補助だけじゃなくて、社内にいろんな無料講座もあるんだよ。

F：えー、いいな。すごいじゃない。

M：うん。大学の専攻がドイツ語だったから、正直、情報関連の仕事は知識が追いつかないんじゃないかと心配したけど、頑張れば何とかなるかもしれないって自信がついてきた。

F：働くではそれが大事よね。私の会社は福利厚生は充実してるけど、規模が大きすぎて、人間味に欠けるっていうかさあ。

M：世界的に有名な大企業なんだから自慢できるじゃない。福利厚生は大事だよ。うらやましいよ。

男の人が会社に満足している理由は何ですか。

1 福利厚生が充実しているから

2 大学の専攻と関連しているから

3 新しい仕事に挑戦できるから

4 資格取得を奨励しているから

📖 시원한 공략 **TIP!**
먼저 빠르게 선택지의 내용을 훑고 중요한 핵심 키워드가 무엇인지 **체크**해야 한다. 그리고 나서 질문을 듣고 등장인물 간의 대화 또는 한 사람의 이야기 속 근거가 되는 내용을 메모로 적으며 풀도록 하자.

문제3 개요이해 6문항

출제 유형 : 연설문, 강연 등에서 화자가 말하고자 하는 의도와 주장을 정확하게 이해하였는지 묻는 문제가 출제된다.

例 大学で先生が学生たちに話しています。

F ： 今回の授業の評価は、すでにシラバスで提示しているように、出席率と中間プレゼンテーション、そして期末レポートの３つで行います。それから、中間プレゼンテーションですが、パワーポイントを使って作成するよう、お願いします。スライドは20枚以内、写真、表などは自由に入れて構いません。ただし、すでにある調査結果を利用する際は、各図や表の下に引用元を書くこと。そして作成時に参考にした資料はすべて、最終スライドに参考文献として載せてください。ここまでですが、何か質問はありますか。

先生は何について話していますか。

1 授業の評価方法

2 プレゼンのテーマ

3 プレゼンを準備する際の注意事項

4 パワーポイントを知らない人への説明

📖 시원한 공략 **TIP!**

질문을 먼저 들려주지 않기 때문에 선택지의 내용을 더욱 꼼꼼하게 훑으며 중요한 핵심 키워드를 체크하고 어떤 내용이 나올지 예측해 보자. 문제 3에서는 주로 한 사람이 이야기하는 경우가 많으며, 전체적인 내용의 흐름을 따라가며 이야기 속 주제가 무엇인지 잘 파악하고 메모하면서 풀도록 하자.

문제4 즉시응답 14문항

출제 유형 : 짧은 질문과 3개의 선택지를 듣고, 대답으로 가장 적절한 것을 고르는 문제가 출제된다.

(예)　M：僕は、日本の夏といったら、やっぱり花火だな。

　　　　F：1　ええ、の季節になりましたね。

　　　　　　2　言わぬが花ですよ。

　　　　　　3　私もです。情緒がありますよね。

📖 시원한 공략 **TIP!**

짧은 질문이 나왔을 때 어떤 의도로 말하는지 빠르게 캐치하고, 3개 선택지의 대답을 들으며 적절하지 않은 것을 하나씩 제외하며 소거법으로 풀면 된다. 또한 질문에 나오는 발음과 비슷한 발음을 선택지에서도 들려주거나, 연상되는 대답을 말하며 오답을 유도하기 때문에 함정에 빠지지 않도록 주의하자.

문제5 통합이해 4문항

출제 유형 : 긴 대화를 듣고 다양한 정보를 비교하고 통합하면서 내용을 이해하였는지 묻는 문제이다. 대화 속 등장하는 두 사람 또는 세 사람의 공통적으로 선택하거나 각 결정한 것을 묻는 문제가 출제된다.

(예)　テレビを見て男の人と女の人が話しています。

Ｍ１：あけましておめでとうございます。今、万福百貨店の前に来ています。ご覧ください。この長蛇の列。福袋を求めて大勢のお客さんが並んでいます。お店は10時開店ですが、いちばん早い方はなんと朝５時から並んでいるそうですよ。今年の福袋のいちばんの目玉は、Ｙブランドの３万円の福袋です。なんと５万円相当の品物も含まれているということです。以上、万福百貨店の前から中継でした。

Ｍ２：まったく、正月早々、何時間も並んで福袋を買うなんて、考えられない。どうかしてるよ。

Ｆ　：そうかしら。福袋って何が入っているか分からないから、ドキドキするじゃない。福袋の最大の醍醐味よ。幸福の福を買うんだし、縁起がいいじゃないの。

Ｍ２：何が入っているか分からないものに３万円も払うのかい？　だったら、自分で好きなものを選んで買うほうがいいじゃないか。

F ：好きなブランドなんだから、選ぶ手間が省けていいじゃない。

M2：自分がお金を払うのに、中身を確かめないなんて、あり得ないよ。

F ：テレビで言ってたでしょ。5万円のものが入っているのよ。お得よ。

M2：だけど使わなかったら意味ないだろ。

F ：そういう場合は、また売ればいいわ。中古品を売るアプリとかでね。

M2：そんなめんどくさいことを。店の前に並ぶのだって、また売るのだって、時間の無駄だよ。

F ：あなたとは意見が合わないわ。

質問1　女の人は福袋の何がいちばんいいと言っていますか。

1　高揚感を得られるところ

2　迷信めいたところ

3　価格と価値が釣り合っているところ

4　時間と労力を費やさないところ

📖 시원한 공략 TIP!

문제 5에서는 긴 이야기가 나오기 때문에 이야기 속 등장인물이 몇 명이 등장하는지 정확히 체크해야 한다. 어떤 주제로 이야기하고 있는지 파악하고, 선택지의 특징이 이야기 속에 나타나므로 언급될 때 꼭 각 특징을 메모해야 한다. 그리고 나서 최종적으로 여자와 남자가 각각 어떤 것으로 결정할지 대화 마지막 부분에 이유를 대며, 선택이 서로 바뀌는 경우도 있으니 끝까지 유의해서 들어야 한다.

최신 기출 유형
N1 실전문제
제1회

1교시 언어지식(문자·어휘·문법)·독해
2교시 청해

테스트 전 확인 사항

□ 해답 용지 준비하셨나요?　　　□ 연필과 지우개 챙기셨나요?　　　□ 청해 음성 들을 준비하셨나요?

 제1회 청해 전체 음성 MP3
시원스쿨 일본어 홈페이지
(japan.siwonschool.com)의
수강신청>교재/MP3에서 무료 다운로드

 고득점 부스터 암기카드 PDF
시원스쿨 일본어 홈페이지
(japan.siwonschool.com)의
수강신청>교재/MP3에서 무료 다운로드

시험 시간: 1교시 110분 ｜ 2교시 60분

목표 점수:	점			
시작 시간:	시	분 ~ 종료 시간:	시	분

언어지식 (문자 · 어휘 · 문법)

		문제유형	문항 및 배점	점수	총점
문자 · 어휘	문제1	한자읽기	6문제 × 1점	6	31점
	문제2	문맥규정	7문제 × 1점	7	
	문제3	유의표현	6문제 × 1점	6	
	문제4	용법	6문제 × 2점	12	
문법	문제5	문법형식 판단	10문제 × 1점	10	30점
	문제6	문장 만들기	5문제 × 2점	10	
	문제7	글의 문법	5문제 × 2점	10	
		합계			61점

★ 득점환산법(60점 만점) [득점] ÷ 61 × 60=[　　　]점

 독해

		문제유형	문항 및 배점	점수	총점
독해	문제8	내용이해(단문)	4문제 × 2점	8	44점
	문제9	내용이해(중문)	9문제 × 3점	27	
	문제10	내용이해(장문)	3문제 × 3점	9	
	문제11	통합이해	2문제 × 3점	6	6점
	문제12	주장이해(장문)	4문제 × 3점	12	12점
	문제13	정보검색	2문제 × 4점	8	8점
		합계			70점

★ 득점환산법(60점 만점) [득점] ÷ 70 × 60=[　　　]점

🎧 청해

		문제유형	문항 및 배점	점수	총점
청해	문제1	과제이해	6문제 × 2점	12	38점
	문제2	포인트이해	7문제 × 2점	14	
	문제3	개요이해	6문제 × 2점	12	
	문제4	즉시응답	14문제 × 1점	14	14점
	문제5	통합이해	4문제 × 3점	12	12점
		합계			64점

★ 득점환산법(60점 만점) [득점] ÷ 64 × 60=[　　　]점

※위 배점표는 시원스쿨어학연구소가 작성한 것으로 실제 시험과는 다소 오차가 있을 수 있습니다.

N1

言語知識（文字・語彙・文法）・読解
(110分)

注 意
Notes

1. 試験が始まるまで、この問題用紙を開けないでください。
   Do not open this question booklet until the test begins.

2. この問題用紙を持って帰ることはできません。
   Do not take this question booklet with you after the test.

3. 受験番号と名前を下の欄に、受験票と同じように書いてください。
   Write your examinee registration number and name clearly in each box below as written on your test voucher.

4. この問題用紙は、全部で 29 ページあります。
   This question booklet has 29 pages.

5. 問題には解答番号この 1 、 2 、 3 … が付いています。解答は、解答用紙にある同じ番号のところにマークしてください。
   One of the row numbers 1 , 2 , 3 … is given for each question. Mark your answer in the same row of the answer sheet.

受験番号　Examinee Registration Number	

名前　Name	

問題 1 _____ の言葉の読み方として最もよいものを、1・2・3・4から一つ選びなさい。

1 大好きだった祖母が昨日老衰で亡くなりました。

  1 ろうすい 　　　2 おいすい 　　　3 ろうずい 　　　4 おいずい

2 現役トラックドライバーが運転の技術を競う大会が開かれた。

  1 うばう 　　　2 おそう 　　　3 きそう 　　　4 かばう

3 彼はスポーツ万能で、クラスの人気者だ。

  1 まんのう 　　　2 ばんのう 　　　3 まんおう 　　　4 ばんおう

4 働く既婚女性が増えている。

  1 きこん 　　　2 ぎこん 　　　3 きっこん 　　　4 ぎっこん

5 時代の変化に柔軟に対応できる人材が欲しい。

  1 しゅうなん 　　　2 しゅなん 　　　3 じゅうなん 　　　4 じゅなん

6 多くの人にとって転職は身近なものになりつつある。

  1 しんきんな 　　　2 しんこんな 　　　3 みぢかな 　　　4 みちかな

問題2 (　　　)に入れるのに最もよいものを、１・２・３・４から一つ選びなさい。

소요시간 3분

7 初対面の人と(　　　)なく話すためには、やはりお酒が必要だ。

1　きだて　　　　2　きまぐれ　　　3　きがね　　　4　きくばり

8 彼は見るからに(　　　)格好をしていた。

1　おびただしい　2　いさましい　　3　あさましい　　4　むさくるしい

9 兄は着るものにあまり(　　　)しない質だった。

1　強硬　　　　　2　吟味　　　　　3　頓着　　　　　4　肝心

10 Ａテーマパークは、新型コロナウイルスの影響を(　　　)受け、来場者が10分の1になってしまった。

1　しいて　　　　2　もろに　　　　3　ろくに　　　　4　かりに

11 警察は殺人事件の犯人の(　　　)を確保した。

1　肩身　　　　　2　身柄　　　　　3　身内　　　　　4　身辺

12 今日は、迷惑メールを(　　　)する方法と手順などをご紹介します。

1　コピー　　　　2　シンプル　　　3　ブロック　　　4　マッチ

13 山田さんは(　　　)がいいの、どんな仕事も普通の人の半分の時間で終わります。

1　手順　　　　　2　手法　　　　　3　手間　　　　　4　手際

問題3 ＿＿＿＿の言葉に意味が最も近いものを、1・2・3・4から一つ選びなさい。

소요시간
2분

14 <u>オーバーに</u>騒いだところで、問題は何も解決しない。

　　1　おおまか　　　　2　おおげさ　　　　3　おおむね　　　　4　おおざっぱ

15 <u>ややこしい</u>話なので、担当者でないとわからないですね。

　　1　込み合った　　　2　まぜ込んだ　　　3　つめ込んだ　　　4　込み入った

16 A「木村さん、最近仕事はどうですか。」
　　B「<u>さっぱりです。</u>」

　　1　完璧です　　　　　　　　　　　2　上々です
　　3　まあまあです　　　　　　　　　4　うまくいっていません

17 社長は朝から<u>すこぶる</u>機嫌が悪いようだ。

　　1　すこしだけ　　　2　なんとなく　　　3　おおいに　　　　4　おそらく

18 彼女はとても<u>気さくな</u>人だったので、社長とは思わなかった。

　　1　親しみやすい　　　　　　　　　2　気取っている
　　3　気がねしている　　　　　　　　4　ものものしい

19 お客は多いんだけれど、店の収支はほとんど<u>差がない</u>んだよ。

　　1　ぎゅうぎゅう　　2　とんとん　　　　3　ぱんぱん　　　　4　とびとび

問題4　次の言葉の使い方として最もよいものを、1・2・3・4から一つ選びなさ

소요시간
6분

い。

20　おろか

1　彼にはプロも驚くほどの腕前はおろか、基本的な技術だけはもっている。

2　このお店は評判がよくて休日はおろか、毎日客が来ることはない。

3　重い病気にかかり歩くことはおろか、起き上がることすらできない。

4　高橋部長はテレビドラマはおろか、毎日見ているので芸能情報にとても詳しい。

21　なんとか

1　さっきから課長の機嫌が悪いので、今日はなんとかいやな予感がする。

2　朝から天気がいいので、今日はなんとか良いことがありそうな気がする。

3　今朝は寝坊してしまったけれど、なんとかいつもの電車に間に合った。

4　本屋に欲しい本があったのに、お金がなんとか足りなくて、買えなかった。

22　交付

1　会社から給料が交付されたばかりなのに、カードの支払いをしたらお金がもうない。

2　このお店は破格の値段で料理を交付しているので、いつも長い列ができている。

3　政府は私立学校にもっと助成金を交付すべきだ。

4　この喫茶店ではお茶を飲んだら、ポイントが交付される。

23 円滑

1 パソコンを使わずに、手で円滑な図形をかくのは難しい。

2 プロジェクトのメンバーはみんな協力的なので、仕事は円滑に進んでいる。

3 心臓が破れそうなほどの急な傾斜はここまでで、ここからは円滑な坂が続く。

4 彼女の肌は色も白く、どんな手入れをしているのか気になるくらいとても円滑だ。

24 はかどる

1 教授が生徒に課題を早く提出するようはかどった。

2 締切を過ぎたあとから提出する人が多いので、名簿作成が一向にはかどらない。

3 高齢になっても健康をはかどるためには、適度な運動をすることが大事だ。

4 日本では2011年から人口減少が始まり、少子高齢化がはかどっている。

25 了承

1 京都の嵐山に旅行して、紅葉の美しさに了承された。

2 急いではいませんので、準備が了承したら教えてください。

3 この度の件は、勝手なお願いであることは了承しております。

4 どんなに反対意見を述べたとしても、この案は委員会の了承を得ています。

問題5　次の文の(　　　)に入れるのに最もよいものを、1・2・3・4から一つ選び
なさい。

26　県産農作物の検査の方法はまだ未定で，詳しく検討したうえで，来月(　　　)検査を
始める方針です。

1　やら　　　　　　2　にも　　　　　　3　までは　　　　　　4　へも

27　図書館に「雑談(　　　)」と書かれた紙が貼ってありました。

1　せねばならぬ　　2　すべからず　　3　を禁じ得ない　　4　しかるべき

28　山田「新宿駅で発生した人身事故の影響で、電車が運転見合わせになってるらしい
　　　　よ。」
　　森下「(　　　) 今日は遅刻する社員が多いわけだ。」

1　すかさず　　　　2　どうりで　　　　3　くまなく　　　　4　よもや

29　世界には貧しさ(　　　)、十分な食事ができない人が大勢いる。

1　ゆえに　　　　　2　だけに　　　　　3　とはいえ　　　　4　ばかりに

30　部長と飲みに行くと、興味のない自慢話を延々と(　　　)ことになる。

1　聞かせる　　　　2　聞かされる　　　3　聞かれる　　　　4　聞かせている

31　何とか試合に勝ったものの、(　　　)逆転されて負けていたかもしれない。

1　下手ともなると　　　　　　　　　2　下手をもって
3　下手になれば　　　　　　　　　　4　下手をすると

32 (電話で)
A「高橋部長お願いします。」
B「差し支えなければ、ご用件を（　　　）。」

1　おうかがいになってもよろしいでしょうか

2　おうかがいなさってもよろしいでしょうか

3　おうかがいしてもよろしいでしょうか

4　おうかがいされてもよろしいでしょうか

33 先発投手は若手選手の中でも成長が著しい大谷が起用される（　　　）。

1　にかたくありません　　　　2　ものと思われます

3　きらいがあります　　　　　4　というところです

34 小田「昨日のドキュメンタリー番組はどうだった。」
伊藤「うん。野生の動物達の生き様を写していたんだけど、自分の人生について
　　　深く（　　　）。」

1　考えさせられちゃった　　　2　考えされちゃった

3　考えられちゃった　　　　　4　考えさせちゃった

35 渡辺「木村君、なんか臭くない？」
木村「これは生ごみの匂い（　　　）。」

1　と言うよりほかないよ　　　2　どころの話ではないよ

3　以外のなにものでもないよ　4　などもってのほかではないよ

問題6　次の文の　★　に入る最もよいものを、1・2・3・4から一つ選びなさい。

소요시간
5분

（問題例）　あそこで＿＿＿＿　＿＿＿＿　★　＿＿＿＿は山田さんです。

　　　　　1　テレビ　　　　2　見ている　　　3　を　　　　　4　人

（解答のしかた）

1. 正しい文はこうです。

あそこで＿＿＿＿　＿＿＿＿　★　＿＿＿＿は山田さんです。
　　　　1　テレビ　　　　3　を　　　　　2　見ている　　　4　人

2. ＿★＿に入る番号を解答用紙にマークします。

（解答用紙）　　（例）　①　●　③　④

36　日本の不動産市場は＿＿＿＿　★　＿＿＿＿　＿＿＿＿冷え込んでいる。

　　1　きっかけに　　　　　　　　2　引き揚げたことを

　　3　急速に　　　　　　　　　　4　外資が資金を

37　新しい視点を持ち続けることを目指してきた先輩は＿＿＿＿　★　＿＿＿＿　＿＿＿＿励
んできた。

　　1　批判を　　　　　　　　　　2　研究に

　　3　周囲からの　　　　　　　　4　ものともせずに

38 後輩は、上司から受けた不当な扱い＿＿＿ ＿★＿ ＿＿＿ ＿＿＿として会社を訴えた。

1　のため　　　　　　　　　　　2　余儀なくされた

3　によるストレス　　　　　　　4　退職を

39 これまで経済界で積み上げた実績を傷つけるかもしれないのに、彼は＿＿＿ ＿＿＿ ＿★＿ ＿＿＿しました。

1　立候補　　　　　　　　　　　2　東京都知事選に

3　をよそに　　　　　　　　　　4　周囲の反対

40 映画監督としても活躍してきた＿＿＿ ＿＿＿ ＿★＿ ＿＿＿を発表しました。

1　休止すること　　　　　　　　2　この作品を限りに

3　人気俳優が　　　　　　　　　4　芸能活動を

問題7　次の文章を読んで、文章全体の趣旨を踏まえて、　41　から　45　の中に入る
[소요시간 6분]　最もよいものを、１・２・３・４から一つ選びなさい。

　近年、日本では人が住んでいない空き家が　41　。その中で特に問題になってい
るのが、管理者が不在の放置状態にある空き家だ。具体的にどんな問題があるだろ
うか。

　例えば庭木の手入れが　42　ことによって通行の妨げになったり、敷地内へのご
みの不法投棄による悪臭などで周囲に悪影響を及ぼす。それだけにとどまらず、老
朽化が進み建物が倒壊したり、さらには不法侵入や放火など犯罪のリスクも高まっ
たりする恐れがある。

　このような問題を　43　政府は、2015年に「空家等対策の推進に関する特別措
置法」を施行した。行政の立入調査などにより、「特定空家等」に該当すると判
断された場合、空き家の所有者に対して改善を促す助言を行う。所有者がこれに従
わなかったり、改善が見られなかったりした場合は、最大50万円の過料が科され
ることになる。　44　「行政代執行」といって、行政が危険な家屋を強制的に解体
し、その費用を所有者に請求する場合もある。

　しかし、政府がこのような法令を施行　45　、2015年度から2017年度までに実
施された10件の「行政代執行」のうち、所有者から解体費用を全額回収できたの
は1件のみだった。所有者に支払い能力がなければ、結局は国の税金から支払われ
ることになる。

1　増加したためしがない　　　2　増加してやまない

3　増加するきらいがある　　　4　増加しつつある

1　されていない　　　　　　　2　させていない

3　やられていない　　　　　　4　やらせていない

1　解決するや否や　　　　　　2　解決するに至って

3　解決すべく　　　　　　　　4　解決するとあって

1　一向に　　　　　2　それゆえ　　　3　ひいては　　　4　さらに

1　したにも関わらず　　　　　2　したとはいうもの

3　したゆえに　　　　　　　　4　したことを踏まえて

問題8　次の (1) から (4) の文章を読んで、後の問いに対する答えとして最もよいもの
を、1・2・3・4から一つ選びなさい。

〔소요시간 13분〕

（1）

　肩こりは日本人特有のものとされていた。その理由のひとつとして、体格の違いが言
われていた。成人の頭の重さは4〜6キロだが、体格ががっしりしている外国人に比べて
小柄な日本人の場合、頭を支える首や肩により負担がかかり、肩がこるという説だ。しか
し、アジア諸国の人々は欧米諸国の人々に比べて相対的に小柄であり、パソコンやスマホ
の普及で首や肩への負担が大きくなっているのは世界共通だ。良くも悪くも日本特有と軽
々しく決めつけないのが賢明だ。

46　筆者の考えに最も合うのはどれか。

1　体格の違いが肩こりになる原因のひとつである。

2　パソコンやスマホは下を向いて作業するので首に負担がかかる。

3　小柄な日本人は肩がこりやすいというのは昔からの定説だ。

4　様々な事象の中で日本固有のものは思っているほど多くない。

（2）

　以下は、あるお店のホームページに掲載されたお知らせである。

　お客様　各位

　　平素は格別のご高配を賜り厚く御礼申し上げます。

　　さて、このたび12月31日をもちまして、当店「二丁目駅前店」は閉店する運び
となりました。お客様には大変ご不便をおかけいたしますが、今後は近隣店舗をご
利用いただきますようお願い申し上げます。

　なお、現在お持ちのポイントカードは他店でもご利用いただけます。

　10年の長きにわたり、ご愛顧いただき誠にありがとうございました。

言語知識

47　このお知らせで伝えたいことは何か。

　　　1　お客様に感謝の意を伝えること
　　　2　お客様に誠意を伝えること
　　　3　お客様に閉店の意を伝えること
　　　4　お客様にポイントカードについてお知らせすること

（3）

　「同一労働同一賃金」とは、一つの企業内で性別や雇用形態に関係なく、同じ仕事をする人には同じ賃金が支払われるべきである、という考え方です。正規雇用と非正規雇用の社員間の不合理な待遇の差を解消するためにこの考え方が導入されました。

　2020年4月にはこの考え方を盛り込んだ労働法が施行されました。非正規社員の待遇への不満が減り、仕事に対するモチベーションアップが期待できるとされていました。しかし実際には大企業でも法律対応の動きが鈍く、どの企業でも新法による訴訟の動向を見ながら対策を決めようとしているのが現実です。

48 「同一労働同一賃金」について、本文と合っているのはどれか。

1　「同一労働同一賃金」を盛り込んだ新法が施行されたが、どの企業も積極的ではない。

2　ほとんどの企業で「同一労働同一賃金」に対する対策がなされている。

3　「同一労働同一賃金」とは非正規社員を全員正規社員に転換する動きのことを意味する。

4　「同一労働同一賃金」が導入されれば正規社員と非正規社員の待遇や評価の差はより広がる。

（4）

> 執筆した小説を文学賞に応募する際、原稿をどのように準備すればよいでしょうか。原稿の作り方について二点ご紹介します。
>
> まず、手書き原稿よりパソコンで文字入力したワープロ原稿を用いましょう。手書き原稿の応募が可能な場合もありますが、手書きで間違えると修正テープで書き直すなど見栄えが悪くなるので、あまりお勧めしません。それから原稿への書き始めは、応募する文学賞の規定を確認しましょう。最初にタイトルと自分の名前を入れる場合と、本文をいきなり書き始める場合などがあります。

49 この文章で筆者が述べていることは何か。

1 文学賞に応募する際、手書き原稿よりワープロ原稿の方がおすすめである。

2 文学賞に応募する際、原則として手書き原稿は禁止されている。

3 文学賞に応募する際、本文の前にタイトルと自分の名前を必ず入れなければならない。

4 文学賞に応募する際、ワープロ原稿より手書き原稿の方が誠意が感じられて好印象を与える。

問題9 次の(1)から(3)の文章を読んで、後の問いに対する答えとして最もよいもの

を、1・2・3・4から一つ選びなさい。

（1）

　2月3日は「節分」と呼ばれ、豆をまき、邪気を祓う日として多くの日本人に認識され
てきた。学校や家庭で豆まきを行った経験がある人も多いだろう。この節分が、2021年
は124年ぶりに2月2日になったというニュースがネットを賑わせた。2月3日ではないの
かと驚いた人もいただろう。そもそも節分とは何か。元々節分は立春、立夏、立秋、立冬
と季節の変わり目の前日を指す言葉である。現在、我々は立春の前の日のみを節分と呼
んでいる。この立春が2021年は2月3日であったため、節分の日付が例年と1日ずれたの
だ。

　では、我々が行ってきた豆まきはどこから来たのだろうか。豆まきの歴史を遡ってみ
ると、文武天皇の治世、飛鳥時代に行われた追儺という行事が起源であると言われてい
る。悪霊を祓うために大晦日の夜に行われていたが、それが室町時代には社寺に広まった
そうだ。この風習が一般に広まったのは江戸時代以降である。豆まきの方法は時代と共に
変わっても悪霊を祓い、幸福を願う気持ちは受け継がれてきたのだろう。今後も変化はあ
れど、大切な人々の健康や幸せを願う気持ちは人々の心に残り続けるのではないだろう
か。

(注1) 邪気を祓う：人間に悪い影響を及ぼす気を払う
(注2) 文武天皇：日本の第42代天皇

50 現代の人は「節分」に何をするか。

1 豆を準備し、恵方巻と共に食べる。

2 悪いものを追い払うため、豆をまく。

3 豆を食べることで、悪いものを外に出す。

4 学校や会社で仲間と共に豆を投げる。

51 2021年は124年ぶりに2月2日になったとあるが、その理由は何か。

1 もともと節分は2月3日に固定されていたが、立春に合わせることになったため

2 節分は季節の変わり目を指し、今年は立春が2日だったため

3 現在は立春の前日を節分と呼び、立春の日付が例年と違ったため

4 例年は2月3日だが、124年周期で立春の日が1日ずれるため

52 筆者の考えに最も合うのはどれか。

1 節分の歴史に美しさを感じており、今後も続いていってほしいと考えている。

2 節分は時代と共に形式は変わっているが、人の思いはつながっていると考えている。

3 節分の歴史の長さに感銘を受け、伝統行事を続けてきた人々に尊敬の念を抱いている。

4 節分の行事に面白さを感じており、次の世代にもつなげていきたいと考えている。

（2）

　日常では大抵「一、二、三」と続く単純な字形の漢数字が用いられるが、<u>お札や公文書の金額を見ると、小難しい漢字になっている</u>ことがわかる。通常の漢数字は縦線と横線の組み合わせで成り立っているため、線を加減することで容易に他の数字へ変えられる。そこで、文書の数字を勝手に書き換えられないように導入されたのが、「大字」と呼ばれる特別な漢数字である。日本で8世紀初頭から用いられた大字は、音読みが同じでありながら、画数が多く難しい漢字を漢数字の代わりにすることで、数値の水増_{みずま}しによる詐欺を^{（注）}未然に防止している。現在、日本の法令で定められている大字は「一、二、三、十」にあたる「壱、弐、参、拾」のみだが、これらは紙幣のほかにも、戸籍や登記の年月日、及び手形や小切手の金額を表示するときに使われている。一例に、「360万円」の金額を手書きで小切手に記入する場合、「金参百六拾万円也」と書かなければならない。この場合、金額の前後に付く「金」と「也」という文字もまた、書き加えによる詐欺を防ぐための措置である。なお、かつては「五」は「伍」、「七」は「漆」のように他にも用いられてきたが、上記の四つの大字以外のものは、現在中国でしか使われていない。

　（注）水増_{みずま}し：見かけの数や量をふやすこと

53 お札や公文書の金額を見ると、小難しい漢字になっているとあるが、その理由は何か。

1 元の漢数字は品がないように見えたため

2 手書きで金額を表示する文化が強かったため

3 会計書類などがきちんと保管されなかったため

4 書かれた漢数字を書き直して悪用することが多かったため

54 小切手における現代の大字の活用として正しいのはどれか。

1 参億弐千万円

2 金六千弐百漆拾万円也

3 金弐千参百七拾万円也

4 金壱百四拾伍万円也

55 この文章の内容に合うのはどれか。

1 「大字」は日本の法令で定められている漢数字である。

2 「弐」という漢字は数字「二」と同じ形をしていた。

3 古代の日本では数字を漢字で書き表すことはなかった。

4 「伍」や「漆」は、今も日本の公文書で使われている。

（3）

　日本では子どもの７人に１人が貧困で苦しんでいる。その他にも、ひとり親家庭や共働き家庭で、食事を子どもだけで食べる孤食も問題となっている。そんな子どもたちに無料もしくは安価に食事を提供しているのが「こども食堂」だ。2012年に東京の八百屋の一角で始まった「こども食堂」は急激に広まり、現在日本全国5,000か所以上の食堂が設立されている。

　「こども食堂」のおかげで生活が苦しく、しっかりした食事がとれない子どもたちが温かい栄養バランスのとれた食事がとれるようになっている。そして一人でご飯を食べていた共働き家庭の子どもたちが食堂に集まりご飯を食べ、安全に過ごせるようになっている。一方でボランティアで行っている活動のため、運営費や運営スタッフの確保が課題となっている。そのため一部の自治体が助成金支援を行ったり、企業による支援などが行われている。

　2020年の第一次コロナウイルス感染拡大当初、感染防止のために「こども食堂」は一時中止になった。そんな中でもお弁当や食材の配布活動をするなど熱心に活動が進められた。また驚くことにコロナ禍でも100を超える「こども食堂」が新設されている。そして最近では施設内で食事を与える「こども食堂」を再開する所が徐々に増えている。

56 「こども食堂」のおかげでどんなことが起きたか。

1 自治体や企業による経済的な支援を得て、日本の子どもの貧困問題をすべて解決することができた。

2 ここ数年で、日本全国で無料給食所と利用者の数が急増し、安全に食事がとれるようになった。

3 偏った栄養摂取にならないよう、栄養バランスが整った食事を提供することができるようになった。

4 お弁当や食材販売など、相次いで新規事業を立ち上げる企業が現れ、社会貢献につながった。

57 「こども食堂」について、この文章ではどのように述べられているか。

1 ボランティアを希望する人が多すぎて、スタッフの調節が大変だ。

2 運営費不足を解消するために、自治体で支援してくれる場所もある。

3 食事がとれない子どもたちに民間企業が栄養ある温かい食事を提供している。

4 共働き家庭の子どもたちには、自宅まで弁当を届けるサービスも行っている。

58 コロナ禍は「こども食堂」にどんな影響を及ぼしたか。

1 コロナ感染拡大が始まった当初は「こども食堂」を中止する所が多かった。

2 コロナ感染防止のため「こども食堂」を再開したところは一つもない。

3 コロナ感染拡大により全国にあった「こども食堂」の数が急減している。

4 コロナ感染防止のためお弁当の配布活動も中止しなければいけなくなった。

問題10 次の文章を読んで、後の問いに対する答えとして最もよいものを、１・２・
３・４から一つ選びなさい。

　私は、幼いころのお父さん、お母さん、おばあさんの思い出は、はっきりしております中に、おじいさんという人を少しも知りません。おじいさんとはいっても、まだ四十二で亡くなったのですから、私の生まれるずっと先のことです。^(注1)

　このおじいさんは、大そうえらい人だったと、私の子供のじぶん、誰彼にいいきかされました。^(注2)

　「なぜえらいのか。」とききますと、

　「大そう学問ができたから。」という返事をしてくれました。学問ができたからえらい、というのでは、私は満足することができませんでした。

　少し大きくなってから、私は、こんなことをきかされました。おじいさんは、どんなときにも、手から本をはなしたことがなかった。外へ出るときにも、きっと本をふところへ入れていた。本をよまないときには、何かじっと考えこんでいた。考え道を歩いているうちに、一里も歩いてしまって、気がついてみたら、とんでもないところへ来ていた――こんな話をきかされたときは、おじいさんって変な人だなと思いました。そういうのがえ_①らいのかな、などとも考えました。^(注3)

　もう少し大きくなってから、私はまたある人から、こんな話をきかされました。_②おじいさんは、あるとき、文字の話をしたとき、

　「わしは、うそ字なら知らぬ。ほんとの字で知らぬ字は一字もない。」^(注4)
といったそうです。この話は、私をかんしんさせませんでした。

　「なまいきなおじいさんだな。」とおもいました。

　けれど、おじいさんはまだ若くて死んだのだから、たまには自慢もいってみたのだろう、と後、大人になってからは考えるようになりました。

　私が幼かったころ、二階の間には塵づいた漢籍が、山のようにつんであったことをおぼえています。それがおじいさんの読んだ本の、十分の一にも足らないというのにはおどろきました。おじいさんが亡くなってから間もなく、私の家はおちぶれてしまいました。おじいさんが心をこめてよんだ本も、大方、紙帳や壁などに貼られてしまったのだそうです。^(注5)^(注6)

　　　　　　　　　　　　　　　　　　　『私の祖父 (1977年)』土田耕平

(注1) 中に：中でも特に

(注2) じぶん：時

(注3) 一里：約4キロ

(注4) うそ字：実際にはない字

(注5) 漢籍：中国の本

(注6) 紙帳：紙で作った虫から人を守る網

59　①おじいさんって変な人だなと思いましたとあるが、筆者はなぜこう思ったか。

　　1　学問ができるえらい人だったのに、何もしないで家でぶらぶらしていたから

　　2　読みもしない本をたくさん買っては、いつもふところに入れて持ち歩いていたから

　　3　よくわからないくせに、いつもまわりの人に自分の知識を自慢げに話していたから

　　4　どんなときにも本を手放さず、外出時もふところへ入れて歩き回っていたから

60　②こんな話とあるが、どんな話か。

　　1　おじいさんのことを何も知らないのは、筆者が生まれるずっと前に亡くなったからという話

　　2　おじいさんは、自分の学問的知識を思い上がった態度をとりながら自慢していたという話

　　3　おじいさんは考え事をしているときは、どこへというあてもなくうろうろ歩き回っていたという話

　　4　確かにおじいさんは学問はできる人だったが、なまいきなところがあったという話

61　「私」がおじいさんについて何に驚いたか。

　　1　おじいさんが周りからえらいと言われていたこと

　　2　おじいさんが亡くなってすぐに貧乏になったこと

　　3　四十二歳なのにおじいさんと呼ばれていたこと

　　4　おじいさんが中国の本をたくさん読んでいたこと

問題11　次のＡとＢの文章を読んで、後の問いに対する答えとして最もよいものを、

１・２・３・４から一つ選びなさい。

A

　　メッセンジャーアプリのラインには、受け手がメッセージを読んだことを示す「既読」という機能があり、これによってすぐに返信しなければならないと考える人がいるようだ。そのため対話を終わらせることができず、やりとりが延々と続いてしまうという。返信しなかったことで相手に悪い印象を与えるかもしれないという間違った気遣いが原因のようだ。気遣いというよりは強迫観念に近い。また自分が送り手になった場合に返信がないことを気にするのも同様だ。不快な思いをさせてしまったかもしれない、存在を無視されているかもしれないと悩む。「既読」のたった二文字を深読みし過ぎないで、今忙しいんだろう、そのうち返事があるだろうと気楽に構えているのがよい。

B

　　ラインが「既読」になっているのに反応がないと不満を言う人がいる。ましてや「既読」で返信がないのにSNSの投稿をしていると指摘をしてきた人もいる。なんと自分勝手なのだろうか。すぐに返信をするのがマナーだと勘違いしている人がいるが、それこそが重大なるマナー違反である。相手の事情や都合をまったく考えていない。万が一緊急の用事であれば、その理由を書くべきだし、電話など別の手段を併用して、相手と連絡を取るべきだろう。一方的なルールを押し付けてくるような人とは距離を取るべきだ。もっと腹立たしいのは、そうした人たちに振り回されて疲弊している人たちだ。返事が必要かどうかは自分で判断するべきで、意味のないイラストのやり取りを繰り返すことはない。

62 AとBの認識で共通しているのは何か。

1　返信をするもしないも、あまり気にする必要はない。

2　連絡をもらったらすぐに返信するのがマナーである。

3　相手に対する気遣いが人間関係でもっとも重要である。

4　強迫観念は人間に強いストレスを与える。

63 「既読」を確認したときの姿勢について、AとBはどのように述べているか。

1　AもBも、既読を確認したらすぐに返信しなければならないと述べている。

2　AもBも、既読を確認したら返信が必要かどうかを自分で判断すべきだと述べている。

3　Aは焦らず気楽に構えているのがよいと述べ、Bは相手の事情や都合を察するべきだと述べている。

4　Aはイラストのやり取りをするのがよいと述べ、Bは既読に振り回されることはないと述べている。

問題12　次の文章を読んで、後の問いに対する答えとして最もよいものを、１・２・３・４から一つ選びなさい。

　学校の授業について行けない生徒を「落ちこぼれ」と言う。この対義語である「浮きこぼれ」をご存じだろうか。理解力が非常に高い、学習塾に通っているために高い学力が身についている、いわゆる優秀な生徒が学校の授業に物足りなさを感じたり、疎外感を感じることを言う。「落ちこぼれ」に対しては、あの手この手で支援が差し伸べられるが「浮きこぼれ」はそうではない。学校の勉強が簡単にできることは悩みのうちに入らない、贅沢だというのである。出る杭は打たれ、飛び級も存在していない日本の教育制度の中で「浮きこぼれ」の生徒の悩みは深まるばかりである。

　こうした「浮きこぼれ」「落ちこぼれ」が同じクラス内で同じ授業を受けている。もちろん多様な生徒が同じクラスに存在することは教育的に望ましい。しかし、学習を進めるにあたって、両者を同時に満足させることは極めて難しい。これを解消するため習熟度別にクラスを分割する方法があるが、実際には分割後のクラス内で再拡大する学力差や、下位グループの学習意欲や自己肯定観の低下といった別の問題を抱え込むことになる。教師の悩みはつきない。①

　それを解決する糸口としてリクルート社が提供するオンラインによる遠隔授業のアプリケーション「スタディサプリ」が注目を集めている。「スタディサプリ」には、高校１年で履修する「数学ⅠA」だけでも「ベーシック」「スタンダード」「ハイ」「トップ」と４レベルの講座があり、そこから自分の学力や目的に合ったものを選べる仕組みだ。実際の教室では実現するのが難しいレベル別の授業が、オンラインでは簡単にできる。オンライン授業によって下位層の学力を底上げする可能性も見えてきた。この強みに注目して、様々な学校でこのアプリの採用が進み、100万人を超える高校生が受講しているとされている。②

　オンライン教育に対しては、家庭の教育熱心さや勉強部屋の有無で成果にばらつきが出るので、教育格差を拡大するというのが定説だった。実際、学校のオンライン授業に関するあるアンケート調査では「ネット環境は全ての生徒にはない」「教えてくれる大人（親）が常にいるかいないかの差は大きい」という意見もあり、課題は多い。しかし、オンライン教育も十分な準備をもって導入されたのではなく、2020年のコロナ危機によって急遽、導入された。不確実性の時代と言われ、先々の展開を予想するのは極めて困難な

現代社会では、むしろこれを好機と捉えて教育現場を柔軟に再構築していく必要があるだろう。

[64] 「浮きこぼれ」とはどういう意味か。

   1   人とは違うことをしてクラス内で目立つ生徒のこと

   2   学校の授業について行けず勉強ができない生徒のこと

   3   学校の授業を簡単に感じることから逆に孤独を感じる生徒のこと

   4   学習塾に通っている金銭的に余裕のある家庭の生徒のこと

[65] ①教師の悩みはつきないとあるが、悩みの内容は何か。

   1   クラス内で学力差を縮めることができる。

   2   学力が低い生徒のやる気を引き出すことができる。

   3   授業に対する不満が生徒の間に生まれる。

   4   授業をしてもやる気のない生徒が多くて教え甲斐がなくなる。

[66] ②この強みが指すものは何か。

   1   自分の学力や目的に合ったレベルで学習を進められること

   2   全員の学力を均一にすることができるようになること

   3   教科書を使わないでアプリだけで学習を進められること

   4   学校に行かなくてもオンラインだけで学習できること

[67] この文章で筆者が最も言いたいことは何か。

   1   オンライン教育は環境の違いが学力格差を生むので、学校内において習熟度別にクラスを分けて学習を進めるのがよい。

   2   勉強ができる子供とできない子供を区別するのは差別につながるので、オンライン教育は慎重にすべきだ。

   3   問題解決の方法は思わぬところにあり得るので、これまでの教育方法にこだわらず新しく考えていくべきだ。

   4   不確実性の時代では何が起きるかわからないので、学校だけでなく企業と手を組んで教育を進めるべきだ。

問題13　右のページは、英会話教室のホームページに書かれた会員募集の案内である。下の問いに対する答えとして最もよいものを、１・２・３・４から一つ選びなさい。

소요시간 5분

68　大学生の瓜田さんは平日は毎日５時まで授業がある。夏休みにはアメリカひとり旅に出かけたい。卒業後は外資系企業に就職したいし、ゆくゆくは英検合格を目指している。瓜田さんが受けられるコースはいくつあるか。

1　なし
2　一つ
3　二つ
4　三つ

69　既存会員の鈴木さんは会社の同僚の佐藤さんをこの英会話教室に紹介した。鈴木さんのレッスンは４月10日から始まり、佐藤さんは初心者コースを登録したが、まず５月１日から無料体験レッスンを受けることにした。鈴木さんはいつからギフト券をもらえるか。

1　４月10日から
2　４月17日から
3　５月１日から
4　５月８日から

月額定額のオンライン英会話教室「スマイルスクール」新規会員募集中！

　目標にあわせたコースを選んだら、好きな時間を選んでレッスンを予約。授業はオンライン、1対1の個人レッスンなので自分のペースで勉強できます。

【コース・料金】　　　　　　　　　※すべてのコースで7日間無料体験を申し込むことができます。

コース名	コース紹介	曜日 時間	料金
初心者コース	はじめての方向けに 基礎からしっかり	月〜金 19時〜20時	月額5,000円
英検対策コース	英検合格のための総合学習	月・水・金 14時〜16時	月額7,000円
おもてなしコース	接客業のためのロールプレイが中心	土・日 10時〜13時	月額5,000円
ビジネスコース	自己紹介からプレゼンテーションまで	土・日 15時〜18時	月額7,000円
海外旅行コース	旅行で使う実践フレーズを中心に	水・土・日 20時〜22時	月額5,000円

【登録方法】

ステップ１：会員登録(名前、Eメールアドレス、携帯電話番号、クレジットカード)

ステップ２：コース登録、利用料金をクレジットカードで決済

ステップ３：レッスン予約

ステップ４：レッスン開始

※7日間無料体験を申し込んだ方は、8日目が利用料金の初回決済日となります。

※7日間無料体験中に解約をご希望の場合は、初回決済日の前日までにご連絡ください。
　無料体験中の解約の場合、料金は一切掛かりません。

【お友達紹介キャンペーン】

紹介した方、紹介された方ともに、もれなくAMAZONギフト券1,000円分をプレゼント！

期間：4月1日(土)〜5月31日(水)

応募方法：

(1)新規会員の利用料金の決済完了後、「紹介した方」と「紹介された方」のお名前と会員番号を事務局にメールでご連絡ください。

(2)事務局が「紹介した方」と「紹介された方」共にレッスン開始が確認できたら応募完了となり、メールでギフト券に関する情報をご連絡します。

問題用紙

N1
聴解
(60分)

注　意
Notes

1.　試験が始まるまで、この問題用紙を開けないでください。
Do not open this question booklet until the test begins.

2.　この問題用紙を持って帰ることはできません。
Do not take this question booklet with you after the test.

3.　受験番号と名前を下の欄に、受験票と同じように書いてください。
Write your examinee registration number and name clearly in each box below as written on your test voucher.

4.　この問題用紙は、全部で 13 ページあります。
This question booklet has 13 pages.

5.　この問題用紙にメモをとってもかまいません。
You may make notes in this question booklet.

受験番号　Examinee Registration Number	
名前　Name	

問題 1

問題 1 では、まず質問を聞いてください。それから話を聞いて、問題用紙の 1 から 4 の中から、最もよいものを一つ選んでください。

例

1 男性にアドレスをメールする

2 デザイナーの絵画作品を選ぶ

3 インターネットの画廊を調べる

4 ランチを食べに出かける

1番

1 行きたい大学を決める
2 教授から推薦状をもらう
3 英語の資格試験を受ける
4 教授に相談しておく

2番

1 会議でプレゼンする
2 急いで資料を訂正する
3 会議の時間を調整する
4 昼食を食べに行く

3番
ばん

1 地名の漢字の読み方を勉強する
2 周辺地域の地理を暗記する
3 運動をして体力をつける
4 年賀状に書く自分の住所を覚える

4番
ばん

1 紛失届けセンターに行く
2 所有者を割り出して捜しに行く
3 職員の案内があるまで待機する
4 荷物が見つかるまで土産店で暇を潰す

5番

1 駅前の皮膚科に行く

2 残りの仕事をこなす

3 課長にメールをする

4 スーパーへ買い物に行く

6番

1 取引先に納入時間の調整を依頼する

2 配送センターのトラックを手配する

3 部長にスタッフ増員の了承をもらう

4 会社の車を使う手はずを整える

<ruby>問題<rt>もんだい</rt></ruby>2

<ruby>問題<rt>もんだい</rt></ruby>2では、まず<ruby>質問<rt>しつもん</rt></ruby>を<ruby>聞<rt>き</rt></ruby>いてください。そのあと、<ruby>問題用紙<rt>もんだいようし</rt></ruby>のせんたくしを<ruby>読<rt>よ</rt></ruby>んでください。<ruby>読<rt>よ</rt></ruby>む<ruby>時間<rt>じかん</rt></ruby>があります。それから<ruby>話<rt>はなし</rt></ruby>を<ruby>聞<rt>き</rt></ruby>いて、<ruby>問題用紙<rt>もんだいようし</rt></ruby>の1から4の<ruby>中<rt>なか</rt></ruby>から、<ruby>最<rt>もっと</rt></ruby>もよいものを<ruby>一<rt>ひと</rt></ruby>つ<ruby>選<rt>えら</rt></ruby>んでください。

<ruby>例<rt>れい</rt></ruby>

1 ドアが<ruby>開<rt>ひら</rt></ruby>かないこと

2 <ruby>担当者<rt>たんとうしゃ</rt></ruby>の<ruby>予約<rt>よやく</rt></ruby>が<ruby>取<rt>と</rt></ruby>れないこと

3 ドアがうまく<ruby>閉<rt>し</rt></ruby>まらないこと

4 ドアの<ruby>音<rt>おと</rt></ruby>がうるさいこと

1番

1 イタリア料理は腕に覚えがあるため

2 本格的なイタリアの家庭料理の味を広めるため

3 一人で店を持つ夢をかなえるため

4 イタリアの料理と装飾品に執着心があるため

2番

1 部長が遅れてしまったから

2 パソコンが故障したから

3 みんながいらいらしていたから

4 意見がまとまらなかったから

3番
ばん

1　寝不足で疲れた状態でプレゼンをすること
　　ね ぶ そく　つか　　　　じょうたい

2　寝過ごして仕事に穴をあけること
　　ね す　　　　し ごと　あな

3　大阪訪問は初めてで緊張すること
　　おおさかほうもん　はじ　　　　きんちょう

4　緊張して女の人を不安にさせたこと
　　きんちょう　おんな ひと ふ あん

4番
ばん

1　自己分析をして適性を理解していること
　　じ こ ぶんせき　　　　てきせい　り かい

2　授業への積極的な姿勢を持つこと
　　じゅぎょう　　せっきょくてき　し せい　も

3　インターンシップに参加すること
　　　　　　　　　　　　　さん か

4　職業体験を通して働くことの意義を感じること
　　しょくぎょうたいけん　とお　はたら　　　　い ぎ　かん

5番

1 汗をかきすぎて不快に感じたら着替える

2 雪の上を避けて十分に休憩を取る

3 体の冷えへの警戒を怠らない

4 高カロリーのおにぎりを食べて体温を高める

6番

1 逆上がりができないから

2 手にマメができて痛いから

3 家庭教師の仕事に向いていないから

4 鈴木君にバイトを紹介したいから

7番
<ruby>番<rt>ばん</rt></ruby>

1 <ruby>歩道<rt>ほどう</rt></ruby>の<ruby>幅<rt>はば</rt></ruby>を<ruby>広<rt>ひろ</rt></ruby>げること

2 ベンチの<ruby>形状<rt>けいじょう</rt></ruby>を<ruby>工夫<rt>くふう</rt></ruby>すること

3 <ruby>歩道<rt>ほどう</rt></ruby>の<ruby>防護柵<rt>ぼうごさく</rt></ruby>を<ruby>増<rt>ふ</rt></ruby>やすこと

4 <ruby>自転車専用道路<rt>じてんしゃせんようどうろ</rt></ruby>を<ruby>設置<rt>せっち</rt></ruby>すること

청해

問題3

　問題3では、問題用紙に何も印刷されていません。この問題は、全体としてどんな内容かを聞く問題です。話の前に質問はありません。まず話を聞いてください。それから、質問とせんたくしを聞いて、1から4の中から、最もよいものを一つ選んでください。

－　メモ　－

<ruby>問題<rt>もんだい</rt></ruby> 4

　<ruby>問題<rt>もんだい</rt></ruby> 4 では、<ruby>問題用紙<rt>もんだいようし</rt></ruby>に<ruby>何<rt>なに</rt></ruby>も<ruby>印刷<rt>いんさつ</rt></ruby>されていません。まず<ruby>文<rt>ぶん</rt></ruby>を<ruby>聞<rt>き</rt></ruby>いてください。それから、それに<ruby>対<rt>たい</rt></ruby>する<ruby>返事<rt>へんじ</rt></ruby>を<ruby>聞<rt>き</rt></ruby>いて、 1 から 3 の<ruby>中<rt>なか</rt></ruby>から、<ruby>最<rt>もっと</rt></ruby>もよいものを<ruby>一<rt>ひと</rt></ruby>つ<ruby>選<rt>えら</rt></ruby>んでください。

－　メモ　－

<ruby>問題<rt>もんだい</rt></ruby>5

<ruby>問題<rt>もんだい</rt></ruby>5では、<ruby>長<rt>なが</rt></ruby>めの<ruby>話<rt>はなし</rt></ruby>を<ruby>聞<rt>き</rt></ruby>きます。この<ruby>問題<rt>もんだい</rt></ruby>には<ruby>練習<rt>れんしゅう</rt></ruby>はありません。
<ruby>問題用紙<rt>もんだいようし</rt></ruby>にメモをとってもかまいません。

<ruby>1番<rt>ばん</rt></ruby>、<ruby>2番<rt>ばん</rt></ruby>

<ruby>問題用紙<rt>もんだいようし</rt></ruby>に<ruby>何<rt>なに</rt></ruby>も<ruby>印刷<rt>いんさつ</rt></ruby>されていません。まず<ruby>話<rt>はなし</rt></ruby>を<ruby>聞<rt>き</rt></ruby>いてください。それから、<ruby>質問<rt>しつもん</rt></ruby>とせんたくしを<ruby>聞<rt>き</rt></ruby>いて、1から4の<ruby>中<rt>なか</rt></ruby>から、<ruby>最<rt>もっと</rt></ruby>もよいものを<ruby>一<rt>ひと</rt></ruby>つ<ruby>選<rt>えら</rt></ruby>んでください。

－ メモ －

3番
ばん

まず話を聞いてください。それから、二つの質問を聞いて、それぞれ問題用紙の
1から4の中から、最もよいものを一つ選んでください。

質問1
しつもん

1 窓口混雑予想カレンダー

2 オンラインシステムの改善

3 物理的な再配置と機能の統合

4 コールセンターの設置

質問2
しつもん

1 窓口混雑予想カレンダー

2 オンラインシステムの改善

3 物理的な再配置と機能の統合

4 コールセンターの設置

최신 기출 유형 N1 실전문제

제2회

| 1교시 | 언어지식(문자·어휘·문법)·독해 |
| 2교시 | 청해 |

테스트 전 확인 사항

□ 해답 용지 준비하셨나요?　　　□ 연필과 지우개 챙기셨나요?　　　□ 청해 음성 들을 준비하셨나요?

제2회 청해 전체 음성 MP3
시원스쿨 일본어 홈페이지
(japan.siwonschool.com)의
수강신청>교재/MP3에서 무료 다운로드

고득점 부스터 암기카드 PDF
시원스쿨 일본어 홈페이지
(japan.siwonschool.com)의
수강신청>교재/MP3에서 무료 다운로드

시험 시간: 1교시 110분 ㅣ 2교시 60분

| 목표 점수: | 점 | | |
| 시작 시간: | 시 | 분 ~ 종료 시간: | 시　　　　분 |

언어지식 (문자 • 어휘 • 문법)

		문제유형	문항 및 배점	점수	총점
문자 • 어휘	문제1	한자읽기	6문제 × 1점	6	31점
	문제2	문맥규정	7문제 × 1점	7	
	문제3	유의표현	6문제 × 1점	6	
	문제4	용법	6문제 × 2점	12	
문법	문제5	문법형식 판단	10문제 × 1점	10	30점
	문제6	문장 만들기	5 문제 × 2점	10	
	문제7	글의 문법	5 문제 × 2점	10	
합계					61점

★ 득점환산법(60점 만점) [득점] ÷ 61 × 60=[   ]점

 독해

		문제유형	문항 및 배점	점수	총점
독해	문제8	내용이해(단문)	3문제 × 2점	6	42점
	문제9	내용이해(중문)	8문제 × 3점	24	
	문제10	내용이해(장문)	4문제 × 3점	12	
	문제11	통합이해	2문제 × 3점	6	6점
	문제12	주장이해(장문)	4문제 × 3점	12	12점
	문제13	정보검색	2문제 × 4점	8	8점
합계					68점

★ 득점환산법(60점 만점) [득점] ÷ 68 × 60=[   ]점

청해

		문제유형	문항 및 배점	점수	총점
청해	문제1	과제이해	6문제 × 2점	12	38점
	문제2	포인트이해	7문제 × 2점	14	
	문제3	개요이해	6문제 × 2점	12	
	문제4	즉시응답	14문제 × 1점	14	14점
	문제5	통합이해	4문제 × 3점	12	12점
합계					64점

★ 득점환산법(60점 만점) [득점] ÷ 64 × 60=[   ]점

※위 배점표는 시원스쿨어학연구소가 작성한 것으로 실제 시험과는 다소 오차가 있을 수 있습니다.

N1

言語知識 (文字・語彙・文法)・読解 (110分)

注　意
Notes

1.　試験が始まるまで、この問題用紙を開けないでください。
Do not open this question booklet until the test begins.

2.　この問題用紙を持って帰ることはできません。
Do not take this question booklet with you after the test.

3.　受験番号と名前を下の欄に、受験票と同じように書いてください。
Write your examinee registration number and name clearly in each box below as written on your test voucher.

4.　この問題用紙は、全部で 29 ページあります。
This question booklet has 29 pages.

5.　問題には解答番号この1、2、3… が付いています。
解答は、解答用紙にある同じ番号のところにマークしてください。
One of the row numbers1, 2, 3... is given for each question.
Mark your answer in the same row of the answer sheet.

受験番号　Examinee Registration Number	
名前　Name	

問題 1　　　　　の言葉の読み方として最もよいものを、1・2・3・4から一つ選び
なさい。

[소요시간 2분]

1　妻が急に腹痛を訴えたので救急車を呼んだ。

1　たたえた　　　　2　となえた　　　　3　ととのえた　　　4　うったえた

2　検査の結果、鉄分の欠乏による貧血だと診断された。

1　けつぼう　　　　2　けっぼう　　　　3　けつびん　　　　4　けっびん

3　昨夜、近所の国道でトラックやバイクなど5台が絡む事故が発生した。

1　はらむ　　　　　2　からむ　　　　　3　ふくむ　　　　　4　ひそむ

4　この案は先日の会議で出た二案を折衷して作ったものだ。

1　せっちゅう　　　2　せっちょう　　　3　せっすい　　　　4　せっそく

5　この店のシェフはフランスで修行したそうだ。

1　しゅこう　　　　2　しゅぎょう　　　3　しゅうこう　　　4　しゅきょう

6　首相がそのような発言をするとは、実に嘆かわしい。

1　なげかわしい　　2　あつかわしい　　3　せとかわしい　　4　もろかわしい

問題２　（　　　）に入れるのに最もよいものを、１・２・３・４から一つ選びなさい。

[소요시간 3분]

[7] 夕方から台風の予報が出ているため、営業時間を(　　　)することにした。

1　縮小　　2　軽減　　3　短縮　　4　減少

[8] 不正は(　　　)いないと彼は断言するが、疑いは晴れない。

1　成し遂げて　　2　捉えて　　3　働いて　　4　募って

[9] 1日一万歩を目指して、1日中歩き回ったら(　　　)疲れてしまった。

1　どっと　　2　そっと　　3　ぐっと　　4　ざっと

[10] 取引先を訪問する際は、基本のマナーとして、事前に(　　　)を取りましょう。

1　ダウン　　2　クリア　　3　アポ　　4　クレーム

[11] ホームページで、お客さまのお申し込みの(　　　)状況を確認することができます。

1　還元　　2　過剰　　3　進捗　　4　模索

[12] 私は(　　　)寝つきがいい。目を閉じたら、ほとんど、次の瞬間記憶がなくなる。

1　しいて　　2　すこぶる　　3　てっきり　　4　もれなく

[13] その患者は、手術後の経過が(　　　)といって、カルテの開示を求めている。

1　たわいない　　2　かんばしくない
3　いなめない　　4　みっともない

問題3 ＿＿＿＿の言葉に意味が最も近いものを、1・2・3・4から一つ選びなさい。

14 朝からなんだかお腹が痛い。

   1 なにげなく   2 なんとなく   3 たまたま   4 ふと

15 テレビのコマーシャルには多額のお金が投じられている。

   1 予告   2 広告   3 告知   4 声明

16 電気炊飯器を使えば、パンを作るのもたやすい。

   1 気軽だ   2 手軽だ   3 手頃だ   4 値頃だ

17 かねてご注文の商品が入荷しましたので、お知らせいたします。

   1 あらかじめ   2 まとめて   3 いっしょに   4 以前に

18 ろくに休みも取れないし、上司はうるさいし、もう会社を辞めたい。

   1 完全に   2 週末に   3 自由に   4 満足に

19 あのタヌキ親父の腹を読むのは難しい。油断するなよ。

   1 食事の接待をする   2 考えを推測する

   3 指示通りに準備する   4 行動を予想する

問題4　次の言葉の使い方として最もよいものを、１・２・３・４から一つ選びなさ
い。

소요시간
6분

20　へきえき

1　大勢の人の前に立つとへきえきして、スピーチがうまく話せなかった。

2　携帯にへきえきしている若者たちは片時も携帯を手放さない。

3　彼は仕事ができない人をへきえきする傾向があるので、部下から嫌われている。

4　連日の真夏日に加えて、熱帯夜が続き、この夏の暑さにはへきえきした。

21　いじる

1　とつぜん子犬が道路に飛び出してきたので、子犬をいじったかと思いました。

2　いろいろな充電器をかばんの中に入れていたら、コードがいじってしまいました。

3　しばらく席にいませんが、机の上の書類は絶対いじらないでください。

4　昔は仲がよかったのに、いつの間にか妹との仲がいじっていきました。

22　しみじみ

1　私が文句ばかり言っていると、兄は私を置いてしみじみと歩いた。

2　故郷を離れて一人で暮らしてみて、母のありがたみをしみじみと感じた。

3　今日は家に親戚が集まるので、テーブルに食器がしみじみと並べられている。

4　明け方、表で誰かが小さな声でしみじみと話しているのが聞こえた。

23 余地

1 どんな事情があったにせよ、彼の行動が犯罪であることは疑う余地がない。

2 通販で買い物すると、おすすめ商品が表示されるので、つい余地な物まで買ってしまう。

3 今日は重要な会議で一日中忙しいので、余地のことがなければ、電話にも出られない。

4 友人の結婚式で余地をやることになったので、1か月前から毎日練習をした。

24 目下

1 幼い頃から目下を気にしてばかりいるので、自分の気持ちを正直に話すことができない。

2 運転免許を取ろうと目下練習中だが、うまくできず、試験に合格できるか不安だ。

3 本の目下を見るだけで、どんな内容か把握できるため、買う前に必ず確認する。

4 80点以上を合格と目下するのだが、実際には難しくて達成できる人は少ない。

25 手配

1 会社の経営は彼が手配しているが、父親の助けがなければまだ難しいだろう。

2 親の遺産を兄弟で手配するには、厄介な手続きが必要となるので弁護士に相談した。

3 部屋の中に自分以外の誰かがいる手配がして、気味が悪くてしかたがない。

4 引っ越しは自分たちでやろうと思って、彼に車を手配してくれるように頼んである。

問題5　次の文の(　　　)に入れるのに最もよいものを、1・2・3・4から一つ選び
なさい。

26　デジタルサイネージは画面が明るいため、暗い場所や遠い位置(　　　)内容を視認で
きる。

1　との　　　　　　2　でさえ　　　　　3　からでも　　　　4　だけでも

27　ここは公共の宿だが、普通のビジネスホテルと(　　　)変わりない。

1　たとえ　　　　　2　なかなか　　　　3　ごく　　　　　　4　なんら

28　アメリカ留学は子どもの頃からの夢だったので、両親にいくら(　　　)、私は諦める
つもりはない。

1　反対しようと　　　　　　　　　　2　反対されようと
3　反対するまいが　　　　　　　　　4　反対されまいが

29　A「中村さんと最近予定が合わなくて会えてないんです。」
　　B「最近始めた事業で大変 (　　　) ようですよ。」

1　お忙しくてさしあげる　　　　　　2　お忙してなさられる
3　お忙しくみえられている　　　　　4　お忙しくていらっしゃる

30　大阪では 5 年後の万博開催(　　　)、着々と準備が進められている。

1　に面して　　　　2　において　　　　3　に向けて　　　　4　を受けて

31　夫婦というのは(　　　)で暮らしていけば、良い関係を保てるものだ。

　　1　持ちつ持たれつ　　　　　　　　2　持つか持たないか

　　3　持てるが持てないが　　　　　　4　持とう持とう

32　はると「お母さん、あした友達と川に行っていい?」
　　母　　「だめよ。子供だけで行って、万が一(　　　)どうするの。」

　　1　溺れさえしたら　　　　　　　　2　溺れでもしたら

　　3　溺れられるくらいしても　　　　4　溺れられるなどしても

33　雨が一向に止まないので、(　　　)出かけられない。

　　1　出かけまいと　　　　　　　　　2　出かけようもあるが

　　3　出かけようもなく　　　　　　　4　出かけようにも

34　(スマホ販売店で)
　　店員「どのスマートフォンにするか決められましたか。」
　　客　「あ、すみません、まだ迷っていますが…。」
　　店員「(　　　)、いつでもお気軽に近くのスタッフにお申し付けくださいませ。」

　　1　お決まられましたら　　　　　　2　お決まりになりましたら

　　3　お決めいたしましたら　　　　　4　決めてまいりましたら

35　(学校で)
　　村田「先週の試験、高熱のせいで受けられなかったよ。どうしよう…。」
　　佐藤「仕方ないよ。教授に再試を(　　　)私からも伝えておくよ。」

　　1　受けてもらえるように　　　　　2　受けさせてあげられるように

　　3　受けさせてもらえるように　　　4　受けてくれるように

問題6 次の文の _★_ に入る最もよいものを、1・2・3・4から一つ選びなさい。

소요시간
5분

（問題例） あそこで ＿＿＿＿ ＿＿＿＿ _★_ ＿＿＿＿は山田さんです。

1 テレビ 2 見ている 3 を 4 人

（解答のしかた）

1. 正しい文はこうです。

あそこで ＿＿＿＿ ＿＿＿＿ _★_ ＿＿＿＿は山田さんです。
1 テレビ 3 を 2 見ている 4 人

2. _★_ に入る番号を解答用紙にマークします。

（解答用紙） | （例） | ① ● ③ ④ |

---

36 私の＿＿＿＿ ＿＿＿＿ _★_ ＿＿＿＿いつも電気をつけっぱなしにするのよ。本当に頭にくる。

1 出かける 2 ルームメイト 3 ときに 4 ときたら

37 今回のプロジェクトはかなり厳しいですが、＿＿＿＿ _★_ ＿＿＿＿ ＿＿＿＿、乗り越えられると信じています。

1 もってすれば 2 実績を

3 みなさんの 4 経験と

38 この店には学生時代から通っていたが、_____ ＿★＿ _____ _____、いつ行っても懐かしい気持ちになる。

1 大切にしているようで　　　　　　　2 ながらの

3 味を　　　　　　　　　　　　　　　4 昔

39 お金持ちは何の心配もないと思っていたが、お金持ちはお金持ち_____ ＿★＿ _____ _____あるようだ。

1 なりに　　　　　2 悩みが　　　　　3 わからない　　　4 貧乏人には

40 彼の学生時代の_____ _____、＿★＿ _____という意見には賛成できない。

1 世の中を変えられる　　　　　　　　2 同情を禁じ得なかったが

3 金さえあれば　　　　　　　　　　　4 苦労話を聞いて

問題7 次の文章を読んで、文章全体の趣旨を踏まえて、41 から 45 の中に入る
最もよいものを、１・２・３・４から一つ選びなさい。

〔소요시간 6분〕

「買い物弱者」という言葉を聞いたことはあるだろうか。「買い物弱者」とは、地域の過疎化や高齢化に伴い、買い物が困難になっている人のことを指す。ある地域では、過疎化により近隣のスーパーや商店街が衰退し、食料1つを買うのにもバスやタクシー 41 買い物ができない生活を余儀なくされている。

こんな「買い物弱者」を助けるために、行政は積極的に支援を始めた。支援の内容としては「店を作る」「店への移動手段を提供する」「商品を家まで届ける」といった3つの方法がある。行政は、その地域の現状 42 、買い物がしやすい環境作りに努めている。例えば、支援を行う地域の人口が5000人に満たない 43 、利益を出す形の店舗運営は難しいとされている。そのため、「店への移動手段を提供する」「商品を家まで届ける」のうち地域にあった方法を検討するといった具合だ。

日本では少子高齢化が進み、これからも「買い物弱者」が増えることが 44 。今はスーパーに車で簡単に行ける人々も、将来的に健康上の理由などにより「買い物弱者」になる可能性も 45 。そのため、すべての人々が当事者意識を持って関心を寄せるべき問題だといえるだろう。

41

1 なくしては　　　　　　　　　　2 がないことをよそに

3 がないともなると　　　　　　　4 がないなりに

42

1 を兼ねて　　　2 を踏まえて　　3 に耐えて　　　4 にかまけて

43

1 ときたら　　　2 のであれば　　3 とあれば　　　4 のだから

44

1 予想する　　　　　　　　　　　2 予想させている

3 予想される　　　　　　　　　　4 予想させる

45

1 ないも同然だ　　　　　　　　　2 ないに決まっている

3 ないに違いない　　　　　　　　4 なくはない

問題8　次の (1) から (3) の文章を読んで、後の問いに対する答えとして最もよいもの
　　　　を、1・2・3・4から一つ選びなさい。

소요시간
13분

（1）

　毎年冬になると除雪中の事故が増えるが、秋田県では、除雪中の安全対策について啓
発活動を行うと同時に、過去10年の被害状況をまとめ、公表している。それによると事
故の原因で多いのが屋根やはしごからの転落であり、除雪中の事故にあった人の中で65
歳以上の高齢者が5割以上を占めているという。除雪活動を行う際は、一人で作業をしな
いことが大切だと言われているが、高齢者の増加や過疎化の進む地方では難しいのが現状
だろう。

46　この文章の内容に合うのはどれか。

　　1　除雪中の事故の主な原因は転落であり、今年は昨年よりも被害が増加した。

　　2　除雪中の事故を防ぐために、全国で様々な啓蒙活動が行われている。

　　3　除雪中の高齢者の事故は過去10年で5割以上、増加した。

　　4　除雪作業は複数人で行うことが安全のためには大切だ。

（2）

　新型コロナウイルス関連ニュースで聞くことが増えた「クラスター」。集団感染という意味で使われている用語です。日本でも飲食店や繁華街、医療機関、学校、職場、ホームパーティー、高齢者施設など様々な場所でクラスターが発生しています。

　クラスターの原因の一つとして、基本的な感染対策の不足を指摘する専門家もいます。徹底したマスクの装着、換気、消毒など当り前と思われる行動が重要で、少しの気の緩みが深刻な状況を生んでしまうので注意が必要です。

47　この文章の内容に合うのはどれか。

　　1　日本でクラスターは個人的な集まりではあまり発生しなかった。
　　2　クラスターとは新型コロナウイルスの前から頻繁に触れられる言葉であった。
　　3　マスクや消毒、部屋の換気などの行動は当たり前であって重要度が落ちる。
　　4　クラスターとは集団感染であって、油断せずに感染対策を講ずる必要がある。

（3）

　主人を失うと家は急に傷み始める。地方では空き家問題が深刻らしい。都心にいる私を含む働き盛りの世代は気づいていないかもしれないが、帰省するたびに他人事ではないことを知る。父が建築家である私は幼いころから家に対する愛着が強かった。そのせいだろうか、静かなはずの街並みから悲鳴が聞こえるような錯覚にとらわれる。目を閉じるとかつての様子が思い浮かぶ。どうしようもないことはわかってはいるが、心が締め付けられる。

48 心が締め付けられるのはなぜか。

1　家の主が亡くなっているため
2　家に対する格別な思いがあったから
3　働き盛りの世代が地方の空き家問題に気付いていないから
4　手を尽くしたから

問題 9　次の (1) から (3) の文章を読んで、後の問いに対する答えとして最もよいもの
【소요시간 25분】　を、1・2・3・4から一つ選びなさい。

（1）

　スポーツ庁によると、多くの人が観戦した人気スポーツは1位がプロ野球、2位がサッカーだった。なぜ日本ではこのように野球が愛されているのか。私はその理由として一つの文化になって定着していることをあげたい。例えば夏になれば高校野球の季節が来たと多くの人が思う。またプロ野球球団の地元や運営する企業ではその球団が優勝するとお店でセールやイベントを行う。このように野球が好きな人もそうでない人も日常生活で野球に触れる機会があるのだ。

　また野球の性質が日本人の性分に合っていることも根強い人気の理由だと私は思う。野球は投手と打者が一対一で対決する場面が見どころの一つだ。この対戦姿が日本で昔から親しまれている相撲の対峙する状況と似ていて馴染み深いのではないか。また自分自身をアウトにしてチームの勝利を引き出す犠牲バントといった技が自己犠牲を美徳とする日本人の考え方に合っていると思う。

　一方、ここ数年プロ野球中継の視聴率が伸び悩み、球場に足を運ぶ野球ファンが減少するなど野球人気に陰りが見え始めている。野球離れを食い止めるためにもプロ、大学、社会人、高校野球など各団体が力を合わせる必要があると思う。しかし各団体の足並みが揃わず苦境に立たされているようであって、野球のファンである私としては少し心配である。

49 筆者が考える<u>一つの文化になって定着している</u>について合うのはどれか。

1 日常で野球に触れるチャンスが転がっている。

2 野球球団は地元の企業を対象にイベントを行う。

3 多くの人が高校野球を観戦している。

4 野球に対する興味の有無と野球の知識は別物である。

50 筆者によると、日本で野球が愛されている理由は何か。

1 日本では他に目立ったスポーツがなく人気のある競技がないため

2 己^{おのれ}を犠牲にするプレーが日本人の気性に適うため

3 日常生活でスポーツのニュースに触れる機会が多いため

4 投手と打者が力を合わせる団体競技であるため

51 日本の野球離れについて、筆者はどのように考えているか。

1 プロ野球球団の運営する企業のセールやイベントが問題解決の鍵となっている。

2 野球離れは単なるうわさでまだまだ人気があるので深刻に考えなくてもいい。

3 野球離れを解決するため社会人野球など各団体の努力不足がやや心配だ。

4 野球離れを解決しなければならないのにプロや社会人など各団体が団結できていない。

(2)

　日本人の約半数が誤用している言葉「気の置けない」。本来の意味は「気が許せる」つまり「遠慮や気遣いをする必要がない」という意味です。まずこの言葉の反対語である「気の置ける」から見てみましょう。ここで「気」は「気遣い」を意味しています。そして「置ける」とは「置くことが出来る」という可能を表す意味ではなく、「自然に置いてしまう」という「自発」の意味で使われています。結果「気の置ける」は「自然と気遣いや遠慮をしてしまう」という意味になります。よって「気の置けない」はその反対で「遠慮する必要がない」という意味になるのです。

　しかし「国語に関する世論調査」によると日本人の48％が「気の置けない」を「相手に気配りや遠慮をしなくてはならない」と誤用しています。どうしてこのような誤用が増えたのでしょうか。かつては「気の置ける」「気の置けない」ともによく使われていました。しかし、最近この２つの表現が使われなくなっています。そのため「気の置ける」の意味を理解出来ていない人が増えています。よって「気の置けない」の「置けない」にだけ注目して、より馴染みのある「信用が置けない」や「信頼が置けない」という意味として勘違いしている人が多いのかもしれません。

52 「気の置けない」の用法で合っているのはどれか。

1 夏休みに実家に帰って気の置けない仲間と楽しい時間を過ごした。

2 念願のコンサートにいけて一日中気の置けない時間を過ごせた。

3 気の置けない人だと噂のあるあの人とは一緒に過ごしたくない。

4 気の置けない取引先の社長との接待で今日はぐったり疲れた。

53 「気の置ける」「気の置けない」の説明で合っているのはどれか。

1 「気」は「信用」もしくは「信頼」という意味だ。

2 「置ける」は「遠慮」もしくは「気遣い」という意味だ。

3 「気の置けない」は「遠慮してしまう」という意味だ。

4 「気の置ける」と「気の置けない」の誤用の原因は最近の利用頻度にある。

54 「国語に関する世論調査」の結果から予測できることを述べているのはどれか。

1 日本人の48％が慣用句のすべてを間違って使っている。

2 社会の常識として相手に気配りをしなくてはならないと思う人が増えた。

3 「気の置けない」を「信用が置けない」という意味で勘違いしているようだ。

4 「気の置ける」という言葉を使う人は昔からいなかった。

(3)

　「テレワーク」とは離れた(Tele)と働く(Work)を合わせた造語だ。時間や場所にとらわれない柔軟な働き方のことを表している。「テレワーク」には自宅でネットを使って連絡を取り合いながら仕事をする「在宅勤務」、パソコンやスマホを使ってカフェや移動中など会社以外の場所で仕事をする「モバイルワーク」、本社から離れた場所に作られた事務所で仕事をする「サテライトオフィス勤務」の３種類がある。1984年から日本で導入され、少しずつ普及してきた「テレワーク」だが、2020年のコロナウイルス感染拡大をきっかけに「テレワーク」の需要が高まっている。

　「テレワーク」のメリットに出社日を減らし、社員の通勤負担を減らせることがある。また働く場所に縛られないため、家事や子育て、介護で今まで辞めなければならなかった社員が働きやすくなる。これは優秀な人材が会社に定着することにもつながる。さらに災害や感染症といった予測不能な状況でもネットさえつながれば業務を続けられ、事業中断の危険を抑えることができる。

　一方、仕事と私生活の切り替えがしづらく長時間労働になりやすいことや、働いているかどうかの確認のために、上司への定期的な報告など業務以外の仕事が増える可能性があるという指摘もある。

55 「テレワーク」の説明で合っているのはどれか。

1　会社に定時に出社、退勤する働き方のことである。

2　「在宅勤務」「モバイルワーク」「オフィス勤務」は「テレワーク」である。

3　人材流出を防ぐ働き方である。

4　コロナウイルス感染拡大を受け、「テレワーク」が導入された。

56 「テレワーク」の問題点は何だと述べているか。

1　上司への報告のため定期的に会うこと

2　長時間労働につながるおそれがあること

3　忙しくて子育てや介護との両立が難しくなること

4　私生活が優先されて仕事がはかどらなくなること

問題10　次の文章を読んで、後の問いに対する答えとして最もよいものを、１・２・
３・４から一つ選びなさい。

소요시간
15분

　妙なもので、書物も三百年位の歳を取ると、私にはただ懐かしいのだ。よくも今まで
生きていて、そしてよくも貧しい私の懐に飛込んで来てくれたものだ。そういう感謝の気
分にもなるし、時にはまた、ほんとうにこの世でお目にかかれてよかった、という様な、
三百年前の恋人とのめぐり逢い。──どうかすると、そんな気分にもなることがあるので
ある。

　しかし、何か仕事をしなければ、書物も買えないような身分の私は、いつまでも、そ
んな陶酔気分に浸っている訳には行かない。やがてその気分から醒めると、今度は急に、
_(注1)内容の検討、価値批判の精神で、頭が一杯になって来る。三百年前の書物というのも、私
にとっては、楽しみに読むのではなく、実は仕事のための資料なのだった。

　批判することは、批判されるよりも苦しいのだが、しかし、その苦しい批判を外にし
て、どこに学問の歴史があり得るだろう。

　ところが世の中には、批判されるのを、ひどく嫌がる学者があるらしいが、私からい
わせると、そんな先生は、一日も早く廃業するに限ると思う。

　こういうと、いや真面目な立派な仕事をするからこそ、批判の的になるのである。だ
から、批判を免れるつもりなら、箸にも棒にもかからぬような、誰も相手にしないよう
な、つまらぬ仕事（？）ばかりやればよいではないかと、皮肉な連中が、にやにや答える
かも知れない。

　なるほど、それは一理がある。けれども私にかかっては、それでも駄目なのだ。私は
_(注2)立派なものを批判すると同時に、つまらないものをも批判するつもりなのだ。立派な作品
がその時代を代表するなら、愚作もまたその時代を代表する権利を持っている。愚作の意
_(注3)味を認め得ないような歴史家は、片眼しか持たないのだと思う。（中略）

　そこで今の内に、出版屋さんに告げておきたい。──

　もし皆さんが、三百年の後に、昭和時代の学問は皆実に立派なものばかりであった
と、言われたいなら、今日以後、つまらない本を高価にして、保存の出来ない質の紙に印
刷するがよい。これに反して、立派な本を廉価にして、永久性ある紙質を用うべきであ
_(注4)る。

　これが、この歳になって、やっと悟り得た一つの教訓である。

『三百年後 (1940年)』小倉金之助

(注1) 陶酔：心を奪われてうっとりするさま

(注2) 一理：ひととおりの道理

(注3) 愚作：くだらない作品

(注4) 廉価：ねだんが安いこと

57 ①その気分とあるが、それはどのような気分か。

1 批判されるよりも苦しい気分

2 本気で仕事がしたくなる気分

3 ただ懐かしい気分

4 恋人と遭遇したような気分

58 ②一日も早く廃業するに限るのは誰か。

1 批判ばかりする先生

2 批判されるのをいやがる学者

3 愚作の意味を認めない歴史家

4 昭和時代の学問を残す出版屋

59 ③批判の的と同じ意味を示す言葉はどれか。

1 批判の中心

2 批判の対象

3 批判の面

4 批判の意図

60 この文章で筆者が言いたいことは何か。

1 良いもの悪いものの両方を見てこそ価値がわかる。

2 良いものを作れば批判されることはない。

3 悪いものは批判する価値はない。

4 悪いものの中にこそ真の価値を見出せる。

問題11 次のＡとＢの文章を読んで、後の問いに対する答えとして最もよいものを、
1・2・3・4から一つ選びなさい。

[소요시간 7분]

Ａ

　　最近、選択的夫婦別氏制度(注)について議論されているという話を聞いた。日本では、結婚すると女性または男性がどちらかの姓を使用する。一般的には女性が男性の姓を使うことが多く、これに疑問を持ったことはなかった。むしろ子どもの頃は結婚して名字が変わることに憧れすら抱いていた。しかし、実際に結婚してみると姓が変わることの寂しさと不便さを強く感じた。行政書類の変更、職場での手続き、取引先への説明、一部の先輩が結婚後も職場では旧姓を使用していた理由がよくわかった。もちろん個人差はあるだろう。結婚後の姓は個々人の判断に任せてもいいのではないだろうかと今は感じている。

Ｂ

　　日本では結婚すると男性か女性の姓が変わるが、国際結婚は例外だ。国際結婚の場合は、別途申請をしなければ基本は夫婦別姓のままである。私は自分の名字に愛着があったため、夫婦別姓には満足している。しかし、日本で生活する上では、不便なこともある。例えば、何かのサービスの家族割を申請する際、一般的には免許証やマイナンバーカードで証明するのだろうが、私の場合は住民票が必要になることが多い。また、結婚していると話すと旧姓を聞かれることもあるが、そのたびに国際結婚の場合の姓についての説明が必要になる。いずれも些細なことではあるが、結婚イコール女性の姓が変わるというのが常識になっていると実感した。現在、選択的夫婦別氏制度についての議論を目にすることが増えた。姓が変わることの利点や欠点を理解した上で、個人が判断できるのであれば、歓迎すべき制度ではないかと思っている。

(注) 選択的夫婦別氏制度：結婚した後も夫婦が別の姓を名乗ることができる制度

61 AとBの認識で共通していることは何か。

1 夫婦別姓に対する憧れ

2 夫婦同姓にした理由

3 日本生活での不便さ

4 姓における常識

62 選択的夫婦別氏制度についてAとBはどのように考えているか。

1 AもBも氏を個人が選択できることに疑問を感じている。

2 AもBも夫婦別姓は個人の価値観に委ねるべきだと考えている。

3 Aは夫婦は同じ姓を名乗るべきで、Bは別にすべきだと考えている。

4 Aは氏を個人が選択することに疑問を感じており、Bは歓迎している。

問題12 次の文章を読んで、後の問いに対する答えとして最もよいものを、１・２・
３・４から一つ選びなさい。

소요시간
15분

　国土交通省の調査によると、近年の通信販売、特にインターネットを利用した通信販
売(EC)の伸びとともに宅配便の取扱個数は急伸している。2008年度は約32.1億個だった
宅配便の取扱個数は、2017年度には約42.5億個と、ここ10年で３割以上増加している。
一方で、全体の取扱個数のうち約２割が再配達になっている。再配達とは、不在などによ
って宅配荷物を受け取れなかった場合に用いられる制度のことで、基本的に無料である。
この再配達が今、大きな問題となっている。

　再配達は宅配便のドライバー、宅配会社にとって大きな負担である。その理由はその
地域に送る荷物を振り分けて配送の予定を作るという効率的なシステムに対し、再配達に
よってそのルートを再度練り直すことになる他、純粋に仕事量が増える。これにより、労
働時間超過といった法的問題が起きてしまうだけでなく、疲労によって物品破損や事故が
発生するリスクも高くなる。また移動距離が増えることによって化石燃料をさらに消費す
るために移動のコストや環境への負荷が増大することにもつながる。

　この再配達のしがらみとなっているのが国土交通省の宅配便運送約款である。これに
よると宅配荷物を受け取れなかった場合には不在連絡票での対応、隣人等への委託をしな
ければならないとあり、玄関の前に荷物を置いていく、いわゆる「置き配」ができないよ
うになっている。またECサイトで消費者が「置き配」を指定しても、宅配会社が荷物を
安全な場所に保管できないと判断した場合は、荷物を置いて帰ることができない。こうし
たルールは今までは丁寧なサービスとして歓迎されてきたが、宅配便の取扱個数が増え続
ける現在、現実的ではなくなってきている。宅配ドライバーたちの労働環境と賃金も限界
である。業界では人手不足もあり、宅配便の料金値上げで対応するしかなく、早急な解決
策が求められている。

　前述の調査によれば、再配達となった２割のうちの約４割が「配達されることを知ら
なかった」という結果がある。もちろんいつ配達されるかわからない場合もあるが、自分
がインターネットショッピングをした商品がいつ届くのか位、知っておくのが<u>そんなに難
しいことなのか</u>。結局のところ、利用者自身がちゃんと時間通りに受け取れるようにして
いくのが一番の解決方法である。宅配便は現代生活において欠かせないサービスのひとつ
である。喫緊の課題は消費者の意識改革であることは間違いないだろう。

63 再配達とは何か。

1 あらかじめ荷物を受け取る日を決めて配達してもらうようにする仕組み
2 ある地域への配達を1日の間に何度も行うように予定を立てる仕組み
3 不在で荷物を受け取れなかった場合には、集荷所まで取りにいく仕組み
4 不在で荷物を受け取れなかった場合には、無料でもう一度届けてくれる仕組み

64 再配達のデメリットはどれか。

1 荷物の紛失の恐れがある。
2 通信販売の売上低迷の原因になる。
3 配達員の仕事量が減る。
4 温室効果ガス排出量が増える。

65 そんなに難しいのかとあるが、ここで筆者はどのような感情を持っているのか。

1 気の毒に思われてならない。
2 もどかしくてならない。
3 うっとうしくてたまらない。
4 心配でたまらない。

66 この文章で筆者が最も言いたいことは何か。

1 便利だからといって、何も考えずにサービスを利用するのではなく利用者がもっと責任を持つべきだ。
2 不在の場合は荷物を置いて帰ればいいのに、何度も配達員から連絡が来るのは面倒くさいし効率が悪い。
3 再配達によって、温室効果ガスが排出される地球環境問題とつながっていることを多くの消費者は知るべきである。
4 再配達の問題は消費者に過剰な気を遣う日本式サービスが原因で、ルールをもっとシンプルにすれば解決する。

問題13 右のページは、旅館の求人案内である。下の問いに対する答えとして最もよ
いものを、1・2・3・4から一つ選びなさい。

소요시간
5분

67 サラさんは旅行に行くためにお金を貯めたい。平日は午前に授業があるが、午後か
らは6時間以上は働きたい。勉強の時間も確保したいため、できれば週3日程度で働
きたいと思っている。サラさんにおすすめのアルバイトはどれか。

1 本館　レストラン業務

2 本館　フロント業務

3 別館　フロント業務

4 別館　清掃業務

68 トムさんは長期休みの間だけ、働きたいと考えている。住み込みで働く場合はどう
したらいいか。

1 電話で履歴書をおくる旨を伝えてから、履歴書を送る。

2 履歴書に住み込み希望の旨を記載し、送る。

3 寮の部屋の希望を履歴書に記載し、メールで送る。

4 履歴書をおくるメールの件名に、住み込み希望と入れる。

【求人案内】

	求人A	求人B
会社名	旅館　鳥の声	旅館　鳥の声
勤務地	さいたま県所沢市　鳥の声　本館	さいたま県所沢市　鳥の声　別館
業務内容	① フロント業務 ② 清掃業務 ③ レストラン業務	① フロント業務 ② 清掃業務 ③ レストラン業務 ④ フロント業務（契約社員）
勤務時間	① 7:00-13:00、12:00-17:00、16:00-22:00 ② 8:00-14:00 ③ 6:30-11:00、11:00-15:00	① 7:00-13:00、12:00-17:00 ② 11:00-18:00 ③ 6:30-11:00、11:00-15:00 ④ 9:00-17:00
雇用形態	パート・アルバイト	パート・アルバイト・契約社員
応募資格	・週2日以上勤務できる方 　（レストランは週3日以上） ・土日祝日勤務できる方優遇 ・英語話せる方歓迎 ・長期勤務歓迎、住み込み希望の方は寮もあり（住み込みの場合週5日勤務） ・住み込みの場合長期休みの間のみも可 ※その場合はメールタイトルに住み込み希望と記載すること	・週3日以上勤務できる方 　（レストランは週4日以上） ・土日祝日勤務できる方優遇 ・英語話せる方歓迎 ・長期勤務歓迎
給与	時給：1,000円	時給：1,000円 契約社員給与：月18万円〜
待遇	社会保険完備、交通費支給（月2万円まで）、まかない有り、制服貸与、社員登用制度有	
応募方法	・メールまたは郵送で履歴書送付（顔写真必須） ・職務経歴書（契約社員の場合）	
連絡先	メール：torinokoe@toritori.com 電話番号：048-0000-1111 担当：矢田（9:00-17:00）	メール：torinokoe2@toritori.com 電話番号：048-1111-1111 担当：武田（9:00-17:00）

※応募できる求人はA、Bどちらか片方のみです。また、どちらか一方に落ちた場合は、別の求人に申し込むこともできませんのでご了承ください。

N1

聴解
(60分)

受験番号　Examinee Registration Number	
名前　Name	

問題 1

問題 1 では、まず質問を聞いてください。それから話を聞いて、問題用紙の 1 から 4 の中から、最もよいものを一つ選んでください。

例

1 男性にアドレスをメールする
2 デザイナーの絵画作品を選ぶ
3 インターネットの画廊を調べる
4 ランチを食べに出かける

1番

1　食器やコップを買いに行く
2　キャンプ場に問い合わせる
3　ユーチューブを見て予習する
4　虫よけスプレーを買う

2番

1　クレジットカードで決済する
2　ツアーの予約確定を確かめる
3　メールアドレスを登録する
4　Eチケットと旅程表を印刷する

3番

1 調査報告書を完成させる

2 鈴木さんの仕事内容をチェックする

3 佐々木さんが手がけた書類を課長に見せる

4 仕事の進み具合について課長と話し合う

4番

1 8番窓口にファイルを提出して待機する

2 尿検査を受ける

3 10番窓口にファイルを提出して待機する

4 トイレに行く

5番
ばん

1 営業部の担当者と相談する
2 企画部に案内係を割り当てる
3 資料の内容を書き足す
4 課長に報告書を提出する

6番
ばん

1 フィルターを取り換える
2 掃除機を注文する
3 電話で問い合わせる
4 家電量販店に見に行く

<ruby>問題<rt>もんだい</rt></ruby>2

　<ruby>問題<rt>もんだい</rt></ruby>2では、まず<ruby>質問<rt>しつもん</rt></ruby>を<ruby>聞<rt>き</rt></ruby>いてください。そのあと、<ruby>問題用紙<rt>もんだいようし</rt></ruby>のせんたくしを<ruby>読<rt>よ</rt></ruby>んでください。<ruby>読<rt>よ</rt></ruby>む<ruby>時間<rt>じかん</rt></ruby>があります。それから<ruby>話<rt>はなし</rt></ruby>を<ruby>聞<rt>き</rt></ruby>いて、<ruby>問題用紙<rt>もんだいようし</rt></ruby>の1から4の<ruby>中<rt>なか</rt></ruby>から、<ruby>最<rt>もっと</rt></ruby>もよいものを<ruby>一<rt>ひと</rt></ruby>つ<ruby>選<rt>えら</rt></ruby>んでください。

<ruby>例<rt>れい</rt></ruby>

1　ドアが<ruby>開<rt>ひら</rt></ruby>かないこと

2　<ruby>担当者<rt>たんとうしゃ</rt></ruby>の<ruby>予約<rt>よやく</rt></ruby>が<ruby>取<rt>と</rt></ruby>れないこと

3　ドアがうまく<ruby>閉<rt>し</rt></ruby>まらないこと

4　ドアの<ruby>音<rt>おと</rt></ruby>がうるさいこと

1番

1　公共の場でのマナーの良さ

2　自己否定が強いところ

3　謙遜することが正しいと思っているところ

4　相手を尊敬しすぎているところ

2番

1　基礎科学は経済活動にすぐ役に立たないこと

2　科学的価値と経済的価値の見分けがつかないこと

3　研究内容が難しくて一般人が理解しづらいこと

4　科学的価値より経済的価値に重みを置くこと

3番

1 卵をお湯にしっかり浸けて沸かす

2 塩と酢を入れた熱湯でゆでる

3 ゆでる前に殻にひびを入れておく

4 ゆでたあと氷を入れた水で冷やす

4番

1 体温を下げないようにする

2 日差しを避ける

3 塩分をたくさん摂る

4 首筋や脇の下に氷を当てる

5番
<ruby>番<rt>ばん</rt></ruby>

1 <ruby>教育<rt>きょういく</rt></ruby>の<ruby>意義<rt>いぎ</rt></ruby>と<ruby>目的<rt>もくてき</rt></ruby>

2 プラトンなどの<ruby>教育思想<rt>きょういくしそう</rt></ruby>

3 <ruby>子供<rt>こども</rt></ruby>たちの<ruby>行動<rt>こうどう</rt></ruby>

4 <ruby>教育<rt>きょういく</rt></ruby>の<ruby>現代的課題<rt>げんだいてきかだい</rt></ruby>

6番
<ruby>番<rt>ばん</rt></ruby>

1 <ruby>資格取得<rt>しかくしゅとく</rt></ruby>を<ruby>奨励<rt>しょうれい</rt></ruby>しているから

2 <ruby>大学<rt>だいがく</rt></ruby>の<ruby>専攻<rt>せんこう</rt></ruby>と<ruby>関連<rt>かんれん</rt></ruby>しているから

3 <ruby>情報関連<rt>じょうほうかんれん</rt></ruby>の<ruby>知識<rt>ちしき</rt></ruby>が<ruby>増<rt>ふ</rt></ruby>えたから

4 <ruby>福利厚生<rt>ふくりこうせい</rt></ruby>が<ruby>充実<rt>じゅうじつ</rt></ruby>しているから

7番

1 思ったよりも高い値段で売れるところ

2 買い手がいればすぐに取引できるところ

3 洋服やアクセサリーが売れやすいところ

4 入札したらすぐに取引が成立するところ

問題3

問題3では、問題用紙に何も印刷されていません。この問題は、全体としてどんな内容かを聞く問題です。話の前に質問はありません。まず話を聞いてください。それから、質問とせんたくしを聞いて、1から4の中から、最もよいものを一つ選んでください。

ー　メ モ　ー

<ruby>問題<rt>もんだい</rt></ruby>4

<ruby>問題<rt>もんだい</rt></ruby>4では、<ruby>問題用紙<rt>もんだいようし</rt></ruby>に<ruby>何<rt>なに</rt></ruby>も<ruby>印刷<rt>いんさつ</rt></ruby>されていません。まず<ruby>文<rt>ぶん</rt></ruby>を<ruby>聞<rt>き</rt></ruby>いてください。それから、それに<ruby>対<rt>たい</rt></ruby>する<ruby>返事<rt>へんじ</rt></ruby>を<ruby>聞<rt>き</rt></ruby>いて、1から3の<ruby>中<rt>なか</rt></ruby>から、<ruby>最<rt>もっと</rt></ruby>もよいものを<ruby>一<rt>ひと</rt></ruby>つ<ruby>選<rt>えら</rt></ruby>んでください。

－ メモ －

問題 5

問題 5 では、長めの話を聞きます。この問題には練習はありません。

問題用紙にメモをとってもかまいません。

1番、2番

問題用紙に何も印刷されていません。まず話を聞いてください。それから、質問とせんたくしを聞いて、1から4の中から、最もよいものを一つ選んでください。

― メモ ―

3番
<ruby>番<rt>ばん</rt></ruby>

まず話を聞いてください。それから、二つの質問を聞いて、それぞれ問題用紙の1から4の中から、最もよいものを一つ選んでください。

質問1
<ruby>質問<rt>しつもん</rt></ruby>

　　1　高揚感を得られるところ

　　2　迷信めいたところ

　　3　価格と価値が釣り合っているところ

　　4　時間と労力を費やさないところ

質問2
<ruby>質問<rt>しつもん</rt></ruby>

　　1　高揚感を得られないところ

　　2　迷信めいたところ

　　3　価格と価値が釣り合っていないところ

　　4　時間と労力を費やすところ

최신 기출 유형
N1 실전문제
제3회

1교시 언어지식(문자·어휘·문법)·독해

2교시 청해

테스트 전 확인 사항

□ 해답 용지 준비하셨나요?　　　□ 연필과 지우개 챙기셨나요?　　　□ 청해 음성 들을 준비하셨나요?

제3회 청해 전체 음성 MP3
시원스쿨 일본어 홈페이지
(japan.siwonschool.com)의
수강신청>교재/MP3에서 무료 다운로드

고득점 부스터 암기카드 PDF
시원스쿨 일본어 홈페이지
(japan.siwonschool.com)의
수강신청>교재/MP3에서 무료 다운로드

시험 시간: 1교시 110분 | 2교시 60분

목표 점수:	점			
시작 시간:	시	분 ~ 종료 시간:	시	분

언어지식 (문자 · 어휘 · 문법)

		문제유형	문항 및 배점	점수	총점
문자 · 어휘	문제1	한자읽기	6문제 × 1점	6	31점
	문제2	문맥규정	7문제 × 1점	7	
	문제3	유의표현	6문제 × 1점	6	
	문제4	용법	6문제 × 2점	12	
문법	문제5	문법형식 판단	10문제 × 1점	10	30점
	문제6	문장 만들기	5문제 × 2점	10	
	문제7	글의 문법	5문제 × 2점	10	
합계					61점

★ 득점환산법(60점 만점)　[득점] ÷ 61 × 60=[　　　]점

 독해

		문제유형	문항 및 배점	점수	총점
독해	문제8	내용이해(단문)	4문제 × 2점	8	47점
	문제9	내용이해(중문)	9문제 × 3점	27	
	문제10	내용이해(장문)	4문제 × 3점	12	
	문제11	통합이해	2문제 × 3점	6	6점
	문제12	주장이해(장문)	4문제 × 3점	12	12점
	문제13	정보검색	2문제 × 4점	8	8점
합계					73점

★ 득점환산법(60점 만점)　[득점] ÷ 73 × 60=[　　　]점

🎧 청해

		문제유형	문항 및 배점	점수	총점
청해	문제1	과제이해	6문제 × 2점	12	38점
	문제2	포인트이해	7문제 × 2점	14	
	문제3	개요이해	6문제 × 2점	12	
	문제4	즉시응답	14문제 × 1점	14	14점
	문제5	통합이해	4문제 × 3점	12	12점
합계					64점

★ 득점환산법(60점 만점)　[득점] ÷ 64 × 60=[　　　]점

※위 배점표는 시원스쿨어학연구소가 작성한 것으로 실제 시험과는 다소 오차가 있을 수 있습니다.

問題用紙

N 1

言語知識 (文字・語彙・文法) ・ 読解
(110分)

注　意
Notes

1.　試験が始まるまで、この問題用紙を開けないでください。
　　Do not open this question booklet until the test begins.

2.　この問題用紙を持って帰ることはできません。
　　Do not take this question booklet with you after the test.

3.　受験番号と名前を下の欄に、受験票と同じように書いてください。
　　Write your examinee registration number and name clearly in each box below as written on your test voucher.

4.　この問題用紙は、全部で 31 ページあります。
　　This question booklet has 31 pages.

5.　問題には解答番号この 1 、 2 、 3 … が付いています。解答は、解答用紙にある同じ番号のところにマークしてください。
　　One of the row numbers 1 , 2 , 3 ... is given for each question. Mark your answer in the same row of the answer sheet.

受験番号　Examinee Registration Number	
名前　Name	

問題1 _____ の言葉の読み方として最もよいものを、1・2・3・4から一つ選びなさい。

---

1 今朝見つかった遺体は腐敗していた。

1 ふうばい　　　2 ふうはい　　　3 ふばい　　　4 ふはい

---

2 彼は面倒なことをお願いしても快く引き受けてくれる。

1 いさぎよく　　2 こころよく　　3 ここちよく　　4 いきおいよく

---

3 このサービスを導入した経緯をご説明します。

1 きょうい　　　2 きょうり　　　3 けいい　　　4 けいり

---

4 4月から隣町にある学校に赴任することになりました。

1 ふじん　　　　2 ふにん　　　　3 とじん　　　4 とにん

---

5 すべての子どもが健やかに育つ社会の実現を目指したい。

1 さわやかに　　2 ゆるやかに　　3 おだやかに　　4 すこやかに

---

6 相手を侮ってはいけない。

1 あなどっては　　2 うたがっては　　3 おこたっては　　4 いつわっては

問題2 （　　　）に入れるのに最もよいものを、１・２・３・４から一つ選びなさい。

소요시간
3분

7　最近、警察による交通違反の（　　　）が厳しくなった。

　　1　取り扱い　　　　2　取り締まり　　　3　取り引き　　　4　引き取り

8　怪我をした彼の傷口を（　　　）して止血した。

　　1　圧力　　　　　　2　圧勝　　　　　　3　圧迫　　　　　　4　圧縮

9　兄のお下がりを着てみたが（　　　）だった。

　　1　つるつる　　　　2　のろのろ　　　　3　ばらばら　　　　4　ぶかぶか

10　その文学作品には、人間の本質が（　　　）描写されている。

　　1　ぼつぼつと　　　2　軒並み　　　　　3　ありありと　　　4　さぞかし

11　彼は多彩な趣味や（　　　）の持ち主だ。

　　1　特許　　　　　　2　特技　　　　　　3　特産　　　　　　4　特集

12　突然、必修の授業が曜日変更になったので、アルバイトの（　　　）を組み直すことになった。

　　1　ダメージ　　　　2　ジャンル　　　　3　シフト　　　　　4　レイアウト

13　日本人は金融の知識に（　　　）、投資に対しても後ろ向きなのが現実だ。

　　1　うとく　　　　　2　いちじるしく　　3　そっけなく　　　4　まぎらわしく

問題3 _____の言葉に意味が最も近いものを、1・2・3・4から一つ選びなさい。

14 今日、我が社の成功があるのは、ひとえに社員のみなさんのお陰です。

1 いっそ　　　　2 ほかでもなく　　3 ひときわ　　　4 なお

15 双方、主張を譲らず、三度目の会議も平行線のままだ。

1 たとえ　　　　2 互いに　　　　3 概して　　　　4 互角に

16 この選挙区は与党と野党がしのぎを削る激戦区だ。

1 汗を流す　　　　　　　　　2 ひどく対立する
3 しょっちゅう替わる　　　　4 激しく争う

17 彼女ならこの苦難をきっと乗り越えるに違いない。

1 排除する　　　　2 勝利する　　　3 克服する　　　4 飛躍する

18 鈴木さんとはいつも話がかみ合わないのでストレスがたまる。

1 とまらない　　　2 つく　　　　　3 弾む　　　　4 ずれる

19 何度言っても約束を守れないなら、次はスマホを没収することにします。

1 取り上げる　　　2 取り下げる　　3 取り除く　　　4 取り出す

問題4　次の言葉の使い方として最もよいものを、1・2・3・4から一つ選びなさい。

소요시간
6분

20　かばう

1　毎日仕事をする夫を陰でかばうのが妻の役割だと思っている。

2　健康な体をかばうためには、規則正しい生活が大切だ。

3　私の故郷は周囲を山にかばわれている、静かで小さな集落だ。

4　彼女は公園で遊んでいた子供を、飛んできたボールからかばってけがをした。

21　本音

1　他人の意見に流されず、物事の本音を自分なりに考えることは重要だ。

2　兄の借金で苦労させられた彼は、兄のことにはもうかかわりたくないのが本音だろう。

3　自分はアルバイトだからと言い訳ばかりしていた彼は、私が放った一言で本音になった。

4　動物は本音に従って生きていると考えられているが、学習によって変化することも多い。

22　冷酷

1　被告の責任能力に問題はなく、非情で冷酷な犯行に対して、厳罰を希望する。

2　トラブルが起こった時こそ、冷酷な判断が必要だということを部長から学んだ。

3　以前は反対したものの、今では弟の大学合格を冷酷に願っている。

4　彼の部下になると、冷酷な業務が待ち受けているというのが社内でのもっぱらの噂だ。

23 照合

1 勉強が得意な長女とスポーツ万能な次女は照合的である。

2 最近は、音楽とテクノロジーを照合させたアートが話題だ。

3 時代の流れに照合した経営戦略を立てるべきだ。

4 現場に残された指紋と容疑者の指紋を照合してみた。

24 いたわる

1 老弱者をいたわるのは人間としてあたりまえなことだと思う。

2 国会議員が工事の便宜をいたわって賄賂を受け取ったというニュースに腹が立った。

3 携帯電話をしょっちゅう落としてしまうので、液晶をいたわるためにフィルムを貼った。

4 出張していた先生が学校に戻るや否や、子どもたちは教室に集まって先生をいたわった。

25 さぼる

1 勉強が嫌だからと言って努力をさぼると、将来、行きたい大学にはいけない。

2 子どもが学校の掃除当番をさぼって帰ってきたことがわかり、理由を問いただした。

3 野球の応援に行くと乱暴な言葉でさぼってばかりいる彼が嫌いだ。

4 出かける前に母がはやくしなさいとさぼったせいで、携帯を持ってくるのを忘れた。

問題5 次の文の(　　　)に入れるのに最もよいものを、１・２・３・４から一つ選び
なさい。

26 大津波に見舞われ、家(　　　)家が流されてしまった。

1　だけに　　　　　2　にかぎり　　　3　という　　　　4　をも

27 私は知らなかったが、(　　　)田村さんのお母さんは著名な書道家だそうだ。

1　ひょっとすると　　　　　　　　2　なんでも
3　もしや　　　　　　　　　　　　4　あえて

28 彼女は新しい土地にも慣れ、忙しい(　　　)毎日元気に過ごしているようだ。

1　ともなしに　　　　　　　　　　2　とばかりに
3　ながらも　　　　　　　　　　　4　ながらにして

29 彼は今日の会議でたくさんの意見を出したが、誰にも(　　　)しないだろう。

1　受け入れは　　　　　　　　　　2　受け入れされ
3　受け入れすら　　　　　　　　　4　受け入れられは

30 山岳マラソンに参加した彼女は一晩中山の中を(　　　)、ついにゴールした。

1　走りに走って　　　　　　　　　2　走れ走れ
3　走っても走っても　　　　　　　4　走りに走った

31 (デパートの服売り場で)

客　「すみません、このジャージって春秋向きですか。」

店員「夏季以外はオールシーズン(　　　)いただけます。」

1　頂戴して　　　　　　　　　　　　2　お召しになって

3　承って　　　　　　　　　　　　　4　おいでになって

32 11月に入ってようやく秋らしくなった(　　　)、まだ部屋に蚊が飛んでいる。

1　とあれば　　　　2　とばかりに　　　3　と思いきや　　　4　と思いつつ

33 部下「あ、課長、お土産ありがとうございます。」

課長「気に入って(　　　)。」

部下「こんなおいしいお菓子は初めてです。」

1　もらえるとうれしいんだけど　　　　2　あげないと困るんだけど

3　願えないものかなあ　　　　　　　　4　お願いしたいんだがなあ

34 高橋「昨日、木村さんの家の近所に用事で行ったんだよね。」

木村「そう？だったら連絡してくれればよかった(　　　)、水くさいなあ。」

1　ものを　　　　　　2　こととて　　　　3　がゆえに　　　　4　にしろ

35 人生を(　　　)、自分次第だと思います。

1　楽しくするなりしないなり　　　　　2　楽しくしてもしなくても

3　楽しくするもしないも　　　　　　　4　楽しくしようがしまいが

問題6　次の文の　★　に入る最もよいものを、1・2・3・4から一つ選びなさい。

소요시간
5분

（問題例）　あそこで ＿＿＿＿ ＿＿＿＿ ＿★＿ ＿＿＿＿は山田<ruby>山田<rt>やまだ</rt></ruby>さんです。

　　　　　　1　テレビ　　　　2　見ている　　　3　を　　　　　4　人

（解答のしかた）

1. 正しい文はこうです。

あそこで ＿＿＿＿ ＿＿＿＿ ＿★＿ ＿＿＿＿は<ruby>山田<rt>やまだ</rt></ruby>さんです。

　　　　1　テレビ　　　　2　を　　　　　3　見ている　　　4　人

2. ＿★＿に入る番号を解答用紙にマークします。

（解答用紙）　　| （例） | ① | ● | ③ | ④ |

36　昨日の夫のちょっとした発言が＿＿＿＿ ＿★＿ ＿＿＿＿、＿＿＿＿と反省している。

　　1　なってしまったが　　　　　　　2　私にも悪いところがあった

　　3　夫婦喧嘩に　　　　　　　　　　4　鼻について

37　今回のプロジェクトが、＿＿＿＿ ＿＿＿＿ ＿★＿ ＿＿＿＿にかかっている。

　　1　活躍　　　　　　　　　　　　　2　成功するかどうかは

　　3　田中さんの　　　　　　　　　　4　リーダーである

38 長いこと＿＿＿＿ ＿＿＿＿ ＿★＿ ＿＿＿＿、すっかり騙されてしまいました。

1 投資の話をする 　　　　　　　2 ものだから

3 言葉巧みに 　　　　　　　　　4 信頼してきた女性が

39 妹は引越しが終わると、＿＿＿＿ ＿＿＿＿ ＿★＿ ＿＿＿＿出かけました。

1 片付けも 　　　2 町に 　　　3 そこそこに 　　4 荷物の

40 弁護士は少年の家庭環境に問題があると訴えましたが、犯罪を繰り返す少年に
＿＿＿＿ ＿＿＿＿ ＿★＿ ＿＿＿＿判断が下されました。

1 更生の 　　　　2 ない 　　　　3 余地は 　　　　4 という

問題7 次の文章を読んで、文章全体の趣旨を踏まえて、 41 から 45 の中に入る

最もよいものを、1・2・3・4から一つ選びなさい。

　世界では毎年40億トンにも及ぶ食糧が生産されています。しかし、このうちの3分の1は過剰生産などにより、廃棄されているのが現状です。まだ食べられるのに捨てられてしまうことを「食品ロス」といい、世界でも大きな問題として取り上げられています。

　現在世界では、およそ9人に1人が飢えに苦しんでいると 41 。40億トンの食糧があれば、世界全人口の食を賄うには十分な量です。 42 、この食糧の多くは収入があり消費が見込まれる先進国に集中しているため、貧しい国には行き届かないのです。「食品ロス」は、このような食の不均衡の問題のほかに、環境にも大きな影響を及ぼします。食料を廃棄する過程では、ゴミ問題はもとより、生態系の破壊や気候変動 43 。

　日本においては食品ロス削減推進法 44 、毎年10月を食品ロス削減月間に定めています。食品メーカーや外食産業のみならず、私たちにもできることがあります。外食の際に食べ残した料理を持ち帰ったり、家では必要な分だけ料理をしたりといったことに、 45 。

41

1　されていることです　　　　　2　させていることです

3　されています　　　　　　　　4　させています

42

1　いぜん　　　　　　　　　　　2　しかしながら

3　どうやら　　　　　　　　　　4　あいにく

43

1　にも関わってくるのです　　　2　まで乱れてくるのです

3　までこじれてしまうのです　　4　にもそがれてしまうのです

44

1　に則り　　　　2　に関わって　　3　に応えて　　4　に際して

45

1　日頃から意識しながら気をもむべきです

2　日頃から意識して取り組むことが大事です

3　随時、意識しながら見はからうべきです

4　随時、意識して取り込むことが大事です

問題 8 次の (1) から (4) の文章を読んで、後の問いに対する答えとして最もよいもの
を、1・2・3・4から一つ選びなさい。

소요시간
13분

（1）

　プレミアムフライデーは毎月最終金曜日の午後３時に仕事を終えることを推奨する政
府主導のキャンペーンである。個人消費喚起と長時間労働軽減の２つを目指して始まっ
た。しかし実施から２年後のアンケート調査によると、認知率は９割を超えるものの、実
施は１割にとどまった。多くの企業では「取引先の都合があり自分たちだけ休めない」
「アルバイトへの対応が難しい」「月末は忙しい」など導入が簡単でなかったことが伺え
る。

46　導入が簡単でなかったとあるが、なぜか。

　　1　賃上げによる企業の負担が大きくなるため
　　2　労働時間の短縮によって企業の労働生産性が落ため
　　3　政府がキャンペーンの浸透化を怠ったため
　　4　時給制の雇用者への対応が必要になるため

（2）

　特許期間が切れた新薬と同じ成分・効能の薬を他の医薬品メーカーが製造したものを「ジェネリック医薬品」といいます。「新薬と全く同じでより安い薬」というイメージがありますが、実は効能が全く同じわけではありません。これは新薬の特許には、物質特許や製法特許など複数の特許が存在し、同じ成分が使えても製造方法は同じにすることができない場合があるためです。そうすると薬が強すぎる、もしくは弱すぎる、異なった副作用が起こる…などといった違いが出る可能性があります。国で利用を推進していますが、良いことずくめの薬ではないのでよく調べて使いましょう。

47　この文章で筆者が最も言いたいことは何か。

　　1　ジェネリック医薬品は安いが、成分がよくないので使わないのがいい。
　　2　ジェネリック医薬品と新薬は全く同じだから安心して使っていい。
　　3　ジェネリック医薬品は副作用の恐れがあるので使用の際、注意が必要だ。
　　4　ジェネリック医薬品は国ですすめているが、新薬と比べてから使うのがいい。

（3）

　アポ電強盗の被害が増えている。一人暮らしの高齢者宅に親族を装って電話をかけ、「交通事故にあって急に現金が必要だ。今、家に金があるか？」と尋ね、現金があると確認できると、強盗に押し入る。極めて悪質な手口だ。似た手口のオレオレ詐欺は金銭被害だけだが、アポ電強盗は最悪の場合、命を奪われることもある。高齢者自身が一人の時は電話に出ない、所持金額を教えないなどに気をつける他、防犯サービスの利用を促すなど、家族や地域の協力も欠かせない。

48　アポ電強盗はどのような手口か。

1　電話をかけて現金の有無を確認した後、家に侵入すること
2　電話をかけて指定の銀行口座に金を振り込ませること
3　家にやってきて現金を盗んだ後、命まで奪うこと
4　交通事故にあったと嘘をついて現金を用意させること

（4）

　長い単語を短く縮めた略語の乱用は日本語に限ったことではないが、日本ではとりわけ外来語の略語が多く、日本人でも理解できない場合も多い。発音の容易さや内容伝達の効率のよさはあるが、略すことによって元の言葉が保っていた政治的宣言や歴史的意義が解体されることもある。最近頻繁に用いられる「パワハラ」や「セクハラ」などの言葉は、重大な社会的問題を告発する目的で考案された言葉を簡略化したため、時によって緊張感を崩し、ジョークのように使われてしまう。

49 筆者の考えと合っているものはどれか。

1　略語は口語体でのみ使われるべきである。

2　外来語を略語にすると、言葉の意味が薄れることもある。

3　目的を有した言葉を短く縮めると、その意味がこじれてしまう。

4　音節が少ない単語は軽いニュアンスを与える。

問題9 次の (1) から (3) の文章を読んで、後の問いに対する答えとして最もよいもの
【소요시간 25분】 を、1・2・3・4から一つ選びなさい。

（1）

　人気の芸能人たちに私生活というものはあるのだろうか。テレビや週刊誌で芸能人や
スポーツ選手の私生活に関する報道を目にする機会も多い。どんな人と交際しているの
か、子供がどこの学校に通っているのかなど、些細なことまですべて公開されることがあ
り、芸能人も楽な職業ではないような気がする。確かに、有名人は不特定多数の人から見
①
られるのが仕事のうちと言っても間違いではないが、それはあくまで仕事中の場合であっ
て、非常にプライベートなことまで人目にさらされることもあり、問題になると思うから
だ。

　その一方で、私は事実を報道したり伝えたりする報道の自由も考えなければならない
②
と思う。一般の人にとってはプライバシーの侵害とみなされることも、芸能人であれば広
い範囲で報道が許されるのは仕方がないことなのかも知れない。しかし、過去の裁判の例
を見ると、芸能人であっても一般の人とほぼ同様にプライバシーが守られるべき、という
判決例が多い。私もどんな職業であっても原則としてプライバシーは守られるべきもので
あり、報道の自由を笠に着て一線を越えるような行為があってはならないと考える。

50 ①芸能人も楽な職業ではないような気がするとあるが、なぜか。

1 私生活について不特定多数から常に評価されるから

2 一般人とは違って、私生活が持てないから

3 私生活のちょっとしたことまで人にみられるから

4 私生活が人目にさらされて真面な生活ができないから

51 ②報道の自由とあるが、筆者はどのように述べているか。

1 報道は芸能人のプライバシーを侵害してまでも事実を伝える自由がある。

2 芸能人の立場より真実を伝える報道側の立場がもっと重要である。

3 報道は芸能人の私生活をすべて伝えてもプライバシー侵害にならない。

4 芸能人の立場も重要だが、報道する側の立場も考慮しなければならない。

52 この文章で筆者が最も言いたいことは何か。

1 芸能人の私生活は常に一般人と共有するべきだ。

2 芸能人の私生活のことまで公にするのは控えるべきだ。

3 芸能人の私生活をむやみにさらす行為は罰するべきだ。

4 芸能人の私生活に関する報道の範囲を法で定めるべきだ。

(2)

　「井の中の蛙大海を知らず」ということわざを耳にしたことがありますか。「自分が持っている狭い価値観だけで物事を考え、広い視野で物事を考えることができない人」という意味を持っています。「井の中の蛙」と短くして用いられるのが一般的です。中国の古典を元にした言葉で、原文をわかりやすく説明すると「井戸の中の蛙は海について語ることができない。海を見たことがないため、視野が狭くありきたりの知識しかないからだ」という意味になります。

　このように「井の中の蛙」とは「視野が狭く見識の無い人」という否定的な言葉として使われています。しかし、<u>このことわざには続きがあって</u>、その意味はとても肯定的なものです。「井の中の蛙大海を知らず」の続きは「されど空の青さを知る」です。これは中国から伝わったものではなく、日本に伝わった後に付け加えられたものとされています。この一言が加えられたことで、「狭い世界にいるからこそ、その世界の深いところまでよく知っている」という意味になります。

　確かに、広い視野を持つことで自分の未熟さに気づき成長することが出来るかもしれません。しかし狭い世界だとしてもその道を究めることで、しっかり成長ができるという希望を示してくれることわざです。

53 「井の中の蛙大海を知らず」はどういう人だと述べているか。

    1   暗い性格の人

    2   考えが狭い人

    3   考えが浅はかな人

    4   平凡で面白くない人

54 このことわざには続きの説明に合うのはどれか。

    1   続きの部分も中国から伝わったものだが、長いため省略している。

    2   続きの部分が加わると、狭い価値観で物事を見る人という意味になる。

    3   前半部分も続きの部分も、全て日本の古典が元になっている。

    4   続きの部分が加わると、一つの分野に詳しい人という意味になる。

55 「井の中の蛙」を通じて筆者が言いたいことは何か。

    1   自分の足りなさに気づき、広い視野を持ってこそ希望が見える。

    2   一つのことであってもとことん探求し続けると、成長できる。

    3   否定的な考えより肯定的な考えを持ってこそ成長できる。

    4   広い世界より狭い世界を究めることが大事である。

(3)

　「あおり運転」とは車間距離を急に詰めたり、前方を走っているのに急停止して周りの車の運転を邪魔する危険な行為をいう。あおり運転にはクラクションを必要以上に鳴らしたり、相手の車を追い回したり、相手を直接脅したり、暴言を吐くことも含まれている。2020年6月、あおり運転を取り締まるための「妨害運転罪」が定められ、厳罰化されるようになった。

　厳罰化のきっかけとなったのは2017年に高速道路で起きたあおり運転事故だ。あおり運転により車を強引に停めさせられた所にトラックが追突し、4人の死傷者が出た。この事件の裁判で加害者には危険運転致死傷罪の判決が下ったものの、検察と弁護士が真っ向から対立し、多くの議論がなされた。妨害運転罪が創設されてからはあおり運転により人身事故が起きた場合、危険運転致死傷罪が適用され、ケガをさせたら懲役15年以下、死亡させた場合1年以上20年以下の懲役が科せられる。

　あおり運転に遭った場合、どうすればいいのだろうか。まずは冷静に道を譲り、関わらないことが最も賢明な方法だ。しつこい場合、路肩や高速道路のサービスエリアなど安全な場所まで移動して停車する。停車後、あおり運転の相手が車から降りてきたら、ドアをロックして警察に通報しよう。

56 「あおり運転」の説明として、本文と合っているものはどれか。

    1　クラクションをしつこく鳴らすのはあおり運転ではない。

    2　昔からあおり運転に対して厳しい罰則が科せられていた。

    3　「妨害運転罪」が創設され、あおり運転は厳罰化された。

    4　車間距離を急に詰めても事故が起こらなければ大丈夫だ。

57 「あおり運転」が厳罰化されたのは、なぜか。

    1　事故の裁判で検察も弁護士も意見が同じだったから

    2　加害者に危険運転致死傷罪が適用されなかったから

    3　あおり運転のために4人の死傷者が出た事故が起きたから

    4　妨害運転罪ではあおり運転への懲罰が定められていなかったから

58 筆者によると、あおり運転にあった場合にはどうすればよいか。

    1　路肩に急停止して、警察に通報する。

    2　相手の車両に道を譲り、冷静に運転することが大切である。

    3　しつこく追ってきたら、警察署に移動して通報する。

    4　加害者が車から降りてきたら、同じく降りて話し合いをする。

問題10 次の文章を読んで、後の問いに対する答えとして最もよいものを、１・２・
３・４から一つ選びなさい。

소요시간 15분

　昭和二十年の八月から約一年三か月ほど、本州の北端の津軽の生家で、所謂、疎開生
活をしていたのであるが、そのあいだ私は、ほとんど家の中にばかりいて、旅行らしい旅
行は、いちども、しなかった。いちど、津軽半島の日本海側の、ある港町に遊びに行った
が、それとて、私の疎開していた町から汽車で、せいぜい三、四時間の、「外出」とでも
言ったほうがいいくらいの小旅行であった。

　けれども私は、その港町のある旅館に一泊して、哀話、にも似た奇妙な事件に接した
のである。それを、書こう。

　私が津軽に疎開していた頃は、私のほうから人を訪問した事は、ほとんどなかった
し、また、私を訪問して来る人もあまりなかった。それでも時たま、復員の青年などが、
小説の話を聞かして下さい、などと言ってやって来る。

　「地方文化、という言葉がよく使われているようですが、あれは、先生、どういう事な
んでしょうか。」

　「うむ。僕にもよくわからないのだがね。たとえば、いまこの地方には、濁酒がさかん
に作られているようだが、どうせ作るなら、おいしくて、そうしてたくさん飲んでも二日
酔いしないような、上等なものを作る。濁酒に限らず、イチゴ酒でも、桑の実酒でも、野
葡萄の酒でも、リンゴの酒でも、いろいろ工夫して、酔い心地のよい上等品を作る。たべ
ものにしても同じ事で、この地方の産物を、出来るだけおいしくたべる事に、独自の工夫
をこらす。そうして皆で愉快に飲みかつ食う。そんな事じゃ、ないかしら。」

　「先生は、濁酒などお飲みになりますか。」

　「飲まぬ事もないが、そんなに、おいしいとは思わない。酔い心地も、結構でない。」

　「しかし、<u>いいのもありますよ</u>。清酒とすこしも変らないのも、このごろ出来るように
　　　　　①
なったのです。」

　「そうか。それがすなわち、地方文化の進歩というものなのかも知れない。」

　「こんど、先生のところに持って来てもいいですか。先生は、飲んで下さいますか。」

　「それは、飲んであげてもいい。地方文化の研究のためですからね。」

　数日後に、その青年は、水筒にお酒をつめて持って来た。

　私は飲んでみて、

「うまい。」

と言った。

清酒と同様に綺麗に澄んでいて、清酒よりも更に濃い琥珀色で、アルコール度もかなり強いように思われた。

「優秀でしょう？」

「うむ。優秀だ。地方文化あなどるべからずだ。」
     ②

「それから、先生、これが何だかわかりますか？」

青年は持参の弁当箱の蓋をひらいて卓上に置いた。

『母 (1947年)』太宰治

(注1) 疎開（そかい）：空襲などに備えて、都市に住む住民が地方に引っ越しすること

(注2) 復員（ふくいん）：戦時体制を解いて、召集した兵員の服務を解くこと

(注3) 濁酒（どぶろく）：米と水とこうじで作り、後に濾（こ）さずに作った酒。白く濁っている

59 「地方文化」について、筆者はどのように述べているか。

    1   地方の産物を切磋琢磨して生かすこと

    2   地方ならではの一酔千日の濁酒を作ること

    3   地方の人たちが仲良く一致団結すること

    4   地方の産物を生かす創意工夫があること

60 ①いいのもありますよとあるが、なぜか。

    1   筆者が奇妙な事件に接したと言うから

    2   疎開生活も苦しい生活ばかりではないから

    3   地元のお酒に対する筆者の評価がよくないから

    4   地方でも清酒を作れるようになったから

61 「地方文化の研究」とは何を指しているか。

    1   青年がすすめる濁酒を飲まないでもないこと

    2   津軽から汽車で3、4時間の港町に行くこと

    3   復員してきた地方の青年と小説の話をすること

    4   地方の産物をみんなで楽しく食べること

62 ②地方文化あなどるべからずとあるが、筆者の気持ちと合うのはどれか。

1 濁酒によっては優秀だ。

2 濁酒にしては優秀だ。

3 濁酒だけあって優秀だ。

4 濁酒ともなれば優秀だ。

問題11　次のＡとＢの文章を読んで、後の問いに対する答えとして最もよいものを、
１・２・３・４から一つ選びなさい。

소요시간
7분

Ａ

　　最近公園に行くとボール遊びの禁止、大声を出すな等の注意書きを度々見る。その注意書きを見るたびに違和感を覚えていたが、公園や保育園で子どもの遊ぶ声がうるさいとトラブルになるケースが増えているらしい。夜勤明けなのに子どもの声がうるさくて眠れない、静かに暮らしたいのに、その妨げになる等、たびたびクレームがあがるそうだ。最近の保育園では近隣トラブルを防ぐために防音対策に力を入れるところも多いと聞く。こういう話を聞くたびに、果たして子どもの声は騒音なのだろうかと考える。ふと昔を思い出すと、幼少期は公園で友人とサッカーやソフトボールをして過ごした記憶がある。きっと誰もが一度や二度そのような経験があるのではないだろうか。何もない道で声をあげているわけではなく、公園や保育園でただ遊んでいるだけにもかかわらず、騒音として反応するのは、やりすぎだろう。

Ｂ

　　子どもは泣くのは当たり前なのだから、それに苦情を言うのはおかしいという意見を言う人がいる。もちろん子どもが泣くことや、声を出すことは当たり前だという認識はある。しかし、苦情を言う人を一方的におかしいと決めつけることもまた、おかしいのではないだろうか。公園や保育園が近くにある地域に自分で引っ越してきた場合は別だが、例えば、住んでいたところに突然公園や保育園ができたと考えるとどうだろうか。もしかしたら、苦情を言う人は体調が悪く寝たきりの人かもしれない、夜勤をしている人かもしれない、人それぞれに事情はあるはずだ。どちらかが正しい、悪いを決めるのではなく、共に暮らす住民としてお互いの主張に耳を貸し、妥協点を見つける必要があるのではないだろうか。

63 子どもの声について、AとBはどのように述べているか。

1 AもBも騒音と捉えるのは当然だと考えており、苦情を訴える人へ理解を示している。

2 AもBも子どもの声が騒音とは捉えておらず、騒音と捉える人へ不快感を示している。

3 Aは騒音と一方的に捉えることはよくないと考えており、Bは中立的な立場である。

4 Aは騒音と捉えることに不快感を示しており、Bは騒音と捉えるのは当然だと思っている。

64 子どもの声にAとBはどのような姿勢を持つべきだと述べているか。

1 AもBもトラブルがあった場合は、お互いの主張をしっかり確認すべきだと述べている。

2 AもBも苦情を言う人が悪いと判断するきらいがあるが、それは完全な間違いだと述べている。

3 Aは苦情が出るたびに、話し合いの場を設ける必要があると述べ、Bは子どもの立場を理解する心が大事だと述べている。

4 Aは子供にしてみれば、当たり前なことなので理解が必要だと述べ、Bは両方の立場を認めながら、理解し合うべきだと述べている。

問題12 次の文章を読んで、後の問いに対する答えとして最もよいものを、１・２・
３・４から一つ選びなさい。

　盆栽は鉢という限られた小さな空間に樹木を植えて自然を表現する芸術作品のひとつ
である。盆栽のルーツは中国で平安時代に伝えられたとされる。室町幕府の第8代将軍、
足利義政が盆栽の世話をしたという記録があり、東山文化のもとで発展を遂げたとみら
れる。江戸時代になると身分を問わず、庶民も楽しむ文化となり、明治時代には政財界の
重鎮がたしなむ上流階級の趣味と位置付けられた。しかし、手間がかかるのと、栽培に
長い年月を要するため、時間的に余裕のあるご隠居趣味とみられるようになっていった。
①

　近年はBONSAIとして海外でも知られる他、日本でも女性を中心に注目されているよう
だ。その理由は住宅事情とも関係している。日本の住宅は狭小である上に庭がなく、アパー
ト住まいの単身世帯が増えている。庭がなくても育てられる小さな樹木が盆栽である。
松や紅葉や桜など、本来は地植えでないと育たない樹木が盆栽ならば可能で、部屋の中で
鑑賞できるのが魅力である。伝統を継承しつつ、現代の住まいにあうようにモダンなイン
テリアとしての盆栽デザインが数多く提案されている。

　ところで、観葉植物や草花を鉢に植えたものを鉢植えという。盆栽と鉢植えは何が違
うのか。一番の違いは大きく育てないことにある。鉢植えは普通、植物の成長とともに大
きな鉢に植え替えていく。もし上手く育てられれば、鉢植えであっても部屋の天井につく
位に大きく育てることができる。盆栽はまったく逆で樹木を小さくすることを目標にして
おり、小さいながら枝を増やし大地に根を張っているかのような姿、自然にある姿を再現
するかのような樹形を作る。これが「鉢の中の宇宙」「芸術作品」と言われるゆえんである。

　一方で、盆栽は植物を虐待しているという批判もある。そもそも大きくなろうとして
②
いる樹木を無理やり小さな鉢に収まるようにする上、枝を切って整える剪定、針金で樹木
の姿を整える針金整枝、時には樹皮をはいだり、幹に穴を開けて枝を挿したり、樹木に様々
な手をかける。命あるものに対峙する姿勢として批判の声を受け入れる盆栽家もいる。
しかし、手の加え方が鉢植えや庭木とは比べものにならず、だからこそ人間の寿命よりも
長く生きる盆栽が存在し、その数は決して少なくない。盆栽を育てることへの姿勢には自
然を自分勝手に作り変えるエゴイズムというよりは人間には到底叶わない自然の力、樹齢
何百年と生き続ける植物への憧憬が根底に流れているのではないだろうか。

(注1) 東山文化：15世紀に能、茶道、華道、庭園、建築などの多様な芸術が花開いた時代、その文化

(注2) 重鎮：有力者。その方面での重きをなす中心的な人物

(注3) 地植え：地面に直接、草花などを植えること

65　①ご隠居趣味とは、何か。

1　盆栽と長い歳月を付き合ってきた人の趣味

2　日本の伝統を継承していく人の趣味

3　主に家の中で時間過ごしている人の趣味

4　時間にゆとりがあるお年寄りの趣味

66　「鉢の中の宇宙」とあるが、なぜか。

1　小さな鉢の中に桜や紅葉などで四季を感じられるから

2　小さな鉢の中に大きな樹木の世界を再現できるから

3　鉢の中に樹木が生まれてから死ぬまでを再現できるから

4　鉢の中に宇宙を感じさせるモダンな雰囲気があるから

67　②植物を虐待しているとあるが、筆者はなぜそのように述べているか。

1　植物にも感情があるから

2　無理に小さく育てるから

3　地植えではなく鉢植えにするから

4　たくさん触って植物を傷めるから

68　この文章で筆者が最も言いたいことは何か。

1　自然を敬う気持ちと憧れの念があるため、人は盆栽を大事に育て長く生かそうとするのだ。

2　盆栽を育てるには多くの技術が必要で、誰もが気軽に簡単に始めてはいけない。

3　家が狭くても自然に触れられる盆栽は、日本伝統の文化で外国にも広めていきたい。

4　盆栽は自然の流れに反しており、植物を虐待しているという意見を聞き入れなければならない。

問題13　右のページは、かぜ薬の説明書である。下の問いに対する答えとして
最もよいものを、１・２・３・４から一つ選びなさい。

소요시간
5분

69　かぜ薬に関する内容のうち、正しいのはどれか。

1　たまごを食べてアレルギー症状を起こした経験があっても服用できる。
2　便秘、口のかわきにも効果がある。
3　他の容器に入れ替えると品質に問題が生じる可能性がある。
4　医師の診療を受けてから正しい用法・容量で服用する必要がある。

70　次の人たちがこのかぜ薬を飲もうとしている。飲み方が正しいのはどれか。

1　一日中工事現場でクレーン操作をする30歳男性が昼食を食べた後、3錠を飲む
2　学校に行く準備をしている中学生1年生女子が朝食を食べた後、2錠を飲む
3　母乳で赤ん坊を育てている28歳女性が夕食を食べた後、3錠を飲む
4　おととい、ひどい二日酔いに悩まされた40歳男性が昼食を食べた後、1錠を飲む

使用前にこの説明書を必ずお読みください

くしゃみ、鼻水、鼻づまりによく効く成分が配合され、鼻やのどの炎症をしずめます。さらに熱、せき、痛みなどの風邪の症状に効果をあらわす有効成分を配合したかぜ薬です。

【効能・効果】

かぜの諸症状(鼻水、鼻づまり、くしゃみ、のどの痛み、せき、たん、悪寒、発熱、頭痛、関節の痛み、筋肉の痛み)の緩和

【用法・用量】

次の量を水またはお湯で服用してください。

年齢	1回量	1日服用回数
15歳以上	3錠	3回 食後なるべく30分以内に服用
11歳以上15歳未満	2錠	
6歳以上11歳未満	1錠	
6歳未満	服用しないでください	

※用法・用量を厳守してください。
※12歳未満の小児には医師の診療を受けさせることを優先してください。

【保管及び取扱い上の注意】

(1)直射日光の当たらない湿気の少ない涼しいところで保管

(2)小児の手の届かないところで保管

(3)他の容器に入れ替えない(誤飲の原因や品質が変わるため)

(4)濡れた手で取り扱わない

【してはいけないこと】

１．次の人は服用しないでください。

(1)本剤、または本剤の成分、鶏卵によりアレルギー症状を起こしたことがある人

(2)本剤または他のかぜ薬を服用して、ぜんそくを起こしたことがある人

２．本剤を服用している間は他の薬を飲まないでください。

３．服用後、乗り物または機械類の運転操作をしないでください。

(眠気があらわれることがあります)

４．授乳中の人は本剤を服用しないか、本剤を服用する場合は授乳を避けてください。

５．服用前後は飲酒しないでください。

６．長期連用しないでください。

【相談すること】

次の症状があらわれたら服用を中止し、医師、薬剤師に相談してください。

・発疹、かゆみ、けいれん、吐き気、食欲不振

・便秘、口のかわき

・5～6回服用しても症状がよくならない場合

N1
聴解
(60分)

注　意
Notes

1.　試験が始まるまで、この問題用紙を開けないでください。
　　Do not open this question booklet until the test begins.

2.　この問題用紙を持って帰ることはできません。
　　Do not take this question booklet with you after the test.

3.　受験番号と名前を下の欄に、受験票と同じように書いて
　ください。
　　Write your examinee registration number and name clearly in each
　　box below as written on your test voucher.

4.　この問題用紙は、全部で 13 ページあります。
　　This question booklet has 13 pages.

5.　この問題用紙にメモをとってもかまいません。
　　You may make notes in this question booklet.

受験番号　Examinee Registration Number	
名前　　Name	

問題1

問題1では、まず質問を聞いてください。それから話を聞いて、問題用紙の1から4の中から、最もよいものを一つ選んでください。

例

1 男性にアドレスをメールする

2 デザイナーの絵画作品を選ぶ

3 インターネットの画廊を調べる

4 ランチを食べに出かける

1番

1 スライドを修正する

2 もらった資料を確認する

3 もらった動画を確認する

4 名簿を修正する

2番

1 電気がある明るい廊下に置く

2 室外の日光の当たるところに置く

3 暖房を入れた暖かい廊下に置く

4 室内の日光の当たるところに置く

3番
ばん

1 服のシミをつまんで拭く
   ふく　　　　　　　　　ふ

2 服を捨てる
   ふく　す

3 服を洗濯機で洗う
   ふく　せんたくき　　あら

4 服を天日干しする
   ふく　てんぴぼ

4番
ばん

1 料理教室へ入会するための手続きをする
   りょうりきょうしつ　にゅうかい　　　　　　てつづ

2 自分のSNSに料理教室の写真を投稿する
   じぶん　　　　　　りょうりきょうしつ　しゃしん　とうこう

3 ホームページでコースの内容を調べる
   　　　　　　　　　　　　　　ないよう　しら

4 日曜日の体験レッスンの予約をする
   にちようび　たいけん　　　　　　よやく

5番_{ばん}

1 最上階にあるバーに行く

2 ホテルのプールに遊びに行く

3 ホテルの朝食を食べに行く

4 フロントにあるカフェに行く

6番_{ばん}

1 同期三人と打ち合わせをする

2 総務課と打ち合わせをする

3 研修会の内容を決める会議をする

4 上司に会議の内容をメールする

問題2

問題2では、まず質問を聞いてください。そのあと、問題用紙のせんたくしを読んでください。読む時間があります。それから話を聞いて、問題用紙の1から4の中から、最もよいものを一つ選んでください。

例

1　ドアが開かないこと

2　担当者の予約が取れないこと

3　ドアがうまく閉まらないこと

4　ドアの音がうるさいこと

1番

1 入りにくいという利用者の意見があったため

2 閉鎖的だという職員の声が多かったため

3 入り口とロビーが狭く不便なため

4 家具の老朽化が進んだため

2番

1 営業部での業績が伸びなかったから

2 企画部の人員が不足しているから

3 前から企画部に移りたかったから

4 企画部のほうが合っていると言われたから

3番

1 アレルギー症状を緩和させるため

2 炎症による目の充血を抑えるため

3 パソコンで疲れた目を乾かすため

4 目の周りの血行を促進するため

4番

1 幼なじみとどんちゃん騒ぎすること

2 単身生活を経験すること

3 ようやく親離れができること

4 夜更かしして夏を満喫すること

5番

1 無電柱化で歩行空間を確保したこと

2 住民説明会を重ねたこと

3 道路をすべて石畳に変えたこと

4 行政だけでなく住民が参加したこと

6番

1 貸したお金を返してほしかったから

2 先輩に恩を着せたかったから

3 先輩とコーヒーを飲みたかったから

4 温かい缶コーヒーで体を温めたかったから

1　飛び降りると願いがかなうこと

2　釘を使わずに木を組み合わせて作られていること

3　三重塔が日本の中で最大級なこと

4　とても広くて一周回るのに1時間ほどかかること

問題3

問題3では、問題用紙に何も印刷されていません。この問題は、全体としてどんな内容かを聞く問題です。話の前に質問はありません。まず話を聞いてください。それから、質問とせんたくしを聞いて、1から4の中から、最もよいものを一つ選んでください。

－　メモ　－

<ruby>問題<rt>もんだい</rt></ruby>4

　<ruby>問題<rt>もんだい</rt></ruby>4では、<ruby>問題用紙<rt>もんだいようし</rt></ruby>に<ruby>何<rt>なに</rt></ruby>も<ruby>印刷<rt>いんさつ</rt></ruby>されていません。まず<ruby>文<rt>ぶん</rt></ruby>を<ruby>聞<rt>き</rt></ruby>いてください。それから、それに<ruby>対<rt>たい</rt></ruby>する<ruby>返事<rt>へんじ</rt></ruby>を<ruby>聞<rt>き</rt></ruby>いて、1から3の<ruby>中<rt>なか</rt></ruby>から、<ruby>最<rt>もっと</rt></ruby>もよいものを<ruby>一<rt>ひと</rt></ruby>つ<ruby>選<rt>えら</rt></ruby>んでください。

－　メモ　－

問題 5

問題 5 では、長めの話を聞きます。この問題には練習はありません。
問題用紙にメモをとってもかまいません。

1番、2番

問題用紙に何も印刷されていません。まず話を聞いてください。それから、質問とせんたくしを聞いて、1から4の中から、最もよいものを一つ選んでください。

ー メモ ー

3番
<ruby>番<rt>ばん</rt></ruby>

まず<ruby>話<rt>はなし</rt></ruby>を<ruby>聞<rt>き</rt></ruby>いてください。それから、<ruby>二<rt>ふた</rt></ruby>つの<ruby>質問<rt>しつもん</rt></ruby>を<ruby>聞<rt>き</rt></ruby>いて、それぞれ<ruby>問題用紙<rt>もんだいようし</rt></ruby>の
<ruby>1<rt>なか</rt></ruby>から4の<ruby>中<rt>なか</rt></ruby>から、<ruby>最<rt>もっと</rt></ruby>もよいものを<ruby>一<rt>ひと</rt></ruby>つ<ruby>選<rt>えら</rt></ruby>んでください。

質問1
<ruby>質問<rt>しつもん</rt></ruby>

    1   冬期直前コース

    2   グリーンコース

    3   本番プレテストコース

    4   完全オンラインコース

質問2
<ruby>質問<rt>しつもん</rt></ruby>

    1   冬期直前コース

    2   グリーンコース

    3   本番プレテストコース

    4   完全オンラインコース

청해

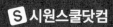

JLPT

최신기출^{유형} 실전모의고사

N1

전략 해설집

S 시원스쿨닷컴

JLPT

최신기출유형

실전모의고사

N1

전략 해설집

S 시원스쿨닷컴

목차

언어지식(문자·어휘·문법)

問題 1		問題 5	
1	1	26	2
2	3	27	2
3	2	28	2
4	1	29	1
5	3	30	2
6	3	31	4
問題 2		32	3
7	3	33	2
8	4	34	1
9	3	35	3
10	2	問題 6	
11	2	36	2
12	3	37	1
13	4	38	1
問題 3		39	2
14	2	40	4
15	4	問題 7	
16	4	41	4
17	3	42	1
18	1	43	3
19	2	44	4
問題 4		45	1
20	3		
21	3		
22	3		
23	2		
24	2		
25	4		

독해

問題 8		問題 13	
46	4	68	3
47	3	69	4
48	1		
49	1		
問題 9			
50	2		
51	3		
52	2		
53	4		
54	3		
55	1		
56	3		
57	2		
58	1		
問題 10			
59	4		
60	2		
61	4		
問題 11			
62	1		
63	3		
問題 12			
64	3		
65	3		
66	1		
67	3		

청해

問題 1		問題 4	
例	4	例	2
1	3	1	3
2	3	2	3
3	1	3	1
4	3	4	2
5	3	5	3
6	4	6	1
問題 2		7	1
例	3	8	1
1	2	9	2
2	2	10	2
3	2	11	1
4	4	12	1
5	3	13	2
6	3	14	1
7	2	問題 5	
問題 3		1	3
例	3	2	2
1	2	3	1
2	2	3	2
3	1		
4	3		
5	3		
6	4		

1교시   언어지식(문자·어휘)

본책 29 페이지

問題 1 _____ 단어의 읽는 법으로 가장 알맞은 것을 1·2·3·4에서 하나 고르세요.

1 정답 1

정말 좋아했던 할머니가 어제 <u>노쇠</u>로 돌아가셨습니다.

해설 「老」의 음독은 「ろう」, 「衰」의 음독은 「すい」이므로 「ろうすい(노쇠)」가 정답이다. 「衰」는 비교적 출제 빈도가 높으니 잘 기억해 두자.

빈출 衰える(쇠약해지다, 쇠퇴하다) | 衰弱(쇠약) | 衰退(쇠퇴)

어휘 祖母(할머니) | 亡くなる (돌아가시다)

2 정답 3

현역 트럭 운전사가 운전 기술을 <u>겨루는</u> 대회가 열렸다.

해설 「競」의 훈독은 「競う(겨루다, 경쟁하다)」이며, 음독은 「きょう·けい」가 있는데 혼동하기 쉬우니 주의하여 기억해 두자. 오답 선택지 1 奪う(빼앗다), 2 襲う(덮치다), 4 庇う(감싸다, 두둔하다)도 체크하자.

빈출 競争(경쟁) | 競走(경주) | 競技(경기) | 競売(경매) | 競馬(경마)

어휘 現役(현역)

3 정답 2

그는 스포츠 <u>만능</u>으로 반에서 인기가 많다.

해설 「万」의 음독은 「まん·ばん」, 「能」의 음독은 「のう」이므로 「ばんのう(만능)」가 정답이다. 시험에는 「万(ばん)」의 출제 빈도가 높으니 체크해 두자.

빈출 万国(만국) | 万事(만사) | 万全(만전) | 万人(만인) | 万一(만일) | 万引き(좀도둑질) | 万病(만병)

어휘 人気者(인기인)

4 정답 1

일하는 <u>기혼</u> 여성이 늘고 있다.

해설 「既」의 음독은 「き」, 「婚」의 음독은 「こん」이므로 「きこん(기혼)」으로 읽는다. 반대어는 「未婚(미혼)」으로 함께 알아 두자.

빈출 既存(기존) | 既成(기성) | 既得権(기득권) | 皆既(개기)

어휘 働く(일하다) | 増える(늘다)

5 정답 3

시대의 변화에 <u>유연</u>하게 대응할 수 있는 인재가 필요하다.

해설 「柔」의 음독은 「じゅう·にゅう」, 「軟」의 음독은 「なん」으로 「柔軟性(유연성)」라고 읽는다. 특히 「軟」은 우리말 발음으로 '연'이라고 읽지만, 일본어로는 「えん」이 아니라 「なん」으로 읽으니 주의하자.

빈출 柔らかい(부드럽다) | 優柔不断(우유부단) | 柔和(유화, 온화) | 軟弱(연약) | 軟禁(연금) | 軟骨(연골)

어휘 変化(변화) | 対応(대응) | 人材(인재)

6 정답 3

많은 사람에게 있어 이직은 <u>일상적</u>인 것이 되고 있다.

해설 「身近になる(일상적이 되다, 일상화되다)」는 음독으로 읽으면 각각 「しん」과 「きん」으로 비교적 간단한 한자여서 함정에 빠질 수도 있지만, 훈독으로 「みぢか」라고 읽기 때문에 주의하여 잘 기억해 두자.

빈출 身内(가족, 친척) | 身元(신원) | 身柄(신병) | 身軽だ(몸이 가볍다, 홀가분하다) | 間近だ((시간, 거리 등이) 매우 가깝다)

어휘 転職(이직) | つつある(점점 ~되어 가고 있다)

問題 2 (   )에 들어갈 것으로 가장 알맞은 것을 1·2·3·4에서 하나 고르세요.

7 정답 3

처음 보는 사람과 (스스럼)없이 이야기하기 위해서는 역시 술이 필요하다.

해설 「気兼ね(스스러움, 어렵게 여김)」는 뒤에 「なく」가 붙어, 「気兼ねなく(스스럼없이, 허물없이)」처럼 관용구로 많이 사용되는 표현이다. 통째로 외워 두면 좋다.

오답 1 気立て(마음씨), 2 気まぐれ(변덕), 4 気配り(배려)

어휘 初対面(첫 만남)

---

8 정답 4

그는 언뜻 보기에도 (누추한) 모습을 하고 있었다.

해설 「格好」와 어울리는 표현으로 「むさくるしい(누추하다, 남루하다)」는 주로 사람의 옷차림이나 집, 방 등과 같은 어휘와 함께 쓰인다.

오답 1 夥しい(매우 많다), 2 勇ましい(용감하다), 3 浅ましい(비열하다, 한심스럽다)

어휘 見るからに(언뜻 보기에도) | 格好(모습)

---

9 정답 3

형은 입는 것에 별로 (개의치) 않는 성격이었다.

해설 「頓着する(신경 쓰다)」는 부정문 「頓着しない(개의치 않다, 신경 쓰지 않다)」로 많이 사용된다. 비슷한 표현인 「無頓着だ(관심 없다, 무관심하다)」도 함께 외워 두자. 참고로 「頓着」는 「とんちゃく」로도 읽힌다.

오답 1 強硬(강경), 2 吟味(음미), 4 肝心(가장 중요함)

어휘 着るもの(입는 것) | 質(성격, 성질)

---

10 정답 2

A테마 파크는 신형 코로나 바이러스의 영향을 (고스란히) 받아, 입장객이 10분의 1이 되어버렸다.

해설 「もろに」는 빗나가지 않고 '고스란히, 직접, 완전히'란 뜻으로, 「もろにぶつかる(완전히, 정면으로 부딪치다)」, 「影響をもろに受ける(영향을 고스란히, 직접 받다)」가 많이 쓰이니 관용구처럼 기억해두자.

오답 1 しいて(억지로), 3 ろくに(충분히, 변변히), 4 かりに(임시로)

어휘 新型コロナウイルス(신형 코로나 바이러스) | 影響(영향) | 来場者(입장객, 관람객)

---

11 정답 2

경찰은 살인 사건 범인의 (신병)을 확보하였다.

해설 「身柄(신병)」은 '구금의 대상이 되는 사람의 몸'이라는 의미이다. 괄호 앞뒤의 「犯人(범인)」과 「確保した(확보했다)」로 유추해 보아 자연스럽게 연결할 수 있는 것은 2번 「身柄(신병)」가 된다. 「身柄を確保する(신병을 확보하다)」는 뉴스에도 자주 등장하지만 시험에도 자주 출제되니 꼭 암기해 두자.

오답 1 肩身(면목, 체면), 3 身内(가족, 집안), 4 身辺(신변)

어휘 殺人(살인) | 犯人(범인) | 確保(확보)

---

12 정답 3

오늘은 스팸 메일을 (차단)하는 방법과 절차 등을 소개해 드리겠습니다.

해설 「ブロックする」는 주로 인터넷 상에서 특정 전화번호, SNS, 메일 등을 '차단하다'라는 뜻으로 사용하는 단어이다. 「ブロック解除する(차단 해제하다)」도 함께 기억하자.

오답 1 コピー(복사), 2 シンプル(심플), 4 マッチ(매치, 성냥)

어휘 迷惑メール(스팸 메일) | 手順(절차)

---

13 정답 4

야마다 씨는 (솜씨)가 좋아서 어떤 일도 보통 사람의 절반의 시간으로 끝납니다.

해설 「手際がいい」는 '솜씨가 좋다'라는 의미의 관용 표현으로 통째로 암기해 두자. 다른 선택지도 모두 필수 어휘인데, 특히 2번 「手法(방법)」는 한자 그대로 읽으면 '수법'이지만 일본어로는 '방법'이라는 의미이므로 조심해야 한다. 참고로 우리말 범죄 등의 '수법'은 「手口」라고 한다.

오답 1 手順(수순), 2 手法(방법), 3 手間(수고)

어휘 普通の人(보통 사람) | 半分(절반)

問題 3 _____ 단어와 의미가 가장 가까운 것을 1·2·3·4에서 하나 고르세요.

---

14 정답 2

지나치게 소란 피워 봤자, 문제는 아무것도 해결되지 않는다.

해설 「オーバーだ」는 な형용사로 '오버하다, 과장되다'라는 의미이며, 유의어로는 「おおげさだ(과장되다)」가 있다. 각각 부사형으로 바꾸면 「オーバーに(오버하게, 지나치게)」≒「おおげさに(과장되게, 지나치게)」이므로 답은 2번이 된다.

오답 1 おおまか(대강), 3 おおむね(대체로, 대강), 4 おおざっぱ(대략, 대충)

어휘 騒ぐ(떠들다) | 解決(해결)

---

15 정답 4

복잡한 이야기라서 담당자가 아니면 알 수 없겠네요.

해설 「ややこしい」는 '복잡해서 이해하기 어렵다, 까다롭다'라는 의미인데, 선택지 중 비슷한 뜻을 가진 표현은 4번 「込み入った(복잡하게 얽히다, 복잡하게 얽힌)」이다. 「込む」가 들어간 복합 동사는 시험에 자주 등장하므로 반드시 암기하자.

오답 1 込み合った(혼잡하다, 혼잡한), 2 まぜ込んだ(섞어 넣다, 섞어 넣은), 3 つめ込んだ(채워 넣다, 채워 넣은)

어휘 担当者(담당자) | 〜でないと〜ない(〜가 아니면 ~할 수 없다)

16 정답 4

A : 기무라 씨, 요즘 일은 어때요?
B : 좋지 않아요.

해설 「さっぱりだ」는 우리말로 '형편없다, 좋지 않다'라는 뜻으로, 가장 가까운 유의어는 4번 「うまくいっていません(잘 안됩니다)」이다. 「さっぱり(〜ない)」는 부사로도 쓰이며, 뒤에 부정형이 수반될 경우 '전혀 (〜하지 않다)'라는 의미가 된다. 시험에 자주 등장하니 체크해 두자.

오답 1 完璧です(완벽합니다), 2 上々です(아주 좋습니다), 3 まあまあです(그저 그렇습니다)

어휘 最近(최근) | 仕事(일)

17 정답 3

사장님은 아침부터 매우 기분이 언짢은 것 같다.

해설 「すこぶる」는 '매우, 대단히'란 뜻으로 유의어는 3번 「おおいに(매우, 대단히)」가 답이 된다.

오답 1 すこしだけ(조금만), 2 なんとなく(어쩐지), 4 おそらく(아마, 필시)

어휘 機嫌が悪い(기분이 언짢다)

18 정답 1

그녀는 매우 싹싹한 사람이었기 때문에 사장님이라고는 생각하지 못했다.

해설 「気さくだ」는 '성격이 싹싹하다'라는 뜻으로, 가장 가까운 표현은 1번 「親しみやすい(친숙해지기 쉽다)」이다. 나머지 선택지 단어들도 놓치기 쉬운 단어들이니 잘 체크해 두자.

오답 2 気取っている(거드름 피우다), 3 気がねしている(어려워하다), 4 ものものしい(위엄이 있다)

어휘 社長(사장)

19 정답 2

손님은 많지만 가게의 수지는 거의 차이가 없어.

해설 「収支(수지)」는 「収入(수입)」과 「支出(지출)」이란 뜻으로, 수입과 지출이 「ほとんど差がない(거의 차이가 없다)」라고 했으므로, 두 가지가 거의 같아 차이가 없는 모습 또는 이

익도 손해도 없는 상태를 나타내는 선택지 2번 「とんとん」이 정답이다.

오답 1 ぎゅうぎゅう(빈틈없이 꽉 찬 모습), 3 ぱんぱん(팽팽하게 부푼 모습), 4 とびとび(띄엄띄엄)

어휘 収支(수지)

問題4 다음 단어가 가장 알맞게 사용된 것을 1·2·3·4에서 하나 고르세요.

20 정답 3

중병에 걸려 걷기는커녕 일어설 수조차 없다.

해설 「AはおろかB(も/すら/さえ)」는 'A는커녕 B도/마저/조차'라는 의미로 A에는 정도가 가벼운 것을 서술하여 B를 강조하는데 사용하며, 문장 뒤에 부정 표현과 함께 쓰는 경우가 많다. 따라서 뒤 문장 「起き上がることすらできない(일어설 수조차 없다)」에서 「すら(조차)」를 힌트로 쉽게 정답을 고를 수 있다.

오답 1번은 뒤 문장을 「基本的な技術ももっていない(기본적인 기술도 갖추고 있지 않다)」로 교체하면 자연스럽고 2, 4번은 문장이 성립되지 않는다.

어휘 腕前(솜씨) | 評判(평판) | 起き上がる(일어나다) | 芸能情報(예능 정보) | 詳しい(자세하다, 잘 안다)

21 정답 3

오늘 아침은 늦잠을 자고 말았지만, 간신히 늘 타는 전철에 늦지 않았다.

해설 「なんとか(어떻게든, 그럭저럭, 간신히)」는 완전하거나 충분하지는 못하지만 주어진 상황이나 조건 등에 일단 맞추는 상태를 뜻하는 표현이며, 유의표현으로 「かろうじて(겨우, 간신히)」가 있다. 이 단어를 가장 알맞게 쓴 표현은 3번으로, 여유 있는 상태는 아니지만 어쨌든 전철을 탔다는 의미가 된다.

오답 1, 2번은 「なんだか(왠지, 왜 그런지)」가 되어야 자연스럽고, 4번은 「なんとか」를 생략하면 자연스러운 문장이 된다.

어휘 機嫌が悪い(기분이 언짢다) | 予感(예감) | 間に合う(시간에 늦지 않다) | 足りない(부족하다)

22 정답 3

정부는 사립학교에 더욱 조성금을 교부해야 한다.

해설 「交付(교부)」란, 일정한 수속을 밟은 사람에게 금전을 공여

하거나 서류 등을 발행하는 것을 말하며, 「証明書(증명서), 助成金(조성금)」, 「補助金(보조금)」 등과 같은 단어와 함께 쓰인다. 따라서 가장 맞게 쓰인 문장은 3번이다.

오답 1, 4번은 「支給(지급)」, 2번은 「提供(제공)」이 되어야 자연스러운 문장이 된다.

어휘 支払い(지불) | 破格(파격) | 列ができる(줄이 생기다) | 政府(정부) | 私立学校(사립학교) | 助成金(조성금) | 喫茶店(찻집, 카페) | ポイント(포인트)

23 정답 2

프로젝트의 멤버들은 모두 협력적이라 일은 <u>원활하게</u> 진행되고 있다.

해설 「円滑だ(원활하다)」는 어떤 일이 막힘없이 착착 진행되는 모습을 나타내는 단어로 가장 맞게 쓰인 문장은 2번이다.

오답 1번은 「正確な(정확한)」, 3번은 「なだらかな(완만한)」, 4번은 「きれいだ(깨끗하다)」가 되어야 자연스러운 문장이 된다.

어휘 図形(도형) | 心臓(심장) | 傾斜(경사) | 坂(비탈길) | 肌(피부) | 手入れ(손질, 관리) | 気になる(궁금하다)

24 정답 2

마감이 지난 후에 제출하는 사람이 많아서, 명부 작성이 전혀 <u>진척되지 않는다.</u>

해설 「はかどる」는 '(개인의 노력으로 일, 작업, 공부, 학업 등이) 진척되다, 순조롭게 잘되다'란 뜻인데, 실제로는 부정형으로 잘 사용되니 함께 기억해 두자. 가장 맞게 쓰인 문장은 2번이다.

오답 1번은 「促す(재촉하다)」, 3번은 「維持する(유지하다)」, 4번은 「進む(진행되다)」가 되어야 자연스러운 문장이 된다.

어휘 教授(교수) | 課題(과제) | 提出(제출) | 締切(마감) | 名簿作成(명부 작성) | 一向に~ない(전혀 ~하지 않다) | 高齢(고령) | 健康(건강) | 適度(적당) | 人口減少(인구감소) | 少子高齢化(저출산 고령화)

25 정답 4

아무리 반대 의견을 말했다 해도, 이 안은 위원회 <u>승낙</u>을 얻었습니다.

해설 「了承」에는 '승낙, 양해'란 뜻이 있는데, 「了承を得る(승낙을 얻다)」를 관용구처럼 기억해 두고, 이와 함께 「了承を求める(양해를 구하다)」도 함께 기억해 두자.

오답 1번은 「魅了(매료)」, 2번은 「完了(완료)」, 3번은 「承知する(알다)」가 되어야 자연스러운 문장이 된다.

어휘 紅葉(단풍) | 美しさ(아름다움) | この度(이번) | 勝手な(제멋대로인) | 述べる(논하다, 말하다)

1교시 언어지식(문법)

본책 34 페이지

問題 5 다음 문장의 (　)에 들어갈 가장 알맞은 것을 1·2·3·4에서 하나 고르세요.

26 정답 2

현산 농작물의 검사 방법은 아직 미정으로, 자세히 검토한 후에 이르면 다음 달(부터) 검사를 시작할 방침입니다.

해설 ★~にも : 빠르면 ~부터

「~にも」는 「早ければ~から(이르면 ~부터)」라는 뜻을 가진 표현이다. 따라서 「来月にも」는 「이르면 다음 달부터」란 뜻이 된다. 「明日にも(이르면 내일부터)·3月にも(이르면 3월부터)·来年にも(이르면 내년부터)」라고 쓰여 뉴스 등에서 자주 들을 수 있다.

오답 1 ~やら(~인지), 3 ~までに(~까지), 4 ~へも(~에도)

어휘 県産(현산, 현에서 생산) | 農作物(농작물) | 検査(검사) | 未定(미정) | 詳しい(자세하다) | 検討(검토) | ~たうえで(~한 후에) | 方針(방침)

27 정답 2

도서관에 '잡담(금지)'라고 쓰인 종이가 붙어 있었습니다.

해설 ★Aべからず : A하면 안 된다

「동사 사전형+べからず」는 '~해서는 안 된다'라는 금지표현으로 「~べきでない」의 문장체이다. する는 「するべからず・すべからず」처럼 접속 형태가 두 가지 있으니 주의하자.

오답 1 ~せねばならぬ(~해야 한다), 3 ~を禁じ得ない(~을 금할 수 없다), 4 ~しかるべき(~하는 게 당연하다)

어휘 雑談(잡담) | 貼る(붙이다)

28 정답 2

야마다	: 신주쿠역에서 발생한 인명사고의 영향으로 전철이 운행 중단된 것 같아.
모리시타	: (어쩐지) 오늘은 지각하는 사원이 많더라.

해설 ★どうりで : 어쩐지

「どうりで(어쩐지)」는 어떤 상황의 합당한 이유를 알고, 납득했을 경우에 사용하는 표현이다. 필수는 아니지만 뒤에 「~わけだ・~はずだ」가 오는 경우가 많으니 함께 기억해 두자.

오답 1 すかさず(곧, 즉각), 3 くまなく(빠짐없이), 4 よもや(설마)

어휘 発生(발생) | 人身事故(인명사고) | 影響(영향) | 運転見合わせ(운행 중단) | 遅刻(지각)

29 정답 1

세계에는 가난(때문에), 충분한 식사를 못하는 사람들이 많이 있다.

해설 ★AゆえにB : A때문에 B, A이기에 B

「AゆえにB」의 'A때문에 B, A이기에 B'라는 뜻으로, A는 B의 원인, 이유라는 표현인데, 쉬운 표현으로 바꾸면 「AだからB」 또는 「AためにB」가 된다.

오답 2 ~だけに(~인 만큼), 3 ~とはいえ(~라고는 해도), 4 ~ばかりに(~한 탓에)

어휘 貧しさ(가난) | 十分な(충분한) | 大勢(많이)

30 정답 2

부장님과 술 마시러 가면, 흥미 없는 자랑이야기를 끊임없이 (듣게) 된다.

해설 ★聞かされる : 듣다

「聞かされる」는 사역수동표현으로 '(원하지 않지만) 듣다'라는 뜻이다. 사역수동은 자신의 의지와 상관없이, 원하지 않지만, '억지로, 어쩔 수 없이 ~하다'라는 뜻을 나타내는 표현이다.

오답 1 聞かせる (듣게 하다), 3 聞かれる (질문받다), 4 聞かせている(듣게 하고 있다)

어휘 興味(흥미) | 自慢話(자랑이야기) | 延々と(오래 질질 끄는 모양, 끊임없이)

31 정답 4

간신히 시합에 이기긴 했지만, (자칫하면) 역전당해서 졌을지도 모른다.

해설 ★下手をすると : 자칫하면, 까딱하면

「下手をすると」는 '자칫하면, 까딱하면'이란 뜻으로, 줄여서 「下手すると」로 쓰는 경우도 있다. 유의어 「下手(を)したら」도 같이 기억해 두자.

오답 1 ~ともなると(~정도가 되면), 2 ~をもって(~을 이용해서), 3 ~になれば (~해지면)

어휘 何とか(간신히) | ~ものの(~이긴 하지만) | 逆転(역전)

32 정답 3

(전화로)

A : 다카하시 부장님 부탁합니다.

B : 괜찮으시다면, 용건을 (여쭤봐도 될까요?)

해설 ★~してもよろしいでしょうか : ~해도 될까요?, ~해도 괜찮을까요?

「お+동사의 ます형+する」는 일본어의 겸손 문형이다. 이 문형에 다시 「~てもよろしいでしょうか」를 접속하여 '~해도 될까요?, ~해도 괜찮을까요?'라며 하며 상대에게 자신이 하는 행위에 대한 허락을 바라는 표현이다.

오답 1, 2, 4 X

어휘 差し支えなければ(괜찮으시다면) | 用件(용건)

33 정답 2

선발투수는 젊은 선수들 중에서도 성장이 두드러진 오타니가 기용될 것으로 (생각됩니다).

해설 ★~ものと思われる : ~것으로 생각되다

「~ものと思われる」는 '~것으로 생각되다'라는 뜻으로, 이 표현은 '대다수가 납득할 만한 객관적 추측'을 의미하며 유의 표현으로 「~ものと見られる(~것으로 보인다)」가 있다.

오답 1 ~にかたくありません(쉽게 ~할 수 있습니다), 3 ~きらいがあります(~경향이 있습니다), 4 ~というところです(대략 ~정도입니다)

어휘 先発(선발) | 投手(투수) | 若手(영건, 젊은 피) | 著しい(두드러지다, 현저하다) | 起用(기용)

34 정답 1

오다	: 어제 다큐멘터리 프로그램은 어땠어?
이토	: 응. 야생동물들의 사는 모습을 담고 있었는데, 내 인생에 관해 깊이 (생각하게 되었어).

해설 ★~させられる : ~하게 되다(사역 수동)

사역 수동의 가장 기본 용법은 화자의 의사와 관계없이 어떤 행위를 하게 된다는 것이다. 다만 「考えさせられる」의 경

우에는 '어떤 작품, 글, 발언, 행동 등을 보고 듣고 자극을 받아, 다양하게 상상하게 되다, 어떤 생각이 들게 되다'라는 뜻으로 일반적인 사역 수동의 쓰임과는 다른 의미를 갖고 있으니 주의하자.

오답 2 考えされちゃった(생각나 버렸다), 3 考えられちゃった(생각해 버렸다), 4 考えさせちゃった(생각하게 해버렸다)

어휘 ドキュメンタリー番組(다큐멘터리 프로그램) | 野生(야생) | 生き様(사는 모습) | 写す(묘사하다, 그리다)

---

35 정답 3

> 와타나베 : 기무라 군, 뭔가 냄새 나지 않아?
> 기무라　 : 이건 음식물 쓰레기 냄새 (이외의 아무것도 아니다).
> 　　　　　　(이건 바로 음식물 쓰레기 냄새이다)

해설 ★~以外の何ものでもない : ~이외의 아무것도 아니다, 정말 ~이다
「~以外の何ものでもない」는 '~이외의 아무것도 아니다'라는 뜻인데, 이중부정 표현을 사용하여 '정말, 바로, 그야말로 ~이다'라고 강조하는 표현이다. 보통「タバコの煙は迷惑以外の何ものでもない(담배연기는 정말 민폐이다)」처럼「AはB以外の何ものでもない」로 잘 쓰이니 기억해두자.

오답 1 ~と言うよりほかないよ(~라고 말할 수밖에 없어), 2 ~どころの話ではないよ(~한 이야기는 아니야)

어휘 なんか(뭔가) | 臭い((고약한)냄새가 나다) | 生ごみ(음식물 쓰레기) | 匂い(냄새)

問題6 다음 문장의 ___★___ 에 들어갈 가장 알맞은 것을 1·2·3·4에서 하나 고르세요.

36 정답 2

> 4 外資が資金を | 2 ★引き揚げたことを | 1 きっかけに | 3 急速に
> 일본 부동산 시장은 외국 자본이 자금을 ★회수한 것을 계기로 급속히 얼어붙고 있다.

해설 문장에서 일본의 부동산 시장이 얼어붙었다고 했는데, 그 계기는 외국 자본이 자금을 회수한 것이므로 4-2-1을 조립할 수 있고, 3번「急速に(급속히)」는「冷え込む(얼어붙다)」앞에 와야 자연스럽다.

어휘 不動産市場(부동산 시장) | 外資(외국 자본) | 資金(자본) | 引き揚げる(회수하다) | きっかけ(계기) | 急速に(급속

히) | 冷え込む(얼어붙다, 몹시 차가워지다)

---

37 정답 1

> 3 周囲からの | 1 ★批判を | 4 ものともせずに | 2 研究に
> 새로운 시점을 계속 갖는 것을 목표로 해 온 선배는 주위로부터의 ★비판에도 아랑곳하지 않고 연구에 힘써 왔다.

해설 「Aをものともせずに」는 'A를 아랑곳하지 않고'라는 의미로, 먼저 1번+4번「批判を+ものともせずに(비판을 아랑곳하지 않고)」를 만들 수 있다.「批判を(비판을)」앞에는「周囲からの(주위로부터의)」가 와야 자연스러운 문장이 되므로 나열하면 3-1-4-2가 된다.

어휘 視点(시점) | 目指す(목표로 하다) | 周囲(주위) | 批判(비판) | 研究(연구) | ~に励む(~에 힘쓰다, 힘써 ~하다)

---

38 정답 1

> 3 によるストレス | 1 ★のため | 4 退職を | 2 余儀なくされた
> 후배는 상사로부터 받은 부당한 취급(대우)에 의한 스트레스 ★때문에 (어쩔 수 없이) 퇴직할 수밖에 없었다고 해서 회사를 고소하였다.

해설 「Aを余儀なくされる」는 'A를 어쩔 수 없이 당하다, 어쩔 수 없이 A할 수밖에 없다'라는 뜻으로, 먼저 4번+2번「退職を+余儀なくされた(어쩔 수 없이 퇴직하다)」가 됨을 알 수 있다. 퇴직한 원인을 찾아보면 '스트레스 때문'이란 것을 알 수 있으니 나열하면 3-1-4-2가 된다.

어휘 後輩(후배) | 上司(상사) | 受ける(받다) | 不当(부당) | 扱い(취급) | 退職(퇴직) | 訴える(고소하다, 호소하다)

---

39 정답 2

> 4 周囲の反対 | 3 をよそに | 2 ★東京都知事選に | 1 立候補
> 지금까지 경제계에서 쌓아 올린 실적을 훼손할지도 모르는데, 그는 주위의 반대 를 아랑곳하지 않고 ★도쿄도지사 선거에 입후보했습니다.

해설 「Aをよそに」는 'A를 아랑곳하지 않고, 무시하고'란 뜻이다. 3번「をよそに」앞에는 4번「周囲の反対(주위의 반대)」가 와야 자연스럽고, 1번「立候補」는 '입후보'란 뜻이므로 2번「東京都知事選に(도쿄도지사 선거에)」의 뒤에 와야 앞뒤가 맞으므로 나열하면 4-3-2-1이 된다.

어휘 経済界(경제계) | 積み上げる(쌓아 올리다) | 実績(실적) | 傷つける(훼손하다, 상처 입히다) | 周囲(주위) | 東京都知事選(도쿄도지사 선거) | 立候補(입후보)

40 정답 4

3 人気俳優が ┃ 2 この作品を限りに ┃ 4 ★芸能活動を ┃ 1 休止
すること

영화감독으로서도 활약해 온 인기 배우가 이 작품을 끝으로 ★
연예계 활동을 중지하겠다는 것을 발표했습니다.

해설 「Aを限りに」는 'A를 끝으로, 마지막으로'라는 뜻이며 뒤에
는 '그만두다, 끝내다'와 같은 표현이 잘 온다. 「映画監督と
しても活躍してきた(영화감독으로서도 활약해 온)」와 바
로 연결할 수 있는 것은 3번 「人気俳優が(인기배우가)」이
며, 「この作品を限りに 芸能活動を 休止すること(이 작
품을 끝으로 연예계 활동을 중지하겠다는 것)」의 구조가 되
어야 자연스러운 문장이 되므로, 나열하면 3-2-4-1이 된다.

어휘 監督(감독) ┃ 活躍(활약) ┃ 俳優(배우) ┃ 作品(작품) ┃ 芸能
活動(연예계 활동) ┃ 休止(휴지, 중지)

[問題7] 다음 글을 읽고 글 전체의 내용을 생각하여 [41]
부터 [45] 안에 들어갈 가장 알맞은 것을 1·2·
3·4에서 하나 고르세요.

41~45

　　최근 일본에서는 사람이 살고 있지 않는 빈집이 [41] 증가
하고 있다. 그중에서 특히 문제가 되고 있는 것이, 관리자가 부
재인 방치 상태에 있는 빈집이다. 구체적으로 어떤 문제가 있
는 것일까?

　　예를 들면 정원수 손질이 [42] 되어 있지 않은 것으로 인해
통행의 방해가 되거나, 부지 내로의 쓰레기 불법 투기로 인한
악취 등으로 주의에 악영향을 끼친다. 그뿐만 아니라 노후화가
진행되어 건물이 무너지거나, 게다가 불법 침입이나 방화 등 범
죄 위험도 높아질 우려가 있다.

　　이와 같은 문제를 [43] 해결하기 위해 정부는, 2015년에
'공가(空家:빈집)' 등 대책 추진에 관한 특별 조치법을 시행하
였다. 행정의 현장 조사에 의해 '특정 공가(空家) 등'에 해당한
다고 판단된 경우, 빈집 소유자에 대해 개선을 촉구하는 조언
을 한다. 소유자가 이를 따르지 않거나, 개선이 보이지 않거나
했을 경우에는, 최대 50만 엔의 과태료가 부과된다. [44] 그
리고 '행정대집행'이라고 해서, 행정이 위험한 가옥을 강제적
으로 해체하고, 그 비용을 소유자에게 청구하는 경우도 있다.

　　그러나 정부가 이와 같은 법령을 시행 [45] 했음에도 불구
하고, 2015년도부터 2017년도까지 실시된 10건의 '행정대집
행' 중, 소유자로부터 해체 비용을 전액 회수할 수 있었던 것은
단 1건뿐이었다. 소유자에게 지불 능력이 없으면, 결국은 국가
세금에서 지불되게 된다.

어휘 空き家(빈집) ┃ 不在(부재) ┃ 放置(방치) ┃ 庭木(정원수) ┃
手入れ(손질) ┃ 妨げ(방해) ┃ 敷地内(부지 내) ┃ 不法(불
법) ┃ 投棄(투기) ┃ 悪臭(악취) ┃ 老朽化(노후화) ┃ 倒壊(무
너짐) ┃ 侵入(침입) ┃ 放火(방화) ┃ 犯罪(범죄) ┃ 高まる(높
아지다) ┃ ~恐れがある(~우려가 있다) ┃ 推進(추진) ┃ 措
置(조치) ┃ 施行(시행) ┃ 行政(행정) ┃ 立入調査(입회 조
사, 현장 조사) ┃ 該当(해당) ┃ 所有者(소유자) ┃ 改善(개
선) ┃ 促す(촉구하다, 재촉하다) ┃ 助言(조언) ┃ 従う(따르
다) ┃ 過料(과태료) ┃ 科する(부과하다) ┃ 執行(집행) ┃ 家
屋(가옥) ┃ 強制的(강제적) ┃ 解体(해체) ┃ 費用(비용) ┃ 請
求(청구) ┃ 法令(법령) ┃ 実施(실시) ┃ 行政代執行(행정
대집행, 강제적인 행정 집행) ┃ 全額(전액) ┃ 回収(회수) ┃
~のみ(~만) ┃ 支払う(지불하다)

41 정답 4

1	증가한 예가 없다	2	증가해 마지 않는다
3	증가하는 경향이 있다	4	증가하고 있다

해설 뒤 문장에서 '관리자가 부재인 방치 상태에 있는 빈집'이 특
히 문제가 되고 있다고 했다. 따라서 앞에는 '빈집이 증가하
고 있다'가 와야 연결이 자연스럽다. 정답은 4번 「増加しつ
つある(증가하고 있다)」가 된다. 헷갈리는 선택지 3번 「~
きらいがある(~하는 경향이 있다)」는 주로 사람의 성격, 특
징 등을 설명할 때 쓰는 표현이다.

42 정답 1

1	되어 있지 않은	2	시키고 있지 않은
3	당하고 있지 않은	4	시키고 있지 않은

해설 「手入れ」는 '손질'이라는 의미로, 뒤의 '통행의 방해가 된다'
와 문맥이 이어지려면 「手入れをする(손질을 하다)」를 변
형해 「手入れがされていない(손질되어 있지 않은)」가 들
어가야 자연스러워진다. 헷갈리는 선택지 3번 「(手入れが)
やられていない」는 없는 표현이니 주의하자.

43 정답 3

1	해결하자마자	2	해결함에 이르러
3	해결하기 위해	4	해결한다고 해서

해설 앞에서 빈집에는 '통행 방해, 악취, 붕괴, 범죄 위험' 등의 문
제가 있다고 했고, 뒤에서 '정부가 특별 조치법을 시행했다'
라고 했다. 따라서 목적을 의미하는 「解決すべく(해결하기
위해)」가 들어가야 자연스러운 흐름이 된다.

44 정답 4

| 1 전혀 | 2 그러므로 |
| 3 나아가서는 | 4 게다가 |

해설 빈집 문제를 해결하기 위해 일본 정부는 대책을 세우고 있는데, 바로 앞에서「所有者がこれに従わなかったり、改善が見られなかったりした場合は、最大50万円の過料が科されることになる(소유자가 이를 따르지 않거나, 개선이 보이지 않거나 했을 경우에는, 최대 50만엔의 과태료가 부과되게 된다)」라고 했다. 그러면서 뒤에는「「行政代執行」といって、行政が危険な家屋を強制的に解体し、その費用を所有者に請求する場合もある(‘행정대집행’이라고 해서, 행정이 위험한 가옥을 강제적으로 해체하고, 그 비용을 소유자에게 청구하는 경우도 있다)」라고 했다. 즉 과태

료 부과라는 내용에 ‘행정대집행’이란 내용도 추가하고 있음을 알 수 있으므로 정답은 4번이다.

45 정답 1

| 1 했음에도 불구하고 | 2 했다고는 하는 것 |
| 3 했기 때문에 | 4 한 것에 입각하여 |

해설 정부는 앞에서 말한 빈집 문제를 해결하기 위해 ‘행정대집행(행정 강제 집행)’을 시행했는데, 뒤에 ‘소유자로부터 해체 비용을 전액 회수할 수 있었던 것은 단 1건뿐’이라고 했다. 따라서 앞뒤 문장이 상반되는 내용으로 연결되므로 역접표현「(施行)したにも関わらず((시행)했음에도 불구하고)」가 들어가야 자연스럽다.

1교시 독해

본책 40 페이지

問題8 다음 (1)부터 (4)의 글을 읽고, 질문에 대한 답으로 가장 알맞은 것을 1·2·3·4에서 하나 고르세요.

46 정답 4

(1)

어깨 결림은 일본인 특유의 것으로 알려져 있었다. 그 이유 중 한 가지로 체격 차이가 언급되고 있었다. 성인의 머리 무게는 4~6kg인데, 체격이 다부진 외국인에 비해 왜소한 일본인의 경우, 머리를 지탱하는 목과 어깨에 보디 부담이 가서 어깨가 결린다는 설이다. 그러나 아시아 각국 사람들은 유럽 각국 사람들에 비해 상대적으로 왜소하며, 컴퓨터나 스마트폰의 보급으로 목과 어깨에 더해지는 부담이 커져 있는 것은 세계공통이다. 좋든 나쁘든 일본 특유(의 것이)라고 경솔하게 단정 짓지 않는 것이 현명하다.

필자의 생각과 가장 맞는 것은 어느 것인가?
1 체격 차이가 어깨 결림이 되는 원인의 한 가지이다.
2 컴퓨터나 스마트폰은 아래를 보며 작업하기 때문에 목에 부담이 간다.
3 왜소한 일본인은 어깨가 결리기 쉽다는 것은 옛날부터의 정설이다.
4 다양한 현상 중에서 일본 고유의 것은 생각만큼 많지 않다.

해설 도입부에서 어깨 결림을 일본인 특유의 것으로 알려져 있다고 했지만, 컴퓨터와 스마트폰의 보급으로 발생한 세계 공통의 문제라고 부정하고 있으며, 마지막 문장「良くも悪くも日本特有と軽々しく決めつけないのが賢明だ(좋든 나쁘

든 일본 특유의 것이라고 경솔하게 단정 짓지 않는 것이 현명하다)」가 결정적 힌트로, 4번이 답이 된다.

어휘 肩こり(어깨 결림) | 特有(특유) | 体格(체격) | 成人(성인) | がっしりしている(다부지다) | 小柄(왜소) | 支える(지탱하다) | 負担がかかる(부담이 가다) | 肩がこる(어깨가 결리다) | 説(설) | 諸国(여러 나라) | 欧米(구미, 유럽) | 相対的(상대적) | 普及(보급) | 共通(공통) | 良くも悪くも(좋든 나쁘든) | 軽々しい(경솔하다, 가볍다) | 決めつける(일방적으로 단정하다) | 賢明(현명)

47 정답 3

(2)

아래 내용은 어느 가게의 홈페이지에 게재된 안내문이다

손님 여러분께

평소에 각별한 배려를 베풀어 주셔서 깊이 감사드립니다.
그런데 이번 12월 31일을 끝으로 저희 ‘니쵸메에키마에 점’은 폐점하게 되었습니다. 손님 여러분에게 큰 불편을 드리게 됩니다만, 앞으로는 인근 점포를 이용해 주시길 바랍니다.
또한 현재 갖고 계신 포인트 카드는 타 점포에서도 이용하실 수 있습니다.
10년이라는 긴 시간에 걸쳐 애용해 주셔서 진심으로 감사드립니다.

제1회 해설 및 풀이 전략 **11**

이 안내문에서 전하고자 하는 것은 무엇인가?

1 손님에게 감사의 뜻을 전하는 것
2 손님에게 성의를 전하는 것
3 손님에게 폐점의 뜻을 전하는 것
4 손님에게 포인트 카드에 관해 알리는 것

해설 손님께 드리는 감사의 인사와 포인트카드 사용에 관한 정보가 나오지만, 어디까지나 가게를 폐점하면서 전하는 부수적인 내용일 뿐이고,「閉店する運びとなりました(폐점하게 되었습니다)」, 즉 이 안내문에서 전하고자 하는 것은 손님에게 폐점을 알리는 것이므로 답은 3번이다.

어휘 お客様各位(손님 여러분께) | 平素(평소) | 格別(각별) | 高配(배려) | 賜る(베풀다, 받다) | 厚く御礼申し上げます(깊이 감사드립니다) | さて(그런데) | このたび(이번) | ～をもちまして(~을 끝으로) | 当店(저희 가게) | 閉店(폐점) | 運び(일의 단계) | 不便をかける(불편을 끼치다) | 今後は(앞으로는) | 近隣(근린, 인근) | 店舗(점포) | 他店(다른 가게) | 長き(긴 시간) | ～にわたり(~에 걸쳐) | ご愛顧(애용, 특별히 아낌) | 誠に(진심으로)

---

48 정답 **1**

(3)

　‘동일노동 동일임금’이란, 한 기업 안에서 성별이나 고용 형태에 관계없이 같은 일을 하는 사람에게는 같은 임금이 지불되야 한다는 개념입니다. 정규직과 비정규직 사원 사이의 불합리한 대우 차이를 해소하기 위해 이 개념이 도입되었습니다.
　2020년 4월에는 이 개념을 담은 노동법이 시행되었습니다. (이 법의 시행으로) 비정규직 사원의 대우에 대한 불만이 줄고, 일에 대한 동기부여 상승을 기대할 수 있을 것으로 평가되었습니다. 그러나 실제로는 대기업도 법률에 대응하는 움직임이 둔하고, 모든 기업들이 새로운 법에 따른 소송의 동향을 보며 대책을 정하려 하는 것이 현실입니다.

‘동일노동 동일임금’에 대해 본문과 맞는 것은 어느 것인가?
1 ‘동일노동 동일임금’의 내용을 담은 새로운 법이 시행되었으나, 어느 기업도 적극적이지 않다.
2 대부분의 기업에서 ‘동일노동 동일임금’에 대한 대책이 이루어지고 있다.
3 ‘동일노동 동일임금’이란 비정규직 사원을 전원 정규직 사원으로 전환하는 움직임을 의미한다.
4 ‘동일노동 동일임금’이 도입되면 정규직 사원과 비정규직 사원의 대우나 평가의 차이는 더욱 벌어지게 된다.

해설 이미 ‘동일노동 동일임금’은 도입되어 실행되고 있으나, 마지막 단락에서 「しかし実際には～対策を決めようとしているのが現実(그러나 실제로는 ~대책을 정하려 하는 것이 현실)」라고 했으므로 대부분의 기업들이 눈치를 보며 ‘동일노동 동일임금’에 대해 적극적이지 않다는 것을 알 수 있으니 답은 1번이 된다.

어휘 同一(동일) | 労働(노동) | 賃金(임금) | 企業内(기업 내) | 性別(성별) | 雇用(고용) | 形態(형태) | 支払う(지불하다) | 正規(정규) | 非正規(비정규) | 不合理(불합리) | 待遇(대우) | 差(차, 차이) | 解消(해소) | 導入(도입) | 盛り込む(담다) | 労働法(노동법) | 施行(시행) | 大企業(대기업) | 法律(법률) | 対応(대응) | 鈍い(둔하다) | 新法(새로운 법) | 訴訟(소송) | 動向(동향) | 対策(대책) | 現実(현실)

---

49 정답 **1**

(4)

　집필한 소설을 문학상에 응모할 때, 원고를 어떻게 준비하면 좋을까요? 원고 작성법에 관해 두 가지를 소개하겠습니다.
　먼저 육필 원고보다 컴퓨터로 문자를 입력한 워드프로세서 원고를 사용합시다. 육필 원고 응모가 가능한 경우도 있지만, 손으로 쓰다 잘못 쓰면 수정테이프로 고쳐 써야 하는 등 보기에 좋지 않으므로 별로 추천하지 않습니다. 그리고 원고 집필을 시작할 때는, 응모할 문학상의 규정을 확인합시다. 처음에 제목과 자신의 이름을 넣는 경우와, 본문을 바로 쓰기 시작하는 경우 등이 있습니다.

본문에서 필자가 말하고 있는 것은 무엇인가?
1 문학상에 응모할 때, 육필 원고보다 워드프로세서 원고 쪽을 추천한다.
2 문학상에 응모할 때, 원칙으로 육필원고는 금지되어 있다.
3 문학상에 응모할 때, 본문 앞에 제목과 자신의 이름을 반드시 넣어야 한다.
4 문학상에 응모할 때, 워드프로세서 원고보다 육필 원고 쪽이 성의가 느껴져서 좋은 인상을 준다.

해설 본문에서 필자는 손으로 쓴 육필 원고는 자칫 실수라도 하면 보기 좋지 않으니 「あまりお勧めしません(별로 추천하지 않습니다)」이라고 하며 워드프로세서 원고를 사용하자고 했다. 따라서 1번이 맞는 내용이다. 「応募する文学賞の規定を確認(응모할 문학상의 규정을 확인)」하자고 했으니, ‘본문 앞에 제목과 자신의 이름을 반드시 넣어야 한다’라는 3번은 답이 될 수 없다.

어휘 執筆(집필) ┃ 文学賞(문학상) ┃ 応募(응모) ┃ 際(때) ┃ 原稿(원고) ┃ 手書き(육필, 손으로 씀) ┃ 入力(입력) ┃ 用いる(사용하다) ┃ 可能(가능) ┃ 間違える(틀리다) ┃ 修正(수정) ┃ 見栄えが悪い(보기에 나쁘다) ┃ 勧め(추천) ┃ 規定(규정) ┃ いきなり(갑자기)

問題 9 다음 (1)부터 (3)의 글을 읽고, 질문에 대한 답으로 가장 알맞은 것을 1·2·3·4에서 하나 고르세요.

50~52

(1)

　2월 3일은 '절분(節分)'이라 불리며, __50__ 콩을 뿌려 (注1) 사악한 기운을 물리치는 날로 많은 일본인들에게 인식되어 왔다. 학교나 가정에서 콩 뿌리기를 했던 경험이 있는 사람도 많을 것이다. 이 절분이 2021년에는 124년 만에 2월 2일이 되었다는 뉴스가 인터넷을 달궜다. 2월 3일이 아니었던가 하고 놀란 사람도 있었을 것이다. 애당초 절분이란 것은 무엇인가? 본래 절분은 입춘, 입하, 입추, 입동으로 계절의 변곡점의 전날을 가리키는 말이다. 현재 우리는 입춘의 전날만을 절분이라고 부르키고 있다. __51__ 이 입춘이 2021년에는 2월 3일이었기 때문에, 절분의 날짜가 예년과 하루 차이가 나는 것이다.

　그렇다면 우리가 해 온 콩 뿌리기는 어디서 유래한 것일까? 콩 뿌리기의 역사를 거슬러 올라가면 (注2)문무 일왕의 통치 기간, 아스카 시대에 행해진 '츠이나(追儺)'라는 행사가 기원이라고 알려져 있다. 악령을 물리치기 위해 섣달 그믐날 밤에 행해졌지만, 그것이 무로마치 시대에는 신사와 사원으로 퍼졌다고 한다. 이 풍습이 일반에게 보급된 것은 에도 시대 이후이다. 콩 뿌리기 방법은 시대와 함께 바뀌었어도 악령을 쫓고 행복을 비는 마음은 이어져 왔을 것이다. __52__ 앞으로도 변화는 있겠지만, 소중한 사람들의 건강과 행복을 기원하는 마음이 사람들의 마음에 계속 남아 있지 않을까?

(注1) 사악한 기운을 물리치다 : 사람에게 나쁜 영향을 끼치는 마음을 떨쳐버리다

(注2) 문무 일왕 : 일본 제42대 일왕

어휘 節分(절분) ┃ まく(뿌리다) ┃ 邪気(사악한 기운) ┃ 祓う(물리치다) ┃ 賑わせる(떠들썩하게 하다) ┃ そもそも(애당초) ┃ 元々(본래) ┃ 立春(입춘) ┃ 立夏(입하) ┃ 立秋(입추) ┃ 立冬(입동) ┃ 変わり(변곡점) ┃ 前日(전날) ┃ 指す(가리키다) ┃ 我々(우리) ┃ 日付(날짜) ┃ 例年(예년) ┃ ずれる(어긋나다) ┃ 豆まき(콩뿌리기) ┃ 歴史(역사) ┃ 遡る(거슬러 올라

가다) ┃ 治世(통치) ┃ 飛鳥時代(아스카 시대 (593~710)) ┃ 追儺(볶은 콩을 뿌려 악귀를 내쫓는 행사) ┃ 行事(행사) ┃ 起源(기원) ┃ 悪霊(악령) ┃ 大晦日(섣달 그믐날) ┃ 室町時代(무로마치 시대 (1338~1573)) ┃ 社寺(신사와 절) ┃ 広まる(확산되다, 보급되다) ┃ 風習(풍습) ┃ 江戸時代(에도 시대 (1603~1868)) ┃ 以降(이후) ┃ ～と共に(~와 함께) ┃ 幸福(행복) ┃ 受け継ぐ(이어 받다, 계승하다) ┃ 今後も(앞으로도) ┃ 健康(건강)

50 정답 2

현대인은 '절분'에 무엇을 하는가?

1 콩을 준비하고 에호마키(恵方巻)와 함께 먹는다.
2 나쁜 것을 물리치기 위해 콩을 뿌린다.
3 콩을 먹음으로써 나쁜 것을 밖으로 배출한다.
4 학교나 회사에서 동료와 함께 콩을 던진다.

해설 「豆をまき、邪気を祓う日(콩을 뿌려 사악한 기운을 물리치는 날)」가 힌트가 된다. 1번「恵方巻(에호마키)」, 3번「豆を食べることで(콩을 먹음으로써)」, 4번「学校や会社で仲間と共に豆を投げる(학교나 회사에서 동료와 함께 콩을 던진다)」은 본문에 등장하지 않으므로 답이 될 수 없다.

51 정답 3

2021년에는 124년만에 2월 2일이 되었다고 했는데, 그 이유는 무엇인가?

1 애초에 절분은 2월 3일로 고정되어 있었으나, 입춘에 맞추게 되었기 때문에
2 절분은 계절의 변곡점을 가리키며, 올해는 입춘이 2일이었기 때문에
3 현재는 입춘의 전날을 절분이라고 부르며, 입춘의 날짜가 예년과 달랐기 때문에
4 예년은 2월 3일이지만, 124년 주기로 입춘의 날이 하루씩 달라지기 때문에

해설 절분은 입춘 전날인데, 「この立春が2021年は2月3日であったため、節分の日付が例年と1日ずれたのだ(이 입춘이 2021년에는 2월 3일이었기 때문에, 절분의 날짜가 예년과 하루 차이가 나는 것이다)」라고 했으니, 2021년의 절분은 2월 2일이 되는 것이다.

필자의 생각과 가장 맞는 것은 어느 것인가?

1 절분의 역사에서 아름다움을 느끼고 있으며, 앞으로도 계속 이어갔으면 하고 생각하고 있다.

2 절분은 시대와 함께 형식은 바뀌었으나, 사람들의 마음은 이어지고 있다고 생각하고 있다.

3 절분의 긴 역사에 감명을 받았으며, 전통 행사를 이어온 사람들에게 존경심을 품고 있다.

4 절분 행사에 재미를 느끼고 있으며, 다음 세대에도 이어갔으면 좋겠다고 생각하고 있다.

해설 마지막 단락에서 「今後も変化はあれど、大切な人々の健康や幸せを願う気持ちは人々の心に残り続けるのではないだろうか(앞으로도 변화는 있겠지만, 소중한 사람들의 건강과 행복을 기원하는 마음이 사람들의 마음에 계속 남아 있지 않을까)」라고 했다. 즉 필자는 비록 시대의 변화에 따른 변화는 있더라도 그 마음만은 변하지 않을 것이라고 생각하고 있음을 알 수 있으니, 필자의 생각과 가장 맞는 내용은 2번이다.

53~55

(2)

　　일상에서는 대개 '一, 二, 三'으로 이어지는 단순한 자형의 한자 숫자가 사용되지만 지폐나 공문서의 금액을 보면 까다로운 한자로 되어 있다는 것을 알 수 있다. 통상의 한자 숫자는 세로선과 가로선의 조합으로 성립되어 있기 때문에, 선을 더하거나 빼는 것으로 용이하게 다른 숫자로 바꿀 수 있다. 그래서 53 문서의 숫자를 함부로 바꿔 적지 못하도록 도입된 것이 '대자'라고 불리는 특별한 한자 숫자이다. 일본에서 8세기 초두부터 사용된 대자는 음독은 같지만, 획수가 많고 어려운 한자를 한자 숫자의 대용함으로써 (注)수치 부풀리기에 의한 사기를 미연에 방지하고 있다. 55 현재 일본의 법령에서 정해져 있는 대자는 '一, 二, 三, 十'에 해당하는 '壱, 弐, 参, 拾'뿐인데, 이들은 지폐 외에도 호적이나 등기의 연월일 및 어음이나 수표의 금액을 표시할 때 사용되고 있다. 일례로 '360만 엔'이라는 금액을 수기로 수표에 기입할 경우, '金参百六拾万円也'라고 적어야 한다. 이 경우, 54 금액 앞뒤에 붙는 '金'과 '也'라는 글자도 또한 가필에 의한 사기를 막기 위한 조치이다. 그리고 예전에는 '五'는 '伍'로, '七'은 '漆'와 같이 다른 숫자도 사용되어 왔으나 위에 기술한 4개의 대자 이외의 것은 현재 중국에서만 사용되고 있다.

(注) 수치 부풀리기 : 겉보기의 수나 양을 늘리는 것

어휘 日常(일상) | 大抵(대개) | 単純(단순) | 字形(자형) | 漢数字(한자 숫자) | 用いる(사용하다) | お札(지폐) | 公文書(공문서) | 金額(금액) | 小難しい(까다롭다) | 通常(통상) | 縦線(세로선) | 横線(가로선) | 組み合わせ(조합) | 成り立つ(성립되다) | 加減(더하기와 빼기) | 容易(용이) | そこで(그래서) | 書き換える(바꿔 쓰다) | 導入(도입) | 大字(대자) | 初頭(초두) | 音読み(음독) | 画数(획수) | ～の代わりに(~대신에) | 数値(수치) | 水増し(부풀리기) | 詐欺(사기) | 未然に(미연에) | 防止(방지) | 法令(법령) | 定める(정하다) | あたる(해당하다) | 紙幣(지폐) | 戸籍(호적) | 登記(등기) | 年月日(연월일) | 及び(및) | 手形(어음) | 小切手(수표) | 表示(표시) | 一例(일례) | 手書き(수기) | 記入(기입) | 前後(전후) | 書き加え(가필) | 防ぐ(막다) | 措置(조치) | なお(그리고) | かつては(예전에는) | 上記(상기)

---

53 정답 4

지폐나 공문서의 금액을 보면 까다로운 한자로 되어 있다고 했는데 그 이유는 무엇인가?

1 원래 한자 숫자는 품위가 없는 것처럼 보였기 때문에

2 수기로 금액을 표시하는 문화가 강했기 때문에

3 회계 서류 등을 제대로 보관되지 않았기 때문에

4 적힌 한자 숫자를 고쳐 써서 악용하는 경우가 많았기 때문에

해설 본문에서 대자를 사용하여 「数値の水増しによる詐欺を未然に防止している(수치 부풀리기에 의한 사기를 미연에 방지하고 있다)」라고 했다. 즉 숫자를 조작하여 발생하는 사기를 막기 위해서 대자를 사용하는 것을 알 수 있으므로 답은 4번이다.

---

54 정답 3

수표에서 현대 대자의 활용으로 올바른 것은 어느 것인가?

1 参億弐千万円

2 金六千弐百漆拾万円也

3 金弐千参百七拾万円也

4 金壱百四拾伍万円也

해설 우선 숫자 앞뒤에 반드시 「金」과 「也」가 와야 하므로 1번은 오답이다. 본문에서 현재 일본에서는 「一, 二, 三, 十」만 사용한다고 했으므로 2번 「漆」, 4번 「伍」도 오답이 된다. 정답은 3번이다.

55 정답 1

> 이 글의 내용과 맞는 것은 어느 것인가?
>
> 1 '대자'는 일본 법령에서 정해져 있는 한자 숫자이다.
>
> 2 '弍'라는 한자는 숫자 '二'와 같은 형태를 하고 있었다.
>
> 3 고대 일본에서는 숫자를 한자로 써서 나타내는 경우는 없었다.
>
> 4 '伍'나 '漆'은 지금도 일본의 공문서에서 쓰이고 있다.

해설 본문에서 「現在、日本の法令で定められている大字は～(현재 일본의 법령에서 정해져 있는 대자는~)」 부분을 살펴보면 '대자'는 일본 법령에서 정한 한자 숫자라는 것을 알 수 있으므로 정답은 1번이다. 2번은 언급되지 않은 내용이며, 「日本で8世紀初頭から用いられた大字は～(일본에서 8세기 초두부터 사용된 대자는~)」를 보면 고대 일본에서 숫자를 한자로 사용했다는 의미가 되므로 3번도 오답, 「伍」와 「漆」는 일본이 아닌 중국에서만 쓰인다고 했으니 4번 역시 오답이다.

56~58

(3)

　일본에서는 어린이 7명 중에 1명이 빈곤으로 고통받고 있다. 그 밖에도 한 부모 가정이나 맞벌이 가정에서 아이 혼자 밥을 먹는 혼밥도 문제가 되고 있다. 그런 아이들에게 무료 혹은 저렴하게 식사를 제공하고 있는 것이 '어린이 식당'이다. 2012년에 도쿄의 채소가게 한켠에서 시작된 '어린이 식당'은 급격히 확산되어, 현재 일본 전국 5,000곳 이상의 식당이 설립되어 있다.

　 56 '어린이 식당' 덕분에 생활이 힘들고, 제대로 된 밥을 먹지 못하던 어린이들이 따뜻하고 영양 균형 잡힌 식사를 할 수 있게 되었다. 그리고 혼자서 밥을 먹던 맞벌이 가정의 아이들이 식당에 모여 밥을 먹고 안전하게 지낼 수 있게 되었다. 한편 자원봉사로 행해지는 활동이다 보니,   57 운영비와 운영 스태프 확보가 과제가 되고 있다. 그래서 일부 자치 단체가 조성금 지원을 하거나, 기업에 의한 지원 등이 이루어지고 있다.

　 58 2020년 제1차 코로나 바이러스 감염 확대 당초, 감염 방지를 위해 '어린이 식당'은 일시 중지되었다. 그런 중에서도 도시락이나 식재료의 배포 활동을 하는 등 열심히 활동이 진행되었다. 또 놀랍게도 코로나 시국에서도 100개가 넘는 '어린이 식당'이 신설되었다. 그리고 최근에는 시설 내에서 식사를 제공하는 '어린이 식당'을 재개하는 곳이 서서히 늘어나고 있다.

어휘 貧困(빈곤) | 苦しむ(괴로워하다) | ひとり親(한 부모) | 共働き(맞벌이) | 孤食(혼밥) | もしくは(혹은) | 安価(싼

값) | 提供(제공) | 一角(한 켠, 일각) | 急激(급격) | 広まる(확산되다) | 設立(설립) | しっかりした(제대로 된) | 食事をとる(밥을 먹다) | 温かい(따뜻하다) | 栄養(영양) | バランスがとれる(균형이 잡히다) | 運営費(운영비) | 確保(확보) | 自治体(자치 단체, 지자체) | 助成金(조성금) | 支援(지원) | 企業(기업) | 第一次(제1차) | 感染(감염) | 拡大(확대) | 当初(당초) | 防止(방지) | 一時(일시) | 中止(중지) | 食材(식재료) | 配布(배포) | 熱心(열심) | コロナ禍(코로나 시국) | 超える(넘다) | 新設(신설) | 施設内(시설 내) | 再開(재개) | 徐々に(서서히)

---

56 정답 3

> '어린이 식당' 덕분에 어떤 일이 일어났나?
>
> 1 지자체와 기업에 의한 경제적 지원을 얻어, 일본 어린이 빈곤 문제를 모두 해결할 수 있었다.
>
> 2 최근 몇 년 사이, 일본 전국에서 무료 급식소와 이용자 수가 급증하였고, 안전하게 식사를 할 수 있게 되었다.
>
> 3 편향된 영양 섭취가 되지 않도록, 영양 균형이 잡힌 식사를 제공할 수 있게 되었다.
>
> 4 도시락과 식자재 판매 등, 잇따라 신규 사업을 시작하는 기업이 나타났으며, 사회 공헌으로 이어졌다.

해설 본문에서는 주로 '어린이 식당'의 순기능에 대한 설명이 나오고 있는데, 그중 「温かい栄養バランスのとれた食事がとれるようになっている(따뜻하고 영양 균형 잡힌 식사를 할 수 있게 되었다)」라는 말이 나와 있으니, 답은 3번이 된다. 지자체와 기업에 의한 경제적 지원을 얻은 것은 사실이지만, 일본 어린이 빈곤 문제를 모두 해결한 것은 아니니 1번은 오답이고, 급증한 것은 '어린이 식당'이지 '무료 급식소'가 아니므로 2번도 오답, 코로나 때문에 도시락이나 식재료의 배포 활동을 열심히 하였다고 했지 기업의 신규 사업에 관한 내용이 아니므로 4번도 오답이다.

---

57 정답 2

> '어린이 식당'에 대해 이 글에서 어떻게 말하고 있는가?
>
> 1 자원봉사를 희망하는 사람이 너무 많아서 스태프 조절이 힘들다.
>
> 2 운영비 부족을 해소하기 위해 자치 단체에서 지원해주는 곳도 있다.
>
> 3 밥을 못 먹는 어린이들에게 민간 기업이 영양 있는 따뜻한 식사를 제공하고 있다.
>
> 4 맞벌이 가정의 아이들에게는 집까지 도시락을 배달해주는 서비스도 시행되고 있다.

해설「運営費や運営スタッフの確保が課題となっている。そのため一部の自治体が助成金支援を行ったり、企業による支援などが行われている(운영비와 운영 스태프 확보가 과제가 되고 있다. 그래서 일부 자치 단체가 조성금 지원을 하거나, 기업에 의한 지원 등이 이루어지고 있다)」라고 언급한 것을 보아 운영비의 부족을 해소하기 자치 단체에서 지원해 주는 곳이 있다는 것을 알 수 있으므로 정답은 2번이다.

58 정답 1

코로나 시국은 '어린이 식당'에 어떤 영향을 미쳤는가?

1 코로나 감염 확대가 시작된 당초에는 '어린이 식당'을 중지하는 곳이 많았다.

2 코로나 감염 방지를 위해 '어린이 식당'을 재개한 곳은 한 곳도 없다.

3 코로나 감염 확대로 인해 전국에 있던 '어린이 식당'의 수가 급감하고 있다.

4 코로나 감염 방지를 위해 도시락 배포 활동도 중지할 수밖에 없게 되었다.

해설 마지막 단락에서 「2020年の一次コロナウイルス感染拡大当初、～『こども食堂』は一時中止になった(2020년 제1차 코로나 바이러스 감염 확대 당초, ~'어린이 식당'은 일시 중지되었다)」라고 했으므로 답은 1번이 된다. 「『こども食堂』を再開する所が徐々に増えている('어린이 식당'을 재개하는 곳이 서서히 늘어나고 있다)」라고 했으니 2번은 오답이다. 「驚くことに～『こども食堂』が新設されている(놀랍게도 ~'어린이 식당'이 신설되었다)」라고 했으니 3번도 오답이며, 「そんな中でもお弁当や～熱心に活動が進められた(그런 중에서도 도시락이나 ~열심히 활동이 진행되었다)」라고 했으니 4번도 오답이다.

問題 10 다음 글을 읽고, 질문에 대한 답으로 가장 알맞은 것을 1·2·3·4에서 하나 고르세요.

59~62

저는 어린 시절의 아버지, 어머니, 할머니의 추억은 또렷한 (注1)가운데, 할아버지라는 사람을 조금도 모릅니다. 할아버지라고 해도, 아직 마흔 둘에 돌아가셨으니 제가 태어나기 훨씬 이전의 일입니다.

이 할아버지는 매우 훌륭한 사람이었다고 제가 어린 (注2)시절, 이 사람 저 사람에게 들었습니다.

"왜 훌륭한가요?"라고 물었더니,

"무척 학문이 뛰어났으니까"라고 답해 주었습니다. 학문이 뛰어났으니 훌륭하다는 말에는 저는 만족할 수 없었습니다.

좀 크고 나서, 저는 이런 말을 들었습니다. 59 할아버지는 어떤 때라도 손에서 책을 놓은 적이 없었다. 밖에 나갈 때에도 반드시 책을 품속에 넣고 있었다. 책을 읽지 않을 때에는 무언가 골똘히 생각에 잠겨 있었다. 생각하며 길을 걷고 있는 동안에 (注3)일리나 걸어 버려서, 정신을 차리고 보니 터무니없는 곳에 와 있었다ㅡ이런 이야기를 들었을 때는 ①할아버지를 이상한 사람이라 생각했습니다. 그런 게 훌륭하단 말이야? 이렇게도 생각했습니다.

조금 더 크고 나니, 저는 또 어떤 사람에게서 ②이런 이야기를 들었습니다.

할아버지는, 어느 날 글자 이야기를 했을 때,

60 "나는 (注4)틀린 글자라면 몰라. 진짜 글자 중에 모르는 글자는 한 글자도 없다"라고 했다고 합니다. 이 이야기는 저를 감탄하게 만들지 않았습니다.

'건방진 할아버지네.'라고 생각했습니다.

하지만 할아버지는 아직 젊어서 돌아가신 거라 가끔은 자랑도 해 본 거겠지, 하고 나중에 어른이 되고 나서는 생각하게 되었습니다.

제가 어렸을 때, 61 2층 방에는 먼지 쌓인 (注5)한서가 산더미처럼 쌓여 있던 것을 기억하고 있습니다. 그것이 할아버지가 읽은 책의 십 분의 일도 되지 않는다는 데에는 깜짝 놀랐습니다. 할아버지가 돌아가시고 얼마 지나지 않아 우리 집은 망하고 말았습니다. 할아버지가 정성스레 읽은 책도 대부분 (注6)지장이나 벽 등에 붙여지고 말았다고 합니다.

『나의 조부((1977년)』 쓰치다 고헤이

(注1) 가운데 : 그 중에서도 특히

(注2) 시절 : 때, 무렵

(注3) 일리 : 약 4킬로미터

(注4) 틀린 글자 : 잘못 쓴 글자, 오자

(注5) 한서 : 중국의 책

(注6) 지장 : 종이로 만든 벌레로부터 사람을 지키는 그물

어휘 幼い(어리다) | 大そう(매우, 몹시) | えらい(훌륭하다) | じぶん(시절, 때) | 誰彼(이 사람 저 사람) | いいきかす(들려주다) | 学問(학문) | はなす(놓다) | ふところ(품속) | じっと(가만히) | 考えこむ(생각에 잠기다) | 一里(일리) | とんでもない(터무니없다) | わし(나) | うそ字(잘못 쓴 글자, 오자) | 一字(한 글자) | かんしんする(감탄하다) | なまいきだ(건방지다) | 自慢(자랑) | 間(방) | 塵づく(먼지 쌓이다) | 漢籍(중국 서적) | 十分の一(십 분의 일) | 足らない(부족하다) | おちぶれる(망하다, 영락하다) | 心をこめる(정성을 담다) | 大方(대부분) | 紙帳(종

이 모기장) | 貼る(붙이다)

3 42세인데 할아버지라고 불렸던 것

4 할아버지가 중국 책을 많이 읽었던 것

해설 마지막 단락 「私が幼かったころ、二階の間には塵づいた漢籍が、山のようにつんであったことをおぼえています。～おどろきました(제가 어렸을 때, 2층 방에는 먼지 쌓인 한서가 산더미처럼 쌓여 있던 것을 기억하고 있습니다. ~깜짝 놀랐습니다)」을 보면 할아버지는 한서, 중국 책을 많이 읽었다는 것을 알 수 있고 그 독서량에 놀라고 있으므로 답은 4번이다.

---

59 정답 **4**

①할아버지를 이상한 사람이라 생각했습니다라고 했는데, 필자는 왜 이렇게 생각했는가?

1 학문이 뛰어난 훌륭한 사람이었는데. 아무것도 하지 않고 집에서 빈둥거리고 있었으니까

2 읽지도 않는 책을 많이 사서는, 항상 주머니에 넣고 가지고 다녔으니까

3 잘 알지도 못하는 주제에, 항상 주위 사람들에게 자신의 지식을 자랑스럽게 말했기 때문에

4 어떤 때에도 책을 손에서 놓지 않고, 외출할 때도 품속에 넣고 돌아 다녔으니까

해설 바로 앞에 보면 할아버지는 「どんなときにも、手から本をはなしたことがなかった。外へ出るときにも、きっと本をふところへ入れていた(어떤 때라도 손에서 책을 놓은 적이 없었다. 밖에 나갈 때에도 반드시 책을 품속에 넣고 있었다)」라고 했고 이 말을 듣고 필자는 할아버지는 이상한 사람이라고 생각하게 된 것이므로 답은 4번이 된다.

---

60 정답 **2**

②이런 이야기라고 했는데, 어떤 이야기인가?

1 할아버지에 관해 아무것도 모르는 것은, 필자가 태어나기 훨씬 전에 돌아가셨기 때문이라는 이야기

2 할아버지는, 자신의 학문적 지식을 우쭐한 태도를 취하면서 자랑했다는 이야기

3 할아버지는 생각을 하고 있을 때면, 정처없이 서성거리며 돌아다녔다는 이야기

4 확실히 할아버지는 학문이 뛰어난 사람이었지만, 건방진 구석이 있었다는 이야기

해설 아래 문장을 보면 할아버지가 「わしは、うそ字なら知らぬ。ほんとの字で知らぬ字は一字もない(나는 잘못 쓴 글자라면 몰라. 진짜 글자 중에 모르는 글자는 한 글자도 없다)」라고 말했고, 이 말을 들은 필자는 할아버지를 건방지다고 생각했다. 즉 할아버지의 태도를 가리키는 말이므로 답은 2번이다.

---

61 정답 **4**

'나'는 할아버지의 무엇에 관해 놀랐는가?

1 할아버지가 주위로부터 훌륭하다고 말해지고 있던 것

2 할아버지가 돌아가시고 곧바로 빈곤해진 것

問題 11 다음 A, B 글을 읽고, 질문에 대한 답으로 가장 알맞은 것을 1·2·3·4에서 하나 고르세요.

62~63

A

메신저 앱인 라인에는 수신자가 메시지를 읽었음을 나타내는 '읽음'이라는 기능이 있는데, 이로 인해 바로 답장을 보내야 한다고 생각하는 사람이 있는 것 같다. 그래서 대화를 끝내지 못하고 (라인으로 문자) 주고받기가 질질 이어지고 만다고 한다. 답장을 하지 않았다는 이유로 상대에게 나쁜 인상을 줄지 모른다는 잘못된 배려가 그 원인인 듯하다. 배려라기보다는 강박관념에 가깝다. 또 자신이 발신자가 된 경우에 답장이 없는 것을 신경 쓰는 것도 마찬가지다. 불쾌하게 만들었을지도 모른다, 존재를 무시당하고 있을지도 모른다고 고민한다. '읽음'이라는 고작 두 글자를 지나치게 깊이 생각하지 말고 지금 바쁜가 보다, ___62___ ___63___ 곧 답장이 올 거라고 마음 편하게 대처하는 것이 좋다.

B

라인이 '읽음'으로 되어 있는데도 반응이 없다고 불만을 토로하는 사람이 있다. 심지어 '읽음'이고 답장이 없는 데도 SNS에 게시물을 올렸다고 지적하는 사람도 있다. 얼마나 제멋대로인가? 바로 답장을 보내는 것이 매너라고 착각하는 사람이 있는데, 그 착각이야말로 중대한 매너 위반이다. ___63___ 상대의 사정이나 형편을 전혀 고려하고 있지 않다. 만일 긴급한 용무라면 그 이유를 써야 할 것이며, 전화 같은 다른 수단을 함께 사용하여 상대와 연락을 취해야 할 것이다. 일방적인 규칙을 강요하는 사람과는 거리를 두어야 한다. 더욱 화가 나는 건 그러한 사람들에게 휘둘려 피폐해진 사람들이다. ___62___ 답장이 필요한지 아닌지는 자신이 판단해야 하며, 의미 없는 일러스트 주고받기를 반복할 필요는 없다.

어휘 受け手(수신자) | 示す(나타내다) | 既読(읽음) | 機能(기

能)（변신(답장, 회신）| 対話（대화）| やりとり（주고받기）
| 延々と（시간을 질질 끄는 모습）| 印象（인상）| 気遣い
（배려）| 強迫観念（강박관념）| 送り手（발신자）| 同様だ
（마찬가지다）| 不快（불쾌）| 深読み（지나치게 깊이 생각）
| そのうち（곧）| 気楽に（마음 편하게）| 構える（대처하
다）| ましてや（심지어）| 投稿（투고）| 指摘（지적）| なん
と（얼마나）| 自分勝手（제멋대로）| 勘違い（착각）| 重大
なる（중대한）| 違反（위반）| 事情（사정）| 都合（형편）| 万
が一（만일）| 緊急（긴급）| 用事（용무）| 手段（수단）| 併用
（함께 사용）| 押し付ける（강요하다）| 距離を取る（거리
를 두다）| 腹立たしい（화가 나다）| 振り回される（휘둘리
다）| 疲弊（피폐）| 繰り返す（반복하다）

62 정답 1

A와 B의 인식에서 공통된 것은 무엇인가?

1 답장을 하든 말든 너무 신경 쓸 필요는 없다.
2 연락을 받으면 바로 답장 보내는 것이 매너이다.
3 상대에 대한 배려가 인간관계에서 가장 중요하다.
4 강박관념은 인간에게 강한 스트레스를 준다.

해설 답장에 관해 A는「気楽に構えているのがよい（마음 편하
게 대처하는 것이 좋다）」라고 했고, B는「返事が必要かど
うかは自分で判断するべきで（답장이 필요한지 아닌지는
자신이 판단해야 하며）」라고 했으니 1번이 답이 된다. 2번에
관해서는 A는 잘못된 배려, B는 착각이라고 했으니 오답, 3
번은 A, B 모두 언급하지 않았다. 4번은 언급된 것처럼 보이
지만, 실제로 강박관념이 스트레스를 준다는 말은 하지 않았
으므로 오답이다.

63 정답 3

'읽음'을 확인했을 때의 자세에 관해, A와 B는 어떻게 말하고
있는가?

1 A도 B도, 읽음을 확인하면 즉시 답장해야 한다고 말하고
있다.
2 A도 B도, 읽음을 확인하면 답장이 필요한지 어떤지 직접
판단해야 한다고 말하고 있다.
3 A는 초조해하지 말고 마음 편하게 대처하는 것이 좋다고
말했고, B는 상대의 사정이나 형편을 헤아려야 한다고 말
하고 있다.
4 A는 일러스트를 주고받는 것이 좋다고 말했고, B는 읽음에
휘둘릴 필요는 없다고 말했다.

해설 읽음을 확인했을 때 A는「今忙しいんだろう、そのうち
返事があるだろうと気楽に構えているのがよい（지금
바쁜가 보다, 곧 답장이 올 거라고 마음 편하게 대처하는 것
이 좋다）」라고 했고, B는「すぐに返信をするのがマナー
だと勘違いしている人がいるが、~相手の事情や都合
をまったく考えていない（바로 답장을 보내는 것이 매너
라고 착각하는 사람이 있는데, ~상대의 사정이나 형편을 전
혀 고려하고 있지 않다）」라고 했다. 즉 B는 상대의 사정과 형
편을 헤아려야 한다는 말을 하고 있으므로 답은 3번이다.

問題12 다음 글을 읽고, 질문에 대한 답으로 가장 알맞은
것을 1·2·3·4에서 하나 고르세요.

64~67

학교 수업을 따라가지 못하는 학생을 '학습 부진아'라고 부
른다. 이것의 반대말인 '부적응 영재'라는 말을 아는가? 64
이해력이 상당히 높고 학원에 다니기 때문에 높은 학력이 몸에
배어 있는, 이른바 우수한 학생이 학교 수업에 부족함을 느끼
거나 소외감을 느끼는 경우를 일컫는 말이다. '학습 부진아'에
게는 갖은 수단을 다해 지원의 손길이 뻗쳐지지만, '부적응 영
재'는 그렇지 않다. 학교 공부를 쉽게 잘하는 것은 고민 안에 들
지 않는 사치라는 것이다. 모난 돌이 정을 맞고, 월반도 존재하
지 않는 일본의 교육제도 속에서 '부적응 영재' 학생의 고민은
깊어질 뿐이다.

65 이러한 '부적응 영재' '학습 부진아'가 같은 학급 내에
서 같은 수업을 받고 있다. 물론 다양한 학생이 같은 학급에 존
재하는 것은 교육적으로 바람직하다. 그러나 수업을 진행할
때 양자를 동시에 만족시키기란 극히 어렵다. 이를 해소하기 위
해 능력별로 학급을 분할하는 방법이 있지만, 실제로는 분할
이후의 학급 내에서 재확대되는 학력차나, 하위 그룹의 학습
의욕과 자아존중감의 저하와 같은 다른 문제를 안게 된다. ①
교사의 고민은 끝이 없다.

이를 해결할 실마리로서 리쿠르트사가 제공하는 온라인에
의한 원격 수업 어플리케이션 '스터디 서플리'가 주목받고 있
다. '스터디 서플리'에는 고등학교 1학년에서 이수하는 '수학
IA'만에도 '베이직' '스탠다드' '하이' '탑'의 네 개 레벨의 강좌
가 있어, 거기서 자신의 학력이나 목적에 맞는 수업을 선택할
수 있는 구조이다. 66 실제 교실에서는 실현하기 어려운 수
준별 수업을 온라인에서는 간단히 할 수 있다. 온라인 수업에
의해 하위층의 학력을 끌어올릴 가능성도 보이기 시작했다.
②이러한 강점에 주목하여 다양한 학교에서 이 어플리케이션
채용이 진행되어, 100만 명이 넘는 고등학생들이 수강하고 있
다고 보고 있다.

온라인 교육에 대해서는 가정의 교육열이나 공부방의 유무

로 성과에 차이가 생기므로, 교육 격차를 확대한다는 것이 정설이었다. 실제로 학교의 온라인 수업에 관한 어느 설문조사에서는 '인터넷 환경이 모든 학생에게 있는 건 아니다', '가르쳐주는 어른(부모)이 항상 있고 없고의 차이는 크다'라는 의견도 있고 과제는 많다. 그러나 온라인 교육도 충분한 준비를 갖추고 도입된 것이 아니라, 2020년 코로나 위기로 인해 급거 도입되었다. 67 불확실성의 시대라고 불리며 앞날의 전개를 예상하기 극히 어려운 현대 사회에서는 오히려 이것을 좋은 기회로 인식하고 교육 현장을 유연하게 재구축해 나갈 필요가 있을 것이다.

어휘 落ちこぼれ(학습 부진아) | 対義語(반대말) | 浮きこぼれ(부적응 영재) | 存じだ(알고 계시다) | 学習塾(학원) | 通う(다니다) | 学力(학력) | 身につく(몸에 배다) | いわゆる(이른바) | 優秀(우수) | 物足りなさ(부족함) | 疎外感(소외감) | あの手この手(갖은 수단) | 差し伸べる(뻗다) | 悩み(고민) | 贅沢(사치) | 出る杭は打たれる(모난 돌이 정을 맞는다) | 飛び級(월반) | 制度(제도) | 深まる(깊어지다) | ~ばかりだ(~하기만 할 뿐이다) | 多様(다양) | 望ましい(바람직하다) | ~にあたって(~할 때, ~에 즈음하여) | 両者(양자) | 同時に(동시에) | 極めて(극히) | 解消(해소) | 習熟度別(능력별) | 分割後(분할 후) | 再拡大(재확대) | 学力差(학력차) | 下位(하위) | 自己肯定観(자아존중감) | 低下(저하) | ~といった(~와 같은) | 抱え込む(안다) | 教師(교사) | 糸口(실마리) | 提供(제공) | 遠隔(원격) | 履修(이수) | 数学(수학) | 講座(강좌) | 仕組み(구조) | 実現(실현) | 下位層(하위층) | 底上げ(낮은 수준을 끌어올림) | 可能性(가능성) | 強み(강점) | 採用(채용) | 超える(넘다) | 受講(수강) | 有無(유무) | 成果(성과) | ばらつき(차이, 고르지 못함) | 格差(격차) | 定説(정설) | 全て(모두) | 常に(항상) | 課題(과제) | 導入(도입) | 急遽(급거) | 不確実性(불확실성) | 先々(앞날) | 展開(전개) | 好機(좋은 기회) | 捉える(인식하다, 파악하다) | 現場(현장) | 柔軟(유연) | 再構築(재구축)

64 정답 3

'부적응 영재'란 어떤 의미인가?

1 남과는 다른 짓을 해서 반 안에서 눈에 띄는 학생
2 학교 수업을 따라가지 못하고 공부를 못하는 학생
3 학교 수업을 간단하게 느껴 반대로 고독함을 느끼는 학생
4 학원에 다니는 금전적으로 여유가 있는 가정의 학생

해설 '부적응 영재'에 대해 「理解力が非常に高い、~疎外感を感じることを言う(이해력이 상당히 높고, ~소외감을 느끼는 경우를 일컫는 말)」라고 설명했다. 즉 너무 똑똑해 학교 수업을 따분하게 느끼고 반에서 고독함을 느끼는 학생을 의미하므로 답은 3번이다. 부적응 영재들이 모두 금전적으로 여유가 있는 학생들이란 말은 하지 않았으므로 4번은 오답이다.

65 정답 3

①교사의 고민은 끝이 없다고 했는데, 고민의 내용은 무엇인가?

1 학력별로 수업을 진행하면, 학급 내에서 학력차를 줄일 수가 있다.
2 학력별로 수업을 진행하면, 학력이 낮은 학생들의 의욕을 불어 일으킬 수 있다.
3 학급 내에 학력차가 있으면 수업에 대한 불만이 학생 간에 생겨난다.
4 수업을 해도 의욕이 없는 학생이 많아 가르치는 보람이 없어진다.

해설 교사의 고민이 끝이 없는 이유가 「こうした『浮きこぼれ』『落ちこぼれ』が同じクラス内で同じ授業を受けている。~といった別の問題を抱え込むことになる(이러한 '부적응 영재' '학습 부진아'가 같은 학급 내에서 같은 수업을 받고 있다. ~와 같은 다른 문제를 안게 된다)」라고 했으니, 1번, 2번은 일치하는 내용이라 할 수 없다. 또한 4번에 있는 교사의 '가르치는 보람'에 관해서는 언급이 전혀 없었으므로 정답은 3번이 된다.

66 정답 1

②이러한 강점이 가리키는 것은 무엇인가?

1 자신의 학력이나 목적에 맞는 수준으로 학습을 진행할 수 있는 것
2 전원의 학력을 균일하게 할 수 있게 되는 것
3 교과서를 사용하지 않고 앱만으로 학습을 진행할 수 있는 것
4 학교에 가지 않아도 온라인으로만 학습할 수 있는 것

해설 바로 앞에서 「実際の教室では実現するのが難しいレベル別の授業が、~下位層の学力を底上げする可能性も見えてきた(실제 교실에서는 실현하기 어려운 수준별 수업을, ~하위층의 학력을 끌어올릴 가능성도 보이기 시작했다)」라고 온라인 수업의 강점에 관해 설명하였으므로 1번이 정답이다. 즉 학교에서는 여러 문제를 안고 있는 능력별 수업진행이지만 온라인 수업에서는 가능하다는 점을 강점으로 설명

하고 있다. 2번을 정답으로 혼동해서는 안 된다. 수준에 맞게 수업을 진행할 수 있다고 했지 모두의 학력을 균일하게 할 수 있다는 말은 하지 않았다.

67 정답 3

> 이 글에서 필자가 가장 하고 싶은 말은 무엇인가?
>
> 1 온라인 교육은 환경 차이가 학력 격차를 낳으므로 학교 안에서 능력별로 학급을 나누어 학습을 진행하는 것이 좋다.
>
> 2 공부를 잘하는 아이와 못하는 아이를 구별하는 것은 차별로 이어지기 때문에 온라인 교육에는 신중하게 해야 한다.
>
> 3 문제 해결의 방법은 생각지 못한 곳에 있을 수도 있으므로 지금까지의 교육 방법에 집착하지 말고 새롭게 생각해 나가야 한다.
>
> 4 불확실성의 시대에서는 무슨 일이 일어날지 알 수 없으므로 학교뿐 아니라 기업과 손을 잡고 교육을 진행해야 한다.

해설 본문에서 학교 안에서 행하는 능력별 수업진행에 문제가 있다고 했으므로 1번은 오답이다. 필자는 학교 교육의 한계를 지적하며 이를 온라인 수업으로 해결할 수 있다고 했지 학생들을 차별한다는 말은 하지 않았으므로 2번도 오답, 리쿠르트사라는 기업이 제공하는 스터디 서플리는 어디까지나 예로 언급한 내용이지 기업과 연대하라는 말은 하지 않았으므로 4번도 오답이다. 결정적인 힌트는 마지막 문장에 나온 「不確実性(ふかくじつせい)の時代(じだい)と言(い)われ、～教育現場(きょういくげんば)を柔軟(じゅうなん)に再構築(さいこうちく)していく必要(ひつよう)があるだろう(불확실성의 시대라고 불리며, ～교육 현장을 유연하게 재구축해 나갈 필요가 있을 것)」이다. 즉 유연한 사고방식을 가지고 교육을 생각해야 한다고 주장하고 있으니 답은 3번이 된다.

問題13 오른쪽 페이지는 영어 회화 교실 홈페이지에 쓰여진 회원 모집 안내이다. 아래 질문에 대한 답으로 가장 알맞은 것을 1·2·3·4에서 하나 고르세요.

월정액 온라인 영어 회화 교실 "스마일 스쿨"
신규 회원 모집 중!

목표에 맞춘 코스를 선택하면, 원하는 시간을 선택해 레슨을 예약. 수업은 온라인 일대일 개인 레슨이므로 본인의 페이스로 공부할 수 있습니다.

【코스·요금】
※모든 코스에서 7일간의 무료 체험을 신청할 수 있습니다.

코스명	코스 소개	시간	요금
초보자 코스	처음이신 분 용으로 기초부터 제대로	월~금 19시~20시	월 5,000엔

실용 영어 기능 검정 대비 코스	실용 영어 기능 검정 합격을 위한 종합 학습	월·수·금 14시~16시	월 7,000엔
손님 응대 코스	접객업을 위한 롤플레이 중심	토·일 10시~13시	월 5,000엔
비즈니스 코스	자기 소개부터 프레젠테이션까지	**68** 토·일 15시~18시	월 7,000엔
해외여행 코스	여행에서 사용하는 실전 문구를 중심으로	**68** 수·토·일 20시~22시	월 5,000엔

【등록 방법】
스텝 1 : 회원 등록(이름, E-메일주소, 휴대전화 번호, 신용카드)
스텝 2 : 코스 등록, 이용 요금을 신용카드로 결제
스텝 3 : 레슨 예약
스텝 4 : 레슨 시작
※7일간 무료 체험을 신청하신 분은 8일째가 이용 요금 첫 번째 결제일이 됩니다.
※7일간 무료 체험 중에 해약을 희망하시는 경우에는, 첫 번째 결제일 전날까지 연락주세요. 무료 체험 중 해약일 경우, 요금은 일절 발생하지 않습니다.

【친구 소개 캠페인】
소개한 분, 소개받은 분 모두 빠짐없이 AMAZON 상품권 1,000엔 증정!
기간 : 4월 1일(토)~5월 31일(수)
응모 방법:
(1) 신규 회원의 이용요금의 결제 완료 후, '소개한 분'과 '소개받은 분'의 이름과 회원번호를 사무국 메일로 연락 주세요.
(2) **69** 사무국이 '소개한 분'과 '소개받은 분' 모두 레슨 시작이 확인되면 응모 완료가 되며, 메일로 상품권에 관한 정보를 연락 드리겠습니다.

어휘 月額定額(げつがくていがく)(월정액) | 新規(しんき)(신규) | 募集(ぼしゅう)(모집) | 体験(たいけん)(체험) | 初心者(しょしんしゃ)(초보자) | 基礎(きそ)(기초) | 英検(えいけん)(영검, '실용영어기능검정'의 줄임말) | 対策(たいさく)(대책) | 合格(ごうかく)(합격) | 総合(そうごう)(종합) | おもてなし(손님 응대, 대접) | 接客業(せっきゃくぎょう)(접객업) | 実践(じっせん)(실천, 실전) | 登録(とうろく)(등록) | 初回(しょかい)(첫 번째) | 決済日(けっさいび)(결제일) | 解約(かいやく)(해약) | 前日(ぜんじつ)(전날) | 一切(いっさい)(일절, 전혀) | もれなく(빠짐없이, 모두) | 完了(かんりょう)(완료)

68 정답 3

> 대학생 우리타 씨는 평일에는 매일 5시까지 수업이 있다. 여름 방학에는 혼자 미국여행을 떠나고 싶다. 졸업 후에는 외국계 기업에 취직하고 싶고, 장래에는 실용 영어 기능 검정 시험을 목표로 하고 있다. 우리타 씨가 수강할 수 있는 코스는 몇 개 있는가?
>
> 1 없음   2 1개   3 2개   4 3개

해설 우선 우리타 씨의 희망과 맞는 코스는 총 3가지(英検対策コース・ビジネスコース・海外旅行コース(실용 영어 기능 검정 대비 코스, 비즈니스 코스, 해외여행 코스))이다. 우리타 씨의 조건을 보면 평일에는 매일 5시까지 수업이 있다고 했는데, 「英検対策コース(실용 영어 기능 검정 대비 코스)」는 월, 수, 금 14시에서 16시에 수업이 있으니 수강할 수 없다. 「海外旅行コース(해외여행 코스)」는 수요일에 강의가 있지만 20시 이후이니 수강할 수 있고, 「ビジネスコース(비즈니스 코스)」는 수업 시간이 13시부터 18시까지로 수강할 수 있으므로 답은 3번이 된다.

69 정답 4

기존 회원인 스즈키 씨는 회사 동료인 사토 씨를 이 영어 회화 교실에 소개했다. 스즈키 씨의 레슨은 4월 10일부터 시작되며, 사토 씨는 초심자 코스를 등록했는데, 우선 5월 1일부터 무료 체험을 받기로 했다. 스즈키 씨는 언제부터 상품권을 받을 수 있는가?

1 4월 10일부터	2 4월 17일부터
3 5월 1일부터	**4 5월 8일부터**

해설 상품권에 관련된 내용은 맨 아래【お友達紹介キャンペーン】에 나와있다. 「「紹介した方」と「紹介された方」共にレッスン開始が確認できたら応募完了となり、メールでギフト券に関する情報をご連絡します('소개한 분'과 '소개받은 분' 모두 레슨 시작이 확인되면 응모 완료가 되며, 메일로 상품권에 관한 정보를 연락 드리겠습니다)」라고 했다. 즉 실제로 레슨이 시작되어야 상품권을 받을 수 있다. 스즈키 씨의 레슨은 4월 10일에 개시되지만, 사토 씨는 우선 무료 체험으로 5월 1일 시작하여 일주일 지난 5월 8일에 실제 레슨이 시작되니 두 사람의 실제 레슨 시작 날짜는 5월 8일이므로 정답은 4번이다.

1교시 청해

問題1 問題1では、まず質問を聞いてください。それから話を聞いて、問題用紙の1から4の中から、最もよいものを一つ選んでください。

문제1 문제 1에서는 우선 질문을 들으세요. 그러고 나서 이야기를 듣고 문제지의 1부터 4 안에서 가장 알맞은 것을 하나 고르세요.

例

예 정답 4

新しく引っ越したオフィスで男性と女性が話しています。このあと女性は何をしますか。

새로 이사한 사무실에서 남자와 여자가 이야기하고 있습니다. 이후 여자는 무엇을 합니까?

M：田中さん、1階の会議室に絵画を飾ろうと思うんだけど。

M：다나카 씨, 1층 회의실에 그림을 걸려고 하는데.

F：まだ机と椅子しか入っていないから、殺風景よね。

F：아직 책상이랑 의자밖에 없어서 너무 적막해 보이네.

M：海をモチーフにした絵なんか、どうかな。

M：바다를 모티브로 한 그림 같은 건 어떨까?

F：入り口のロビーに空の絵を飾ったでしょ。青系統で統一していく感じなのかな。あるいは部屋別にテーマの色を決めて、違った雰囲気にしていくのもいいんじゃない。

F：입구 로비에 하늘 그림을 달았잖아. 파란색 계통으로 통일해가는 느낌인가? 아니면 방 별로 테마 색깔을 정해서 다른 분위기를 만들어가는 것도 좋지 않을까?

M：そうか、そういう視点では考えていなかったよ。今度、時間のあるときに知り合いの画廊を訪ねてみようと思ってるんだ。

M：그래? 그런 시점에서는 생각하지 않았어. 다음에 시간 있을 때 아는 사람의 화랑을 찾아가 보려고 해.

F：インターネットのギャラリーサイトは知ってる？画廊に足を運ばなくてもオンラインで、しかも手頃な値段で作品を購入できるのよ。

F：인터넷 갤러리 사이트는 알고 있어? 화랑에 가지 않아도 온라인에서, 게다가 저렴한 가격으로 작품을 구입할 수 있어.

M：そういえば、知り合いも最近始めたと言ってたな。才能ある無名アーティストを世に送り出すチャンスだってね。

F：私も時々のぞくサイトがあるの。なかなか購入するまではいかないけど、デザイナーとして勉強にもなるし。ランチから戻ったら、アドレスを送るわ。

M：ありがとう。お互いにいくつか候補を選んで、その中から決めよう。

このあと女性は何をしますか。
1 男性にアドレスをメールする
2 デザイナーの絵画作品を選ぶ
3 インターネットの画廊を調べる
4 ランチを食べに出かける

M：그러고 보니 아는 사람도 최근에 시작했다고 말하더라. 재능 있는 무명 아티스트를 세상에 내보낼 기회라면서.

F：나도 가끔 찾아보는 사이트가 있어. 좀처럼 구입하기까지는 안 되지만, 디자이너로서 공부도 되고. 점심시간 끝나면 주소 보내 줄게.

M：고마워. 서로 몇 가지 후보를 골라 그중에서 정하자.

이후 여자는 무엇을 합니까?
1 남자에게 사이트 주소를 메일로 보낸다
2 디자이너의 회화작품을 고른다
3 인터넷 화랑을 조사한다
4 점심을 먹으러 나간다

1番

大学で女の学生と職員が留学について話しています。女の学生はこれから何をしなければなりませんか。

F：すみません、来年度の交換留学の申し込みについてなんですけど。アメリカの大学に行きたいと思っているんですが、必要な資格や、準備しないといけないものなどを教えていただけますか。

M：交換留学ですね。ええっと、書類はですね、志望動機書と成績証明書と教授からの推薦書、それと語学力証明書です。書類のうち、大学で発行できないものは早めの準備が必要です。何か語学の資格は持っていますか。

F：えーっと、英語検定なら持ってます。

M：あー、英語検定は日本の検定なので認定されないんですよ。まずはTOEICやTOEFLといった試験を受けないといけません。

F：英語の資格がないと申し込みができないんですね。

M：はい。交換留学の申し込みまではあと6か月程あるので、十分間に合うと思いますよ。まずは試験の準備を頑張ってください。それから、教授にも今のうちから相談をしておいたほうがいいですよ。

F：分かりました。ありがとうございました。

1번 정답 3

대학에서 여학생과 직원이 유학에 관해 이야기하고 있습니다. 여학생은 이제부터 무엇을 해야 합니까?

F：실례합니다. 내년도 교환유학 신청에 관해서 말인데요. 미국 대학에 가고 싶은데요, 필요한 자격이나, 준비해야 하는 것 등을 알려주실 수 있을까요?

M：교환유학말이지요. 흠, 서류는 말이죠, 지망동기서와 성적증명서, 교수님 추천서, 그리고 어학능력 증명서입니다. 서류 중, 대학에서 발행 못하는 것은 일찌감치 준비할 필요가 있어요. 뭔가 어학 증명서는 갖고 있어요?

F：음, 영어검정이라면 갖고 있어요.

M：아, 영어검정은 일본 검정시험이라서, 인정 못 받아요. 우선은 토익이나 토플과 같은 시험을 보지 않으면 안 돼요.

F：영어 자격이 없으면, 신청할 수 없지요?

M：네. 교환유학 신청까지는 앞으로 6개월도 있으니, 충분히 시간이 있다고 생각해요. 우선은 시험준비를 열심히 하세요. 그리고 교수님께도 지금부터 상담해 두는 편이 좋아요.

F：알겠습니다. 감사합니다.

女の学生はこれから何をしなければなりませんか。

1 行きたい大学を決める
2 教授から推薦状をもらう
3 英語の資格試験を受ける
4 教授に相談しておく

여학생은 이제부터 무엇을 해야 합니까?

1 가고 싶은 대학을 결정한다
2 교수에게 추천장을 받는다
3 영어자격시험을 본다
4 교수님에게 상담해 둔다

해설 직원은 유학에 필요한 여러 가지 준비서류를 알려주며, 그중 영어자격증 시험을 빨리 준비하라고 했다. 그러자 여학생은 일본에서 발행하는 영어검정 자격증은 있다고 했지만, 직원은 그 자격증은 미국에서는 인정받을 수 없다고 한 뒤, 「まずは試験の準備を頑張ってください(우선은 시험 준비를 열심히 하세요)」라고 하며 영어 자격증 시험 준비부터 하라고 조언하였으니 답은 3번이다.

어휘 職員(직원) | 交換留学(교환유학) | 志望動機書(지망 동기서) | 成績証明書(성적 증명서) | 教授(교수) | 推薦書(추천서) | 語学力証明書(어학능력 증명서) | 発行(발행) | 英語検定(영어검정) | 認定(인정) | ~といった(~와 같은) | 間に合う(늦지 않게 제시간에 대다) | 今のうちから(지금부터) | 推薦状(추천장)

2番

電話で女の人と男の人が話しています。女の人はこのあとまず何をしますか。

F：はい、企画部の佐藤です。

M：もしもし、吉田ですが。

F：あ、吉田さん、お疲れさまです。

M：佐藤さん、今ちょうどヤマダ証券と打ち合わせが終わったところなんだけど、佐藤さんに至急やってもらいたいことがあるんだ。今日の午後、時間ある？

F：今日の午後は、1時から2時まで会議が入っているので、そのあとなら大丈夫です。

M：うーん。急ぎでやってほしいんだよね。その会議、誰かに代わってもらえないかな。

F：私がプレゼンする会議なので、代わってもらうのは難しいですね。

M：そうか。3時までに資料を訂正して、ヤマダ証券に送らないといけないんだよ。本当は佐藤さんに頼みたいんだけど、午後に企画部で手の空いてそうな人、誰かいるかな？

F：そうですね。月末なので、みんないっぱいいっぱいだと思いますけど。会議の時間を少しずらせないか、部長に聞いてみましょうか。

M：ありがとう。助かるよ。そうだ、昼飯はしっかり取るようにね。

2번 정답 3

전화로 여자와 남자가 이야기하고 있습니다. 여자는 이후 우선 무엇을 합니까?

F：네, 기획부 사토입니다.

M：여보세요, 요시다입니다만.

F：아, 요시다 씨, 수고 많으십니다.

M：사토 씨, 지금 마침 막 야마다 증권과 미팅이 끝난 참인데, 사토 씨가 급하게 해 줬으면 하는 일이 있어. 오늘 오후 시간 있어?

F：오늘 오후는 1시부터 2시까지 회의가 일정에 들어가 있으니, 그 후라면 괜찮아요.

M：음~ 급하게 해 줬으면 하거든. 그 회의, 누군가가 대신해 줄 수 없으려나?

F：제가 프레젠테이션 하는 회의여서, 대신해 주기는 어렵네요.

M：그렇구나. 3시까지 자료를 정정해서, 야마다 증권에 보내야 해. 실은 사토 씨에게 부탁하고 싶은데…, 오후에 기획부에서 시간이 날 것 같은 사람, 누군가 있으려나?

F：글쎄요. 월말이라 다들 빠듯해서 여유가 없을 거라고 생각하는데요. 회의 시간을 조금 늦출 수 있는지 부장님께 물어볼까요?

M：고마워. 그래주면 좋지. 그래, 점심은 잘 먹도록 하고.

F：少し前に岡田さんと食べてきましたよ。部長がまだ戻られないので、戻り次第、時間を調整して連絡します。

女の人はこのあとまず何をしますか。
1　会議でプレゼンする
2　急いで資料を訂正する
3　会議の時間を調整する
4　昼食を食べに行く

解説　男子は女子に資料 정정을 부탁하려 하는데, 여자는 회의가 있어 시간이 없다고 하고, 「会議の時間を少しずらせないか、部長に聞いてみましょうか(회의 시간을 조금 늦출 수 있는지 부장님께 물어볼까요?)」라며 부장님에게 회의 시간을 조정할 수 있는지 물어보겠다고 했으니 3번이 답이 된다.

어휘　企画部(기획부) | 証券(증권) | 打ち合わせ(미팅, 회의) | 至急(매우 급함) | 代わる(대신하다) | 訂正(정정) | 手が 空く(손이 비다, 시간이 나다) | 月末(월말) | 時間をずらす(시간이 겹치지 않도록 조정하다) | 戻り次第(돌아오는 즉시) | 調整(조정) | 昼食(점심 식사)

F : 조금 전에 오카다 씨랑 먹고 왔어요. 부장님이 아직 안 돌아오셔서, 돌아오는 즉시 시간을 조정해서 연락할게요.

여자는 이후 우선 무엇을 합니까?
1　회의에서 프레젠테이션을 한다
2　서둘러 자료를 정정한다
3　회의 시간을 조정한다
4　점심 식사를 먹으러 간다

大学で男の学生と女の留学生が話しています。女の留学生はこれから何をしますか。

M：メアリーさん、アルバイトの面接どうだった？

F：受かったよ。今朝、連絡をもらった。

M：おー、よかったね。おめでとう。言うまでもなく、年末年始の郵便局ってメチャクチャ忙しいけどさ、絶対いい経験になると思うよ。

F：仕事は年賀状の仕分け作業って聞いてるけど、日本の伝統行事に参加する気分よ。緊張しちゃうわ。

M：大丈夫だよ。僕、去年、配達のアルバイトをしたんだけど、楽しかったよ。

F：そうなんだ。何かアドバイスない？

M：住所だね、住所。漢字の読み方が独特だったり難しかったりするから、周辺の地名について熟知しておくと楽だと思うな。

F：Wow！それは大変。早速勉強して覚えないと。

M：あとは体力かな。立ち仕事が多いから。そういえばメアリーさんが勤務する郵便局って、すごく大きなところだよね。

F：そうなの。年賀状を出す人が年々減少しているとはいえ、そこの局は取扱量がすごく多いらしいわ。

대학교에서 남학생과 여자 유학생이 이야기하고 있습니다. 여자 유학생은 지금부터 무엇을 합니까?

M : 메어리 씨, 아르바이트 면접 어땠어?

F : 합격했어! 오늘 아침에 연락받았어.

M : 오~ 잘 됐네! 축하해! 말할 필요도 없이, 연말연시의 우체국이라는 게 무지 바쁘지만 말이야, 꼭 좋은 경험이 되리라 생각해.

F : 일은 연하장 분류 작업이라고 들었는데, 일본의 전통 행사에 참가하는 기분이야. 긴장되네.

M : 괜찮아. 나 작년에 배달 아르바이트를 했는데, 즐거웠어.

F : 그렇구나~ 뭔가 조언 없어?

M : 주소지, 주소. 한자 읽는 법이 독특하거나 어렵거나 하니까, 주변의 지명에 대해 숙지해 두면 편할 거라고 생각해.

F : Wow! 그거 큰일이다! 당장 공부해서 외워야지.

M : 다음은 체력이려나? 서서 하는 일이 많으니까. 그러고 보니, 메어리 씨가 근무하는 우체국은 엄청 큰 곳이지?

F : 맞아. 연하장 보내는 사람이 해마다 감소하고 있다지만, 그곳 우체국은 취급량이 엄청 많은 것 같아.

M：大変だろうけど、考えようによっては、年末年始の日本の雰囲気を存分に味わえる又とない機会だよね。頑張って。

女の留学生はこれから何をしますか。

1 地名の漢字の読み方を勉強する
2 周辺地域の地理を暗記する
3 運動をして体力をつける
4 年賀状に書く自分の住所を覚える

해설 외국인 유학생이 우체국에서 알바를 하게 되었는데, 일본인 남학생이 한자 주소 읽는 법부터 숙지하라고 조언하였다. 그러자 「それは大変。早速勉強して覚えないと(그거 큰일이다! 당장 공부해서 외워야지)」라며 우선 한자 주소 읽는 법부터 공부하겠다고 했으니 1번이 답이다.

어휘 受かる(합격하다) | 言うまでもなく(말할 필요도 없이) | 年末年始(연말연시) | 年賀状(연하장) | 仕分け作業(분류 작업) | 伝統行事(전통행사) | 配達(배달) | 独特(독특) | 周辺の地名(주변 지명) | 熟知(숙지) | 早速(당장, 즉시) | 立ち仕事(서서 하는 일) | 勤務(근무) | 年々(해마다) | 減少(감소) | ～とはいえ(～라고는 하지만) | 取扱量(취급량) | 考えようによっては(생각하기에 따라서는) | 雰囲気(분위기) | 存分に(충분히) | 味わう(맛보다) | 又とない(다시없는) | 地理(지리) | 暗記(암기)

4番

空港で女の人と男の職員が話しています。女の人はこのあと何をしますか。

F：すみません。預けたキャリーケースが出てこないんですが。

M：もう全部出てきたはずなんですが。おかしいですね。誰かが間違えて持っていったかもしれません。よくあるんですよ。キャリーケースの特徴を教えていただけますか。

F：はい。色は黒で、取っ手のところに赤のハンカチをつけてあります。忘れ物センターに行ったほうがいいですか。

M：いえ、こちらで対応しますので、その必要はありません。あそこに1個残っている黒のキャリーケースは違いますか。

F：あれは違います。私のはもう一回り大きいです。

M：では、あのキャリーケースの持ち主が間違えて持っていったかもしれないですね。荷物にタグがついているので、そこから情報を調べて持ち主のお客様に連絡してみます。お時間が少しかかるかもしれませんが、大丈夫でしょうか。

M : 힘들겠지만, 생각하기에 따라서는, 연말연시 일본의 분위기를 충분히 맛볼 수 있는 다시없는 기회인 거지. 열심히 해봐.

여자 유학생은 지금부터 무엇을 합니까?

1 지명의 한자 읽는 법을 공부한다
2 주변 지역의 지리를 암기한다
3 운동을 해서 체력을 기른다
4 연하장에 쓸 자신의 주소를 외운다

4번 정답 3

공항에서 여자와 남자 직원이 이야기하고 있습니다. 여자는 이후에 무엇을 합니까?

F : 저기요. 맡긴 캐리어가 안 나오는데요.

M : 이미 다 나왔을 텐데요. 이상하네요. 누가 잘못 가져갔을 수도 있어요. 자주 있거든요. 캐리어 특징을 알려주시겠습니까?

F : 네. 색깔은 검정이고, 손잡이 부분에 빨간 손수건을 달아 뒀어요. 분실물 센터에 가는 것이 좋을까요?

M : 아뇨, 여기서 대응할 테니, 그럴 필요는 없습니다. 저기에 한 개 남아 있는 검정 캐리어는 아닙니까?

F : 저건 아니에요. 내 건 한 치수 더 커요.

M : 그럼, 저 캐리어 주인이 잘못 가져갔을지도 모르겠군요. 짐에 태그가 붙어 있으니 거기서 정보를 알아내서 캐리어 주인 고객님께 연락해 보겠습니다. 시간이 좀 걸릴지도 모르겠습니다만, 괜찮으시겠습니까?

F : 1時間後に空港から出発するバスに乗らないといけない
ので、それまでなら大丈夫です。間違えて持っていっ
た人、まだその辺にいるかもしれないですよね。私、
捜しに行ってきます。

M : 一度外に出てしまうとここには戻れませんので、対応が
難しくなります。お客様に連絡を取ってみますので、
このままここで、もう少々お待ちいただけますでしょ
うか。

F : 分かりました。空港でお土産も買いたいので、なるべく
早くお願いします。

M : かしこまりました。

女の人はこのあと何をしますか。
1 紛失届けセンターに行く
2 所有者を割り出して捜しに行く
3 職員の案内があるまで待機する
4 荷物が見つかるまで土産店で暇を潰す

F : 1시간 후에 공항에서 출발하는 버스를 타야 해서, 그때까지라
면 괜찮아요. 잘못 가져간 사람, 아직 주변에 있을지도 모르겠네
요. 저, 찾으러 갔다 올게요.

M : 한 번 밖에 나가면 이곳에 돌아올 수 없어 대응이 어려워집니
다. 고객님께 연락을 취해 보겠으니 이대로 여기서 조금만 더
기다려 주실 수 있을까요?

F : 알겠습니다. 공항에서 선물도 사고 싶으니까, 될 수 있으면 빨리
부탁드립니다.

M : 알겠습니다,

여자는 이후에 무엇을 합니까?
1 분실물 센터에 간다
2 소유자를 알아내고 찾으러 간다
3 직원의 안내가 있을 때까지 대기한다
4 짐을 찾을 때까지 선물가게에서 시간을 보낸다

해설 짐을 분실해 당황한 여자는 직접 찾으러 가겠다고 하지만, 공항 직원은 한 번 나가면 돌아올 수 없다고 하며 「お客様に連絡を取ってみ
ますので、このままここで、もう少々お待ちいただけますでしょうか(고객님께 연락을 취해 보겠으니 이대로 여기서 조금 더
기다려 주실 수 있을까요?)」라고 했고 이 말에 여자도 동의를 하였으니 여자는 그 자리에서 그대로 대기하게 되므로 3번이 답이다.

어휘 職員(직원) | 預ける(맡기다) | 特徴(특징) | 取っ手(손잡이) | 対応(대응) | 一回り(한 치수) | 持ち主(물건의 주인) | タグ(태그) |
なるべく(될 수 있으면) | 見つかる(찾다, 발견되다) | 土産店(선물가게) | 暇を潰す(시간을 보내다) | 紛失届(분실물 신고서) | 記
入(기입) | 済ませる(마치다) | 所有者(소유자) | 割り出す(알아내다) | 待機(대기)

5番

家で夫婦が話しています。妻はこれからどうしますか。

F : 来週、ユキの結婚式だから美容院で髪を染めてきたん
だけど、頭皮が少しかぶれちゃったみたい。

M : 大丈夫？駅前の皮膚科に行って、診てもらったら？

F : もう遅いから、閉まってるんじゃないかな。

M : じゃあ、明日の朝、行っておいでよ。

F : うーん。今週中に終わらせないといけない仕事が残っ
てるから、急に休めないと思うな。ま、すぐ治るでし
ょう。

M : 仕事より体のほうが大事だろ。課長に事情を説明し
て、休ませてもらいなよ。

5번 정답 3

집에서 부부가 이야기하고 있습니다. 아내는 이제부터 어떻게 합니까?

F : 다음 주, 유키 결혼식이라 미용실에서 머리를 염색하고 왔는
데, 두피에 좀 염증이 생긴 것 같아.

M : 괜찮아? 역 앞 피부과 가서 진료받지 그래?

F : 이미 늦은 시간이라, 문 닫지 않았을까?

M : 그럼, 내일 아침에 다녀와.

F : 음~, 이번 주 안에 끝마쳐야 하는 일이 남아있어서, 갑자기 쉴
수는 없을 거야. 뭐, 곧 낫겠지.

M : 일보다 건강이 중요하지. 과장님께 사정을 설명하고 쉬게 해달
라고 해.

F：そうね。でも、さすがに一日休むのは気が引けるから、早退させてもらうわ。**とりあえず今晩のうちにメールで承諾してもらわなきゃ。**

M：じゃあ、明日早く帰れたら、スーパーに行ってきてくれない？ 今、家に何もないんだ。

妻はこれからどうしますか。
1　駅前の皮膚科に行く
2　残りの仕事をこなす
3　課長にメールをする
4　スーパーへ買い物に行く

F：그래. 근데, 역시 하루 쉬는 건 마음이 편치 않으니까 조퇴할게. **우선 오늘 저녁 안에 메일로 승낙 받아야겠다.**

M：그럼, 내일 일찍 돌아올 수 있으면, 슈퍼에 다녀와 주지 않겠어? 지금 집에 아무것도 없거든.

아내는 이제부터 어떻게 합니까?
1　역 앞 피부과에 간다
2　남은 일을 처리한다
3　과장에게 메일을 보낸다
4　슈퍼에 장 보러 간다

해설 아내는 두피에 염증이 생겨 피부과를 가보려 했으나 늦은 시간이라 포기하였다. 남편은 건강이 일보다 중요하다며 다음 날 쉬라고 했으나, 아내는 해야 할 일이 있어 하루를 다 쉴 수는 없다고 하며 조퇴를 위해 과장에게 「とりあえず今晩のうちにメールで承諾してもらわなきゃ(우선 오늘 저녁 안에 메일로 승낙 받아야겠다)」라고 했다. 따라서 아내는 먼저 할 일은 과장에게 메일을 보내는 것이니 답은 3번이다.

어휘 美容院(미용실) | 染める(염색하다) | 頭皮(두피) | かぶれる(염증이 생기다) | 皮膚科(피부과) | 診る(진료하다) | 事情(사정) | さすがに(역시, 과연) | 気が引ける(마음이 편치 않다, 기가 죽다) | 早退(조퇴) | とりあえず(우선, 일단) | 承諾(승낙)

6番

会社で男の人と女の人が話しています。女の人はこのあとまず何をしなければなりませんか。

M：納品日の件、先方の課長さんは何て言ってるの？

F：はい、こちらの事情は理解してくださったんですが、納品先を本社ではなくて直接、各営業所にしてほしいということで。

M：そうか。で、営業所はどれくらいあったっけ。

F：県内だけで10か所です。

M：うーん、厳しいな。約束の時間は午前中だろ。変更できないかな。配送センターには聞いてみた？

F：はい。センター長の話では、仕分けするのに時間がかかるそうなので、臨時で人を増やす必要があるということでした。トラックは待機できるそうです。

M：人を増やすのか。それは部長に頼まないといけないね。

F：あと、配送に関してなんですが、市内中心部は配送する荷物の量も少ないのに大型トラックだと効率が悪いかもしれません。

6번 정답 4

회사에서 남자와 여자가 이야기하고 있습니다. 여자는 이후 우선 무엇을 해야 합니까?

M：납품일 관련 건, 저쪽 과장님은 뭐라고 했나?

F：네, 저희 쪽 사정은 이해해 주셨습니다만, 납품처를 본사가 아니라 직접 각 영업소로 해달라고 하네요.

M：그래? 그래서 영업소는 얼마나 있었지?

F：현 안에만 열 군데입니다.

M：음~ 힘들겠군. 납품 약속 시간은 오전 중이지? 변경할 수 없으려나? 배송센터에는 물어봤나?

F：네. 센터장의 이야기로는 분류하는 데 시간이 걸린다고 해서, 임시로 사람을 늘릴 필요가 있다고 했습니다. 트럭은 대기 가능하다고 합니다.

M：사람을 늘린다고? 그건 부장님한테 부탁드려야겠군.

F：그리고 배송에 관해서 말인데요, 시내 중심부는 배송할 물량도 적은데 대형 트럭으로 하면 비효율적일지도 모릅니다.

M：そうか。じゃあ、僕らで配達しよう。会社の営業車を手配しておいて。部長には増員の件も含めて話をつけておくから。

F：承知しました。

女の人はこのあとまず何をしなければなりませんか。

1　取引先に納入時間の調整を依頼する
2　配送センターのトラックを手配する
3　部長にスタッフ増員の了承をもらう
4　会社の車を使う手はずを整える

해설 납품일 문제로 거래처에 상의를 하였는데, 각 영업소로 직접 납품해 달라는 연락을 받았다. 배송 방법을 상의하다 남자가 「僕らで配達しよう。会社の営業車を手配しておいて(우리가 직접 배달하도록 하지. 회사 영업차를 준비해 두게)」라고 여자에게 지시했으니 답은 4번이다.

어휘 納品日(납품일) | 件(건) | 先方(저쪽, 상대편. 주로 거래처를 가리킴) | 事情(사정) | 納品先(납품처) | 各営業所(각 영업소) | 県内(현내) | 10か所(열 군데) | 変更(변경) | 配送センター(배송센터) | 仕分け(분류) | 臨時(임시) | 待機(대기) | 市内中心部(시내 중심부) | 大型トラック(대형 트럭) | 効率(효율) | 配達(배달) | 営業車(영업차) | 手配(준비) | 増員(증원) | 含める(포함하다) | 話をつける(이야기를 매듭짓다) | 承知する(알다) | 取引先(거래처) | 納入(납입) | 調整(조정) | 依頼(의뢰) | 了承(승낙) | 手はずを整える(준비를 갖추다)

問題 2 問題 2 では、まず質問を聞いてください。そのあと、問題用紙のせんたくしを読んでください。読む時間があります。それから話を聞いて、問題用紙の 1 から 4 の中から、最もよいものを一つえらんでください。

例

電話で男の人と女の人が話しています。女の人は何に困っていますか。

M：はい、さくら不動産管理部門、川口です。
F：すみません、さくらマンション 101 号室の上田と申します。玄関のドアのことでご相談があり、ご連絡しました。
M：上田様、いつもお世話になっております。どういったことでしょうか。
F：実は、数か月前から玄関のドアの調子が悪く、ドアを開閉するときにキーキー音が鳴るんです。音が鳴るだけなら大した問題がないかと思って様子を見ていたんですが、先週あたりから、鍵を閉めるときにドアをしっか

M：그래? 그럼 우리가 직접 배달하도록 하지. 회사 영업차를 준비해 두게. 부장님께는 증원 건도 포함해서 이야기를 매듭지어 둘 테니.

F：알겠습니다.

여자는 이후 우선 무엇을 해야 합니까?

1　거래처에 납입 시간 조정을 의뢰한다
2　배송센터 트럭을 준비한다
3　부장에게 스태프 증원 승낙을 받는다
4　회사 차를 사용할 준비를 갖춘다

문제 2 문제 2에서는 우선 질문을 들으세요. 그 후 문제지의 선택지를 읽으세요. 읽을 시간이 있습니다. 그러고 나서 이야기를 듣고 문제지의 1부터 4 안에서 가장 알맞은 것을 하나 고르세요.

예 정답 3

전화로 남자와 여자가 대화하고 있습니다. 여자는 무엇을 곤란해하고 있습니까?

M：네, 사쿠라 부동산 관리과, 가와구치입니다.
F：실례합니다. 사쿠라 맨션 101호실 우에다라고 합니다. 현관문 때문에 상담할 게 있어 연락드렸습니다.
M：우에다 님, 항상 신세가 많습니다. 어떤 일이신가요?
F：실은 몇 달 전부터 현관문의 상태가 좋지 않아서, 문을 여닫을 때 끽끽거리는 소리가 나고 있어요. 그냥 소리가 날 뿐이라면 큰 문제가 없을 거라고 생각해서 상황을 보고 있었는데, 지난 주쯤부터, 열쇠를 잠글 때 문을 제대로 밀어 닫지 않으면 문이

り押し込まないとうまく閉まらなくなって、さすがに見てもらったほうがいいかなと思いまして。

M：そうでしたか。それは早急に確認が必要ですね。ご自宅に担当の者を行かせますが、本日はずっとご在宅ですか。

F：はい、今日は一日中、家にいる予定です。

M：かしこまりました。では、本日午後２時頃に担当の者がご自宅へ伺いますので、よろしくお願いいたします。

F：はい。ありがとうございます。

女の人は何に困っていますか。
1　ドアが開かないこと
2　担当者の予約が取れないこと
3　ドアがうまく閉まらないこと
4　ドアの音がうるさいこと

잘 안 닫히게 되어서, 아무래도 좀 봐주셨으면 해서요.

M : 그러셨군요. 그건 조속히 확인할 필요가 있겠네요. 자택에 담당자를 보내겠습니다만, 오늘은 계속 집에 계시나요?

F : 네, 오늘은 하루 종일, 집에 있을 예정입니다.

M : 알겠습니다. 그럼, 금일 오후 2시쯤 담당자가 자택에 찾아뵐 테니, 잘 부탁드리겠습니다.

F : 네. 감사합니다.

여자는 무엇을 곤란해하고 있습니까?
1　문이 열리지 않는 것
2　담당자 예약을 할 수 없는 것
3　문이 잘 닫히지 않는 것
4　문소리가 시끄러운 것

1番

テレビで女の人と男の人が話しています。男の人はどうしてイタリア料理のお店を始めましたか。

F：今日はさくら駅前に新しくできたイタリアンレストラン「ボナペティ」に来ています。早速、シェフの山本さんにお話を伺います。山本シェフ、どのような思いでこのお店を開かれたんですか。

M：はい。二十歳のときにイタリアへ渡りまして、約10年間、イタリアで修業を積んできました。えー、多くの方にイタリアのおふくろの味を知ってもらいたい、そんな気持ちで、この店を始めました。

F：本場の味を学ばれての開業だったんですね。シェフが一人で切り盛りされているそうですが、大変ではないですか。

M：お店自体がそんなに大きくないので、大丈夫です。小ぢんまりとしたお店なので、お一人様でも気軽にお越しください。

F：では最後に、お店のＰＲをお願いします。

M：はい。妥協は一切したくなかったのでインテリアや食器もイタリアにこだわりました。それから、お店のメニューは日替わりです。いちばん自信のある料理は固定で

1번 정답 2

TV에서 여자와 남자가 이야기하고 있습니다. 남자는 왜 이탈리안 요리 식당을 시작했습니까?

F : 오늘은 사쿠라역 앞에 새로 생긴 이탈리안 레스토랑 '본아페티'에 와 있습니다. 그럼 바로 셰프 야마모토 씨께 이야기를 여쭈어 보겠습니다. 야마모토 셰프님, 어떻게 이 식당을 열게 되었습니까?

M : 네. 스무 살 때에 이탈리아에 건너가서, 약 10년간 이탈리아에서 요리를 배웠습니다. 음, 많은 분들에게 이탈리아의 어머니의 맛을 알리고 싶은, 그런 생각으로 이 식당을 시작했습니다.

F : 본고장의 맛을 배우시고 개업을 하셨군요. 셰프님 혼자서 꾸려 나가고 계신데, 힘들지 않으세요?

M : 가게 자체가 그렇게 크지 않기 때문에 괜찮습니다. 아담한 가게이니 혼자라도 부담 없이 와주세요.

F : 그럼 마지막으로 가게 홍보 부탁드리겠습니다.

M : 네. 타협은 일절 하고 싶지 않았기 때문에 인테리어나 식기도 이탈리아 것으로 고집했습니다. 그리고 가게의 메뉴는 날마다 바뀝니다. 가장 자신이 있는 요리는 고정으로 매일 내고 있지

毎日出しますが、来る度に違った食事を楽しんでいただけるようにしています。お友達や大切な人とぜひ一緒にいらしてください。

만, 오실 때마다 다른 식사를 즐기실 수 있도록 하고 있습니다. 친구분이나 소중한 사람과 꼭 같이 와 주시기 바랍니다.

男の人はどうしてイタリア料理のお店を始めましたか。

1　イタリア料理は腕に覚えがあるため
2　本格的なイタリアの家庭料理の味を広めるため
3　一人で店を持つ夢をかなえるため
4　イタリアの料理と装飾品に執着心があるため

남자는 왜 이탈리안 요리 식당을 시작했습니까?

1　이탈리아 요리는 솜씨에 자신이 있기 때문에
2　본격적인 이탈리아 가정요리의 맛을 널리 알리기 위해
3　혼자 가게 갖는 꿈을 이루기 위해
4　이탈리아 요리와 장식품에 고집이 있기 때문에

解説　여자가 어떤 생각으로 이탈리아 식당을 열었느냐고 묻자 남자는 「多くの方にイタリアのおふくろの味を知ってもらいたい、そんな気持ちで、この店を始めました(많은 분들에게 이탈리아의 어머니의 맛을 알리고 싶은, 그런 생각으로 이 식당을 시작했다)」라고 했는데, 「おふくろの味」는 '어머니의 맛', 즉 가정요리의 맛을 의미하므로 답은 2번이다.

語彙　渡る(건너다) | 修業を積む(수업을 쌓다, (기술이나 학업을) 배우다) | おふくろの味(어머니의 맛) | 本場(본고장) | 開業(개업) | 切り盛りする(꾸리다) | 小ぢんまり(아담) | 気軽に(부담 없이) | お越しください(와 주세요) | 妥協(타협) | 一切(일절, 전혀) | 食器(식기) | こだわる(고집하다) | 日替わり(매일 바뀜) | 固定(고정) | 来る度に(올 때마다) | いらす(오시다) | 夢をかなえる(꿈을 이루다) | 腕に覚えがある(솜씨에 자신이 있다) | 装飾品(장식품) | 執着心(집착심, 고집) | 本格的(본격적) | 家庭料理(가정요리) | 味を広める(맛을 널리 알리다)

2番

会社で男の人と女の人が話しています。会議が長引いた理由は何ですか。

M：今日の会議、予定より長引いたそうですね。
F：そうなんです。2時半に終わるはずが、4時に終わりました。
M：えっ、1時間半も？何か問題でもあったんですか。
F：そもそも部長が遅刻しましてね。まあ、それは10分くらいだから関係ないですけど、2時前に地震があったでしょう。そのせいでパソコンの調子がおかしくなって、会議が一時中断したんですよ。中島さんが対応してくれましたが、時間がかかってしまって。そのうち、みんながいらいらし始めて大変でした。
M：それはご苦労様でした。会議は荒れたんですか。
F：意見はいろいろ出ましたけど、部長がうまく整理してくれたおかげで、結論は出ましたよ。
M：まあ、何より無事に終わってよかったですね。

会議が長引いた理由は何ですか。

2번　정답 2

회사에서 남자와 여자가 이야기하고 있습니다. 회의가 길어진 이유는 무엇입니까?

M : 오늘 회의, 예정보다 길어졌다면서요.
F : 그러게요. 2시 반에 끝날 거였는데, 4시에 끝났어요.

M : 헉! 1시간 반이나? 뭔가 문제라도 있었어요?
F : 애당초 부장님이 지각했지 뭐예요. 뭐, 그건 10분 정도라 상관없지만, 2시 전에 지진이 났잖아요? 그 탓에 컴퓨터 상태가 이상해져서 회의가 일시 중단됐어요. 나카지마 씨가 대응해 주었는데 시간이 좀 걸렸어요. 그 사이에 다들 짜증 내기 시작해서 난리였어요.

M : 그거 힘들었겠네요. 회의 분위기는 험악했어요?
F : 의견은 여러 가지 나왔지만, 부장님이 잘 정리해 주신 덕분에 결론은 나왔어요.
M : 무엇보다 무사히 끝나서 다행이군요.

회의가 길어진 이유는 무엇입니까?

1 部長が会議に来なかったから	1 부장님이 늦었기 때문에
2 パソコンが故障したから	2 컴퓨터가 고장 났기 때문에
3 みんながいらいらしていたから	3 다들 짜증 났기 때문에
4 意見がまとまらなかったから	4 의견이 정리되지 않았기 때문에

해설 회의가 길어진 이유에 대해 남자가 묻자 처음엔 부장의 지각을 언급하였다. 하지만 그 후 일어난 지진으로 인해「パソコンの調子がおかしくなって、会議が一時中断したんですよ(컴퓨터 상태가 이상해져서 회의가 일시 중단됐어요)」라고 회의가 길어진 이유를 설명하고 있다. 따라서 회의가 길어진 결정적인 이유는 컴퓨터 고장 때문이니 답은 2번이 된다.

어휘 長引く(길어지다) | そもそも(애당초) | 調子がおかしい(상태가 이상하다) | 一時(일시) | 中断(중단) | 対応(대응) | そのうち(그 사이에) | いらいらする(짜증 내다) | 荒れる(험악하다, 거칠다) | 整理(정리) | 無事に(무사히) | まとまる(정리되다)

3番

会社で女の人と男の人が話しています。男の人は何を心配していますか。

F：明日は7時発の新幹線だよね。ということは朝5時に起きないと。

M：とうとう明日か。大丈夫かな。

F：何よ、それ。プレゼンの準備は万端なはずよ。

M：僕さ、遠足とか旅行とか遠くへ行くときに限って、前の夜なかなか眠れないんだよ。夜中にようやく眠れたと思ったら、今度は起きられなくてさ。何度か朝寝坊したことがあるんだ。

F：プライベートはそうだとしても、だって田中さん、出張に何度も行ってるし、会社にだって遅刻したことないじゃない。

M：でも大阪に行くのは初めてだから、緊張しちゃうな。

F：子供じゃないんだから、しっかりしなさいよ。仕事の場合はきっと大丈夫よ。気を張っているから自然と起きられるって。それに田中さんがいないと明日のプレゼン、どうするのよ。もう。話してるうちに何だか私まで不安になってきた。明日の朝、電話してあげる。

M：わー、ごめん、気を使わせちゃって。でも頼むわ。

男の人は何を心配していますか。
1 寝不足で疲れた状態でプレゼンをすること
2 寝過ごして仕事に穴をあけること
3 大阪訪問は初めてで緊張すること
4 緊張して女の人を不安にさせたこと

3번 정답 2

회사에서 여자와 남자가 이야기하고 있습니다. 남자는 무엇을 걱정하고 있습니까?

F : 내일은 7시 출발 신칸센이지? 그럼 아침 5시에는 일어나야겠네.

M : 드디어 내일이구나. 괜찮으려나….

F : 무슨 말이야. 프레젠테이션 준비는 잘해 두었을 테고.

M : 나 말이야, 소풍이나 여행이나 꼭 멀리 갈 때만 전날 밤에 좀처럼 잠을 못 자거든. 한밤중에 간신히 잠들었나 싶으면 이번에는 못 일어나서 말이야. 몇 번인가 늦잠 잔 적이 있어.

F : 사적인 일에는 그렇다 해도, 그래도 다나카 씨, 출장 여러 번 갔었고 회사에도 지각한 적 없잖아.

M : 하지만 오사카에 가는 건 처음이라, 긴장되네.

F : 어린애도 아니고 정신 좀 차려. 업무의 경우는 분명 괜찮아. 긴장하고 있으니까 저절로 일어날 수 있을 거야. 게다가 다나카 씨가 없으면 내일 프레젠테이션은 어떡하라고. 나 원 참. 말하다 보니 왠지 나까지 불안해졌어. 내일 아침 전화해 줄게.

M : 아, 미안해, 신경 쓰게 해서. 그래도 부탁할게.

남자는 무엇을 걱정하고 있습니까?
1 수면 부족으로 피곤한 상태에서 프레젠테이션을 하는 것
2 늦잠을 자서 업무에 차질을 빚는 것
3 오사카 방문이 처음이라서 긴장되는 것
4 긴장하여 여자를 불안하게 만든 것

해설 남자는 처음 가는 오사카에서 프레젠테이션을 하게 되어 있는데, 어릴 때부터 먼 곳에 갈 때「前の夜なかなか眠れないんだよ。～何度か朝寝坊したことがあるんだ(전날 밤에 좀처럼 잠을 못 자거든. ~몇 번인가 늦잠 잔 적이 있어)」라고 했다. 즉 남자가 가장 걱정하는 것은 출장도 프레젠테이션도 아니라, 바로 늦잠을 자서 업무에 차질을 빚는 것이니 답은 2번이다.

어휘 7時発(7시 출발) | ということは(그럼, 그렇다면) | とうとう(드디어) | 万端(준비 등을 잘해 두다) | 遠足(소풍) | ～に限って(~때만) | ようやく(간신히) | しっかりする(정신차리다) | 気を張る(긴장하다) | 自然と(저절로) | 気を使わせる(신경 쓰게 하다) | 寝不足(수면 부족) | 寝過ごす(늦잠자다) | 穴をあける(차질을 빚다) | 出掛け先(행선지) | なじみ(친숙함) | 土地(토지, 지역, 지방, 곳)

4番

大学の先生が話しています。先生が学生に期待していることは何ですか。

F：昨年までですでに「ビジネスキャリア概論Ⅰ」の授業を受講されていると思いますが、そこでは自己分析、業界理解などの将来のキャリアを考える基礎的な講義を行ってきました。すでに皆さんは自分の将来について、ある程度、適性や希望などを理解していると思います。この「ビジネスキャリア概論Ⅱ」の授業は、今まで学んできたことに加え、来年から始まる本格的な就職活動に向け、より実践的な力を身につける講座です。そのため、皆さんには授業の集大成として、夏休みにインターンシップに参加してもらいます。今後の就職活動への第一歩だと考え、真剣に取り組んでもらいたいと思います。とはいえ、インターンシップは本当の仕事とは違うので、何より学生らしく元気に楽しく仕事のやりがいを感じてもらえると嬉しいですね。

先生が学生に期待していることは何ですか。

1 自己分析をして適性を理解していること
2 授業への積極的な姿勢を持つこと
3 インターンシップに参加すること
4 職業体験を通して働くことの意義を感じること

4번 정답 4

대학교 교수님이 이야기하고 있습니다. 교수님이 학생에게 기대하고 있는 것은 무엇입니까?

F : 작년에 이미 '비즈니스 커리어 개론Ⅰ'의 수업을 수강하셨으리라 생각합니다만, 그 수업에서는 자기분석, 업계이해 등의 장래의 커리어를 생각하는 기초적인 강의를 했습니다. 이미 여러분은 자신의 장래에 관해 어느 정도 적성이나 희망 등을 이해하고 있으리라 생각합니다. 이 '비즈니스 커리어 개론Ⅱ'의 수업은, 지금까지 배워온 것에 더해 내년부터 시작하는 본격적인 취업 활동을 위해 보다 실천적인 능력을 몸에 익히는 강좌입니다. 이를 위해, 여러분은 수업의 집대성으로서 여름방학에 인턴십에 참가해야 합니다. 앞으로의 취업 활동을 위한 첫걸음이라 생각하고, 진지하게 임해 줬으면 합니다. 그렇지만 인턴십은 실제 업무와는 다르기 때문에, 무엇보다도 학생답게 활기차고 즐겁게 일의 보람을 느낄 수 있으면 좋겠습니다.

교수님이 학생에게 기대하고 있는 것은 무엇입니까?

1 자기분석을 하여 적성을 이해하는 것
2 수업에 적극적인 자세를 가지는 것
3 인턴십에 참가하는 것
4 직업 체험을 통해서 일하는 것의 의의를 느끼는 것

해설 학생들에게 바라는 여러 가지를 말하고 있는데, 뒷부분에서 인턴십에 참가하여「何より学生らしく元気に楽しく仕事のやりがいを感じてもらえると嬉しいですね(무엇보다 학생답게 활기차고 즐겁게 일의 보람을 느낄 수 있으면 좋겠다)」라고 했다. 즉「やりがい(보람)」를 느껴달라고 했으니 가장 근접한 내용이 4번이 정답이 된다. 다른 여러 내용을 열거하고「何より(무엇보다)」가 들리면 가장 큰 힌트로 생각해도 좋다.

어휘 概論(개론) | 受講(수강) | 自己分析(자기분석) | 業界理解(업계이해) | 基礎的(기초적) | 講義(강의) | 適性(적성) | ～に加え(~에 더해, 추가해) | 本格的(본격적) | ～に向け(~을 위해) | 実践的(실천적) | 身につける(몸에 익히다) | 講座(강좌) | 集大成(집대성) | 第一歩(첫걸음) | 真剣に(진지하게) | 取り組む(임하다, 대처하다) | とはいえ(그렇지만) | 何より(무엇보다) | やりがい(보람) |

〜を通して(〜을 통해) | 意義(의의) | 積極的(적극적) | 姿勢(자세)

登山クラブで男の人が話しています。男の人は低体温症に
ならないために、どうしたらいいと言っていますか。

M：皆さん、来週の雪山登山について注意事項があります
　　ので、お伝えします。通常の登山と比べて気温が低い
　　ため、低体温症になりやすいです。雪山登山で重要に
　　なってくるのは体温を下げないような行動です。手袋
　　や靴下が濡れたらすぐに取り替えることと、一定のペー
　　スを保って汗をかきすぎないようにしましょう。それか
　　ら休憩は長く取りません。雪の上に直接座ると、衣服
　　が濡れます。いずれも体温が下がる行為ですので気をつ
　　けてください。また登山中にカロリーが高いものを食
　　べることも効果的です。ただし、おにぎりなどは0度を
　　下回ると凍ってしまい食べられなくなるので避けてくだ
　　さい。では、質問のある方、いらっしゃいませんか。

男の人は低体温症にならないために、どうしたらいいと言
っていますか。
1　汗をかきすぎて不快に感じたら着替える
2　雪の上を避けて十分に休憩を取る
3　体の冷えへの警戒を怠らない
4　高カロリーのおにぎりを食べて体温を高める

5번 정답 3

등산 동호회에서 남자가 이야기하고 있습니다. 남자는 저체온증에
걸리지 않기 위해서 어떻게 해야 한다고 말하고 있습니까?

M : 여러분, 다음 주 설산 등산에 관해서 주의사항이 있어서 전해
　　드리겠습니다. 보통 등산에 비해 기온이 낮기 때문에 저체온증
　　에 걸리기 쉽습니다. 설산 등산에서 중요한 것은 체온을 떨어뜨
　　리지 않는 행동입니다. 장갑이나 양말이 젖으면 즉시 바꾸고 일
　　정한 페이스를 유지하여 땀을 너무 흘리지 않도록 합시다. 그리
　　고 휴식은 오래 취하지 말아야 합니다. 눈 위에 직접 앉으면 옷
　　이 젖습니다. 모두 체온이 내려가는 행위이니 조심해 주세요.
　　또한 등산 중에 칼로리가 높은 것을 먹는 것도 효과적입니다.
　　다만 주먹밥 등은 0도 밑으로 떨어지면 얼어 버려 못 먹게 되니
　　피해주세요. 그럼 질문 있으신 분 없으십니까?

남자는 저체온증에 걸리지 않기 위해서 어떻게 해야 한다고 말하고
있습니까?
1　땀을 많이 흘려 불쾌하면 옷을 갈아입는다
2　눈 위를 피해서 충분한 휴식을 취한다
3　몸이 차가워지는 것에 대한 경계를 게을리하지 않는다
4　고칼로리 주먹밥을 먹어 체온을 높인다

해설 남자는 저체온증에 걸리지 않기 위한 주의사항을 말하고 있는데,「手袋や靴下が濡れたらすぐに取り替えることと〜いずれも体温
が下がる行為ですので気をつけてください(장갑이나 양말이 젖으면 즉시 갈아 신고 ~모두 체온이 내려가는 행위이니 조심해 주세
요)」라고 했는데, 특정행위 한 가지만 언급하지 않고 여러 가지 사항을 종합적으로 말했으니 3번이 답이 된다.

어휘 登山(등산) | 低体温症(저체온증) | 雪山(설산) | 注意事項(주의사항) | 通常(통상, 보통) | 体温(체온) | 濡れる(젖다) | 取り替え
る(바꾸다) | 一定(일정) | 保つ(유지하다) | 汗をかく(땀을 흘리다) | 休憩(휴게, 휴식) | 衣服(옷, 의복) | いずれも(모두) | 行為(행
위) | 下回る(밑돌다, 떨어지다) | 凍る(얼다) | 冷え(식음, 차가워짐) | 警戒(경계) | 怠る(게을리하다) | 高カロリー(고칼로리) | 時
間帯(시간대) | 休息(휴식) | 不快(불쾌) | 着替える(옷을 갈아입다)

大学生がアルバイトについて話しています。女の人がこの
募集に応募しない理由は何ですか。

6번 정답 3

대학생이 아르바이트에 대해서 이야기하고 있습니다. 여자가 이 모
집에 응모하지 않는 이유는 무엇입니까?

M：学生会館の前の掲示板で、面白いアルバイトの募集情報を見たよ。小学生に逆上がりを教える仕事なんだ。

F：えー、そんな仕事があるの？逆上がりを教えるだけ？

M：いや、跳び箱のコツも、って書いてあった。要するに体育専門の家庭教師だね。

F：へー。私も逆上がりは子供の頃に苦労したな。手にマメを作って、ようやくできるようになったんだ。

M：鉄棒できるんなら、応募してみたらどう？面白そうじゃん。

F：えー、今はできるかどうかも分からないし、無理無理。私が人にものを教えるなんて。

M：そう？僕は英語とか数学とかの勉強なら、家庭教師のバイト、やりたいんだけどな。

F：あ、サンバ同好会の鈴木君って高校時代に体操部で選手だったらしいから、その情報、教えてあげようっと。

女の人がこの募集に応募しない理由は何ですか。

1　逆上がりができないから
2　手にマメができて痛いから
3　家庭教師の仕事に向いていないから
4　鈴木君にバイトを紹介したいから

M：학생회관 앞 게시판에서 재미있는 아르바이트 모집정보를 봤어. 초등학생에게 철봉 거꾸로 돌기 가르치는 일이야.

F：오~ 그런 일이 있어? 철봉 거꾸로 돌기만 가르치면 되는 거야?

M：아니, 뜀틀 요령도, 라고 써 있었어. 결국 체육 전문 가정교사인 거지.

F：흠~ 나도 철봉 거꾸로 돌기는 어릴 적에 고생했었지. 손에 물집 잡히고 나서 겨우 할 수 있게 되었어.

M：철봉할 줄 알면 응모해보면 어때? 재미있을 것 같잖아.

F：음, 지금 할 수 있을지 어떨지도 모르겠고, 무리야, 무리. 내가 다른 사람에게 뭔가를 가르치다니.

M：그래? 나는 영어라든가 수학 같은 공부라면 가정교사 아르바이트하고 싶은데~

F：아, 삼바 동호회 스즈키 군은 고등학교 때 체조부 선수였던 것 같으니 그 정보 알려 줘야겠다.

여자가 이 모집에 응모하지 않는 이유는 무엇입니까?

1　철봉 거꾸로 돌기를 못 하니까
2　손에 물집이 잡혀서 아프니까
3　가정교사 일이 적성에 맞지 않으니까
4　스즈키 군에게 아르바이트를 소개하고 싶으니까

해설 여자는 어렸을 때 비록 고생은 했지만 어쨌든 철봉 거꾸로 돌기는 할 수 있게 되었다고 했다. 하지만 「私が人にものを教えるなんて(내가 다른 사람에게 뭔가를 가르치다니)」라고 하였으니, 이 알바에 지원하지 않는 이유는 가르치는 일이 본인의 적성에 맞지 않다고 생각하기 때문이란 것을 알 수 있으니 답은 3번이 된다.

어휘 募集(모집)｜応募(응모)｜掲示板(게시판)｜逆上がり(철봉 거꾸로 돌기)｜跳び箱(뜀틀)｜コツ(요령, 비결)｜要するに(결국, 요컨대)｜体育専門(체육 전문)｜家庭教師(가정교사)｜苦労(고생)｜マメ(물집)｜鉄棒(철봉)｜数学(수학)｜サンバ同好会(삼바 동호회)｜体操部(체조부)｜選手(선수)｜~に向いている(~에 적성이 맞다)

7番

女の人と専門家が話しています。専門家は何について見直したほうがいいと言っていますか。

F：加藤先生、先月お送りした南区の再開発案は、見ていただけましたでしょうか。

M：ええ、拝見しましたよ。十分に検討された案だと思います。歩道の幅も歩行者が歩きやすいように広く設定されているし、ベンチもかなりの数が設置されていますね。あえて言うなら、一部のベンチを椅子の形にしな

7번 정답 2

여자와 전문가가 이야기하고 있습니다. 전문가는 무엇에 관해 재검토하는 편이 낫다고 말하고 있습니까?

F：가토 선생님, 지난 달 보내드린 미나미 구의 재개발 안은 보셨나요?

M：네, 봤어요. 충분히 검토된 안이라고 생각합니다. 보도 폭도 보행자가 걷기 좋게 넓게 설정되어 있고, 벤치도 꽤 많은 수가 설치되어 있더군요. 굳이 말하자면, 일부 벤치를 의자 형태로 하지 말고, 걸터앉을 수 있는 단차 등, 거리에 융화되는 형태로 하

いで、腰掛けられるような段差など、街に溶け込むような形にすることですね。

F：その点につきましては再検討したいと思います。

M：えー、それから、歩道の防護柵、いわゆるガードレールというやつですね。かなり減らしてましたね。新しいと思います。

F：自転車の専用道路については、どう思われますか。

M：最初は戸惑う人もいるでしょうが、まあ、時間が経つにつれて慣れていくので問題ないでしょう。見直したほうがいい点は、先程申し上げたことくらいですかね。

専門家は何について見直したほうがいいと言っていますか。

1　歩道の幅を広げること
2　ベンチの形状を工夫すること
3　歩道の防護柵を増やすこと
4　自転車専用道路を設置すること

는 거겠네요.

F：그 점에 관해서는 재검토하고자 합니다.

M：음, 그리고 보도의 방호책, 이른바 가드레일 말인데요. 상당히 줄였더군요. 참신하다고 생각합니다.

F：자전거 전용 도로에 대해서는 어떻게 생각하십니까?

M：처음에는 당황하는 사람 있겠지만, 시간이 지남에 따라 적응해 갈 테니 문제없을 것입니다. 재검토했으면 하는 점은 아까 말씀드린 것 정도예요.

전문가는 무엇에 관해 재검토하는 편이 낫다고 말하고 있습니까?

1　보도의 폭을 넓히는 것
2　벤치의 모양 고안하는 것
3　보도의 방호책을 늘리는 것
4　자전거 전용 도로를 설치하는 것

해설　전문가는 재개발 안에 관해 대부분 긍정적인 의견을 말하면서 「あえて言うなら、一部のベンチを椅子の形にしないで、腰掛けられるような段差など、街に溶け込むような形にする(굳이 말하자면, 일부 벤치를 의자 형태로 하지 말고, 걸터앉을 수 있는 단차 등, 거리에 융화되는 형태로 한다)」라고 했다. 그러면서 맨 마지막 단락에서 「見直したほうがいい点は、先程申し上げたことくらい(재검토했으면 하는 점은 아까 말씀드린 것 정도)」라고 했으니 전문가가 이 부분을 재검토해야 하는 내용으로 생각하고 있는 것을 알 수 있고 답은 2번이 된다.

어휘　見直す(재검토하다) | 再開発案(재개발 안) | 拝見する(見る의 겸양어) | 検討(검토) | 歩道(보도) | 幅(폭) | 歩行者(보행자) | 設定(설정) | 設置(설치) | あえて(굳이) | 腰掛ける(걸터앉다) | 段差(단차) | 溶け込む(융화되다) | ～につきましては(~에 관해서는) | 再検討(재검토) | 防護柵(방호책) | いわゆる(이른바) | 減らす(줄이다) | 専用道路(전용 도로) | 戸惑う(당황하다) | 時間が経つ(시간이 지나다) | ～につれて(~에 따라) | 慣れる(적응하다, 익숙해지다) | 先程(아까) | 形状(형상) | 工夫する(궁리하다) | 広げる(넓히다) | 増やす(늘리다)

問題3　問題3では、問題用紙に何も印刷されていません。この問題は、全体としてどんな内容かを聞く問題です。話の前に質問はありません。まず話を聞いてください。それから、質問とせんたくしを聞いて、1から4の中から、最もよいものを一つ選んでください。

例
ラジオで女の人が話しています。

F：先日、両親の銀婚式の記念に旅行をプレゼントしたんです。私は昔から両親の誕生日は重視してきたんです

문제3　문제 3에서는 문제지에 아무것도 인쇄되어 있지 않습니다. 이 문제는 전체로서 어떤 내용인지를 묻는 문제입니다. 이야기 전에 질문은 없습니다. 우선 이야기를 들으세요. 그리고 나서 질문과 선택지를 듣고 1부터 4 안에서 가장 알맞은 것을 하나 고르세요.

예 정답 3

라디오에서 여자가 이야기하고 있습니다.

F：얼마 전 부모님의 은혼식 기념으로 여행을 선물했습니다. 저는 옛날부터 부모님의 생신은 중요시해 왔습니다만, 결혼기념일

が、結婚記念日まで意識したことがありませんでした。ただ、私が結婚してみて、夫婦で仲良く何年も一緒に暮らすこと、家族を養っていくことの大変さを実感して、両親を今まで以上に尊敬するようになりました。私はまだ結婚1年目のひよっこですが、ここから24年間にどんなことが起きるのか、どんな家庭を築いていくのか、両親を見習ってこれからも頑張っていきたい、両親の銀婚式はそう思うきっかけになりました。

까지 챙긴 적은 없습니다. 다만, 제가 결혼해 보니, 부부가 사이좋게 몇 년이나 함께 살아가는 것, 가족을 부양하는 것의 어려움을 실감하고 나서, 부모님을 지금보다 더 존경하게 되었습니다. 저는 아직 결혼 1년 차 병아리이지만, 앞으로 24년 사이에 어떤 일이 일어날지, 어떤 가정을 만들어 갈지, 부모님을 본받아 앞으로 열심히 살아가야겠다고, 부모님의 은혼식은 그렇게 생각하는 계기가 되었습니다.

女の人は両親についてどう思っていますか。
1 25年仲良く暮らしてきたことが信じられない
2 両親にこれからもいろいろ教えてもらいたい
3 両親を非常に尊敬している
4 無理をして長く家族を養ってきた

여자는 부모님에 대해 어떻게 생각하고 있습니까?
1 25년간 사이 좋게 살아왔다는 게 믿기지 않는다
2 부모님에게 앞으로도 여러모로 배우고 싶다
3 부모님을 너무도 존경하고 있다
4 무리해서 오랫동안 가족을 부양해왔다

1番

テレビでアナウンサーが話しています。

F：田中さん、中継ありがとうございました。明日は強い寒気の影響で、東京でも大雪の予想になっています。交通の乱れも予想されますので、各交通機関からの最新情報をご確認のうえ、お出掛けください。また、路面が凍結し、道路が非常に滑りやすくなっている恐れがあります。特に地下鉄や地下道の入り口、横断歩道、ビルの間の日陰などは足元に十分お気をつけください。お出掛けの際は滑りにくい靴を履くことも、お忘れなく。それでは、次はエンタメ情報です。

アナウンサーは何について伝えていますか。
1 交通機関が動かない場合に気をつけること
2 明日の天気について気をつける点
3 道路が凍結している場所についての案内
4 明日の最新の道路情報について

1번 정답 2

TV에서 아나운서가 이야기하고 있습니다.

F : 다나카 씨, 중계 감사합니다. 내일은 강한 한기의 영향으로, 도쿄에도 폭설이 예상되고 있습니다. 교통 혼잡도 예상되니 각 대중교통의 최신 정보를 확인하신 후 외출하시길 바랍니다. 또 길이 얼어 도로가 매우 미끄러울 우려가 있습니다. 특히 지하철이나 지하도로의 입구, 횡단보도, 빌딩 사이의 그늘 등은 미끄러지지 않게 주의해 주세요. 외출하실 때는 잘 미끄러지지 않는 신발을 신는 것도 잊지 마세요. 그럼, 다음은 연예계 정보입니다.

아나운서는 무엇에 대해서 전하고 있습니까?
1 대중교통이 운행하지 않을 경우에 주의할 점
2 내일 날씨에 관해 주의할 점
3 도로가 얼어 있는 곳에 관한 안내
4 내일의 최신 도로 정보에 관해서

해설 아나운서는 내일 날씨를 전하면서 폭설 때문에 발생할 수 있는 교통 혼잡, 노면 동결, 길 미끄러움 등을 조심하라고 말하고 있다. 따라서 아나운서가 전하고 있는 전체 내용은 내일 날씨에 관해 주의할 점이라고 할 수 있으니 답은 2번이 된다.

어휘 中継(중계) | 寒気(한기) | 大雪(폭설) | 交通の乱れ(교통 혼잡) | 各交通機関(각 대중교통) | ご確認のうえ(확인하신 후) | 路面(노면, 길 위) | 凍結(동결) | 滑る(미끄럽다) | ～恐れがある(~우려가 있다) | 地下鉄(지하철) | 地下道(지하도로) | 横断歩道(횡단보도) | 日陰(그늘) | 足元(발 밑) | の際は(~때는)

新聞記者がインタビューしています。

M1：中村監督、惜しくも甲子園初優勝は叶いませんでし
　　たが、大変すばらしい試合でした。今回の試合につい
　　て、どのようにお考えでしょうか。
M2：そうですね。本当に今回は、選手たちは強豪相手に非
　　常によくやってくれたと思います。特に、ピッチャー
　　の田中は連日連投の中、集中力を切らさず最後まで
　　頑張ってくれました。選手たちを勝たせてやれなかっ
　　たのは、監督である私の責任です。地区大会から応援
　　してくださったOB、県民の皆さん、さらには視聴者
　　の皆さん、本当にたくさんのご声援ありがとうござい
　　ました。

監督は甲子園での結果についてどう思っていますか。
1　勝てなかったことを非常に後悔している。
2　最後まで頑張った選手たちを誇りに思っている。
3　準優勝という結果に満足している。
4　試合の勝ち負けについてはあまり気にしていない。

2번 정답 2

신문기자가 인터뷰를 하고 있습니다.

M1：나카무라 감독님, 아쉽게도 고시엔의 첫 우승은 이루지 못했
　　지만, 매우 훌륭한 시합이었습니다. 이번 경기에 대해 어떻게
　　생각하시나요?
M2：음, 정말 이번에는 선수들은 강호들 상대로 아주 잘해줬다고
　　생각해요. 특히 투수인 다나카는 연일 연투 속에서 집중력을
　　잃지 않고 끝까지 버텨 주었습니다. 선수들을 이기게 해 주지
　　못한 것은 감독인 제 책임입니다. 지역 예선부터 응원해 주신
　　OB, 현민 여러분, 또 시청자 여러분 정말로 많은 성원 감사합
　　니다.

감독은 고시엔에서의 결과에 대해 어떻게 생각하고 있습니까?
1　이기지 못한 것을 매우 후회한다.
2　끝까지 열심히 한 선수들을 자랑스럽게 생각한다.
3　준우승이란 결과에 만족한다.
4　경기 승부에 크게 신경 쓰지 않는다.

해설 이번 경기에 대해 어떻게 생각하냐는 신문기자의 질문에, 감독은 자신이 부족하여 우승하지 못한 부분을 아쉽다고 말했지만 선수들의 노
력과 결과를 칭찬하고 있는 것을 알 수 있으므로 정답은 2번이다. 따라서 감독이 1번처럼 매우 후회하거나 4번처럼 경기 결과에 연연하
는 것은 아니다. 3번과 같이 언뜻 보기에 준우승이란 결과에 만족하는 것처럼 보일 수도 있지만, 감독이 자신을 자책하고 있는 것을 통해
정답이 아님을 알 수 있다.

어휘 インタビュー(인터뷰) | 監督(감독) | 惜しい(분한, 안타까운) | 甲子園(고시엔, 일본 고교야구의 성지) | 優勝(우승) | 叶う(이루다)
| 強豪(강호) | 相手(상대) | ピッチャー(투수) | 連日(매일) | 連投(연속해서 투구함) | 集中力(집중력) | 責任(책임) | 地区大会(지
구 대회, 지역 예선) | 応援(응원) | OB(올드보이, 졸업생) | 県民(현민) | 視聴者(시청자) | 声援(성원) | 誇り(자랑) | 準優勝(준우
승) | 満足(만족) | 勝ち負け(승부)

教室で学生がクラスメイトに呼び掛けています。

F：最近、SNS上の誹謗中傷が問題になっています。S
　　NSに匿名で書き込めるのをいいことに人を傷つけるこ
　　とを平気でコメント欄に投稿する人がいます。私は、
　　人を批判するときはその言葉に責任を持つべきだと考
　　えています。何かに賛同したり批判したり、意見という

3번 정답 1

교실에서 학생이 반 친구들에게 호소하고 있습니다.

F：요즘, SNS상에서 악성댓글이 문제가 되고 있습니다. SNS에
　　서 익명으로 댓글을 쓸 수 있는 것을 이용하여, 남에게 상처 주
　　는 말을 아무렇지 않게 댓글을 다는 사람이 있습니다. 저는 사
　　람을 비판할 때는 그 말에 책임감을 가져야만 한다고 생각합니
　　다. 어떤 일에 동의하거나 비판하거나 하는 의견이라는 것에는

ものには責任が伴うという意味です。そして、誹謗中傷は、それらとはまた別の、理由もなく相手を傷つける行為ではないでしょうか。とにかく、名前を書かずに相手の悪いことだけを書くのは、あまりいい行為だとは思えません。それは、ただの悪口です。コメントを投稿する前に、その言葉が本当に相手を傷つけることはないのか、一度ゆっくり考えてみませんか。

학생은 무엇에 대해서 전하고 있습니까?

책임이 따른다는 의미입니다. 그리고 악성댓글은 그런 것들과는 또 다른, 이유도 없이 상대에게 상처 주는 행위인 것은 아닐까요? 아무튼 이름을 쓰지 않고 상대의 나쁜 점만을 쓰는 것은 별로 좋은 행위라고 생각되지 않습니다. 그것은 그저 욕입니다. 댓글을 달기 전에, 그 말이 정말 상대방에게 상처 주는 일이 없는지 한번 찬찬히 생각해 봅시다.

学生は何について伝えていますか。

1 自分の発言に責任を持つべきだということ
2 誹謗中傷をして後悔しているということ
3 匿名でコメントを書き込んではいけないということ
4 ＳＮＳは簡単にコメントできるので危ないということ

학생은 무엇에 대해서 전하고 있습니까?

1 자신의 발언에 책임감을 가져야만 한다는 것
2 악성댓글을 달고 후회하고 있다는 것
3 익명으로 댓글을 써서는 안 된다는 것
4 SNS는 간단하게 댓글을 달 수 있기 때문에 위험하다는 것

해설 결국 이 글에서 학생이 가장 하고 싶은 말은, 익명이란 점을 악용해 악플을 다는 무책임함에 대한 비난이라고 할 수 있다. 「私は、人を批判するときはその言葉に責任を持つべきだと考えています(저는 사람을 비판할 때는 그 말에 책임감을 가져야만 한다고 생각합니다)」라고 했다. 즉 책임감을 갖고 있다면 함부로 상대에게 상처 주는 악플은 달지 않을 것이라고 했으니 답은 1번이 된다.

어휘 誹謗中傷(악성댓글, 악플) | 匿名(익명) | 書き込む(기입하다, 쓰다) | 〜をいいことに(〜을 이용하여, 틈타) | 傷つける(상처 주다) | 平気で(아무렇지 않게) | コメント欄(댓글 창) | 投稿(투고) | 批判(비판) | 賛同(찬동, 동의) | 伴う(따르다, 수반하다) | 行為(행위) | とにかく(아무튼) | ただの悪口(그저 욕) | 発言(발언)

4番

テレビでアナウンサーが話しています。

M：それでは特集です。今日は、最近耳にするこの言葉「クラウドファンディング」についてお伝えします。先日、人気ユーチューバーがアプリ開発に向けての資金をクラウドファンディングで集めたというニュースが話題になりましたね。クラウドファンディングとは、「群衆」という意味のクラウドと、「資金を集める」という意味のファンディングを組み合わせた造語です。新しいサービスを始めたい、何かを作りたい、社会問題を解決したいなど、中心になる人物が起業者となり、資金提供を呼び掛け、共感した不特定多数の人が資金を援助するシステムのことです。クラウドファンディングと一言で言っても、実はいくつかの種類があります。ちょっとこちらの動画をご覧ください。

4번 정답 3

TV에서 아나운서가 이야기하고 있습니다.

M : 그럼 특집입니다. 오늘은 최근 자주 듣는 이 말 '클라우드 펀딩'에 관해 전해 드리겠습니다. 얼마 전 인기 유튜버가 애플리케이션 개발을 위한 자금을 클라우드 펀딩으로 모았다는 뉴스가 화제가 되었지요. 클라우드 펀딩이란 '군중'이라는 의미의 클라우드와 '자금을 모은다'라는 의미의 펀딩을 조합한 조어입니다. 새로운 서비스를 시작하고 싶다든가, 뭔가를 만들고 싶다든가, 사회 문제를 해결하고 싶다는 등, 중심이 되는 인물이 기안자가 되어 자금 제공을 호소하고, 이에 공감한 불특정 다수의 사람이 자금을 원조하는 시스템을 말합니다. 클라우드 펀딩이라고 한 단어로 말해도, 실제로는 몇 가지 종류가 있습니다. 잠시 이쪽 동영상을 봐주십시오.

アナウンサーは荷について話していますか。

1 クラウドファンディングの魅力
2 クラウドファンディングの利点
3 クラウドファンディングの定義
4 クラウドファンディングの種類

아나운서는 무엇에 대해 이야기하고 있습니까?

1 클라우드 펀딩의 매력
2 클라우드 펀딩의 이점
3 클라우드 펀딩의 정의
4 클라우드 펀딩의 종류

해설 남자는 '클라우드 펀딩'이란 생소한 단어에 관해 설명하고 있는데, 「クラウドファンディングとは(클라우드 펀딩이란)」란 표현이 들렸다. 「~とは」는 「~というものは」의 줄임말로 '~란' 뜻이며, 주로 어떤 일에 관한 정의를 내릴 때 사용하는 표현이다. 본문에 '클라우드 펀딩'의 매력이나 이점에 관한 언급은 없었고, 종류에 대한 언급은 있었지만 '클라우드 펀딩'의 정의를 설명하며 몇 가지 종류가 있다고 부연 설명하고 있을 뿐이므로 답은 3번이 된다.

어휘 特集(특집)｜耳にする(듣다)｜先日(얼마전)｜アプリ開発(애플리케이션 개발)｜~に向けての資金(~을 위한 자금)｜話題(화제)｜群衆(군중)｜資金(자금)｜組み合わせる(조합하다)｜造語(조어)｜人物(인물)｜起案者(기안자)｜提供(제공)｜呼び掛ける(호소하다)｜共感(공감)｜不特定多数(불특정 다수)｜援助(원조)｜一言(한 마디)｜動画(동영상)｜ご覧ください(봐 주십시오)｜魅力(매력)｜利点(이점)｜定義(정의)

5番

テレビショッピングの番組で女の人が話しています。

F：日本では、年に２回、お世話になった人への感謝の挨拶として贈り物をする習慣があります。それが、お中元とお歳暮です。お中元は大体７月に送りますが、東日本では７月15日ぐらいまで、西日本では８月15日ぐらいまでとされています。これを過ぎたからといって失礼にはなりませんが、過ぎてしまった場合、お中元としてではなく、「残暑お見舞い」などの名目で贈りましょう。金額は、あまり高いと相手に負担をかけますので、3,000円から5,000円程度が一般的です。お中元の内容ですが、事前に相手の好みや家族構成を聞いて品物を選ぶことが、とても大切です。また留守の多い相手であれば、賞味期限が長いビールやのりを選ぶなどの配慮も必要です。

女の人は荷について話していますか。
1 お中元の意味
2 お中元の贈り物
3 お中元のマナー
4 お中元の時期

5번 정답 3

홈쇼핑 프로그램에서 여자가 이야기하고 있습니다.

F : 일본에는 1년에 2번 신세 진 사람에 대한 감사 인사로서 선물을 하는 습관이 있습니다. 그것이 오츄겐(한여름 선물)과 오세이보(연말 선물)입니다. 오츄겐은 대개 7월에 보내는데, 동일본에서는 7월 15일 정도까지, 서일본에서는 8월 15일 정도로 여겨지고 있습니다. 이를 그냥 지나쳤다고 해서 실례는 안 되지만, 그냥 지나쳐 버린 경우, 오츄겐으로서가 아니라, '늦더위 문안 인사' 등의 명목으로 보냅시다. 금액은 너무 비싸면 상대에게 부담을 주므로, 3,000엔부터 5,000엔 정도가 일반적입니다. 오츄겐의 내용물은 사전에 상대의 취향이나 가족 구성을 물어보고 선물을 고르는 것이 매우 중요합니다. 또 집을 비우는 일이 많은 상대라면, 유통기한이 긴 맥주나 김을 고르는 등의 배려도 필요합니다.

여자는 무엇에 대해 이야기하고 있습니까?
1 오츄겐의 의미
2 오츄겐의 선물
3 오츄겐의 매너
4 오츄겐의 시기

6番

テレビで医者が話しています。

M：日本の若い女性は、医学的に見て問題があるほど、痩せている状態にあります。成人女性の10人に一人、20代の女性では5人に一人が痩せていて、そんな状態がこの20年以上ずっと続いています。栄養事情の悪い国ならいざ知らず、日本でこれだけ痩せている人が多いのは、国際的に見ても異常事態です。日本では女性が「痩せたい」と思う気持ちが強く、必要のないダイエットをしている人も少なくありません。また「肥満は不健康だが、痩せているのは大丈夫」と思い込んでいる人もいます。栄養不足などの本人の問題はもちろん、妊娠・出産を迎えたときに低体重の赤ちゃんを出産する確率が高まり、その赤ちゃんが成長と共に様々な病気になりやすいという医学的なデータもあります。

医者は何について話していますか。

1　ダイエットが体に与える影響
2　健康的に過ごす方法
3　間違ったダイエットの方法
4　痩せすぎによって起こる問題

6번 정답 4

TV에서 의사가 이야기하고 있습니다.

M : 일본의 젊은 여성은 의학적으로 보아 문제가 있을 정도로 마른 상태에 있습니다. 성인 여성의 10명에 1명, 20대의 여성에서는 5명에 1명이 말랐는데, 그런 상태가 최근 20년 이상 쭉 계속되고 있습니다. 영양 상태가 나쁜 나라라면 모르겠지만, 일본에서 이만큼 마른 사람이 많다는 것은 국제적으로 보아도 이상 사태입니다. 일본에서는 여성이 '말라지고 싶다'라고 생각하는 마음이 강해서, 필요 없는 다이어트를 하고 있는 사람도 적지 않습니다. 또 '비만은 건강에 나쁘지만, 마른 것은 괜찮다'라고 굳게 믿는 사람도 있습니다. 영양 부족 등의 본인의 문제는 물론이고 임신, 출산을 맞이했을 때 저체중의 아기를 출산할 확률이 높아져, 그 아기가 성장과 함께 여러 가지 병에 걸리기 쉽다는 의학적인 데이터도 있습니다.

의사는 무엇에 대해서 이야기하고 있습니까?

1　다이어트가 몸에 주는 영향
2　건강하게 지내는 방법
3　잘못된 다이어트 방법
4　너무 마르면 일어나는 문제

問題4 問題4では、問題用紙に何も印刷されていません。まず文を聞いてください。それから、それに対する返事を聞いて、1から3の中から、最もよいものを一つ選んでください。

문제4 문제 4에서는 문제지에 아무것도 인쇄되어 있지 않습니다. 우선 문장을 들으세요. 그러고 나서 그 문장에 맞는 대답을 듣고 1부터 3 안에서 가장 알맞은 것을 하나 고르세요.

例

M：ラファエロ、ダ・ヴィンチとくれば、その次は？
F：1　私は行かないことにするわ。
　　2　ミケランジェロかな。
　　3　世界的に名の知れた画家でしょ。

예 정답 2

M : 라파엘로, 다빈치라고 하면 그 다음은?
F : 1　난 안 갈래.
　　2　미켈란젤로인가.
　　3　세계적으로 이름이 알려진 화가잖아.

1番

M：昨日今日入った新人じゃあるまいし、慌てるほどのトラブルでもないだろ。
F：1　新しい担当者が問題なんですね。
　　2　ええ、新人にしては落ち着いていますよね。
　　3　ですが今回は桁違いの取引額なので。

1번 정답 3

M : 갓 들어온 신입도 아니고, 당황할 정도의 문제도 아니잖아.
F : 1　새로운 담당자가 문제군요.
　　2　예, 신입치고는 침착하군요.
　　3　그렇지만 이번에는 단위가 다른 거래액이라서.

해설 「~じゃあるまいし」는 '~도 아니고'라는 의미로, 신입도 아닌데 왜 당황하냐는 질문에 새로운 담당자, 신입을 언급한 1번, 2번은 오답이다. 따라서 마지막 남은 3번이 자연스레 정답이 된다. 「桁違い(현격한 차이)」는 금액이나 수량이 다른 것과 비교가 안될 정도로 차이가 날 때 사용하는 표현이다.
어휘 昨日今日(요즘, 갓) | 新人(신인, 신입) | ~じゃあるまいし(~도 아니고) | 慌てる(당황하다) | 担当者(담당자) | ~にしては(~치고는) | 落ち着く(침착하다) | 桁違い(현격한 차이, 단위가 다름) | 取引額(거래액)

2番

F：ねえ、田中さん。この記事って、杉山先生に書き直してもらうことになってなかった？
M：1　もう送ってあげたんですか。早いですね。
　　2　え、もしかして修正しないことになったとかですか。
　　3　はい、それがさっき届いた新しいものですよ。

2번 정답 3

F : 있잖아, 다나카 씨. 이 기사, 스기야마 선생님이 다시 써주는 걸로 되어 있지 않았어?
M : 1　벌써 보내 준 거예요? 빠르네요.
　　2　네? 혹시 수정하지 않기로 됐다거나 그런 거예요?
　　3　네, 그게 방금 전에 도착한 새 기사예요.

해설 여자는 스기야마란 사람이 기사를 다시 써 주는 걸로 알고 있는데, 기사를 보며 다시 쓴 게 아니라고 생각하고 있다. 1번은 스기야마가 쓴 기사를 받는 것이지 여자가 보내는 것이 아니므로 틀렸고, 여자는 수정하지 않게 되었다는 말을 하지 않았으므로 2번도 오답이다.
어휘 記事(기사) | 書き直す(다시 쓰다) | もしかして(혹시) | 修正(수정) | 届く(도착하다)

F：皆さん、お変わりございませんか。

M：1　あいにくですが、お代わりはございません。

　　2　おかげさまで元気にしております。

　　3　益々のご活躍をお祈り申し上げます。

3번 정답 2

F : 여러분, 변함없이 잘 지내십니까?

M : 1　공교롭습니다만, 리필은 없습니다.

　　2　덕분에 잘 지내고 있습니다.

　　3　더욱 활약하시기 기원하겠습니다.

해설　「お変わりございませんか(お変わりありませんか)」는 오랜만에 만난 상대에게 잘 지내냐고 묻는 표현으로, 쉽게 말해 「お元気ですか(잘 지내시나요?)」라는 뜻이다. 1번에 발음이 같은 「お代わり」가 들렸지만, 이 단어는 밥이나 음료 등을 리필할 때 쓰는 표현이고, 3번은 편지나 메일 등에서 사용하는 관용적인 표현으로 상대의 건승을 빈다는 뜻이다.

어휘　あいにく(공교롭게) | おかげさま(덕분에) | 益々(더욱) | 活躍(활약) | 祈り(기원)

4番

M：つまらないものですが、どうぞ皆さんで召し上がってください。

F : 1　すみません。ほんの気持ちばかりですが。

　　2　まあ。こちらこそ、いつもお世話になりっぱなしで。

　　3　そんなことありません。十分、面白そうですよ。

4번 정답 2

M : 약소합니다만, 다 같이 드세요.

F : 1　죄송합니다. 그저 마음뿐입니다만.

　　2　아이고, 저야말로 언제나 신세만 지고 있는 걸요.

　　3　그렇지 않아요. 충분히 재미있을 것 같아요.

해설　남자가 한 말은 상대에게 과자 등의 음식을 선물할 때 쓰는 관용적인 표현이다. 이때 선물을 받는 사람은 겸손하게 2번처럼 답하는 것이 일본식 매너로 정답은 2번이 된다. 1번의 「ほんの気持ちばかりですが(그저 마음뿐입니다만)」는 선물을 주는 사람이 하는 말이며, 「つまらない(약소하다, 재미없다)」가 들렸다고 해서 3번의 「おもしろい(재미있다)」를 생각하면 안 된다.

어휘　召し上がる(드시다, 잡수시다) | ほんの気持ちばかりですが(그저 마음뿐입니다만, 약소합니다만) | お世話になりっぱなし(신세만 지고 있음)

5番

F：ねえ、あそこにいる人たち、なんか揉めてない？

M：1　いいな、仲がよさそうで。

　　2　仲間に入れてもらおうか。

　　3　ほんとだ、何があったんだろ。

5번 정답 3

F : 있잖아, 저기 있는 사람들, 다투는 거 아냐?

M : 1　좋겠다. 사이 좋아 보여.

　　2　우리도 껴 달라고 할까?

　　3　진짜네, 무슨 일이 있었지?

해설　「揉める」는 '다투다, 갈등을 빚다'라는 의미로 답변에 가장 잘 어울리는 것은 3번이다. 1번은 사이가 좋다는 표현이고, 2번은 동료가 된다는 뜻이니 답이 될 수 없다.

어휘　揉める(다투다) | 仲がいい(사이가 좋다) | 仲間に入れる(껴주다, 동료가 되다)

M：あの噂、聞いた？僕たちが付き合ってるだなんて、見当違いも甚だしいったらありゃしないよ。

F： 1 えー、誰がそんな噂を流したのよ。

2 ちょっと。そそっかしいにも程があるわよ。

3 え、別れたいってこと？

해설 남자는 여자에게 우리가 사귄다는 소문에 대해 불쾌해하고 있는 표현이다. 「見当違い」는 '잘못된 판단, 추측'을 의미하며, 「甚だしい」는 '(어떤 정도가) 심하다'라는 뜻이고, 「～ったらありゃしない」는 '~하기 그지없다'라는 뜻이다. 이런 남자에게 여자는 누가 그런 소문을 흘렸냐고 하며 맞장구를 쳐주는 1번이 답이 된다.

어휘 付き合う(사귀다)｜見当違い(잘못된 판단, 추측)｜甚だしい(심하다)｜～ったらありゃしない(~하기 그지없다)｜そそっかしい (덜렁대다)｜～にも程がある(~에도 정도가 있다)

M : 그 소문, 들었어? 우리가 사귀고 있다니, 엉뚱한 추측도 너무 심하잖아.

F : 1 뭐? 누가 그런 소문을 흘린 거야.

2 저기. 덜렁대는 데도 정도가 있어.

3 뭐? 헤어지고 싶다는 거야?

M：お忙しい中、恐縮ですが、一度こちらにお越しいただけますか。

F： 1 分かりました。都合のよい日を教えてください。

2 ええ、いつでもどうぞ。

3 遠慮なさらず、おいでください。

해설 우선 「こちらにお越しいただけますか」를 정확히 이해해야 한다. 「お越し」는 '가다, 오다'의 존경어인데, 질문에서는 상대에게 자기 있는 곳으로 '와 주실 수 있습니까?'라고 묻고 있다. 따라서 언제 가면 좋겠냐고 묻고 있는 1번이 정답이다. 2번, 3번은 반대로 상대에게 자신에게 오라는 표현이므로 답이 될 수 없다.

어휘 お忙しい中(바쁘신 와중에)｜恐縮ですが(죄송하지만)｜お越しいただけますか(와 주실 수 있겠습니까?)｜都合がいい((형편, 사정 등이)알맞다, 괜찮다)｜遠慮なさらず(사양 마시고)｜おいでください(오세요)

M : 바쁘신 와중에 죄송하지만, 한번 이쪽으로 와 주실 수 있겠습니까?

F : 1 알겠습니다. 괜찮은 날을 알려주세요.

2 네, 언제든지 오세요.

3 사양 마시고 오세요.

M：うちの社長って、年齢をものともせず、何事にも積極的だよな。

F： 1 うん、お手本にしたい姿勢だね。

2 そうね、社長は年齢に縛られているから。

3 そう？そんなに物足りないかな。

해설 「～をものともせず」는 '~을 아랑곳하지 않고, 개의치 않고'라는 뜻이다. 「年齢をものともせず、何事にも積極的(나이를 아랑곳하지 않고, 어떤 일에나 적극적)」이라고 언급했으므로, 나이에 얽매여 있다고 말한 2번은 오답이고, 부족한 점이 아닌 좋은 점을 말하고 있기 때문에 3번도 오답이다. 따라서 알맞은 대답은 1번이다.

어휘 うちの社長(우리 사장님)｜年齢(나이)｜～をものともせず(~를 아랑곳하지 않고)｜何事にも(어떤 일에나)｜積極的(적극적)｜お手本(본보기, 모범)｜姿勢(자세)｜縛る(얽매다, 묶다)｜物足りない(어딘가 부족하다)

M : 우리 사장님은 나이를 아랑곳하지 않고, 어떤 일에나 적극적이야.

F : 1 응, 본보기로 삼고 싶은 자세군.

2 그러게, 사장님은 나이에 얽매여 있으니까.

3 그래? 그렇게 어딘가 부족하려나?

F : 山本さん、カンニングしてまでいい点を取って、そこに何の意味があるというの。

M : 1　先生、カンニングの意味を知らないんですか。

　　2　すみません。ただ、成績を上げたい一心で。

　　3　今、言おうと思ってたところなんです。

9번 정답 2

F : 야마모토 씨, 커닝해서까지 좋은 점수 받는 게, 그게 무슨 의미가 있다고 그래?

M : 1　선생님, 커닝의 의미를 모르는 겁니까?

　　2　죄송합니다. 그저, 성적을 올리고 싶은 마음에.

　　3　지금 말하려고 했던 참입니다.

해설 「~てまで」는 '~해서까지'란 뜻으로, 목적 달성을 위해 수단 방법을 가리지 않는다는 표현이다. 여자는 커닝까지 해가면서 점수를 따는 게 무슨 의미가 있냐고 남자를 비난하고 있고, 커닝을 하게 된 이유를 말하고 있는 2번이 답이 된다. 「意味(의미)」란 단어로 답을 1번, 3번으로 유도하고 있으니 조심해야 한다.

어휘 ~てまで(~해서까지) | ただ(그저, 단지) | 一心(일심, 한마음)

10番

M : 風邪かい？体調がよくないなら、早退してもらって構わないよ。ほら、みんなにうつされても困るからさ。

F : 1　そうですね。では、お大事に。

　　2　いいんですか。すみません。

　　3　そうなんですか。存じませんでした。

10번 정답 2

M : 감기 걸렸나? 몸이 좋지 않으면 조퇴해도 괜찮아. 모두에게 옮겨도 곤란하니까.

F : 1　그러게요. 그럼, 몸조리 잘하세요.

　　2　그래도 될까요? 죄송합니다.

　　3　그렇습니까? 몰랐습니다.

해설 남자는 감기 걸린 여자에게 조퇴를 권하고 있으며, 권유한 것에 대한 적당한 답변으로는 '그래도 될까요?'라고 허가를 묻는 2번이 적당하다. 1번의 「では、お大事に」는 아픈 사람에게 몸조리 잘하라는 뜻이며, 3번의 「存じる」는 「知っている」의 겸양어이다.

어휘 体調(몸상태) | 早退(조퇴) | うつす(옮기다) | お大事に(몸조리 잘하세요) | 存じる(알다, 知っている의 겸양어)

11番

F : 駅前のラーメン屋、最近、テレビ番組で紹介されて以来、すごい人気なんだって？

M : 1　うん、週末は言うに及ばず、平日も混んでるんだよ。

　　2　そうだな、週末は用事があるから、平日なら行ってもいいよ。

　　3　最近は分からないけど、昔はそうらしいよ。

11번 정답 1

F : 역 앞 라면 가게, 최근 TV 프로그램에서 소개되고 나서, 엄청 인기라며?

M : 1　응, 주말은 말할 것도 없고, 평일에도 사람 많아.

　　2　글쎄, 주말은 볼일이 있어서, 평일이라면 가도 괜찮아.

　　3　요즘은 모르겠지만, 옛날에는 그런 거 같아.

해설 여자는 TV에서 소개되고 난 후, 엄청난 인기를 누리고 있는 역 앞 라면 가게에 대해 언급하였다. 「~は言うに及ばず」는 '~은 말할 것도 없고, ~은 물론이고'란 뜻으로, 주말은 물론 평일도 손님으로 붐빈다는 뜻이니, 1번이 답이 된다.

어휘 ~て以来(~하고 나서) | ~は言うに及ばず(~은 말할 것도 없고) | 平日(평일) | 用事(볼일)

12番

M：どんなに君たちに反対されようと、私はこの企画を進める。

F：1　課長、そんな意地を張らないでください。
　　2　反対する人が少なくて、よかったですね。
　　3　課長が反対のお立場とは存じませんでした。

解説　「～ようと」は「～ても(~해도)」와 같은 의미로 질문에서 '아무리 반대를 해도 기획을 진행하겠다'라는 의지를 나타냈다. 이에 대한 대답으로 「意地を張らわないでください(고집 피우지 마세요)」라고 한 1번이 정답이다. 2번, 3번에 「反対(반대)」가 들렸지만 함정이므로 오답이다.

어휘　どんなに～ようと(아무리 ~해도) | 企画(기획) | 進める(진행하다) | 意地を張る(고집 피우다) | 存じる(알다, 知っている의 겸양어)

13番

F：田中君、スミスさんが翻訳した企画書の英文なんだけど、一応チェックしておいてくれる？ 誤字がないとも限らないから。

M：1　五時までですね。承知しました。
　　2　はい。でも、スミスさんのことだから心配いりませんよ。
　　3　では、スミスさんに頼んでおきます。

해설　「～がないとも限らない」는 '~가 없란 법도 없다'는 뜻이다. 즉 틀린 글자가 있을 수도 있으니 체크해 달라고 여자가 말하였고, 남자는 스미스 씨니까 걱정할 필요 없다고 답하고 있다. 「～のことだから(~이니까)」는 주로 사람에 접속하고, 뒤에서는 그 사람이니까 유추되는 결과를 말한다. 즉 스미스란 사람은 평소에 실수 없이 일을 잘하는 사람이란 것을 알 수 있고 그러니 걱정 안 해도 된다는 말을 하고 있는 2번이 답이다.

어휘　翻訳(번역) | 企画書(기획서) | 英文(영문) | 一応(일단) | 誤字(오자, 틀린 글자) | ～がないとも限らない(~가 없란 법도 없다) | 承知する(알다) | ～のことだから(~이니까)

14番

M：今朝の気温はマイナスだったそうだよ。早くあったかくなってほしいものだね。

F：1　ほんと、寒いのはもうこりごり。
　　2　だから、あんなにあったかかったんだ。
　　3　ええ、すっかり秋も深まりましたね。

해설　아침 기온이 영하였고 빨리 따뜻해지면 좋겠다고 했으니, 가장 알맞은 답은 추운 건 이제 지긋지긋하다고 맞장구 치고 있는 1번이 답이다. 「こりごり」는 '지긋지긋하다'라는 뜻으로 추운 건 정말 싫다는 의미이다.

어휘　あったかい(따뜻하다, あたたかい의 회화체) | こりごり(지긋지긋하다) | すっかり(완연히, 완전히) | 深まる(깊어지다)

12번 정답 1

M：아무리 자네들이 반대해도, 나는 이 기획을 진행하겠네.

F：1　과장님, 그런 고집 피우지 마세요.
　　2　반대하는 사람이 적어 잘됐네요.
　　3　과장님이 반대 입장이실 줄은 몰랐습니다.

13번 정답 2

F：다나카 군, 스미스 씨가 번역한 기획서의 영문 말인데, 일단 체크해 주겠나? 오자가 없란 법도 없으니.

M：1　5시까지네요. 잘 알았습니다.
　　2　네. 하지만, 스미스 씨니까 걱정하실 필요 없어요.
　　3　그럼, 스미스 씨에게 부탁해 두겠습니다.

14번 정답 1

M：오늘 아침 기온은 영하였대. 빨리 따뜻해졌으면 좋겠어.

F：1　정말, 추운 건 이제 지긋지긋해.
　　2　그래서 그렇게 따뜻했구나.
　　3　네, 완연히 가을도 깊어졌네요.

問題 5 では、長めの話を聞きます。この問題には練習はありません。問題用紙にメモをとってもかまいません。

1番、2番

問題用紙に何も印刷されていません。まず話を聞いてください。それから、質問とせんたくしを聞いて、1 から 4 の中から、最もよいものを一つ選んでください。

1番

会社で男の人と女の人が話しています。

M：松本さん、ちょっと相談に乗ってくれないかな。私の姪っ子がね、3 月に大学を卒業するんだ。卒業祝いに何か贈ろうと思うんだけど、松本さん、年齢が近いからさ、どんなものだとうれしいかな。

F：うーん、そうですね。普段も使えるもので、いい記念になって、自分ではあまり買う機会がない……、万年筆はどうですか。お店で名前を入れてもらうこともできますし。

M：ああ、名入れか。それはいいね。贈り物にぴったりだ。でも君、万年筆、使うことある？

F：あ、いえ。確かにそうですね。私もプレゼントでもらって持ってはいますけど、パソコンやスマホで打つばっかりで。

M：物よりも、おいしいものをごちそうするとかのほうがいいだろうか。おいしいお酒を飲みに行くとか。

F：親戚のおじさんとですか。それはどうなんでしょう。ご飯に行くなら、現金のお祝いを包んだご祝儀袋もそこでもらいたいですね。

M：はは、おっしゃるとおりだな。はっきり言うね、君も。

F：あとは装飾品ですかね。腕時計とか。アクセサリーもありですね。なんなら名前も入れられますよ。

M：やっぱりそういうのがうれしいのか。ただ予算がね。うちは妻が財布のひもを握っているから。

F：あ、なるほど。でも、そこまで高級品でなくても、腕時計だったら 2 万円前後でもありますよ。

M：そうか、なら大丈夫だ。とはいえ、本人の趣味に合うものを選ぶのが難しそうな気もするね。

문제 5에서는 긴 이야기를 듣습니다. 이 문제에 연습은 없습니다. 문제지에 메모를 해도 됩니다.

1번, 2번

문제지에 아무것도 인쇄되어 있지 않습니다. 우선 이야기를 들으세요. 그러고 나서 질문과 선택지를 듣고 1부터 4 안에서 가장 알맞은 것을 하나 고르세요.

1번 정답 3

회사에서 남자와 여자가 이야기하고 있습니다.

M : 마쓰모토 씨, 상담 좀 부탁해도 될까? 우리 조카가 3월에 대학을 졸업하거든. 졸업 축하 선물을 주려고 하는데, 마쓰모토 씨가 나이가 비슷해서 그래, 뭘 주면 좋아하려나?

F : 음~, 글쎄요. 평소에도 자주 쓸 수 있는 물건으로, 좋은 기념이 되고, 직접 살 기회가 그다지 없는……, 만년필은 어떠세요? 가게에서 이름을 새길 수도 있고.

M : 아, 이름 새기는 거? 그거 괜찮겠다. 선물로 딱 좋네. 근데 자네, 만년필 쓸 일이 있어?

F : 아, 아뇨. 확실히 그렇긴 하네요. 저도 선물로 받아 갖고는 있는데, 컴퓨터나 스마트폰으로 자판만 칠 뿐이라.

M : 물건보다 맛있는 걸 사 준다든가 그런 것이 더 좋을까? 맛있는 술을 마시러 간다거나.

F : 삼촌이랑요? 그건 좀 그럴 것 같아요. 밥 먹으러 가는 거면, 용돈봉투도 그 자리에서 받고 싶을 거예요.

M : 하하, 맞네, 맞아. 돌직구 날리는군, 자네도.

F : 그리고 장식품은 어떠세요? 손목시계라든가. 액세서리도 괜찮네요. 원하시면 이름도 새겨 넣을 수 있어요.

M : 역시 그런 걸 좋아하는군. 다만 예산이 말이야... 우리 집은 아내가 경제권을 쥐고 있어서.

F : 아, 그러시구나. 근데 그렇게까지 비싼 게 아니어도, 손목시계라면 2만엔 정도 하는 것도 있어요.

M : 그래? 그럼 괜찮아. 그렇지만 본인의 취향에 맞는 것을 고르는 것이 어려울 것 같은 생각도 들어.

F：それに考えてみたら、今はスマホが時計代わりですね。あ、最新のスマホは確実に喜ばれると思います。

M：それは自分の親にねだってもらうとして。うん、今の時代だからこそ、だな。原点にかえるとするよ。こういうきっかけでもないと手にすることがないかもしれないし、温もりのある手書きの文化が廃れていってしまう。

男の人は何を贈ることにしましたか。
1　2万円前後の腕時計
2　最新のスマートフォン
3　名前の入った万年筆
4　食事会と現金のお祝い

F : 게다가 생각해 보니, 요즘은 스마트폰을 시계 대신으로 쓰잖아요. 아, 최신 스마트폰 주면 분명히 좋아할 거예요.

M : 그건 자기 부모님한테 조르라고 하고. 흠, 요즘 같은 세상이니까 더 의미가 있겠지. 원점으로 돌아가는 걸로 할게. 이런 계기라도 아니라면 가질 일도 없을 테고, 따스함이 있는 손글씨 문화가 사라지게 될 거야.

남자는 무엇을 선물하기로 했습니까?
1　2만엔 전후의 손목시계
2　최신 스마트폰
3　이름이 새겨진 만년필
4　식사와 축하 용돈

해설 본문에서는 '만년필, 밥, 술, 현금, 손목시계, 액세서리, 스마트폰'이라는 여러 가지 선물이 언급되었다. 가장 결정적인 힌트는 「原点にかえるとするよ(원점으로 돌아가는 걸로 할게)」, 즉 처음 걸로 하겠다고 한 말이다. 맨 처음에 나온 선물 후보는 바로 만년필이고, 「温もりのある手書きの文化(따스함이 있는 손글씨 문화)」라고 했으니 답은 3번이 된다.

어휘 相談に乗る(상담에 응하다) | 姪っ子(조카) | 卒業祝い(졸업 축하 선물) | 贈る(주다) | 年齢が近い(연령이 비슷하다) | 普段(평소) | 名入れ(이름 새기기) | ぴったり(딱) | 打つ(치다) | ごちそうする(음식 등을 사주다) | 親戚(친척) | おじさん(삼촌, 아저씨) | 現金のお祝い(현금 축하금, 용돈) | 包む(싸다, 포장하다) | ご祝儀袋(축의금 봉투) | おっしゃるとおりだ(옳은 말씀이다, 맞는 말이다) | あとは(그리고) | 装飾品(장식품) | なんなら(원하면) | 財布のひもを握る(경제권을 쥐다) | 高級品(고급품) | 本人(본인) | 趣味に合う(취향에 맞다) | それに(게다가) | 〜代わり(〜대신) | ねだる(조르다) | 〜からこそ(〜니까 더욱) | 原点(원점) | きっかけ(계기) | 手にする(손에 넣다, 가지다) | 温もり(따스함) | 手書き(손글씨) | 廃れる(사라지다, 쇠퇴하다) | 食事会(식사 모임)

2番
会社で男の人と女の人が旅行について話しています。

M：この間、山形県へ家族旅行に行って、最上川下りをしたんですけどね。すごく静かで、のんびりとした船旅でした。

F：へー、いいですね。どれくらいの時間、乗ってるんですか。船の大きさは？

M：1時間くらいですね。船は20人くらい乗れる大きさだったかな。お客さんが10人くらいだったんで、ゆったりと乗れました。

F：そうなんですね。でも、最上川下りって、ラフティングみたいな激しいものを想像してました。松尾芭蕉の「五月雨を集めて早し最上川」っていう俳句のイメージが強いからですかね。

2번 정답 2

회사에서 남자와 여자가 여행에 대해 이야기하고 있습니다.

M : 저번에 야마가타 현으로 가족 여행을 가서, 모가미 강 뱃놀이를 했는데, 진짜 조용하고 한적한 배 여행이었어요.

F : 와~ 좋네요. 몇 시간 정도 타는 거예요? 배 크기는요?

M : 1시간 정도예요. 배는 20명 정도 탈 수 있는 크기였나? 손님이 10명 정도여서 여유 있게 탈 수 있었어요.

F : 그렇군요. 그런데 모가미 강 뱃놀이라 하면, 래프팅처럼 물살이 거센 것을 상상했어요. 마쓰오 바쇼의 '五月雨を集めて早し最上川(5월 장마 빗물을 모아 빠르게 흘러가는 모가미 강)'이라는 하이쿠의 이미지가 강해서일까요?

M：そうなんですよ。私もね、あまり調べないで行ったものですから、どんなに激しいのかと思いきや、本当にのんびりしていて拍子抜けしました。

F：日本三大急流の一つですよね。川の流れが速くて有名なんじゃないんですか。

M：その通りなんですが、長い川ですからね。川全体ではなく、流れの急なところが点在しているということらしいですよ。思い込みというのは怖いですね。勝手にイメージを作っていましたよ。

F：でも、考えようによっては、その逆じゃなくてよかったですね。のんびりしたいと思っていたのに、ラフティング並みの激しさだったら、体力がついていきませんよ。

M：ハハハハッ。それはそうですね。もしそうだったら、妻に謝るだけでは済まなかったでしょうね。

F：何はともあれ、楽しい旅行でよかったですね。

男の人が意外に思ったことは何ですか。

1 最上川の流れが急だったこと
2 最上川の流れが穏やかだったこと
3 予定と違ったのに妻が怒らなかったこと
4 船に乗るお客さんが少なかったこと

M : 맞아요. 저도 말이죠, 잘 알아보지 않고 간 거라서 얼마나 물살이 거셀까 했는데, 정말 유유히 흘러서 맥이 빠졌어요.

F : 일본 3대 급류 중 하나죠? 강의 흐름이 빨라서 유명하지 않나요?

M : 그렇습니다만, 긴 강이니까요. 강 전체가 아니라 흐름이 급한 곳이 군데군데 있다는 것 같아요. 확신이란 건 무섭네요. 제 맘대로 이미지를 만들고 있었어요.

F : 그래도, 생각하기에 따라서는 그 반대가 아니어서 다행이었네요. 느긋하게 보내려고 했는데 래프팅 정도의 강도였다면, 체력이 따라가지 못해요.

M : 하하하하, 그건 그렇네요. 만약 그랬다면, 아내한테 사과하는 것만으로는 안 끝났겠죠.

F : 여하튼, 즐거운 여행이어서 다행이었네요.

남자가 의외라고 생각한 것은 무엇입니까?

1 모가미 강의 흐름이 거셌던 것
2 모가미 강의 흐름이 완만했던 것
3 예정과 달랐는데도 아내가 화내지 않았던 것
4 배를 타는 손님이 적었던 것

해설 남자는 가족들과 래프팅을 즐기고 왔는데, 「どんなに激しいのかと思いきや、本当にのんびりしていて拍子抜けしました(얼마나 물살이 거셀까 했는데, 정말 유유히 흘러서 맥이 빠졌어요)」란 말에서, 거센 물살을 예상하고 있었는데 뜻밖에도 흐름이 완만했던 것을 의외라고 생각하고 있음을 알 수 있으니 답은 2번이 된다.

어휘 川下り(뱃놀이) | 船旅(배 여행) | ゆったりと(여유 있게) | 激しい(거세다) | 五月雨(5월 장마) | 俳句(하이쿠) | 〜かと思いきや(〜인 줄 알았는데) | 拍子抜け(맥이 빠짐) | 日本三大急流(일본 3대 급류) | 点在(점재, 군데군데 있다) | 思い込み(확신) | 考えようによっては(생각하기에 따라서는) | 逆(반대, 역) | 〜並み(〜정도, 〜급) | 体力(체력) | ついていく(따라가다) | 済む(끝나다, 해결되다) | 何はともあれ(여하튼) | 穏やかだ(온화하다, 완만하다)

3番

まず話を聞いてください。それから、二つの質問を聞いて、それぞれ問題用紙の1から4の中から、最もよいものを一つ選んでください。

3番
市民フォーラムで市役所のサービス改善についての説明を聞いて、市民が話しています。

3번

우선 이야기를 들으세요. 그러고 나서 두 개의 질문을 듣고 각 문제지의 1부터 4 안에서 가장 알맞은 것을 하나 고르세요.

3번 질문1 정답 1 | 질문2 정답 2

시민 포럼에서 시청의 서비스 개선에 관한 설명을 듣고 시민이 이야기하고 있습니다.

F１：さくら市では第三次長期総合計画において「情報技術社会に相応しい安心で便利な自治体を実現する」としており、窓口サービスの改善を進めているところです。今日は皆さんの忌憚のないご意見を伺いたいと思っておりますので、どうぞよろしくお願いいたします。最初は、「用件が済むまでの待ち時間が長い」というご指摘についてです。いくつか改善案が挙がっています。まず、窓口の混雑状況を示すカレンダーを作成し、ホームページのみならずＳＮＳを活用して情報提供する案です。訪問日時を事前に調整できるようにすることで、待ち時間の短縮を図ります。次に、複数の証明書の交付申請を同じ場所で行えるようにする、というものです。これには二つありまして、一つ目は、オンラインシステムの早急な改善です。手続きの簡素化を図り、部署間を移動する手間を省きます。二つ目は、利用者の動線の分析を行い、手続きが関連する部署を同じ建物内や同じ階に移す、物理的な再配置と機能の統合です。これには例えば、引っ越しなどによる住所変更と国民健康保険、児童手当などの手続きを一括して処理できるワンストップサービスの設置も含まれます。最後に、コールセンターの設置です。窓口が開いていない時間にも必要な情報を電話で得ることを可能にします。受付時間は午前７時半から午後８時半までを考えています。

M　：コールセンターがあると便利ではありますね。会社に勤めている私のような者は、昼間の時間帯に電話をかけるのが難しいですから。

F２：コールセンターの職員にはいろいろな問い合わせに対応する幅広い知識が求められてきますね。現実的なんでしょうか。それに、情報は得られても、書類を受け取りに行って順番待ちすることの解決には直結しないのでは？

M　：窓口で相談する内容は相対的に減ることになるんじゃないですか。一人一人の対応に費やす時間は短縮されるでしょう。

F２：なるほど、それは言えてますね。えっと、幼い子どもを持つ私から言わせていただきますと、子供を連れて市役所内をあちこち回らないといけないのが不便

F1 : 사쿠라 시에서는 제3차 장기 종합 계획에서 '정보 기술 사회에 걸맞은 안심되고 편리한 자치단체를 실현'하고자 하여, 창구 서비스 개선을 진행하고 있는 중입니다. 오늘은 여러분의 기탄없는 의견을 여쭙고자 하오니, 부디 잘 부탁드리겠습니다. 우선은 '용건이 끝날 때까지의 대기 시간이 길다'라는 지적에 관해서입니다. 몇 가지 개선안이 거론되고 있습니다. 먼저, 창구의 혼잡 상황을 알려주는 캘린더를 작성하여, 홈페이지뿐만 아니라 SNS를 활용하여 정보를 제공하는 안입니다. 방문 일시를 사전에 조정할 수 있도록 하여 대기 시간 단축을 도모하겠습니다. 다음으로, 복수 증명서의 교부 신청을 같은 장소에서 할 수 있도록 한다는 내용입니다. 이 내용에는 두 가지 안이 있습니다만, 첫 번째는 온라인 시스템의 조속한 개선입니다. 절차의 간소화를 꾀하여 부서 간을 이동하는 수고를 덜어드리겠습니다. 두 번째는 이용자의 동선 분석을 실시하여 절차가 관련 있는 부서를 같은 건물 안이나 같은 층으로 옮기는 물리적인 재배치와 기능의 통합입니다. 이 안에는 예를 들어 이사 등에 따른 주소변경과 국민건강보험, 아동 수당 등의 절차를 일괄 처리할 수 있는 원스톱 서비스 설치도 포함됩니다. 마지막으로, 콜센터 설치입니다. 창구가 열려 있지 않은 시간에도 필요한 정보를 전화로 얻을 수 있도록 하겠습니다. 접수 시간은 오전 7시 반부터 오후 8시 반까지 생각하고 있습니다.

M : 콜센터가 있으면 편리하기는 하지요. 회사에서 근무하고 있는 저 같은 사람은 낮 시간대에 전화 걸기 어려우니까요.

F2 : 콜센터 직원에게는 여러 문의에 대응하는 폭넓은 지식이 요구되겠네요. 현실적인 걸까요? 게다가 정보를 얻을 수 있어도 서류 받으러 가서 순서 대기하는 것의 해결로 직결되는 건 아니겠지요.

M : 창구에서 상담하는 내용은 상대적으로 줄어들지 않을까요? 한 사람 한 사람 대응에 허비하는 시간은 단축될 것입니다.

F2 : 과연, 그건 그렇겠네요. 음, 어린아이가 있는 제가 말씀드리자면, 아이를 데리고 시청 안 여기저기 돌아다녀야 하는 게 불편해서, 용건이 한 번에 해결되면 고마운 게 솔직한 마음입니다.

なので、用事が一度で済むとありがたいというのが本音です。

M ：それにはやっぱりシステムの改善でしょう。そこを改善しない限り、手続きが一か所で済むといっても移動の手間が省けるだけで、時間の短縮につながりませんよ。

F2：実際のところ、利用者側がとれるアクションとしては空いてる日に出かけることくらいしかありません。デジタルツールを活用して情報を提供してもらうのが、目に見えるサービスでもあり、いちばん効果的だと思います。

M ：健康福祉事務センターが本館から離れた別館に入っているのはいただけないと、私も以前から思っていましたけどね。まあ、いずれにしても、せっかくこうして改善案に挙がったんですから、多少の混乱はやむを得ないと腹を決めて、ここはひとつ根本的な改革に乗り出してもらいたいですね。

M ：그러려면 역시 시스템 개선이겠지요. 그 부분을 개선하지 않는 한, 절차가 한 곳에서 해결된다고 해도 이동하는 수고를 덜 수 있을 뿐이지 시간 단축으로 이어지지는 않아요.

F2：실제로 이용자 측이 취할 수 있는 액션으로는 한산한 날에 가는 것 정도밖에 없어요. 디지털 툴을 활용해서 정보를 제공해 주는 것이 눈에 보이는 서비스이기도 하고, 가장 효과적이라고 생각합니다.

M ：건강복지 사무센터가 본관에서 떨어진 별관에 들어가 있는 것은 마땅치 않다고 저도 전부터 생각하고 있었거든요. 뭐, 어찌됐든 간에, 모처럼 이렇게 개선안으로 거론된 것이니, 다소의 혼란은 어쩔 수 없다고 마음먹고, 아무쪼록 근본적인 개혁에 적극적으로 나서주면 좋겠네요.

質問1 女の人はどの改善案に賛成していますか。
1 窓口混雑予想カレンダー
2 オンラインシステムの改善
3 物理的な再配置と機能の統合
4 コールセンターの設置

質問1 여자는 어느 개선안에 찬성하고 있습니까?
1 창구 혼잡 예상 캘린더
2 온라인 시스템의 개선
3 물리적인 재배치와 기능의 통합
4 콜센터 설치

質問2 男の人はどの改善案の実現を最優先にすべきだと言っていますか。
1 窓口混雑予想カレンダー
2 オンラインシステムの改善
3 物理的な再配置と機能の統合
4 コールセンターの設置

質문2 남자는 어느 개선안의 실현을 최우선으로 해야 한다고 말하고 있습니까?
1 창구 혼잡 예상 캘린더
2 온라인 시스템의 개선
3 물리적인 재배치와 기능의 통합
4 콜센터 설치

해설 (질문1) 여자는「書類を受け取りに行って順番待ちすることの解決(서류 받으러 가서 순서대기 하는 것의 해결)」라고 했다. 즉 사람이 많아 대기시간이 길어지는 것에 대한 언급을 하며,「利用者側がとれるアクションとしては空いてる日に出かけることくらいしかありません(이용자 측이 취할 수 있는 액션으로는 한산한 날에 가는 것 정도밖에 없어요)」라고 했다. 즉 여자는 창구가 붐비지 않는 날을 알고 싶어하는 것이니 여자가 찬성하는 개선안은「窓口の混雑状況を示すカレンダー(창구의 혼잡 상황을 알려주는 캘린더)」란 것을 알 수 있고 답은 1번이다.

해설 (질문2) 남자는「それにはやっぱりシステムの改善でしょう。そこを改善しない限り、～時間の短縮につながりませんよ(역시 시스템 개선이겠지요. 그 부분을 개선하지 않는 한, ～시간 단축으로 이어지지는 않아요)」라고 했다. 즉 '시스템 개선을 하지 않는 한, 시간 단축으로 이어질 수 없다'라고 했으니, 남자가 최우선으로 개선해야 한다고 생각하는 부분은 시스템 개선이란 것을 알 수 있으므로 정답은 2번이다.

어휘 市役所(시청) | 改善(개선) | 長期総合計画(장기 종합 계획) | 情報技術社会(정보 기술 사회) | 相応しい(걸맞다) | 自治体(자치단체) | 実現(실현) | 窓口サービス(창구 서비스) | 忌憚(기탄) | 用件が済む(용건이 끝나다) | 指摘(지적) | 改善案が挙がる(개선안이 거론되다) | 混雑状況(혼잡 상황) | 示す(알려주다, 나타내다) | 作成(작성) | 〜のみならず(~뿐만 아니라) | 活用(활용) | 情報提供(정보 제공) | 訪問日時(방문 일시) | 事前に(사전에) | 調整(조정) | 短縮(단축) | 図る(도모하다, 꾀하다) | 複数(복수) | 証明書(증명서) | 交付申請(교부 신청) | 早急な(조속한) | 手続き(절차) | 簡素化(간소화) | 部署間(부서 간) | 移動(이동) | 手間を省く(수고를 덜다) | 動線(동선) | 分析(분석) | 関連する(관련 있다) | 移す(옮기다) | 物理的(물리적) | 再配置(재배치) | 機能(기능) | 統合(통합) | 変更(변경) | 国民健康保険(국민건강보험) | 児童手当(아동 수당) | 一括(일괄) | 処理(처리) | 含む(포함하다) | 受付時間(접수 시간) | 職員(직원) | 問い合わせ(문의) | 対応(대응) | 幅広い(폭넓다) | 求める(요구하다) | 現実的(현실적) | 受け取り(수취) | 順番待ち(순서 대기) | 直結(직결) | 相対的(상대적) | 費やす(허비하다, 소모하다) | 幼い(어리다) | 連れる(데려가다) | 用事(용건) | 〜ない限り(~하지 않는 한) | つながる(이어지다) | 実際のところ(실제로) | 空く(한산하다, 비다) | 健康福祉事務センター(건강복지 사무센터) | 本館(본관) | 離れる(떨어지다) | 別館(별관) | いずれにしても(어찌 됐든 간에) | せっかく(모처럼) | 多少の混乱(다소의 혼란) | やむを得ない(어쩔 수 없다) | 腹を決める(마음먹다) | 根本的(근본적) | 改革(개혁) | 乗り出す(적극적으로 나서다)

언어지식(문자·어휘·문법)

問題1		問題5	
1	4	26	3
2	1	27	4
3	2	28	2
4	1	29	4
5	2	30	3
6	1	31	1
問題2		32	2
7	3	33	4
8	3	34	2
9	1	35	3
10	3	**問題6**	
11	3	36	1
12	2	37	4
13	2	38	2
問題3		39	4
14	2	40	3
15	2	**問題7**	
16	2	41	1
17	4	42	2
18	4	43	2
19	2	44	3
問題4		45	4
20	4		
21	3		
22	2		
23	1		
24	2		
25	4		

독해

問題8		問題13	
46	4	67	2
47	4	68	4
48	2		
問題9			
49	1		
50	2		
51	4		
52	1		
53	4		
54	3		
55	3		
56	2		
問題10			
57	4		
58	2		
59	2		
60	1		
問題11			
61	3		
62	2		
問題12			
63	4		
64	4		
65	2		
66	1		

청해

問題1		問題4	
例	4	例	2
1	2	1	2
2	1	2	3
3	1	3	3
4	1	4	2
5	2	5	2
6	3	6	1
問題2		7	3
例	3	8	3
1	2	9	3
2	4	10	3
3	2	11	1
4	2	12	2
5	4	13	2
6	1	14	1
7	1	**問題5**	
問題3		1	2
例	3	2	3
1	3	3	1
2	2		4
3	4		
4	2		
5	1		
6	3		

1교시 언어지식(문자·어휘)

본책 79 페이지

問題1 _____단어의 읽는 법으로 가장 알맞은 것을 1·2·3·4에서 하나 고르세요.

1 정답 4

아내가 갑자기 복통을 호소하여 구급차를 불렀다.

해설 「訴」의 훈독은 「訴える(호소하다, 하소연하다)」, 음독은 「そ」이다. 실제 시험에 자주 등장하는 어휘로 잘 체크해 놓자. 오답 선택지 1 称えた(칭찬했다), 2 唱えた(주장했다), 3 整えた(정돈했다, 조절했다) 동사들도 암기해 두자.

빈출 訴訟(소송) | 告訴(고소) | 控訴(항소)

어휘 腹痛(복통) | 救急車(구급차)

2 정답 1

검사 결과, 철분 결핍에 의한 빈혈이라고 진단받았다.

해설 「欠」의 음독은 「けつ」이며, 「乏」의 음독은 「ぼう」이므로 「けつぼう(결핍)」라고 발음한다. 특히 「乏」의 경우, 형용사 「とぼしい(부족하다, 가난하다)」로 많이 사용되므로 잘 기억해 두자.

빈출 欠ける(부족하다) | 不可欠(불가결) | 欠陥(결함) | 欠如(결여) | 補欠(보결) | 乏しい(부족하다, 가난하다) | 貧乏だ(가난하다) | 窮乏(궁핍)

어휘 鉄分(철분) | 貧血(빈혈) | 診断(진단)

3 정답 2

어젯밤 근처 국도에서 트럭과 오토바이 등 5대가 얽히는 사고가 발생했다.

해설 「絡」의 음독은 「らく」, 훈독은 「絡む(얽히다, 얽매이다, 휘감기다)」로 읽으며 정답은 2번이 된다. 「絡む」의 경우, 「お金が絡んだ事件(돈이 얽힌 사건)」처럼 「絡んだ+명사(얽힌+명사)」의 형태로 많이 쓰인다. 오답 선택지 1 はらむ(임신하다), 3 含む(포함하다), 4 潜む(잠재하다, 숨어있다)도 체크하자.

빈출 脈絡(맥락)

어휘 昨夜(어젯밤) | 近所(근처) | 国道(국도) | 事故(사고)

4 정답 1

이 안은 얼마 전 회의에서 나온 두 가지 안을 절충하여 만든 것이다.

해설 「折」의 음독은 「せつ」, 「衷」의 음독은 「ちゅう」이므로, 정답은 1번 「折衷(절충)」이다. '절충'은 일본어로 「折衷(절충)」과 「折衝(절충)」 두 가지가 있어서 주의해야 한다. 「折衷」는 '서로의 요구나 이점을 합친다'라는 뜻으로 「和洋折衷(일본의 좋은 점과 서양의 좋은 점을 합치다)」처럼 사용하는 반면, 「折衝」는 '교섭, 흥정'이란 뜻으로 「労使間で折衝を重ねる(노사간에 절충을 거듭하다)」로 사용한다.

빈출 屈折(굴절) | 挫折(좌절) | 骨折(골절) | 苦衷(고충)

어휘 先日(얼마 전)

5 정답 2

이 가게의 셰프는 본고장의 맛을 내기 위해 프랑스에서 수행했다고 한다.

해설 「修」의 음독은 「しゅう・しゅ」, 「行」의 음독은 「こう・ぎょう」이다. 특히 「修」의 음독은 「しゅう」로 읽는 경우가 압도적으로 많은데, 「修行(수행)」은 「しゅぎょう」로 짧게 읽는 점에 주의하자. 그리고 「行」의 음독은 「こう・ぎょう」인데, 시험에는 「ぎょう」가 많이 등장하니 기억해 두자.

빈출 修める(학문 등을 수양하다, 닦다) | 改修(수리) | 監修(감수) | 研修(연수) | 修復(복원) | 修飾(수식) | 修正(수정) | 修繕(수선) | 行事(행사) | 行政(행정) | 行列(행렬, 줄) | 行儀(예절) | 改行(개행, 줄 바꿈)

어휘 シェフ(셰프, 요리사) | 本場(본고장)

6 정답 1

수상이 그런 발언을 하다니, 실로 한탄스럽다.

해설 「嘆」에는 「嘆かわしい(한탄스럽다)」와 「嘆く(한탄하다, 탄식하다)」 두 가지 훈독이 있다. 기출 단어이니 꼭 암기해 두자. 「嘆」의 음독은 「たん」이라고 하며 함께 알아두자.

빈출 嘆く(한탄하다, 탄식하다) | 嘆息(탄식)

어휘 首相(수상) | 発言(발언) | ～とは(~라니)

7 정답 3

저녁때부터 태풍 예보가 나오고 있어서 영업 시간을 (단축)하기로 했다.

해설 괄호 안에 알맞은 것을 넣는 문맥규정 문제의 경우 괄호 앞뒤에서 힌트를 얻는 경우가 많다. 이 문제에서는 「営業時間を(영업 시간을)」가 괄호 앞에 나오므로, '시간'이란 단어와 관련된 선택지를 찾아야 한다. 따라서 시간을 줄인다는 의미인 「短縮(단축)」가 들어가야 가장 자연스럽다. 1번의 「縮小(축소)」는 짧게 한다는 뜻이 아니라, 크기나 규모 등을 작게 한다는 뜻이므로 혼동하지 않도록 주의하자.

오답 1 縮小(축소), 2 軽減(경감), 4 減少(감소)

어휘 夕方(저녁 무렵) | 予報(예보) | 営業(영업)

8 정답 3

부정한 짓은 (하지) 않았다고 그는 단언하지만, 의심은 풀리지 않는다.

해설 「不正を働く」는 '부정한 짓을 하다, 부정을 저지르다'라는 의미의 관용 표현으로 괄호 안에 들어갈 정답은 3번이다.

오답 1 成し遂げて(완수하지), 2 捉えて(파악하지), 4 募って(모집하지)

어휘 不正(부정) | 断言(단언) | 疑いが晴れる(의심이 풀리다)

9 정답 1

하루 만보를 목표로 하루 종일 걸어 다녔더니 (급격히) 피곤해지고 말았다.

해설 괄호 뒤에 「疲れる(피곤하다)」가 나오는데 이 단어와 매치할 수 있는 부사는 「どっと(피로 등이 급격히 몰려오는 상태)」이므로 1번이 정답이다.

오답 2 そっと(살짝, 가만히), 3 ぐっと(한층, 훨씬), 4 ざっと(대충, 대강)

어휘 一万歩(만보) | 目指す(목표하다) | 歩き回る(여기저기 걸어 다니다)

10 정답 3

거래처를 방문할 때는 기본 매너로서 사전에 (약속)을 잡읍시다.

해설 「アポイントメント(appointment)」를 줄여서 「アポイント」라고 하는데, 더 줄여 「アポ」라고도 한다. 대개 「アポを取る(약속을 잡다)」로 비즈니스 상황에서 거래처와 회의

등을 하기 위해 약속을 잡을 때 많이 사용한다.

오답 1 ダウン(다운), 2 クリア(클리어), 4 クレーム(클레임)

어휘 取引先(거래처) | 訪問(방문) | ~際は(~때는) | 基本(기본) | 事前に(사전에)

11 정답 3

홈페이지에서 고객님의 신청 (진척) 상황을 확인할 수 있습니다.

해설 괄호 뒤에 「状況(상황)」와 매치되는 단어는 3번 「進捗(진척)」이다. 이 어휘는 대부분 「進捗状況(진척 상황)」으로 사용되니 통째로 암기해 두자. 우리말로 해석할 때는 '진행 상황'이라고 하는 것이 자연스럽다. 「進捗(진척)」은 한자 읽기 문제에서도 나올 수 있으니 읽는 법도 기억해 두자.

오답 1 還元(환원), 2 過剰(과잉), 4 模索(모색)

어휘 申し込み(신청) | 状況(상황)

12 정답 2

나는 (정말) 잠을 잘 잔다. 눈을 감으면, 거의 다음 순간 기억이 없어진다.

해설 「寝つきがいい」는 '잠을 잘 잔다'라는 뜻으로, 뒤에서 눈을 감으면 기억이 없어질 정도라고 했다. 따라서 '정말, 매우'란 뜻을 가진 2번 「すこぶる」가 와야 문장의 흐름이 자연스럽다.

오답 1 しいて(억지로), 3 てっきり(틀림없이), 4 もれなく(빠짐없이)

어휘 寝つきがいい(잠을 잘 잔다) | 目を閉じる(눈을 감다) | 瞬間(순간) | 記憶(기억)

13 정답 2

그 환자의 수술 후 경과가 (좋지 못하다며), 진료 기록 카드 개시를 요구하고 있다.

해설 「芳しい」의 원래 의미는 '향기롭다'라는 뜻이다. 하지만 실제 시험에서는 부정형 「芳しくない」가 많이 나오는데, '(성적, 실적, 상태 등이) 좋지 못하다, 바람직하지 않다'라는 의미이다. 「成績が芳しくない(성적이 좋지 않다)」로 자주 사용된다.

오답 1 たわいない(사리 분별이 없다), 3 否めない(부정할 수 없다), 4 みっともない(보기 흉하다)

어휘 患者(환자) | カルテ(진료 기록 카드) | 開示(개시, 확실히 공개하는 것)

問題3 _____ 단어와 의미가 가장 가까운 것을 1・2・3・4에서 하나 고르세요.

14 정답 2

아침부터 <u>어쩐지</u> 배가 아프다.

해설 「なんだか」는 '어쩐지, 왠지'라는 뜻으로, 원인이나 이유 등이 확실하지 않다는 의미로 쓰인다. 가장 가까운 의미의 유의어는 2번 「なんとなく(어쩐지, 왠지 모르게)」이다. 나머지 선택지들도 모두 기출 단어이니 꼭 기억해 두자.

오답 1 なにげなく(무심코, 별 생각없이), 3 たまたま(우연히), 4 ふと(문득)

어휘 朝(아침) | 痛い(아프다)

15 정답 2

TV <u>광고</u>에는 거액의 돈이 투입되고 있다.

해설 「コマーシャル」의 의미는 '광고'라는 뜻으로, 유의어는 2번 「広告(광고)」가 된다. 광고와 관련된 어휘 「宣伝(선전)」도 같이 기억해 두자.

오답 1 予告(예고), 3 告知(고지), 4 声明(성명, 견해)

어휘 多額(다액, 거액) | 投じる(던지다, 투입하다)

16 정답 2

전기 밥솥을 사용하면 빵 만들기도 <u>쉽다</u>.

해설 「たやすい」는 '쉽다, 간단히 할 수 있다, 용이하다'라는 의미로, 가장 가까운 뜻을 가진 어휘는 2번 「手軽だ(손쉽다, 간편하다)」이다. 나머지 선택지 단어들도 헷갈리기 쉬우니 잘 체크해 두자.

오답 1 気軽だ(부담 없다), 3 手頃だ(적당하다), 4 値頃だ(알맞은 가격이다)

어휘 電気炊飯器(전기 밥솥)

17 정답 4

<u>이전에</u> 주문하신 상품이 입하되었으므로 알려드립니다.

해설 「かねて」의 뜻은 '이전에, 전에'라는 뜻으로 유의어는 4번 「以前に(이전에)」가 된다. 1번 「あらかじめ(미리)」와 혼동하기 쉬우니 조심하자. 「かねて(이전에, 전에)」는 '어떤 일을 과거부터 계속 해 온 상태'를 의미하며, 「あらかじめ(미리)」는 '어떤 일을 하기에 앞서, 미리 다른 일을 준비하는 것'을 의미한다.

오답 1 あらかじめ(미리), 2 まとめて(묶어서), 3 いっしょに(함께)

어휘 商品(상품) | 入荷(입하) | お知らせ(알림)

18 정답 4

<u>제대로</u> 휴가도 받지 못하고, 상사는 잔소리가 많고, 이제 회사를 그만두고 싶다.

해설 「ろくに(제대로)」는 뒤에 부정형과 접속해 「ろくに~ない(제대로, 변변히 ~하지 않다)」라는 의미가 되므로, 대체할 수 있는 유의어는 4번 「満足に(만족스럽게, 흡족하게)」이다.

오답 1 完全に(완전히), 2 週末に(주말에), 3 自由に(자유롭게)

어휘 休みを取る(휴가를 받다) | 上司(상사) | うるさい(시끄럽다, 잔소리가 많다)

19 정답 2

저 너구리 아저씨의 <u>속마음을</u> <u>읽기는</u> 어렵다. 방심하지 마라.

해설 「腹を読む」는 '상대의 마음을 읽다'라는 의미로 가장 가까운 표현은 2번 「考えを推測する(생각을 추측하다)」가 된다.

오답 1 食事の接待をする(식사 접대를 하다), 3 指示通りに準備する(지시대로 준비하다), 4 行動を予想する(행동을 예상하다)

어휘 タヌキ親父(너구리 아저씨, 나이 먹은 교활한 남자를 비하하는 표현) | 油断(방심)

問題4 다음 단어가 가장 알맞게 사용된 것을 1・2・3・4에서 하나 고르세요.

20 정답 4

연일 이어지는 한여름 날씨에 더해, 열대야가 계속되어 올여름 더위에는 <u>손들었다</u>.

해설 「へきえきする(손들다, 지긋지긋하다)」는 비유적으로 '자기의 능력에서 벗어나 포기하다'라는 의미로, 적절하게 쓰인 문장은 4번이 된다. '지겹다, 지긋지긋하다'라는 의미로 「うんざりする」도 자주 등장하니 함께 외워 두자.

오답 1번은 「緊張する(긴장하다)」, 2번은 「夢中になる(빠지다)」, 3번은 「無視する(무시하다)」가 되어야 자연스러운 문장이 된다.

어휘 大勢の人(많은 사람) | 若者(젊은이) | 片時も(한시라도) | 手放す(손에서 놓다) | 傾向(경향) | 連日(연일) | 真夏日(한여름 날씨) | ~に加えて(~에 더해) | 熱帯夜(열대야)

21 정답 3

잠시 자리를 비웁니다만, 책상 위 서류는 절대 만지지 말아 주세요.

해설 「いじる」는 '만지다, 손대다'란 뜻의 동사이고, 가장 맞게 쓰인 문장은 3번이다.

오답 1번은 「ひく(치다)」, 2번은 「絡む(얽히다)」, 4번은 「拗れる(틀어지다)」가 되어야 자연스러운 문장이 된다.

어휘 飛び出す(튀어나오다) | 充電器(충전기) | しばらく(잠시) | いつの間にか(언제부터인가)

22 정답 2

고향을 떠나 혼자 살아보니 엄마에 대한 감사함을 절실히 느꼈다.

해설 「しみじみ(と)」는 '절실히, 간절히'란 의미로, 마음 속에서 깊게 느끼는 상태를 표현할 때 사용하고, 가장 정확하게 사용된 문장은 2번이다.

오답 1번은 「さっさと(후딱, 얼른)」, 3번은 「ずらりと(죽, 줄줄이)」, 4번은 「ひそひそと(소곤소곤)」가 되어야 자연스러운 문장이 된다.

어휘 文句(불평) | 故郷を離れる(고향을 떠나다) | ありがたみ(고마움, 감사함) | 親戚(친척) | 食器(식기) | 表(앞, 겉, 집앞)

23 정답 1

어떤 사정이 있었다고 해도, 그의 행동이 범죄라는 것은 의심할 여지가 없다.

해설 「余地(여지)」는 보통 「余地がない(여지가 없다)」처럼 부정문으로 잘 쓰이므로 가장 맞게 쓰인 문장은 1번이다. 「余地を残す(여지를 남기다)」도 함께 기억해 두자.

오답 2번은 「余計(쓸데없는)」, 3번은 「余程(상당한)」, 4번은 「司会(사회)」가 되어야 자연스러운 문장이 된다.

어휘 事情(사정) | ~にせよ(~라 해도) | 行動(행동) | 犯罪(범죄) | 疑う(의심하다) | おすすめ商品(추천 상품) | 表示(표시) | 一日中(하루 종일) | 友人(친구)

24 정답 2

운전면허를 따려고 현재 연습 중인데, 잘 안되어 시험에 합격할 수 있을지 불안하다.

해설 「目下」는 '현재, 지금'이란 뜻으로 「目下~中(현재 ~중)」의 형태로 많이 사용된다. 그러므로 가장 알맞게 쓰인 문장은 2번이다. 「目下のところ(현재는)」도 잘 쓰이니 같이 기억해 두자.

오답 1번은 「人目(남의 눈)」, 3번은 「目次(목차)」, 4번은 「目下」를 생략하면 자연스러운 문장이 된다.

어휘 幼い(어리다) | 正直に(솔직하게) | 免許(면허) | 把握(파악) | 達成(달성)

25 정답 4

이사는 우리가 직접 하려고, 남자친구에게 자동차를 준비해 달라고 부탁해 두었다.

해설 「手配」는 「指名手配(지명수배)」와 같이 '수배'라는 의미 외에도, 시험에 자주 등장하는 '채비, 준비'라는 의미도 지니고 있다. 따라서 가장 맞게 쓰인 문장은 4번이 된다.

오답 1번은 「手配」를 없애고 「彼がしているが(그가 하고 있지만)」, 2번은 「分ける(나누다)」, 3번은 「気がする(기분이 들다)」가 되어야 자연스러운 문장이 된다.

어휘 経営(경영) | 助け(도움) | 遺産(유산) | 手続き(수속) | 弁護士(변호사) | 気味(느낌, 기분) | 引っ越し(이사)

問題 5 다음 문장의 ( )에 들어갈 가장 알맞은 것을 1·2·3·4에서 하나 고르세요.

26 정답 3

전자 간판은 화면이 밝기 때문에, 어두운 곳이나 먼 위치(에서도) 내용을 눈으로 확인할 수 있다.

해설 ★~からでも : ~에서도

「~からでも」는 '장소 명사'에 접속하여, 그 '(장소 명사)~에서도'라는 뜻을 가지고 있는데, 보통 어떤 행위를 하기 곤란한 장소가 와서, 「海外からでも注文できる(해외에서도 주문할 수 있다)」와 같이 '그 곤란함이 문제가 되지 않는다'라는 의미로 사용한다.

오답 1 ~との(~라고 하는), 2 ~でさえ(~나마), 4 ~だけでも(~만이라도)

어휘 デジタルサイネージ(전자 간판) | 画面(화면) | 視認(실제로 눈으로 보고 확인함)

27 정답 4

이곳은 공공 숙소이지만, 보통의 비즈니스 호텔과 (조금도) 다름 없다.

해설 ★なんら : 조금도, 아무런

「なんら」는 뒤에 부정형이 접속하면 '조금도, 아무런'이란 의미가 된다. 「なんら問題ない(아무 문제없다)」, 「なんら恥じることはない(조금도 부끄러워할 필요 없다)」 등과 같은 표현들은 통째로 외워 두자.

오답 1 たとえ(설령), 2 なかなか(좀처럼), 3 ごく(극히)

어휘 公共の宿(공공 숙소, 국가나 지자체 등에서 운영하는 저렴한 숙박시설) | 普通の(보통의, 여느) | 変わりない(차이가 없다, 같다)

28 정답 2

미국 유학은 어릴 적부터의 꿈이었기 때문에 부모님에게 아무리 (반대당해도) 나는 포기할 생각이 없다.

해설 ★AようとB : A해도 B, A할지라도 B

「AようとB」는 'A해도 그와 상관없이 B다'라는 뜻인데, A에는 동사 의지형이 오며 「~ても(~해도)」의 문어체이다. 유의 표현 「AようがB」도 같이 정리해 두자.

오답 1 反対しようと(반대해도), 3 反対するまいが(반대하지 않겠지만), 4 反対されまいが(반대당하지 않겠지만)

어휘 両親(부모님) | 諦める(포기하다)

29 정답 4

A : 나카무라 씨와 요즘 예정이 맞지 않아서 만나지 못했어요.
B : 요즘 시작한 사업 때문에 몹시 (바쁘신가) 봐요.

해설 ★お~くていらっしゃる : ~하시다(い형용사의 존경어)

い형용사를 존경어로 만들어 주는 표현이다. 우선 い형용사에 「お」를 접속하고, 어미를 「~くて」로 바꾸고 「いらっしゃる」를 접속하면 완성된다. 따라서 「お忙しくていらっしゃる」는 '바쁘시다'라는 뜻이 된다.

*참고로 な형용사는 어미를 「~で」로 바꾸고 「いらっしゃる」를 접속하면 된다. 「おきれいでいらっしゃる」(예쁘시다)

오답 1, 2, 3 X

어휘 予定(예정) | 事業(사업)

30 정답 3

오사카에서는 5년 후의 만국박람회 개최(를 위해), 착착 준비가 진행되고 있다.

해설 ★Aに向けて : A를 위해

「Aに向けて」는 'A를 위해'라는 뜻인데, A라는 목표를 실현하기 위해 어떤 행동을 취한다는 표현이다.

오답 1 ~に面して(~에 면하여), 2 ~において(~에 있어서), 4 ~を受けて(~를 받아)

어휘 万博(万国博覧会 만국박람회의 줄임말) | 開催(개최) | 着々と(착착)

31 정답 1

부부란 (서로 도우며) 살아가면 좋은 관계를 유지할 수 있는 법이다.

해설 ★持ちつ持たれつ : 서로 도움, 상부상조

「持ちつ持たれつ」는 '상부상조'라는 의미이다. 「~つ~つ」는 대립되는 두 개의 동사가 와서 '~하거나 ~하거나'라는 뜻을 나타내며, 관용구로 쓰이므로 기억해 두자.

오답 2, 3, 4 X

어휘 夫婦(부부) | 保つ(유지하다)

32 정답 2

하루토 : 엄마, 내일 친구랑 강에 놀러가도 돼?
엄마 : 안 돼. 아이들만 갔다가 만약 (물에 빠지기라도 하면) 어떡할 거야.

해설 ★~でもしたら：~라도 한다면

「Aでもしたら、B~」는 만약 A와 같은 사태가 발생한다면 B라는 좋지 않은 일이 발생할 것을 우려하는 의미를 나타낸다. A에는 명사 또는 동사의 ます형이 온다.「明日面接なのにかぜをひきでもしたら大変だ(내일 면접인데 감기 걸리기라도 하면 큰일이다)」와 같이 사용한다.

오답 1 溺れさえしたら(물에 빠지기조차 한다면), 3 溺れられるくらいしても(물에 빠지는 정도 해도), 4 溺れられるなどしても(물에 빠지는 등 해도)

어휘 方が一(만일) | 溺れる(물에 빠지다)

---

33 정답 4

> 비가 전혀 그치지 않아, (나갈래야) 나갈 수 없다.

해설 ★AようにもAない：A할래야 A할 수 없다

「AようにもAない」는 'A할래야 A할 수 없다'라는 뜻이다. 앞의 A에는 동사의 의지형이 온다. 같은 동사를 두 번 반복 사용하여 'A를 하고 싶으나 어떤 사정때문에 불가능하다'라는 의미가 된다.

오답 1 出かけまいと(나가지 않으려고)

어휘 一向に~ない(전혀 ~하지 않다) | 止む(그치다, 멎다)

---

34 정답 2

> (스마트폰 판매점에서)
> 점원 : 어떤 스마트폰으로 하실지 정하셨나요?
> 손님 : 아, 죄송합니다, 아직 고민 중입니다만….
> 점원 : (결정하시면) 언제든 편하게 가까이에 있는 스태프에게 말씀해 주십시오.

해설 ★お+동사의 ます형+になる：~하시다

「お+동사의 ます형+になる」는 존경어 공식이다.「お決まりになりましたら(결정하시면)」은 식당 등에서도 많이 쓰이는 표현이다. 또한 한자 명사일 경우에는「ご利用になる(이용하시다)」와 같이「ご」를 접속하여「ご+한자 명사+になる」의 형태로 사용한다.

오답 1, 3, 4 X

어휘 迷う(고민하다, 망설이다) | お気軽に(편하게, 부담없이) | 申し付ける(명령하다, 분부하다)

---

35 정답 3

> (학교에서)
> 무라타 : 지난주 시험, 고열 때문에 못 봤어. 어떡하지…
> 사토 : 어쩔 수 없어. 교수님께 재시험을 (치게 해 달라고) 나도 전해 둘게.

해설 ★A~(さ)せてもらえる(いただける)：~할 수 있게 해 주다 (허가 표현)

「~(さ)せてもらう(いただく)」는 허가를 요청할 때 사용하는 표현으로, 화자가 그 행위를 하겠다는 뜻이며, 허가 유무에 관계없이 화자의 감사하는 기분이 들어가 있는 상태를 나타낸다. 주의할 점은 허가를 요청할 때는 반드시 가능형이 되어야 하므로「早退させてもらえますか(조퇴시켜 주시겠습니까?, 조퇴해도 되겠습니까?)」,「休みを取らせていただけませんか(휴가를 받게 해 주시겠습니까?, 휴가내도 괜찮겠습니까?)」와 같이 사용하는 것을 기억해 두자.

오답 4 受けてくれるように(칠 수 있기를)

어휘 高熱(고열) | ~のせいで(~탓에) | 教授(교수) | 再試(재시험)

問題6 다음 문장의 ★ 에 들어갈 가장 알맞은 것을 1·2·3·4에서 하나 고르세요.

36 정답 1

> 2 ルームメイト　4 ときたら　1 ★ 出かける　3 ときに
> 내 룸메이트 는 ★ 외출할 때 항상 전기를 켜 놓은 채 나가는 거야. 진짜 열 받아.

해설 「Aときたら」는 'A는, A로 말할 것 같으면'이란 의미이며, 뒤 문장에는 A에 대한 비난, 불만 등을 나타내는 표현이 오는 점이 조사「は(은/는)」와 다르다. 따라서「ときたら(는)」앞에는「ルームメイト(룸메이트)」주어가 되어 오게 되고, '내 룸메이트는 외출할 때'가 되어야 자연스럽다. 따라서 나열하면 2-4-1-3이 된다.

어휘 つけっぱなしにする(켜 놓은 채로 하다, 켠 채로 두다) | 頭にくる(열 받다)

---

37 정답 4

> 3 みなさんの　4 ★ 経験と　2 実績を　1 もってすれば
> 이번 프로젝트는 상당히 힘들겠지만, 여러분의 ★ 경험과 실적이 있으면, 이겨낼 수 있으리라 믿고 있습니다.

해설 「Aをもってすれば」는 'A가 있으면, A를 사용하면'이란 뜻으로, A에는「実力(실력)·能力(능력)·技術(기술)·実績(실적)·経験(경험)」등이 와서 A를 높게 평가할 때 사용한다. 따라서 우선 2번과 1번을 조합하면「実績をもってすれば(실적이 있으면)」가 되고,「実績(실적)」앞에는「経験と(경험과)」가 오는데 이 '경험과 실적'은「みなさんの(여러분의)」뒤에 와야 자연스러우므로 3-4-2-1이 완성된다.

어휘 経験(경험) | 実績(실적) | 乗り越える(이겨내다, 극복하다)

38 정답 2

4 昔　2 ★ながらの　3 味を　1 大切にしているようで

이 가게에는 학창시절부터 다니고 있었는데, 옛날 ★그대로의 맛을 소중히 간직하고 있는 것 같아서, 언제 가도 그리운 기분이 든다.

해설 「昔ながら」는 '옛날 그대로, 변함없음'이라는 의미로, 4번과 2번을 조합하면 「昔ながらの(옛날 그대로의)」가 되고, 뒤에는 '맛을 소중히 간직하고 있다'가 와야 자연스럽다. 따라서 나열하면 4-2-3-1이 된다. 「いつもながら(늘, 항상)・涙ながら(울면서, 눈물로)・生まれながら(선천적으로, 태어나면서부터)」이 표현들도 기억해 두자.

어휘 通う(다니다) | 懐かしい(그립다)

39 정답 4

1 なりに　4 ★貧乏人には　3 わからない　2 悩みが

부자는 아무 걱정도 없는 줄 알았는데, 부자는 부자 나름대로 ★가난한 사람에게는 알 수 없는 고민이 있는 것 같다.

해설 「Aなりに」는 명사에 접속하여 'A 나름대로'라는 뜻이다. 빈칸 앞의 단어가 「お金持ち(부자)」이므로 1번 「なりに(나름대로)」가 접속해 '부자 나름대로'가 완성되고, 뒤 문장에 「ある(있다)」가 있으니 앞에는 「悩みが(고민이)」가 와서 '가난한 사람에게는 알 수 없는 고민이'이 되어야 자연스럽다. 따라서 나열하면 1-4-3-2가 된다.

어휘 お金持ち(부자) | 貧乏人(가난한 사람) | 悩み(고민)

40 정답 3

4 苦労話を聞いて　2 同情を禁じ得なかったが　3 ★金さえあれば　1 世の中を変えられる

그의 학창시절 고생담을 듣고 동정을 금할 수 없었지만, ★돈만 있으면 세상을 바꿀 수 있다는 의견에는 찬성할 수 없다

해설 「Aを禁じ得ない」는 'A를 금할 수 없다'라는 뜻인데, 어떤 상황에 대해 A라는 감정을 억누를 수 없다는 표현으로 「涙(눈물)・同情(동정)・驚き(놀람)・悲しみ(슬픔)・怒り(분노)」 등과 잘 어울린다. 우선 「同情を禁じ得ない(동정을 금할 수 없다)」라고 했는데 이 표현은 「苦労話を聞いて(고생담을 듣고)」의 뒤에 와야 자연스러우니 4번+2번을 연결할 수 있다. 맨 뒤에 '~라는 의견에는 찬성할 수 없다'라고 했으니 앞에는 의견으로써, 「金さえあれば世の中を変

えられる(돈만 있으면 세상을 바꿀 수 있다)」가 오게 되니 4-2-3-1이 되야 자연스럽다.

어휘 苦労話(고생담) | 同情(동정) | ~さえ~ば(~만 ~하면) | 世の中(세상) | 賛成(찬성)

問題7 다음 글을 읽고 글 전체의 내용을 생각하여 41 부터 45 안에 들어갈 가장 알맞은 것을 1・2・3・4에서 하나 고르세요.

41~45

'쇼핑 약자'란 말을 들은 적이 있을까? '쇼핑 약자'란, 지역의 과소화와 고령화에 따라, 쇼핑이 곤란해진 사람들을 가리킨다. 어떤 지역에서는 과소화에 의해 가까운 슈퍼나 상점가가 쇠퇴하여, 식료품 하나 사는 데에도 버스나 택시 41 없이는 쇼핑할 수 없는 생활을 어쩔 수 없이 하고 있다.

이런 '쇼핑 약자'를 돕기 위해, 행정은 적극적으로 지원을 시작하였다. 지원 내용으로는 가게를 오픈하거나, 가게로 가는 이동 수단을 제공하거나, 상품을 집까지 배달해 주는 세 가지 방법이 있다. 행정은 그 지역의 현 상황 42 에 입각하여 쇼핑하기 좋은 환경 만들기에 힘쓰고 있다. 예를 들면, 지원을 행하는 지역 인구가 5,000명에 못 미친다 43 면, 이익을 내는 형태의 점포 운영은 어려운 것으로 여겨지고 있다. 그렇기에 '가게로 가는 이동 수단을 제공'하거나, '상품을 집까지 배달'해 주는 것 중에서 그 지역에 맞는 방법을 검토하겠다는 식이다.

일본에서는 저출산 고령화가 진행되어, 앞으로도 '쇼핑 약자'가 늘어날 것이 44 예상된다. 지금은 슈퍼에 차로 쉽게 갈 수 있는 사람들도 미래에 건강상의 이유 등에 의해 '쇼핑 약자'가 될 가능성도 45 없지는 않다. 그 때문에 모든 사람들이 당사자 의식을 갖고 관심을 기울여야 할 문제라고 할 수 있을 것이다.

어휘 弱者(약자) | 地域(지역) | 過疎化(과소화) | 高齢化(고령화) | ~に伴い(~에 따라) | 困難(곤란) | 指す(가리키다) | 近隣(근린, 가까운 곳) | 商店街(상점가) | 衰退(쇠퇴) | 食料(식료품) | ~を余儀なくされる(~을 어쩔 수 없이 당하다) | 行政(행정) | 移動(이동) | 手段(수단) | 提供(제공) | 届ける(배달하다, 보내주다) | ~といった(~와 같은) | 現状(현 상황) | 環境作り(환경 만들기) | 努める(힘쓰다, 노력하다) | 満たない(못 미치다, 부족하다) | 利益(이익) | 店舗(점포) | 運営(운영) | 検討(검토) | 具合(방식, 상태) | 少子高齢化(저출산 고령화) | 健康上(건강상) | 可能性(가능성) | 当事者(당사자) | 関心を寄せる(관심을 기울이다)

41 정답 1

1 없이는	2 가 없는 것을 무시하고
3 가 없게 되면	4 가 없는 대로

해설 '쇼핑 약자'들은 가까운 곳에 살 곳이 없어 먼 곳까지 가야 하는데, 그러기 위해서는 반드시 교통편이 필요할 것이다. 따라서 「バスやタクシーなくしては(버스나 택시 없이는)」가 되어야 문맥이 자연스럽다. 「~なくしては~できない(~없이는 ~할 수 없다)」의 표현을 잘 기억해 두자.

42 정답 2

1 를 겸하고	2 에 입각하여
3 를 견디고	4 에 얽매여서

해설 그 지역의 현 상황에 가장 어울리는 환경을 만들기 위해서는 「その地域の現状を踏まえて(그 지역의 현 상황에 입각하여)」라고 하며 언급하고 있다. 따라서 정답은 2번 「~を踏まえて(~에 입각하여)」가 된다.

43 정답 2

1 은	2 면	3 면	4 이므로

해설 바로 앞에 「支援を行う地域の人口が5000人に満たない(지원을 행하는 지역 인구가 5000명에 못 미친다)」가 나오고, 뒤에 「利益を出す形の店舗運営は難しいとされている(이익을 내는 형태의 점포 운영은 어려운 것으로 여겨지고 있다)」라고 했다. 즉 이익을 내는 기준이 '지역 인구 5000명'이란 것을 알 수 있다. 따라서 「満たないのであれば(못 미친다면)」가 되어야 문맥이 맞다. 3번 「とあれば」도 해석은 똑같이 '~면'이지만, 「AとあればB」로 쓰여 'A라는 특별한 상황이므로 B해야 한다'라는 화자의 판단을 말할 때 쓰는 표현이므로 이 문장에서는 맞지 않는다.

44 정답 3

1 예상한다	2 예상시키고 있다
3 예상된다	4 예상시킨다

해설 앞에 「増えることが(늘어날 것이)」라고 했으니 「予想される(예상된다)」가 들어가야 맞다. 1번 「予想する(예상한다)」가 답이 되려면 「増えることを(늘어날 것을)」가 되어야 한다.

45 정답 4

1 없는 것이나 다름없다	2 없을 게 뻔하다
3 없음이 틀림없다	4 없지는 않다

해설 아직은 건강상 문제가 없어 내 손으로 운전해 쇼핑할 수 있어도 누구나 나이 들면 '쇼핑 약자'가 될 수 있다는 것은 쉽게 추측할 수 있다. 하지만 필자는 딱 잘라 단정짓지 않고 그렇게 될 가능성도 「なくはない(없지는 않다)」, 즉 '있다'라고 완곡하게 표현하고 있다.

1교시 독해

본책 90 페이지

問題 8 다음 (1)부터 (3)의 글을 읽고, 질문에 대한 답으로 가장 알맞은 것을 1·2·3·4에서 하나 고르세요.

46 정답 4

(1)

　매년 겨울이 되면, 제설 중 사고가 늘어나는데, 아키타 현에서는 제설 중의 안전대책에 대해 계발활동을 진행함과 동시에, 과거 10년 동안의 피해 상황을 정리해 공표하고 있다. 그에 따르면, 사고 원인으로 많은 것이 지붕이나 사다리에서의 추락 사고이며, 제설 중 사고를 당한 사람 중에서 65세 이상의 고령자가 50% 이상을 차지하고 있다고 한다. 제설 활동을 할 때에는 혼자서 작업하지 않는 것이 중요하다고 하는데, 고령자의 증가와 과소화가 진행되고 있는 지방에서는 어려운 것이 현 상황일 것이다.

본문의 내용으로 맞는 것은 어느 것인가?

1 제설 중 사고의 주된 원인은 추락 사고이며, 올해는 작년보다도 피해가 증가했다.
2 제설 중의 사고를 막기 위해, 전국에서 다양한 계몽활동이 시행되고 있다.
3 제설 중의 고령자 사고는 과거 10년 동안 50%이상 증가하였다.
4 **제설 작업은 복수 인원으로 행하는 것이 안전을 위해서는 중요하다.**

해설 「除雪活動を行う際は、一人で作業をしないことが大切だ(제설 활동을 할 때에는 혼자서 작업하지 않는 것이 중요하다)」라고 했다. 즉 안전을 위해 두 사람 이상의 복수 인원으로 하라는 말이니 답은 4번이 된다. 올해와 작년의 피해를 비교한 내용은 나오지 않으므로 1번은 오답, 계몽활동이

시행된 것은 전국이 아니라 아키타 현이므로 2번도 오답, 과거 10년 동안의 피해 상황을 공표하였으나, 구체적인 숫자는 나오지 않았으므로 3번도 오답이다.

어휘 除雪中(제설 중) | 啓発(계발, 계몽) | 過去(과거) | まとめる(정리하다, 요약하다) | 公表(공표) | 屋根(지붕) | はしご(사다리) | 転落(추락, 굴러 떨어짐) | 事故にあう(사고를 당하다) | 高齢者(고령자) | 5割(50%) | 占める(차지하다, 점유하다) | ~際は(~때는) | 作業(작업) | 増加(증가) | 過疎化(과소화, 인구나 산업 따위가 지나치게 적은 상태) | 現状(현 상황)

---

47 정답 4

(2)
신종 코로나바이러스 관련 뉴스에서 자주 듣게 된 '클러스터'. 집단 감염이라는 의미로 사용되고 있는 용어입니다. 일본에서도 음식점이나 번화가, 의료기관, 학교, 직장, 홈 파티, 고령자 시설 등 다양한 장소에서 클러스터가 발생하고 있습니다.
클러스터 원인의 한 가지로 기본적인 감염 대책의 부족을 지적하는 전문가도 있습니다. 철저한 마스크 착용, 환기, 소독 등 당연하다고 생각되는 행동이 중요하며, 약간의 방심이 심각한 상황을 낳게 되기 때문에 주의가 필요합니다.

본문의 내용으로 맞는 것은 어느 것인가?
1 일본에서 클러스터는 개인적인 모임에서는 그다지 발생하지 않았다.
2 클러스터는 신종 코로나 바이러스가 발병하기 전부터 자주 접할 수 있는 말이었다.
3 마스크나 소독, 방의 환기 등의 행동은 당연한 것이어서 중요도가 떨어진다.
4 클러스터란 집단 감염으로, 방심하지 말고 감염 대책을 강구할 필요가 있다.

해설 본문 첫째 줄에 언급된 것처럼 클러스터는 「集団感染という意味で使われている用語(집단 감염이라는 의미로 사용되고 있는 용어)」라는 것을 알 수 있으며, 마지막 문장에서 「少しの気の緩みが深刻な状況を生んでしまうので注意が必要(약간의 방심이 심각한 상황을 낳게 되기 때문에 주의가 필요)」라고 하는 것은 미루어 보아 대책이 필요하는 의미를 나타내고 있고 있으므로 정답은 4번이 된다.

어휘 集団感染(집단 감염) | 用語(용어) | 飲食店(음식점) | 繁華街(번화가) | 医療機関(의료기관) | 職場(직장) | 高齢者施設(고령자 시설) | 感染対策(감염 대책) | 指摘(지적) | 専門家(전문가) | 徹底(철저) | 装着(장착) | 換気(환기)

消毒(소독) | 当り前(당연) | 気の緩み(방심) | 深刻(심각) | 講ずる(강구하다)

---

48 정답 2

(3)
주인을 잃으면 집은 급격히 상하기 시작한다. 지방에서는 빈집문제가 심각한 듯하다. 도심에 있는 나를 포함해서 한창 일할 세대는 눈치채지 못했을 지도 모르지만, 귀성할 때마다 남의 일이 아닌 것을 깨닫게 된다. 아버지가 건축가인 나는 어릴 적부터 집에 대한 애착이 강했다. 그 탓일까, 조용할 터인 거리에서 비명이 들려오는 듯한 착각에 휩싸인다. 눈을 감으면 예전의 모습이 떠오른다. 어쩔 수 없다는 것을 알고는 있지만, 마음이 옥죄어진다.

마음이 옥죄어지는 것은 어째서인가?
1 집의 주인이 돌아가셨기 때문에
2 집에 대한 각별한 마음이 있었기 때문에
3 한참 일할 세대가 지방의 집 문제를 눈치채지 못하고 있기 때문에
4 해결하기 위해 백방으로 노력했으니까

해설 본문에서 필자는 건축가의 아버지의 영향으로 집에 대한 강한 애착을 갖게 되었는데, 그러한 영향인지 지방의 빈 집을 보면 예전의 번화했던 모습이 떠올라서 마음이 옥죄인다고 말하고 있으므로 정답은 2번이다. 1번의 경우 집이 주인을 잃는다는 것이 반드시 죽었음을 의미하지 않으며, 사람이 떠난 것을 의미하므로 오답이며, 3번은 필자가 지방의 집 문제에 대해 젊은 세대가 눈치를 채지 못하고 있다고 생각하는 것은 맞으나, 마음이 옥죄어 오는 이유로는 맞지 않으므로 오답이다. 마지막으로 필자가 어떠한 노력을 기울었는지에 대해서 본문에서 명확히 언급하지 않았기 때문에 알 수 없으며, 따라서 4번은 오답이 된다.

어휘 空き家(빈집) | 深刻(심각) | 都心(도심) | 働き盛り(한창 일할 때 혹은 그럴 시기의 사람) | 帰省(귀성) | 他人事(남일) | 建築家(건축가) | 愛着(애착) | 街並み(거리) | 悲鳴(비명) | 錯覚(착각) | 思い浮かぶ(떠오르다) | 締め付る(옥죄다, 마음 답답하게 하다)

다음 (1)부터 (3)의 글을 읽고, 질문에 대한 답으로 가장 알맞은 것을 1·2·3·4에서 하나 고르세요.

49~51

(1)

스포츠청에 따르면 많은 사람이 관전한 인기 스포츠는 1위가 프로야구, 2위가 축구였다. 왜 일본에서는 이처럼 야구가 사랑받고 있을까? 나는 그 이유로서 하나의 문화가 되어 정착되었다는 점을 들고 싶다. 49 예컨대 여름이 되면 고교 야구의 계절이 왔다고 많은 사람들이 생각한다. 또 프로야구 구단의 근거지나 운영하는 기업에서는 그 구단이 우승하면 가게에서 세일이나 이벤트를 한다. 이처럼 야구를 좋아하는 사람도 그러지 않은 사람도 일상생활에서 야구를 접할 기회가 있는 것이다.

또 야구의 성질이 일본인의 성품과 맞는 것도 뿌리깊은 인기의 이유라고 나는 생각한다. 야구는 투수와 타자가 일대일로 대결하는 장면이 볼거리 중 하나이다. 이 대전하는 모습이 일본에서 예로부터 친숙한 스모의 대치하는 상황과 닮아 있어 익숙한 것은 아닐까? 또 50 자기 자신을 아웃시켜 팀의 승리를 이끌어내는 희생 번트라는 기술이 자기희생을 미덕으로 삼는 일본인의 생각과 맞닿아 있다고 생각한다.

한편 최근 몇 년 프로야구 중계 시청률이 부진하고, 구장에 일부러 찾아가는 야구 팬이 감소하는 등 야구 인기에 그늘이 보이기 시작하고 있다. 야구 기피 현상을 막기 위해서도 51 프로, 대학, 사회인, 고교 야구 등 각 단체가 힘을 합칠 필요가 있다고 생각한다. 하지만 각 단체의 보조가 맞지 않아 어려운 상황에 처해 있는 듯해서, 야구 팬인 나로서는 조금은 걱정이다.

어휘 観戦(관전) | 野球(야구) | 文化(문화) | 定着(정착) | 季節(계절) | 球団(구단) | 地元(지역, 고향, 근거지) | 運営する(운영하다) | 企業(기업) | 優勝(우승) | 日常生活(일상생활) | 触れる(접하다, 만지다, 느끼다) | 機会(기회) | 性質(성질) | 性分(천성) | 根強い(뿌리 깊은) | 投手(투수) | 打者(타자) | 場面(장면, 상황) | 対戦姿(대전하는 모습, 대결 모습) | 相撲(스모) | 対峙(대립) | 馴染み深い(익숙한, 친숙한) | 勝利(승리) | 犠牲バント(희생 번트) | 自己犠牲(자기희생) | 美徳(미덕) | 中継(중계) | 視聴率(시청률) | 伸び悩む(제자리걸음, 진전이 없음) | 球場(구장) | 足を運ぶ(찾다, 방문하다) | 減少する(감소하다) | 陰り(그늘, 어두운 면) | 野球離れ(야구로부터 멀어짐, 야구 기피) | 食い止める(막다, 저지하다) | 社会人(사회인) | 団体(단체) | 足並み(보조, 손발을 맞춤) | 揃う(모으다) | 苦境(곤란한 처지, 괴로운 처지)

49 정답 1

필자가 생각하는 하나의 문화가 되어 정착되었다는 것에 대한 내용으로 맞는 것은 어느 것인가?

1 일상에서 야구를 접할 찬스가 널려있다.
2 야구 구단은 근거지 기업을 대상으로 이벤트를 실시한다.
3 많은 사람들이 고교야구를 관전하고 있다.
4 야구에 대한 흥미 유무와 야구 지식은 별개의 것이다.

해설 첫 문단에서 언급된「例えば夏になれば高校野球の季節が来たと多くの人が思う。～野球が好きな人もそうでない人も日常生活で野球に触れる機会があるのだ(예컨대 여름이 되면 고교 야구의 계절이 왔다고 많은 사람들이 생각한다. ～야구를 좋아하는 사람도 그러지 않은 사람도 일상생활에서 야구를 접할 기회가 있는 것이다)」를 보면 야구가 일본의 문화로 정착되었다는 것을 알 수 있으므로 정답은 1번이다.

50 정답 2

필자에 의하면, 일본에서 야구가 사랑받는 이유는 무엇인가?

1 일본에서는 달리 두드러지는 스포츠가 없고 인기가 있는 경기가 없기 때문에
2 자기를 희생하는 플레이가 일본인의 성질에 맞기 때문에
3 일상생활에서 야구 뉴스를 접할 기회가 많기 때문에
4 투수와 타자가 힘을 합치는 단체경기이기 때문에

해설 필자는 일본에서 야구가 인기인 이유를 설명하는 데 있어서 타 스포츠의 인기 유무에 대해 언급하지 않았기 때문에 1번은 오답이 된다. 그리고 투수와 타자가 힘을 합친다는 설명은 없기 때문에 4번도 오답이 된다. 3번의 경우, 스포츠 뉴스에 대한 언급은 없었으므로 오답이다. 필자는 야구의 룰 중의 하나인 희생번트의 예를 들어 이것이 일본인의 자기희생을 미덕으로 생각하는 품성과 맞다고 설명하고 있기 때문에 2번이 정답이 된다.

51 정답 4

일본의 야구 기피 현상에 대해 필자는 어떻게 생각하고 있는가?

1 프로야구 구단의 운영 기업의 세일이나 이벤트가 문제 해결의 열쇠가 된다.
2 야구 기피 현상은 단순한 소문으로 아직도 인기가 있으므로 심각하게 생각하지 않아도 된다.
3 야구 기피 현상을 해결하기 위해 사회인 야구 등 각 단체의 노력이 부족한 것이 약간 걱정이다.

4 야구 기피 현상을 해결해야 하는데도 불구하고 프로, 사회인 야구 등 각 단체가 단결하지 못하고 있다.

해설 필자는 야구 기피현상을 타개하기 위해서 관련 단체가 단결해야 한다고 생각하고 있지만, 현실은 각 단체들이 단결하고 있다고 보지 않으므로 4번이 정답이 된다. 사회인 야구의 노력에 대한 언급은 없으므로 3번은 오답이며, 프로야구 구단의 운영 기업은 구단이 우승하거나 할 때 세일 등을 실시한다고 설명하고 있으나 야구 기피 현상과 관련이 없으므로 1번도 오답, 필자는 야구 기피 현상을 소문으로 치부하고 있지 않기 때문에 2번도 오답이 된다.

52~54

(2)

일본인의 약 절반이 오용하고 있는 말 '気の置けない(허물없다, 편하다)'. 본래의 의미는, '마음을 놓을 수 있다', [52] 즉 '어려워하거나 신경 쓸 필요 없다'라는 의미입니다. 우선 이 말의 반대말인 '気の置ける(마음 쓰다, 사양하다)'부터 봅시다. 여기서 '気'는 '마음 씀, 사양'을 의미합니다. 그리고 '置ける'란 '놓을 수 있다'라는 가능을 나타내는 의미가 아니라, '자연스레 놓게 된다'라는 '자발'의 의미로 쓰이고 있습니다. 그 결과 '気の置ける'는 '자연스레 마음 쓰고 어려워하게 된다'라는 의미가 됩니다. 따라서 '気の置けない'는 그 반대말로 '어려워할 필요가 없다'라는 의미가 되는 것입니다.

그러나 '국어에 관한 여론조사'에 의하면, 일본인의 48%가 '気の置けない'를 '상대를 배려하거나 어려워해야 한다'라고 오용하고 있습니다. 어째서 이런 오용이 늘어난 것일까요? 예전에는 '気の置ける', '気の置けない' 둘 다 잘 썼습니다. [53] 하지만, 요즘은 이 두 표현이 잘 쓰이지 않게 되었습니다. 그래서 '気の置ける'의 의미를 이해 못 하는 사람이 증가하고 있습니다. 따라서 [54] '気の置けない'의 '置けない'에만 주목하여, 더욱 익숙한 '信用が置けない(신용할 수 없다)'나 '信頼が置けない(신뢰할 수 없다)'라는 의미로 착각하는 사람이 많은 것일지도 모릅니다.

어휘 半数(반수, 절반) | 誤用(오용, 잘못 사용함) | 本来(본래) | 気を許す(마음을 놓다, 방심하다) | 遠慮(사양, 어려워함) | 気遣い(마음 씀) | 自発(자발) | よって(따라서) | 国語(국어) | 世論(여론) | 気配り(배려) | かつては(예전에는) | 馴染み(익숙함, 친숙함) | 信用が置けない(신용할 수 없다) | 信頼が置けない(신뢰할 수 없다) | 勘違い(착각)

---

52 정답 1

'気の置けない'의 용법으로 맞는 것은 어느 것인가?

1 여름방학에 본가에 가서 허물없는 친구들과 즐거운 시간을 보냈다.
2 염원하던 콘서트에 갈 수 있어서, 하루 종일 허물없는 시간을 보냈다.
3 허물없는 사람이라고 소문 난 그 사람과 함께 보내고 싶지 않다.
4 허물없는 거래처 사장님 접대로 오늘은 완전히 녹초가 되었다.

해설 「気の置けない(허물없다)」에 관해 「遠慮や気遣いをする必要がない(어려워하거나 신경 쓸 필요 없다)」라고 했다. 따라서 같이 있을 때 신경 쓸 필요없이 편한 사이에 사용하는 표현이란 것을 알 수 있고 가장 정확하게 쓰인 문장은 1번이다. 이 표현은 오로지 사람에게만 사용할 수 있으며 2번처럼 시간에 쓰지 않는다.

---

53 정답 4

'気の置ける', '気の置けない'의 설명으로 맞는 것은 어느 것인가?

1 '気'는 '신용' 혹은 '신뢰'라는 의미이다.
2 '置ける'는 '어려워함' 혹은 '마음 씀'이라는 의미이다.
3 '気の置けない'는 '어려워하고 만다'라는 의미이다.
4 '気の置ける'와 '気の置けない'의 오용의 원인은 최근의 사용 빈도에 있다.

해설 본문의 「最近この２つの表現が使われなくなっています(최근 이 두 표현이 사용되지 않게 되었습니다)」와 같은 설명을 통해 알 수 있듯이 최근 사용 빈도가 낮아졌다는 것을 알 수 있으므로 정답은 4번이다.

---

54 정답 3

'국어에 관한 여론조사' 결과에서 예측할 수 있는 것을 말하고 있는 것은 어느 것인가?

1 일본인의 48%가 관용구의 모든 것을 잘못 사용하고 있다.
2 사회 상식으로서 상대를 배려해야 한다고 생각하는 사람이 증가했다.
3 '気の置けない'를 '信用が置けない'라는 의미로 착각하고 있는 것 같다.
4 '気の置ける'라는 말을 쓰는 사람은 옛날부터 없었으니까

해설 두 번째 단락에서 「気の置けない(허물없다)」를 오용하게 된 이유를 설명하고 있는데, 필자는 그 결정적 이유로 「気の

置けない」에 쓰인 「置けない」와, 「信用が置けない(신용
할 수 없다)」와 「信頼が置けない(신뢰할 수 없다)」에 쓰인
「置けない」를 같은 의미로 착각하고 있는 일본인이 많기 때
문이 아닌가 추측하고 있다. 따라서 여론조사 결과에서 예측
가능한 내용은 3번이 된다.

55~56

(3)

　'텔레워크'란 떨어진(tele)과 일하다(work)를 합친 조어다.
시간이나 장소에 구애받지 않는 유연한 업무 방식을 나타낸다.
'텔레워크'에는 자택에서 인터넷을 사용하여 연락을 주고받으
면서 일을 하는 '재택근무', 컴퓨터나 스마트폰을 사용하여 카
페나 이동 중 등 회사 이외의 장소에서 일을 하는 '모바일 워
크', 본사에서 떨어진 장소에 만들어진 사무소에서 일을 하는
'위성 사무실 근무'의 세 종류가 있다. 1984년부터 일본에 도
입되어 조금씩 보급되어 온 '텔레워크'지만, 2020년의 코로나
바이러스 감염 확산을 계기로 '텔레워크'의 수요가 높아지고
있다.

　'텔레워크'의 장점으로 출근일을 줄여 사원의 출퇴근 부담을
줄일 수 있는 점이 있다. 또 [55] 일하는 장소에 얽매이지 않
아 가사나 육아, 병간호로 지금까지 일을 그만두어야 했던 사
원이 근무하기 쉬워진다. 이는 우수한 인재가 회사에 정착하는
것으로도 이어진다. 게다가 재해나 전염병은 예측 불가능한 상
황에서도 인터넷만 연결되면 업무를 계속할 수 있어, 업무 중
단의 위험을 억제할 수 있다.

　한편 일과 사생활의 전환이 어렵고 [56] 장시간 노동이 되
기 쉽다는 점과, 일하고 있는지 확인하기 위해 상사에게 정기
적인 보고를 해야 하는 등 업무 이외의 일이 늘어날 가능성이
있다는 지적도 있다.

어휘 離れる(떨어지다) | 造語(조어) | とらわれる(구애받다) |
柔軟(유연) | 在宅勤務(재택근무) | 移動中(이동 중) | 導
入(도입) | 普及(보급) | 拡大(확대) | きっかけ(계기) |
需要(수요) | 出社日(출근일) | 通勤負担(출퇴근 부담) |
縛る(얽매이다) | 家事(가사) | 子育て(육아) | 介護(간병) |
優秀(우수) | 人材(인재) | 定着(정착) | つながる(이어
지다, 연결되다) | さらに(게다가) | 災害(재해) | 感染症
(전염병) | ~といった(~와 같은) | 予測不能(예측 불능)
| ~さえ~ば(~만 ~하면) | 業務(업무) | 事業中断(업무
중단) | 抑える(억제하다) | 私生活(사생활) | 切り替え
(전환)

---

55 정답 3

'텔레워크'에 관한 설명으로 맞는 것은 어느 것인가?

1　회사에 정시에 출근, 퇴근하는 업무 방식을 말한다.

2　'재택 근무', '모바일 워크', '사무실 근무'는 '텔레워크'이다.

3　인재 유출을 막을 수 있는 업무 방식이다.

4　코로나 바이러스 감염 확산으로 인해 '텔레워크'가 도입되
　었다.

해설 두 번째 문단에서 「働く場所に縛られないため、～これ
は優秀な人材が会社に定着することにもつながる(일
하는 장소에 얽매이지 않아~ 이는 우수한 인재가 회사에 정
착하는 것으로도 이어진다)」를 보면 우수한 인재가 회사에
정착한다는 것은 인재 유출을 막는다는 것을 의미하므로 정
답은 3번이 된다.

---

56 정답 2

'텔레워크'의 문제점은 무엇이라고 말하고 있는가?

1　상사에게 보고하기 위해 정기적으로 만나는 것

2　장기간 노동으로 이어질 우려가 있는 것

3　바빠서 육아나 간병과의 양립이 어려워지는 것

4　사생활이 우선되어 일이 진척되지 않게 되는 것

해설 본문에서는 주로 텔레워크의 장점을 논하고 있지만, 맨 마지
막 단락에서 텔레워크의 문제점으로 「一方、仕事との切り
替えがしづらく長時間労働になりやすいこと(한편 일과
사생활의 전환이 어렵고 장시간 노동이 되기 쉽다는 점)」를
예로 들고 있다. 퇴근이란 개념이 약해지다 보면 근무 시간이
지났는데도 계속 일을 하게 되는 장시간 노동이 될 수도 있다
고 우려하고 있으니 답은 2번이 된다.

問題 10 다음 글을 읽고, 질문에 대한 답으로 가장 알맞은
　　　　　것을 1·2·3·4에서 하나 고르세요.

57~60

　묘하게도 책도 삼백 년 정도 나이를 먹으면 내게는 그저 그리
운 것이다. 잘도 지금까지 살아 있어서, 그리고 잘도 가난한 내
품으로 날아와 준 것이다. 그런 감사한 마음도 들고, 또 때로는
정말로 이 세상에서 만나 뵐 수 있어 다행인 것 같은, [57] 삼
백 년 전의 연인과의 재회. -때로는 그런 기분이 들 때도 있는
것이다.

　하지만 무언가 일을 하지 않으면 책도 살 수 없는 신분인 나
는 언제까지나 그런 (注1)도취 기분에 잠겨 있을 수는 없다. 이
윽고 ①그 기분에서 깨어나면 이번에는 갑자기 내용의 검토,

가치 비판의 정신으로 머리가 꽉 차기 시작한다. 삼백 년 전의 서책이라는 것도 나에게 있어서는 즐겁게 읽는 것이 아니라, 실은 일을 위한 자료였던 것이다.

비판하는 것은 비판받는 것보다도 괴로운 것인데, 그러나 그 괴로운 비판을 무시하고 어디에 학문의 역사가 있을 수 있을까?

그러나 [58] 세상에는 비판받는 것을 지독히도 싫어하는 학자가 있는 것 같은데, 내가 말씀드리자면 그런 선생은 ②하루 빨리 그만 두는 게 제일이라고 생각한다.

이렇게 말하면, 아니 진지하고 훌륭한 일을 하기에 ③비판의 표적이 되는 것이다. 그러니 비판을 면할 생각이라면 아무 짝에도 쓸모없는, 아무도 상대하지 않을 것 같은, 하찮은 일(?)만 하면 되지 않겠냐고, 냉소적인 녀석들이 히죽거리며 답할지도 모른다.

과연, 그 말은 (注2)일리가 있다. 하지만 내게 걸리면 그래도 안 되는 것이다. 나는 훌륭한 것을 비판함과 동시에 하찮은 것도 비판할 작정인 것이다. [60] 훌륭한 작품이 그 시대를 대표한다면, (注3)우작도 또한 그 시대를 대표할 권리를 갖고 있다. 우작의 의미를 인정하지 못하는 역사가는 한쪽 눈밖에 갖지 못한 것이라고 생각한다. (중략)

그래서 늦기 전에 지금 출판사들에 고해 두고 싶다. -

만약 여러분이 삼백 년 후에, 쇼와 시대의 학문은 모두 실로 훌륭한 것뿐이었다는 말을 듣고 싶다면, 오늘 이후 하찮은 책은 값을 비싸게 책정하고 보존이 불가능한 품질의 종이에 인쇄하면 된다. 이와는 반대로 훌륭한 책은 (注4)값을 싸게 매기고 오랜 기간 보존할 수 있는 품질의 종이를 사용해야 할 것이다.

이것이, 이 나이가 되어 간신히 깨달은 한 가지 교훈이다.

『삼백 년 후 (1940년)』 오구라 킨노스케

(注1) 도취 : 마음을 뺏겨 넋을 잃은 모양
(注2) 일리 : 보통의 이치
(注3) 우작 : 하찮은 작품
(注4) 염가 : 가격이 싼 것

어휘 妙だ(묘하다) | 書物(책) | ~位(~정도) | 懐かしい(그립다) | 貧しい(가난하다) | 懐(품) | お目にかかる(만나 뵙다) | めぐり逢い(해후, 재회) | どうかすると(때로는) | 身分(신분) | 陶酔(도취) | 浸る(잠기다) | 醒める(깨어나다) | 外にして(무시하고) | 学問(학문) | 歴史(역사) | あり得る(있을 수 있다) | 私からいわせると(제가 말씀드리자면) | 廃業(폐업) | ~に限る(~하는 게 제일이다) | ~からこそ(~이기에) | 的(과녁, 대상) | 免れる(면하다) | 箸にも棒にもかからぬ(아무짝에도 쓸모없다) | 皮肉だ(빈정대다, 냉소적이다) | 連中(일당, 녀석들) | にやにや(히

죽히죽) | 一理(일리) | 愚作(하찮은 작품) | 片眼(한쪽 눈) | 出版屋(출판사) | 告げる(고하다) | 高価(고가, 비싼 가격) | 保存(보존) | 質(질) | 印刷(인쇄) | ~に反して(~에 반해, ~와는 반대로) | 廉価(염가, 싼 가격) | 永久性(영구성, 오래 보존) | 紙質(종이 품질) | 用う(사용하다, 用いる의 고어) | 悟る(깨닫다) | 教訓(교훈)

---

57 정답 4

①그 기분이라고 했는데, 그것은 어떠한 기분인가?

1 비판당하는 것보다도 고통스러운 기분
2 진심으로 일이 하고 싶어지는 기분
3 그저 그리운 기분
4 연인과 다시 만난 것 같은 기분

해설 이「その気分(그 기분)」은 바로 앞에 있는「陶酔気分(도취 기분)」을 가리키고, 이「陶酔気分」은 다시 앞에 있는「どうかすると、そんな気分(때로는 그런 기분)」을 가리키며, 이「そんな気分(그런 기분)」은 앞에 있는「三百万人の恋人とのめぐり逢い(삼백 년 전의 연인과의 재회)」를 의미하는 것이므로 4번이 답이 된다.

---

58 정답 2

②하루 빨리 그만 두는 게 제일인 건 누구인가?

1 비판만 하는 선생
2 비판받는 것을 싫어하는 학자
3 우작의 의미를 인정하지 않는 역사가
4 쇼와 시대의 학문을 남기는 출판사

해설 앞에「そんな先生(그런 선생)」이 있는데, 이「先生(선생)」는「批判されるのを、ひどく嫌がる学者(비판받는 것을 지독히도 싫어하는 학자)」를 가리키므로 답은 2번이 된다.

---

59 정답 2

③비판의 표적과 같은 의미를 나타내는 말은 어느 것인가?

1 비판의 중심
2 비판의 대상
3 비판의 면
4 비판의 의도

해설 「的」에는 사격 등의 '과녁'이란 의미도 있지만, '대상'이란 쓰이는 경우가 훨씬 많으므로 정답은 2번이 된다. 「憧れの的(동경의 대상)」와 같은 표현도 자주 쓰니 함께 공부해 두자.

60 정답 1

이 글에서 필자가 말하고 싶은 것은 무엇인가?

1 좋은 것과 나쁜 것 양쪽을 모두 보고서야 가치를 알 수 있다.

2 좋은 것을 만들면 비판받을 일은 없다.

3 나쁜 것은 비판할 가치는 없다.

4 나쁜 것 중에서야말로 진정한 가치를 발견할 수 있다.

해설 결정적인 힌트는「立派な作品がその時代を代表するな
ら、〜愚作の意味を認め得ないような歴史家は、片眼
しか持たないのだと思う(훌륭한 작품이 그 시대를 대표한
다면, 〜우작의 의미를 인정하지 못하는 역사가는 한쪽 눈밖
에 갖지 못한 것이라고 생각한다)」이다. 필자는「立派な作
品(훌륭한 작품)」만 시대를 대표하는 것이 아니라「愚作(졸
작)」또한 그 시대를 대표한다고 주장하며「愚作(졸작)」의
의미를 인정하지 못하는 역사가를 비난하고 있다. 즉 작품에
관한 평가가 좋든 나쁘든 모두 나름대로의 가치가 있다고 생
각하고 있으니 답은 1번이다.

[問題 11] 다음 A, B 글을 읽고, 질문에 대한 답으로 가장 알
맞은 것을 1·2·3·4에서 하나 고르세요.

61~62

A

　최근, (注)선택적 부부 별성 제도에 대해 논의되고 있다는 이
야기를 들었다. 일본에서는 결혼하면 여성 혹은 남성이 한쪽
성을 사용한다. 일반적으로는 여성이 남성의 성을 사용하는 경
우가 많으며, 이에 의문을 품는 경우는 없었다. 오히려 어릴 적
에는 결혼해서 성이 바뀌는 것에 동경심마저 품고 있었다.
　61 하지만 실제 결혼해보니, 성이 바뀌는 허전함과 불편함
을 강하게 느꼈다. 행정 서류의 변경, 직장에서의 수속, 거래처
에 대한 설명, 일부 선배가 결혼 후에도 직장에서는 옛 성을 사
용하였던 이유를 잘 알 수 있었다. 물론 개인차는 있을 것이다.
　62 결혼 후의 성은 개개인의 판단에 맡겨도 좋지 않을까 지
금은 느끼고 있다.

B

　일본에서는 결혼하면 남성이나 여성의 성이 바뀌는데, 국제
결혼은 예외이다. 국제결혼의 경우에는 별도 신청을 하지 않으
면 기본 부부 별성 그대로이다. 나는 내 성에 애착이 있었기 때
문에, 부부 별성에는 만족하고 있다. 61 하지만, 일본에서
생활하는 데에는 불편한 경우도 있다. 예를 들어, 무언가 서비
스의 가족 할인을 신청할 때, 일반적으로는 면허증이나 마이
넘버 카드로 증명하겠지만, 내 경우에는 주민표를 필요로 할

때가 많다. 또 결혼했다고 하면, 옛 성을 물어보는 경우도 있는
데, 그때마다 국제결혼한 경우의 성에 관한 설명이 필요하게
된다. 모두 사소한 것이기는 하지만, 결혼=여성의 성이 바뀐다
는 것이 상식이 되어있음을 실감했다. 현재 선택적 부부 별성
제도에 관한 논의를 보는 일이 늘었다. 62 성이 바뀌는 것의
이점이나 결점을 이해한 다음, 개인이 판단할 수 있는 것이라
면 환영할 만한 제도가 아닐까 생각하고 있다.

(注)선택적 부부 별성 제도 : 결혼한 뒤에도 부부가 다른 성을
갖는 것이 가능한 제도

어휘 選択的(선택적) | 夫婦別氏(부부 별성) | 制度(제도) | 議
論(논의) | 一般的(일반적) | 疑問(의문) | むしろ(오히려)
| 名字(성) | 憧れ(동경심) | 抱く(품다) | 行政(행정) | 変
更(변경) | 職場(직장) | 手続き(수속) | 取引先(거래처) |
旧姓(옛 성) | 個人差(개인차) | 姓(성) | 個々人(개개인) |
任せる(맡기다) | 別途(별도) | 愛着(애착) | 〜上では(〜
하는 데에는) | 家族割(가족 할인) | 〜際(〜때) | 免許証
(면허증) | 証明(증명) | 住民票(주민등록표) | そのたびに
(그때마다) | いずれも(모두) | 些細な(사소한) | 常識(상
식) | 目にする(보다) | 〜た上で(〜한 다음) | 歓迎(환영)

61 정답 3

A와 B의 인식에서 공통된 것은 무엇인가?

1 부부 별성에 대한 동경

2 부부 동성으로 한 이유

3 일본 생활에서의 불편함

4 성에 대한 상식

해설 A는 부부 별성에 대해 큰 필요성을 느끼지 못했고, 부부 동성
에 대한 동경을 갖고 있었기 때문에 결혼 후 남편의 성을 따
라 바꾸었다. 그러나 B는 국제결혼으로 인해 부부 별성을 선
택하게 되었고 이것에 대해 만족은 하고 있다. 따라서 1번, 2
번은 모두 오답이 된다. 그러나 부부 동성인 A, 부부 별성인
B 모두 일본 생활에서 자신의 성과 관련하여 불편함을 느끼
고 있기 때문에 3번이 정답이 된다. 마지막으로 B가 부부 동
성이 일본에서는 상식이라고 언급하고 있지만, A는 상식에
대해 어떠한 언급도 하지 않았기 때문에 4번은 오답이 된다.

62 정답 2

선택적 부부 별성 제도에 관해 A와 B는 어떻게 생각하고 있는
가?

1 A도 B도 성을 개인이 선택할 수 있는 것에 의문을 느끼고 있다.

2 A도 B도 부부 별성은 개인의 가치관에 맡겨야 한다고 생각하고 있다.

3 A는 부부는 같은 성으로 해야 하며, B는 따로 해야 한다고 생각하고 있다.

4 A는 성을 개인이 선택하는 것에 의문을 느끼고 있으며, B는 환영하고 있다.

해설 A는 부부 별성을 하지 않았고 B는 부부 별성을 하였으나, 두 사람 모두 부부 별성에 찬성을 하는 입장으로, 개인의 판단 즉, 가치관에 따라 결정하는 것을 바람직하게 생각하고 있으므로 정답은 2번이 된다.

問題 12 다음 글을 읽고, 질문에 대한 답으로 가장 알맞은 것을 1·2·3·4에서 하나 고르세요.

63~66

국토교통성의 조사에 따르면, 최근의 통신판매, 특히 인터넷을 이용한 통신판매(EC)의 향상과 함께 택배의 취급 개수는 급증하고 있다. 2008년도에는 약 32.1억 개였던 택배 취급 개수는 2017년도에는 약 42.5억 개로, 최근 10년 사이 30% 이상 증가하고 있다. 한편, 전체 취급 개수 중 약 20%가 재배달되고 있다. [63] 재배달이란 부재 등으로 인해 택배 물품을 수취하지 못한 경우에 이용되는 제도로 기본적으로 무료이다. 이 재배달이 지금 큰 문제가 되고 있다.

재배달은 택배 기사, 택배 회사에 있어서 큰 부담이다. 그 이유는 그 지역에 보낼 택배를 배분하여 배송 예정을 만드는 효율적인 시스템에 비해, 재배달로 인해 그 루트를 다시 짜게 되는 데다가, 순수하게 업무량이 늘어난다. 이에 따라 노동 시간 초과와 같은 법적 문제가 일어날 뿐만 아니라, 피로로 인해 물품 파손이나 사고가 발생할 위험도 커진다. 또한 [64] 이동 거리가 늘어남에 따라 화석 연료를 더욱 소비하기 때문에 이동 비용이나 환경에 대한 부하가 증대하는 것으로도 이어진다.

이 재배달의 걸림돌이 되는 것이 국토교통성의 택배 운송 약관이다. 이에 따르면 택배 물품을 받지 못한 경우에는 부재 연락표로 대응, 이웃 등에 위탁해야 한다고 되어 있어, 현관 앞에 택배를 놓는 이른바 '비대면 배송(지정 장소 배송)'을 하지 못하게 되어 있다. 또한 EC 사이트에서 소비자가 '비대면 배송'을 지정해도 택배 회사가 택배를 안전한 장소에 보관할 수 없다고 판단한 경우에는 택배를 두고 갈 수 없다. 이러한 규칙은 지금까지는 친절한 서비스로서 환영받았지만, 택배 취급 개수가 계속 늘어나는 현재 현실적이지 않게 되었다. 택배 기사들의 노동 환경과 임금도 한계이다. 업계에서는 일손 부족도 있어, 택

배 요금 인상으로 대응할 수밖에 없어 조속한 해결책이 요구되고 있다.

앞에서 언급한 조사에 따르면 재배달이 된 20% 중 40%가 '배달되는 것을 몰랐다'라는 결과가 있다. 물론 언제 배달될지 모르는 경우도 있지만, 자신이 인터넷 쇼핑을 한 상품이 [65] 언제 도착하는지 정도 알아두기가 그렇게 어려운 일인가? 결국 이용자 자신이 정확히 시간대로 수취할 수 있게 하는 것이 가장 좋은 해결 방법이다. 택배는 현대 생활에서 빼놓을 수 없는 서비스 중 하나이다. [66] 긴급하고 중요한 과제는 소비자의 의식 개혁이라는 것은 틀림없을 것이다.

어휘 国土交通省(국토교통성) | 近年(최근) | 通信販売(통신판매) | 伸び(성장, 향상) | ~とともに(~와 함께) | 宅配便(택배) | 取扱(취급) | 個数(개수) | 急伸(급신장, 급증) | 再配達(재배달) | 不在(부재) | 受ける(수취하다) | 用いる(이용하다) | 制度(제도) | ~にとって(~에 있어) | 負担(부담) | 地域(지역) | 振り分ける(배분하다) | 配送(배송) | 効率的(효율적) | 再度(다시) | 練り直す(다시 짜다) | 純粋(순수) | 超過(초과) | ~といった(~와 같은) | 法的(법적) | 疲労(피로) | 物品(물품) | 破損(파손) | 移動距離(이동 거리) | 化石燃料(화석 연료) | さらに(더욱) | 消費(소비) | 負荷(부하) | 増大(증대) | しがらみ(걸림돌) | 運送約款(운송 약관) | 連絡票(연락표) | 隣人(이웃) | 委託(위탁) | いわゆる(이른바) | 置き配(비대면 배송) | 丁寧な(친절한, 공손한) | 歓迎(환영) | 賃金(임금) | 限界(한계) | 業界(업계) | 人手不足(일손 부족) | 料金値上げ(요금 인상) | 早急な(조속한) | 解決策(해결책) | 求める(요구하다) | 前述(전술, 앞서 논함) | 届く(배달되다) | 位(정도, 쯤) | 結局のところ(결국) | 時間通りに(시간대로) | 欠かす(빼놓다) | 喫緊(긴급하고 중요) | 改革(개혁)

63 정답 4

재배달이란 무엇인가?

1 미리 택배 받을 날을 정해서 배달받게 하는 시스템

2 어떤 지역으로의 배달을 하루 동안에 몇 번이고 하도록 예정을 세우는 시스템

3 부재로 택배를 수취하지 못한 경우에는 집하장까지 가지러 가는 시스템

4 부재로 택배를 수취하지 못한 경우에는 무료로 한 번 더 보내 주는 시스템

해설 재배달에 관한 설명이 첫 번째 단락에 나와있다. 「再配達とは、不在などによってを受け取れなかった場合に用いられる制度のことで、基本的に無料(재배달이란 부재 등으로 인해 택배 물품을 수취하지 못한 경우에 이용되는 제도로 기본적으로 무료)」라고 했으니 4번이 답이 된다.

64 정답 4

재배달의 폐해는 어느 것인가?

1 택배의 분실 우려가 늘어난다.

2 통신판매의 매상 저하의 원인이 된다.

3 배달원의 업무량이 줄어든다.

4 온실 효과 가스 배출량이 늘어난다.

해설 본문에서는 택배회사와 택배 기사의 입장에서 재배달의 문제점에 대해, '업무량 증가', '화석 연료 소비에 의한 온실 효과 가스 배출량 증가'를 언급하고 있다. 따라서 3번은 오답이며 4번이 정답이 된다. 재배달은 반드시 사람에게 택배를 전달하기 때문에 분실 우려가 오히려 낮아지기 때문에 1번은 오답이며, 마지막으로 통신 판매의 매상이 저하되고 있다거나 그 원인이 재배달이라는 언급은 없으므로 2번도 오답이 된다.

65 정답 2

그렇게 어려운 일인가?라고 했는데, 여기에서 필자는 어떠한 감정을 가지고 있는가?

1 너무 딱하게 느껴진다.

2 너무 답답하다.

3 성가셔서 견딜 수가 없다.

4 걱정이 되어 견딜 수가 없다.

해설 「商品がいつ届くのか位(상품이 언제 도착하는지 정도)」의 「〜位」는 '〜정도, 〜쯤'이란 경시의 의미로 쓰인 표현이고, 「そんなに難しいことなのか(그렇게 어려운 일인가?)」라며 소비자를 비난하고 있다. 따라서 필자는 소비자의 행동에 답답함을 느끼고 있으므로 정답은 2번이다.

66 정답 1

이 글에서 필자가 가장 하고 싶은 말은 무엇인가?

1 편리하다고 해서 아무 생각 없이 서비스를 이용하지 말고 이용자가 좀 더 책임을 가져야 한다.

2 부재일 경우에는 택배를 놓고 가면 되는데 몇 번이고 배달원에게서 연락이 오는 것은 귀찮고 효율이 낮다.

3 재배달로 인해 온실 효과 가스가 배출되는 지구 환경 문제와 연결되어 있다는 점을 많은 소비자는 알아야 한다.

4 재배달의 문제는 소비자를 과잉 배려하는 일본식 서비스가 원인으로, 규칙을 좀 더 심플하게 만들면 해결된다.

해설 필자의 생각을 묻는 문제는 마지막 단락에 나오는 경우가 많은데, 이 글에서는 「結局のところ、利用者自身がちゃんと時間通りに受け取れるようにしていくのが一番の解決方法(결국 이용자 자신이 정확히 시간대로 수취할 수 있도록 해 가는 것이 가장 좋은 해결 방법)」과 「喫緊の課題は消費者の意識改革であることは間違いないだろう(긴급하고 중요한 과제는 소비자의 의식 개혁이라는 것은 틀림없을 것이다)」가 결정적 힌트이다. 즉 이용자의 안이한 생각을 나무라며 책임감을 가져야 한다고 의식개혁을 촉구하고 있으니 1번이 가장 하고 싶은 말이다.

問題 13 오른쪽 페이지는 여관의 구인 광고이다. 아래 질문에 대한 답으로 가장 알맞은 것을 1·2·3·4에서 하나 고르세요.

	구인A	구인B
회사명	여관 토리노코에	여관 토리노코에
근무지	사이타마현 토코로자와시 토리노코에 본관	사이타마현 토코로자와시 토리노코에 별관
업무 내용	67 ①프론트 업무 ②청소 업무 ③레스토랑 업무	①프론트 업무 ②청소 업무 ③레스토랑 업무 ④프론트 (계약사원)
근무 시간	①7 : 00~13 : 00, 67 12 : 00~17 : 00, 16 : 00~22 : 00 ②8 : 00~14 : 00 ③6 : 30~11 : 00, 11 : 00~15 : 00	①7 : 00~13 : 00, 12 : 00~17 : 00 ②11 : 00~18 : 00 ③6 : 30~11 : 00, 11 : 00~15 : 00 ④9 : 00~17 : 00
고용 형태	파트타임·67 아르바이트	파트타임·아르바이트·계약사원
응모 자격	·67 주 2일 이상 근무 가능한 분 (레스토랑은 주 3일 이상) ·토·일·공휴일 근무 가능한 분 우대 ·영어 가능한 분 환영 ·장기근무 환영, 숙식 희망자는 기숙사도 있음 (숙식 근무의 경우 주 5일 근무) ·68 숙식 근무의 경우 방학 동안만의 근무도 가능 ※이 경우에는 메일 제목에 숙식 근무 희망이라고 기재할 것	·주 3일 이상 근무 가능한 분 (레스토랑은 주 4일 이상) ·토·일·공휴일 근무 가능한 분 우대 ·영어 가능한 분 환영 ·장기근무 환영
급여	시급 : 1,000엔	시급 : 1,000엔 계약사원 급여 : 월 18만엔~
대우	사회보험 완비, 교통비 지급(월 2만 엔까지), 식사 제공, 제복 대여, 사원 등용 제도 있음	
응모 방법	· 메일 또는 우편으로 이력서 송부 (증명사진 필수) · 직무 경력서 (계약사원일 경우)	
연락처	메일 : torinokoe@ toritori.com 전화번호 : 048-0000-1111 담당 : 야다 (9 : 00~17 : 00)	메일 : torinokoe2@ toritori.com 전화번호 : 048-1111-1111 담당 : 다케다 (9 : 00~17 : 00)

※응모 가능한 구인은 A, B 중 한쪽만입니다. 또한, 어느 쪽인가 한쪽에서 떨어진 경우에, 다른 구인에 신청할 수 없으니 양해 부탁드립니다.

어휘 求人(구인) | 旅館(여관) | 勤務地(근무지) | 本館(본관) | 別館(별관) | 業務内容(업무 내용) | 清掃(청소) | 契約(계약) | 雇用形態(고용 형태) | 応募資格(응모 자격) | 土日(토일) | 祝日(공휴일) | 優遇(우대) | 歓迎(환영) | 住み込み(숙식 근무) | 寮(기숙사) | 長期休み(방학) | 可(가능) | 記載(기재) | 給与(급여) | 時給(시급) | 待遇(대우) | 完備(완비) | 支給(지급) | まかない(식대) | 制服貸与(제복 대여) | 登用(등용) | 郵送(우송) | 履歴書(이력서) | 送付(송부) | 顔写真(얼굴 사진) | 必須(필수) | 職務(직무) | 経歴書(경력서) | 了承(양해)

67 정답 2

사라 씨가 여행가기 위해 돈을 모으려 한다. 평일 오전에는 수업이 있지만, 오후부터는 6시간 이상 일하고 싶어 한다. 공부 시간도 확보하고 싶으니, 가능하면 주 3일 정도 일할 생각이다. 사라 씨에게 추천하는 아르바이트는 어느 것인가?

1 본관 레스토랑 업무
2 본관 프론트 업무
3 별관 프론트 업무
4 별관 청소 업무

해설 사라 씨의 조건은 ①평일 오후 6시간 이상 근무, ②주 3일 근무, ③아르바이트이다. 이 중 ②주 3일 근무는 A, B모두 해당하며, ①평일 오후 6시간 이상, 즉 정오 12시부터 6시간 이상 할 수 있는 일은 본관 프론트 업무뿐이다.

68 정답 4

톰 씨는 방학 동안만 일할 생각이다. 숙식 근무로 일할 경우 어떻게 하면 되는가?

1 전화로 이력서를 보낼 뜻을 전하고 나서 이력서를 보낸다.
2 이력서에 숙식 근무 희망의 뜻을 기재하고 보낸다.
3 기숙사 방 희망을 이력서에 기재하고 메일로 보낸다.
4 이력서를 보내는 메일 제목에 숙식 근무 희망이라고 넣는다.

해설 숙식 근무를 희망하는 사람은「メールタイトルに住み込み希望と記載すること(메일 제목에 숙식 근무 희망이라고 기재할 것)」이라고 했으니, 희망자는 이력서를 메일로 보낼 때 메일 제목에 '숙식 근무 희망'이라고 써 넣어야 한다. 따라서 답은 4번이 된다.

問題1 問題1では、まず質問を聞いてください。それから話を聞いて、問題用紙の1から4の中から、最もよいものを一つ選んでください。

例

新しく引っ越したオフィスで男性と女性が話しています。このあと女性は何をしますか。

M：田中さん、1階の会議室に絵画を飾ろうと思うんだけど。

F：まだ机と椅子しか入っていないから、殺風景よね。

M：海をモチーフにした絵なんか、どうかな。

F：入り口のロビーに空の絵を飾ったでしょ。青系統で統一していく感じなのかな。あるいは部屋別にテーマの色を決めて、違った雰囲気にしていくのもいいんじゃない。

M：そうか、そういう視点では考えていなかったよ。今度、時間のあるときに知り合いの画廊を訪ねてみようと思ってるんだ。

F：インターネットのギャラリーサイトは知ってる？画廊に足を運ばなくてもオンラインで、しかも手頃な値段で作品を購入できるのよ。

M：そういえば、知り合いも最近始めたと言ってたな。才能ある無名アーティストを世に送り出すチャンスだってね。

F：私も時々のぞくサイトがあるの。なかなか購入するまではいかないけど、デザイナーとして勉強にもなるし。ランチから戻ったら、アドレスを送るわ。

M：ありがとう。お互いにいくつか候補を選んで、その中から決めよう。

このあと女性は何をしますか。
1 男性にアドレスをメールする
2 デザイナーの絵画作品を選ぶ
3 インターネットの画廊を調べる
4 ランチを食べに出かける

문제1 문제 1에서는 우선 질문을 들으세요. 그리고 나서 이야기를 듣고 문제지의 1부터 4 안에서 가장 알맞은 것을 하나 고르세요.

예 정답 4

새로 이사한 사무실에서 남자와 여자가 이야기하고 있습니다. 이후 여자는 무엇을 합니까?

M : 다나카 씨, 1층 회의실에 그림을 걸려고 하는데.

F : 아직 책상이랑 의자밖에 없어서 너무 적막해 보이네.

M : 바다를 모티브로 한 그림 같은 건 어떨까?

F : 입구 로비에 하늘 그림을 달았잖아. 파란색 계통으로 통일해가는 느낌인가? 아니면 방별로 테마 색깔을 정해서 다른 분위기를 만들어가는 것도 좋지 않을까?

M : 그래? 그런 시점에서는 생각하지 않았어. 다음에 시간 있을 때 아는 사람의 화랑을 찾아가 보려고 해.

F : 인터넷 갤러리 사이트는 알고 있어? 화랑에 가지 않아도 온라인에서, 게다가 저렴한 가격으로 작품을 구입할 수 있어.

M : 그러고 보니 아는 사람도 최근에 시작했다고 말하더라. 재능 있는 무명 아티스트를 세상에 내보낼 기회라면서.

F : 나도 가끔 찾아보는 사이트가 있어. 좀처럼 구입하기까지는 안 되지만, 디자이너로서 공부도 되고. 점심시간 끝나면 주소 보내줄게.

M : 고마워. 서로 몇 가지 후보를 골라 그 중에서 정하자.

이후 여자는 무엇을 합니까?
1 남자에게 사이트 주소를 메일로 보낸다
2 디자이너의 회화작품을 고른다
3 인터넷 화랑을 조사한다
4 점심을 먹으러 나간다

1番

<ruby>男<rt>おとこ</rt></ruby>の<ruby>人<rt>ひと</rt></ruby>と<ruby>女<rt>おんな</rt></ruby>の<ruby>人<rt>ひと</rt></ruby>がキャンプについて<ruby>話<rt>はな</rt></ruby>しています。<ruby>男<rt>おとこ</rt></ruby>の<ruby>人<rt>ひと</rt></ruby>はこのあとまず<ruby>何<rt>なに</rt></ruby>をしますか。

M：<ruby>来月<rt>らいげつ</rt></ruby>、<ruby>大学時代<rt>だいがくじだい</rt></ruby>のサークルのみんなでキャンプに<ruby>行<rt>い</rt></ruby>こうって<ruby>言<rt>い</rt></ruby>ってただろ。そろそろキャンプ<ruby>場<rt>じょう</rt></ruby>、<ruby>予約<rt>よやく</rt></ruby>したほうがいいよね。

F：そうね。バーベキューセットは<ruby>借<rt>か</rt></ruby>りられるみたいだけど、<ruby>食器<rt>しょっき</rt></ruby>とかコップってキャンプ<ruby>場<rt>じょう</rt></ruby>にあるのかな。<ruby>借<rt>か</rt></ruby>りられないものがあれば、<ruby>買<rt>か</rt></ruby>っていかないと。<ruby>電話<rt>でんわ</rt></ruby>して<ruby>聞<rt>き</rt></ruby>いてみようよ。いつテントの<ruby>空<rt>あ</rt></ruby>きがあるかも<ruby>聞<rt>き</rt></ruby>かないと。そうでないと<ruby>日程<rt>にってい</rt></ruby>も<ruby>決<rt>き</rt></ruby>められないもんね。

M：じゃ、それは<ruby>僕<rt>ぼく</rt></ruby>がやっとくよ。それより<ruby>僕<rt>ぼく</rt></ruby>、バーベキューするの<ruby>初<rt>はじ</rt></ruby>めてなんだよね。ユーチューブとか<ruby>見<rt>み</rt></ruby>て<ruby>予習<rt>よしゅう</rt></ruby>しておいたほうがいいかな。<ruby>不安<rt>ふあん</rt></ruby>だな。

F：<ruby>大丈夫<rt>だいじょうぶ</rt></ruby>だよ。<ruby>心配性<rt>しんぱいしょう</rt></ruby>ね。<ruby>誰<rt>だれ</rt></ruby>か<ruby>知<rt>し</rt></ruby>ってる<ruby>人<rt>ひと</rt></ruby>がいるって。そんなことより、<ruby>山<rt>やま</rt></ruby>の<ruby>中<rt>なか</rt></ruby>だから<ruby>虫<rt>むし</rt></ruby>だらけよね。そっちが<ruby>心配<rt>しんぱい</rt></ruby>。

M：<ruby>去年<rt>きょねん</rt></ruby><ruby>買<rt>か</rt></ruby>った<ruby>虫<rt>むし</rt></ruby>よけスプレーが<ruby>家<rt>いえ</rt></ruby>に<ruby>大量<rt>たいりょう</rt></ruby>にあった<ruby>気<rt>き</rt></ruby>がするな。それを<ruby>持<rt>も</rt></ruby>って<ruby>行<rt>い</rt></ruby>くから、<ruby>買<rt>か</rt></ruby>わなくて<ruby>平気<rt>へいき</rt></ruby>だよ。

F：そう？じゃあ、<ruby>虫退治<rt>むしたいじ</rt></ruby>も<ruby>任<rt>まか</rt></ruby>せたからね。

<ruby>男<rt>おとこ</rt></ruby>の<ruby>人<rt>ひと</rt></ruby>はこのあとまず<ruby>何<rt>なに</rt></ruby>をしますか。

1 <ruby>食器<rt>しょっき</rt></ruby>やコップをいに<ruby>行<rt>い</rt></ruby>く
2 キャンプに<ruby>問<rt>と</rt></ruby>い<ruby>合<rt>あ</rt></ruby>わせる
3 ユーチューブを<ruby>見<rt>み</rt></ruby>て<ruby>予習<rt>よしゅう</rt></ruby>する
4 <ruby>虫<rt>むし</rt></ruby>よけスプレーを<ruby>買<rt>か</rt></ruby>う

1번 정답 2

남자와 여자가 캠핑에 관해 이야기하고 있습니다. 남자는 이후 우선 무엇을 합니까?

M : 다음 달에 대학시절 동아리 친구들하고 캠핑가자고 했었지? 슬슬 캠핑장 예약하는 편이 좋겠어.

F : 그러게. 바비큐 세트는 빌릴 수 있는 것 같던데, 식기라든가 컵은 캠핑장에 있을려나? 빌릴 수 없는 게 있으면, 사 가야잖아. 전화해서 물어보자. 언제 텐트 비는 게 있는지도 물어봐야지. 그러지 않으면 일정도 정할 수 없을 테니.

M : 그럼, 그건 내가 해 둘게. 그것보다 나, 바비큐하는 거 처음이거든. 유튜브라든가 보면서 예습해 두는 편이 좋으려나. 불안하네.

F : 괜찮아, 걱정도 팔자다. 누군가 할 줄 아는 사람 있을 거야. 그런 것보다, 산속이라서 벌레투성이야. 그게 더 걱정이야.

M : 작년에 산 방충 스프레이가 집에 대량으로 있는 것 같아. 그걸 가져갈 테니, 안 사도 괜찮아.

F : 그래? 그럼, 벌레퇴치도 부탁할게.

남자는 이후 우선 무엇을 합니까?

1 식기와 컵을 사러 간다
2 캠핑장에 문의한다
3 유튜브를 보며 예습한다
4 방충제 스프레이를 산다

해설 여자가 「バーベキューセットは<ruby>借<rt>か</rt></ruby>りられるみたいだけど、～<ruby>電話<rt>でんわ</rt></ruby>して<ruby>聞<rt>き</rt></ruby>いてみようよ。いつテントのきがあるかも<ruby>聞<rt>き</rt></ruby>かないと。そうでないと<ruby>日程<rt>にってい</rt></ruby>も<ruby>決<rt>き</rt></ruby>められないもんね(바비큐 세트는 빌릴 수 있는 것 같은데, ~전화해서 물어보자. 언제 텐트 비는 게 있는지도 물어봐야지. 그러지 않으면 일정도 정할 수 없을 테니)」라고 하자 남자는 「じゃ、それは<ruby>僕<rt>ぼく</rt></ruby>がやっとくよ(그럼, 그건 내가 해 둘게)」라고 답했다. 따라서 남자가 제일 먼저 해야 할 일은 캠핑장에 전화로 문의하는 것이니 답은 2번이다.

어휘 <ruby>食器<rt>しょっき</rt></ruby>(식기) | <ruby>空<rt>あ</rt></ruby>き(빈자리) | <ruby>日程<rt>にってい</rt></ruby>(일정) | <ruby>心配性<rt>しんぱいしょう</rt></ruby>(걱정이 많은 성격) | <ruby>虫<rt>むし</rt></ruby>よけスプレー(방충 스프레이, 모기약) | <ruby>大量<rt>たいりょう</rt></ruby>(대량) | <ruby>平気<rt>へいき</rt></ruby>だ(괜찮다) | <ruby>虫退治<rt>むしたいじ</rt></ruby>(벌레퇴치) | <ruby>問<rt>と</rt></ruby>い<ruby>合<rt>あ</rt></ruby>わせる(문의하다)

電話で女の人と旅行会社の人が話しています。女の人はこれからまず何をしますか。

F：すみません。今、ホームページから北海道ツアーを予約しまして。初めてなんで、ちょっと分からないんですけど、このあとの流れはどんな感じなんですか。

M：ご利用ありがとうございます。ご予約後、二日以内に旅行代金をお支払いいただきますと、ご予約確定となります。

F：そうなんですね。まだ決済してないです。支払いってクレジットカードしかできないんですか。

M：クレジットカードのほかにコンビニ、ATMからもお支払いいただけます。お支払い期限までにご入金がない場合は、予約は自動的にキャンセルされますので、ご注意ください。

F：旅行は絶対に行く予定なので、カードで支払ってすぐ確定させます。

M：はい。ご出発の十日前までに、登録されているメールアドレスにEチケットと旅程表をお送りいたします。空港やホテルで提示をお願いする場合がありますので、印刷してお持ちください。

F：分かりました。ありがとうございました。

女の人はこれからまず何をしますか。

1 クレジットカードで決済する
2 ツアーの予約確定を確かめる
3 メールアドレスを登録する
4 Eチケットと旅程表を印刷する

전화로 여자와 여행사 직원이 이야기하고 있습니다. 여자는 이제부터 우선 무엇을 합니까?

F：실례합니다. 지금 홈페이지에서 홋카이도 투어를 예약했는데요. 처음이라 잘 몰라서 그러는데요, 이후에는 어떻게 진행되나요?

M：이용해 주셔서 감사합니다. 예약 후 이틀 이내에 여행 대금을 지불해 주시면 예약 확정이 됩니다.

F：그렇군요. 아직 결제는 안 했어요. 지불은 신용카드 밖에 안되는 건가요?

M：신용카드 외에 편의점, ATM에서도 지불하실 수 있습니다. 지불기한까지 입금이 안 될 경우에는, 예약은 자동적으로 취소되니 주의하시기 바랍니다.

F：여행은 꼭 갈 예정이니 카드로 지불하고, 바로 확정 짓겠습니다.

M：네. 출발 열흘 전에 등록된 이메일 주소로 E티켓과 여행 일정표를 보내드리겠습니다. 공항이나 호텔에서 제시를 부탁드릴 경우가 있으니, 인쇄해서 갖고 있으세요.

F：알겠습니다. 감사합니다.

여자는 이제부터 우선 무엇을 합니까?

1 신용카드로 결제한다
2 투어의 예약 확정을 확인한다
3 이메일 주소를 등록한다
4 E티켓과 여행 일정표를 인쇄한다

해설 여자는 홈페이지에서 홋카이도 투어를 예약한 후, 이제부터 무엇을 해야 하는지를 묻고 있다. 이에 남자는 예약 후 이틀 이내에 입금해야 예약 확정이 된다고 했다. 그러자 여자는 「旅行は絶対に行く予定なので、カードで支払ってすぐ確定させます(여행은 꼭 갈 예정이니 카드로 지불하고, 바로 확정 짓겠습니다)」라고 했으니 답은 1번이다.

어휘 旅行代金(여행 대금) | お支払い(지불) | 確定(확정) | 決済(결제) | 期限(기한) | 入金(입금) | 自動的(자동적) | 登録(등록) | 旅程表(여행 일정표) | 提示(제시) | 印刷(인쇄)

제2회 해설 및 풀이 전략 **73**

会社で女の人と男の人が話しています。男の人はまず何をしますか。

F：山田さん、ちょっといい？

M：はい。

F：アンケート調査の報告書、どうなってる？

M：はい、データは整理できたので、報告書をまとめているところです。ほぼ出来上がりましたので、今日中には部長に報告できると思います。

F：そう。なら、少し手が空くわね。報告書が完成してからでいいから、鈴木さんが作成した書類のチェック、お願いできるかしら。

M：あの、実は、佐々木さんが今週休暇なので、彼の業務も引き継いでいるんですが。

F：え、そうだったの？じゃ、いいわ。鈴木さんのは私がやる。そういえばさっきの報告書だけど、部長に見せる前に私にも見せて。明日の会議の前に私も内容把握しておかないといけないし、ダブルチェックも必要だろうし。

M：はい。あの、課長、その際に月末の決算報告の件も相談してもよろしいですか。

F：そうね、私も一度山田さんと話さなきゃと思ってたのよ。あとで声かけて。

M：はい、分かりました。

男の人はまず何をしますか。
1　調査報告書を完成させる
2　鈴木さんの仕事内容をチェックする
3　佐々木さんが手がけた書類を課長に見せる
4　仕事の進み具合について課長と話し合う

회사에서 여자와 남자가 이야기하고 있습니다. 남자는 우선 무엇을 합니까?

F : 야마다 씨, 잠깐 괜찮을까?

M : 네.

F : 설문조사 보고서, 어떻게 됐나?

M : 네, 데이터는 정리가 다 되어 보고서를 정리하고 있는 중입니다. 거의 다 완성되었으니 오늘 중에 부장님께 보고할 수 있을 것 같습니다.

F : 그래? 그럼 짬이 좀 나겠네. 보고서가 완성된 후에 해도 괜찮으니 스즈키 씨가 작성한 서류 체크 좀 부탁할 수 있을까?

M : 아, 실은 사사키 씨가 이번 주 휴가여서 그의 업무도 인수받아 하고 있습니다만.

F : 아 그랬어? 그럼 됐어. 스즈키 씨 건 내가 하지. 그러고 보니 아까 보고서 말인데, 부장님께 보여주기 전에 나한테도 보여줘. 내일 회의 전에 나도 내용을 파악해 두어야 하고, 더블 체크도 필요할 테니.

M : 네. 저기 과장님, 그때 월말 결산 보고 건도 상의해도 될까요?

F : 그래. 나도 한 번 야마다 씨와 얘기하려고 했거든. 나중에 얘기해줘.

M : 네, 알겠습니다.

남자는 우선 무엇을 합니까?
1　조사 보고서를 완성시킨다
2　스즈키 씨의 업무 내용을 체크한다
3　사사키 씨가 손댄 서류를 과장에게 보여준다
4　일의 진행 상황에 대해 과장과 논의한다

해설　남자는 지금 보고서 정리하는 중인데 여자가 스즈키 씨가 작성한 서류 체크를 부탁하려 하자, 남자는 사사키 씨가 휴가라 그의 업무도 맡아 하고 있어 곤란하다고 하였다. 그러자 여자는 「鈴木さんのは私がやる(스즈키 씨 건 내가 하지)」라며 스즈키 씨 일은 본인이 직접 하겠다고 하고, 「そういえばさっきの報告書だけど、部長に見せる前に私にも見せて(그러고 보니 아까 보고서 말인데, 부장님께 보여주기 전에 나한테도 보여줘)」라고 했다. 따라서 남자가 가장 먼저 할 일은 하고 있던 보고서를 완성하는 것이니 답은 1번이 된다.

어휘　報告書(보고서)｜整理(정리)｜まとめる(정리하다)｜ほぼ(거의)｜出来上がる(완성되다)｜今日中(오늘 중)｜手が空く(짬이 나다, 시간이 나다)｜作成(작성)｜休暇(휴가)｜業務(업무)｜引き継ぐ(인수받다)｜把握(파악)｜その際に(그때)｜月末(월말)｜決算(결산)｜声かける(말을 걸다, 이야기하다)｜手がける(손대다)｜進み具合(진행 상황)

大学病院の受付で男の人と女の人が話しています。男の人はこのあとどうしますか。

F：高橋さん。では、こちらの黄色のファイルが高橋さんの外来基本票になります。

M：これを持って診察室に行けばいいんですね。

F：診察の前にレントゲン撮影がありますので、A棟1階の8番窓口に出して、お待ちください。そのあと尿検査になります。ファイルを受け取って、今度は5番窓口にお出しください。

M：8番のあと5番ですね。

F：はい。2つの検査が終わったら、内科の2番へ行って、診察となります。場合によってはそのあと追加の検査があるかもしれません。

M：場合によってはと言いますと。

F：そうですね、症状は腹痛ということですので、腹部エコーですとか血液検査が追加される可能性があります。

M：はあ。すごく痛くて焦って大学病院に来たはいいけど、いろいろ複雑ですね。とにかく早く診察してもらえませんか。

F：診察に必要な検査ですので、ご理解ください。それでですね、ここが総合受付で1番窓口なんですけれども、すべての診察が終わりましたら、ここのすぐ隣、10番窓口にファイルをお出しください。会計窓口からお名前をお呼びしますので、会計前の椅子でしばらくお待ち願います。

M：えっと、内科の2番で診察を受けて、1番窓口……。

F：いえ、会計の際は10番窓口です。

M：あの、おなかだけじゃなくて頭まで痛くなってきました。ちょっと先にトイレに。

F：あ、すみません。のちほど尿検査がありますので。では、こちらの外来基本票に書いてあるとおりの順番で進んでください。

男の人はこのあとどうしますか。

1　8番窓口にファイルを提出して待機する

2　尿検査を受ける

대학병원 접수처에서 남자와 여자가 이야기하고 있습니다. 남자는 이후에 어떻게 합니까?

F : 다카하시 씨. 그럼 여기 노란색 파일이 다카하시 씨의 외래 기본표가 됩니다.

M : 이걸 가지고 진찰실로 가면 되는 거죠?

F : 진찰 전에 엑스레이 촬영이 있으니 A동 1층의 8번 창구에 내고 기다려 주세요. 그 다음 소변 검사가 되겠습니다. 파일을 받으시고, 이번에는 5번 창구에 제출해 주세요.

M : 8번 후에 5번이네요.

F : 네. 2개의 검사가 끝나면 내과 2번에 가서 진찰을 받게 됩니다. 경우에 따라서는 그 후에 추가 검사가 있을 수도 있습니다.

M : 경우에 따라서가 무슨 말씀이신지?

F : 글쎄요, 증상은 복통이라고 하셨으니 복부 초음파라든가 혈액 검사가 추가될 가능성이 있습니다.

M : 하아. 너무 아프고 초조해서 대학병원에 온 건 좋은데, 여러 가지 복잡하네요. 아무튼 빨리 진찰해 주실 수 없나요?

F : 진찰에 필요한 검사이니 이해해 주시기 바랍니다. 그리고요, 여기가 종합 접수처이고 1번 창구인데요, 모든 진찰이 끝나시면 여기 바로 옆, 10번 창구에 파일을 제출해 주세요. 수납 창구에서 성함을 부를 테니 수납 앞 의자에서 잠시 기다려 주시기 바랍니다.

M : 이, 내과 2번에서 진찰 받고 1번 창구…….

F : 아니요, 계산하실 때는 10번 창구입니다.

M : 저기, 배뿐만 아니라 머리까지 아프기 시작했어요. 잠깐 화장실에 먼저.

F : 아, 죄송합니다. 조금 있다가 소변 검사가 있어서요. 그럼 여기 외래 기본표에 쓰여 있는 순서대로 진행해 주세요.

남자는 이후에 어떻게 합니까?

1　8번 창구에 파일을 제출하고 대기한다

2　소변 검사를 받는다

3 10番窓口にファイルを提出して待機する

4 トイレに行く

3 10번 창구에 파일을 제출하고 대기한다

4 화장실에 간다

해설 N1 문제에서는 순서를 바꾸는 표현을 내는 경우가 많으니 전후 순서를 잘 생각하며 풀어야 한다. 진찰실이 가장 먼저 나오지만 그 전에 엑스레이 촬영이 있으니 파일을 8번 창구에 내고 대기하라고 했다. 대화 마지막에 화장실에 가고 싶다는 내용이 나오지만, 여자는 「すみません。のちほど尿検査がありますので(죄송합니다. 조금 있다가 소변 검사가 있어서요)」라고 하며 화장실에 못 가게 하고 있다. 따라서 답은 4번이 아닌 1번이 된다.

어휘 受付(접수처) | 外来基本票(외래 기본표) | 診察室(진찰실) | レントゲン撮影(엑스레이 촬영) | A棟(A동) | 尿検査(소변 검사) | 受け取る(받다, 수취하다) | 内科(내과) | 追加(추가) | 症状(증상) | 腹痛(복통) | 腹部エコー(복부 초음파) | 血液検査(혈액 검사) | 焦る(초조하다) | 総合(종합) | 会計窓口(수납 창구, 회계 창구) | ～際(~때) | 順番で(순서대로) | 待機(대기)

5番

会社で男の人と女の人が会社の新社屋完成パーティーについて話しています。女の人はこのあと何をしなければなりませんか。

M：渡辺さん、来月の新社屋完成パーティーの準備はどう？進んでる？

F：はい、課長。取引先への招待状はすでに発送済みです。当日に受付を担当する人への資料も作成しました。

M：そうか。社屋見学の案内はどうなってる？

F：はい、営業部が普段担当しているお客様をご案内する予定です。誰がどのお客様の担当なのかも受付の名簿に記載済みです。

M：うん、だが、お客様ひと組の対応をしている間、ほかのお客様は担当者不在ということになるんじゃないか？営業部の担当者たちは一人で何件もお客様を抱えているんだから。

F：あ、すみません、そこは考えていませんでした。至急、企画部と相談して、数名選んで配置するようにします。

M：受付担当者が混乱しないように、その点もきちんと伝えておいてくれよ。

F：はい、承知しました。企画部と話が付き次第、受付の資料にも加えておきます。

M：頼んだよ。この件については、ある程度まとまったら、メールで報告してくれ。

F：はい、できるだけ早くご報告します。

5번 정답 2

회사에서 남자와 여자가 회사의 신사옥 완공 파티에 대해 이야기하고 있습니다. 여자는 이후 무엇을 해야 합니까?

M : 와타나베 씨, 다음 달 신사옥 완공 파티 준비는 어때? 잘 되고 있나?

F : 네, 과장님. 거래처에 보낼 초대장은 이미 발송했습니다. 당일에 접수를 담당할 사람에게 줄 자료도 작성했어요.

M : 그래. 사옥 견학 안내는 어떻게 되어가나?

F : 네, 영업부가 평소 담당하고 있는 고객을 안내할 예정입니다. 누가 어느 고객 담당인지도 접수 명부에 기재 완료했습니다.

M : 응, 그렇지만 고객 한 팀을 대응할 동안 다른 고객들은 담당자가 자리에 없게 되지 않을까? 영업부 담당자들은 혼자서 몇 건이나 고객들을 담당하고 있으니까.

F : 아, 죄송합니다. 그 점은 생각하지 못했습니다. 즉시 기획부와 상의해서 몇 명을 뽑아 배치하도록 하겠습니다.

M : 접수처 담당자가 혼란스럽지 않도록 그 점도 정확히 전달해주게.

F : 네, 알겠습니다. 기획부와 이야기가 정리되는 대로 접수처 자료에도 추가해 두겠습니다.

M : 부탁해. 이 건에 대해선 어느 정도 정리가 되면 메일로 보고해 줘.

F : 네, 될 수 있는 한 빨리 보고 드리겠습니다.

女の人はこのあと何をしなければなりませんか。

1 営業部の担当者と相談する
2 企画部に案内係を割り当てる
3 資料の内容を書き足す
4 課長に報告書を提出する

여자는 이후 무엇을 해야 합니까?

1 영업부 담당자와 상담한다
2 기획부에 안내담당자를 배정한다
3 자료 내용을 추가한다
4 과장에게 보고서를 제출한다

해설 여자는 담당한 업무를 마무리한 상황인데, 「ほかのお客様は担当者不在ということになるんじゃないか(다른 고객들은 담당자가 자리에 없게 되지 않을까?)」라는 남자의 지적에 「至急、企画部と相談して、数名選んで配置するようにします(즉시 기획부와 상의해서 몇 명을 뽑아 배치하도록 하겠습니다)」라고 했다. 따라서 여자가 이후 해야 할 일은 2번이 된다.

어휘 新社屋完成(신사옥 완공) | 取引先(거래처) | 招待状(초대장) | 発送済み(발송 완료) | 当日(당일) | 営業部(영업부) | 普段(평소) | 名簿(명부) | 記載済み(기재 완료) | ひと組(한 팀) | 担当者不在(담당자 부재) | 抱える(책임지다, 담당하다) | 至急(즉시) | 企画部(기획부) | 数名(몇 명) | 配置(배치) | 混乱(혼란) | きちんと(정확히) | 承知する(알다) | 話が付き次第(이야기가 정리되는 대로) | 加える(추가하다) | ある程度(어느 정도) | まとまる(정리되다) | 案内係(안내담당자) | 割り当てる(배정하다) | 配布(배포)

6番

夫婦がテレビショッピングを見ながら話しています。夫はこのあと何をしますか。

F：この掃除機、見て。わー、すごい吸引力。最近、うちの掃除機、小さいほこりを吸わなくなってきたんだよね。これ買ってみない？

M：今の掃除機、まだ使えるよ。買い替えるにはまだ早いよ。フィルターが詰まってるんじゃないのか。

F：いやあね。フィルターの掃除はこまめにしてるわよ。これ、色も気に入った。電話するわ。

M：おいおい。どうせ買うなら、いろんな掃除機を見てからにしないか。家電量販店に行けば、もっと安くていいのがあるかもしれないぞ。

F：量販店はたくさんありすぎて、迷って結局買う気がなくなるのよね。

M：テレビショッピングって、故障したときの保証はあるのか。

F：さあ、分かんないけど。してくれるんじゃない。

M：もう、適当なんだから。じゃ、俺が聞くよ。そのあと、量販店にも行くからな。

6번 정답 3

부부가 TV 홈쇼핑을 보면서 이야기하고 있습니다. 남편은 이후 무엇을 합니까?

F：이 청소기 봐봐. 와, 엄청난 흡입력. 요즘 우리 집 청소기, 작은 먼지를 못 빨아들이기 시작했어. 이거 사 볼까?

M：지금 청소기, 아직 쓸 수 있어. 바꾸기엔 아직 일러. 필터가 막힌 거 아니야?

F：아니야. 필터 청소는 부지런히 하고 있어. 이거 색깔도 마음에 들어. 전화할게.

M：이봐, 이봐. 어차피 살 거라면 다양한 청소기를 보고 나서 하지 않겠어? 가전제품점에 가면 더 싸고 좋은 게 있을지도 몰라.

F：가전제품점은 너무 많아서, 망설이다 결국 살 마음이 없어진단 말이야.

M：TV 홈쇼핑은 고장 났을 때 보증은 해주는 거야?

F：글쎄, 모르지만 해주지 않을까?

M：나 원, 뭐든지 저렇게 대충이라니까. 그럼, 내가 물어볼게. 그 후에 가전제품점에도 갈 테니까.

夫はこのあと何をしますか。

1　フィルターを取り換える
2　掃除機を注文する
3　電話で問い合わせる
4　家電量販店に見に行く

남편은 이후 무엇을 합니까?

1　필터를 교체한다
2　청소기를 주문한다
3　전화로 문의한다
4　가전제품점에 보러 간다

해설　아내가 새 청소기를 사고 싶어하지만 남편은 가전제품점에 가서 고르자고 했다. 하지만 아내는 가전제품점은 너무 많아 고민하다 못 살지도 모른다고 했고, 그러자 남편은 구입 전에 수리 보증이 되는 건지 확인부터 하자고 하며 「じゃ、俺が聞くよ。そのあと、量販店にも行くからな(그럼, 내가 물어볼게. 그 후에 가전제품점에도 갈 테니까)」라고 했다. 따라서 남편은 우선 전화로 문의부터 하기로 했으므로 답은 3번이다.

어휘　吸引力(흡인력, 흡입력) | ほこり(먼지) | 吸う(빨다, 흡수하다) | 買い替える(바꾸다) | 詰まる(막히다) | こまめに(부지런히) | 気に入る(마음에 들다) | どうせ(어차피) | 家電量販店(가전제품점) | 迷う(망설이다) | ~気がなくなる(~할 마음이 없어지다) | 故障(고장) | 保証(보증) | 取り換える(교체하다)

問題 2　問題2では、まず質問を聞いてください。そのあと、問題用紙のせんたくしを読んでください。読む時間があります。それから話を聞いて、問題用紙の1から4の中から、最もよいものを一つ選んでください。

문제2　문제 2에서는 우선 질문을 들으세요. 그 후 문제지의 선택지를 읽으세요. 읽을 시간이 있습니다. 그러고 나서 이야기를 듣고 문제지의 1부터 4 안에서 가장 알맞은 것을 하나 고르세요.

例

電話で男の人と女の人が話しています。女の人は何に困っていますか。

예　정답 3

전화로 남자와 여자가 대화하고 있습니다. 여자는 무엇을 곤란해하고 있습니까?

M：はい、さくら不動産管理部門、川口です。

F：すみません、さくらマンション101号室の上田と申します。玄関のドアのことでご相談があり、ご連絡しました。

M：上田様、いつもお世話になっております。どういったことでしょうか。

F：実は、数か月前から玄関のドアの調子が悪く、ドアを開閉するときにキーキー音が鳴るんです。音が鳴るだけなら大した問題がないかと思って様子を見ていたんですが、先週あたりから、鍵を閉めるときにドアをしっかり押し込まないとうまく閉まらなくなって、さすがに見てもらったほうがいいかなと思いまして。

M：そうでしたか。それは早急に確認が必要ですね。ご自宅に担当の者を行かせますが、本日はずっとご在宅ですか。

F：はい、今日は一日中、家にいる予定です。

M：네, 사쿠라 부동산 관리과 가와구치입니다.

F：실례합니다. 사쿠라 맨션 101호실 우에다라고 합니다. 현관문 때문에 상담할 게 있어 연락드렸습니다.

M：우에다 님, 항상 신세가 많습니다. 어떤 일이신가요?

F：실은 몇 달 전부터 현관문의 상태가 좋지 않아서, 문을 여닫을 때 끽끽 거리는 소리가 나고 있어요. 그냥 소리가 날 뿐이라면 큰 문제가 없을 거라고 생각해서 상황을 보고 있었는데, 지난주쯤부터, 열쇠를 잠글 때 문을 제대로 밀어 닫지 않으면 문이 잘 안 닫히게 되어서, 아무래도 좀 봐주셨으면 해서요.

M：그러셨군요. 그건 조속히 확인할 필요가 있겠네요. 자택에 담당자를 보내겠습니다만, 오늘은 계속 집에 계시나요?

F：네, 오늘은 하루 종일 집에 있을 예정입니다.

M：かしこまりました。では、本日午後2時頃に担当の者が
　　ご自宅へ伺いますので、よろしくお願いいたします。

F：はい。ありがとうございます。

女の人は何に困っていますか。
1　ドアが開かないこと
2　担当者の予約が取れないこと
3　ドアがうまく閉まらないこと
4　ドアの音がうるさいこと

女の人と男の留学生が話しています。留学生は、日本人の
何が理解できないと言っていますか。

F：ジョンさんは日本に来て何か驚いたことはありますか。

M：はい、たくさんありますよ。まず、公共交通機関での
　　マナーの良さや、お店での接客の良さに、最初は驚き
　　ましたね。アメリカでは見たことがない光景だったの
　　で、驚くと同時に感激もしました。

F：へー、そうなんですね。日本人のマナーの良さは世界的
　　にも有名ですよね。

M：はい。日本はとても住みやすくて良い国ですが、でも、
　　日本人のこれだけは理解できないという部分がありま
　　す。

F：えっ、どういうところですか。

M：日本人は謙遜をしすぎだと思います。例えば私が「英語
　　が上手だね」と褒めても、「そんなことないよ」と返され
　　ます。本当に上手だから褒めているのに、「違う」と自己
　　否定するんです。

F：アメリカでは違うんですか。

M：はい。アメリカでは褒め言葉を言われたら「ありがとう」
　　と返すのが普通です。謙遜することは悪いことではない
　　ですが、時に褒めている側の意見も否定することになる
　　んですよ。褒められたときは素直に受け止めてくれたほ
　　うが、こちらも気持ちがいいです。

F：日本人は何かをお願いするときに「誠に恐縮ですが」と
　　か「大変恐れ入りますが」といった前置きの言葉も使い
　　ますよね。それだけ相手に対して尊敬の気持ちを表して

M：알겠습니다. 그럼, 금일 오후 2시쯤 담당자가 자택에 찾아뵐 테
　　니, 잘 부탁드리겠습니다.

F：네. 감사합니다.

여자는 무엇을 곤란해하고 있습니까?
1　문이 열리지 않는 것
2　담당자 예약을 할 수 없는 것
3　문이 잘 닫히지 않는 것
4　문소리가 시끄러운 것

여자와 남자 유학생이 이야기하고 있습니다. 유학생은 일본인의 무
엇을 이해할 수 없다고 말하고 있습니까?

F：존 씨는 일본에 와서 놀란 점 있어요?

M：네, 많이 있어요. 먼저, 대중교통에서 매너가 좋은 점과 가게의
　　접객이 좋아 처음에는 놀랐네요. 미국에서는 본 적이 없는 광경
　　이어서 놀람과 동시에 감격도 했어요.

F：아~, 그렇군요. 일본인의 매너가 좋다는 것은 세계적으로도 유
　　명하지요.

M：네. 일본은 매우 살기 좋아 좋은 나라인데, 하지만 일본인의 이
　　것만큼은 이해할 수 없는 부분이 있어요.

F：아, 어떤 점이에요?

M：일본인은 지나치게 겸손하다고 생각해요. 예를 들어 제가 '영어
　　잘한다'라고 칭찬해도, '그렇지 않아'라고 대답해요. 정말 잘해
　　서 칭찬하고 있는데도, '아니다'라고 자기 부정을 해요.

F：미국에서는 다른가요?

M：네. 미국에서는 칭찬을 들으면 '고마워'라고 답하는 것이 보통
　　이에요. 겸손이 나쁜 것은 아니지만, 때로 칭찬하고 있는 쪽 의
　　견도 부정하게 되는 거예요. 칭찬받았을 때에는 순순히 받아들
　　이는 것이 받는 쪽도 기분이 좋아요.

F：일본인은 뭔가를 부탁할 때 '정말 송구합니다만'이라든가 '정말
　　죄송합니다만'과 같은 서두의 말도 쓰잖아요. 그만큼 상대방에
　　대해 존경의 마음을 나타내고 있다고도 할 수 있어요.

いるとも言えます。

M：ええ、日本人はマナーが良くて丁寧です。しかし、謙遜も度が過ぎると、自分に対しても相手に対しても悪い影響を及ぼす可能性があると言いたかったんです。

F：なるほど。ジョンさんの話を聞いて、はっとさせられました。

留学生は、日本人の何が理解できないと言っていますか。

1 公共の場でのマナーの良さ

2 自己否定が強いところ

3 謙遜することが正しいと思っているところ

4 相手を尊敬しすぎているところ

解説 外国人男子が「日本人のこれだけは理解できないできないという部分（일본인의 이것만큼은 이해할 수 없는 부분）」에 관해, 「日本人は謙遜をしすぎ（일본인은 지나치게 겸손하다）」라고 지적하며, 「本当に上手だから褒めているのに、「違う」と自己否定する（정말 잘해서 칭찬하고 있는데도, '아니다'라고 자기 부정을 한다）」라고 했으니 답은 2번이다.

어휘 公共交通機関（공공 교통 기관, 대중교통）｜接客（접객）｜光景（광경）｜感激（감격）｜住みやすい（살기 좋다）｜謙遜（겸손）｜褒める（칭찬하다）｜返す（답하다）｜自己否定（자기 부정）｜褒め言葉（칭찬）｜時に（때로）｜素直に（순순히）｜受け止める（받아들이다）｜誠に（정말, 진심으로）｜恐縮ですが（송구합니다만）｜恐れ入りますが（죄송합니다만）｜前置き（서두의 말）｜尊敬（존경）｜表す（나타내다）｜丁寧だ（정중하다）｜度が過ぎる（도가 지나치다）｜影響を及ぼす（영향을 미치다）｜はっとする（깜짝 놀라다）｜公共の場（공공장소）

M：맞아요, 일본인은 매너가 좋고 정중해요. 하지만, 겸손도 도가 지나치면 자신에 대해서도 상대방에 대해서도 나쁜 영향을 미칠 가능성이 있다고 말하고 싶었던 거예요.

F：그렇군요. 존 씨 이야기를 듣고, 깜짝 놀랐어요.

유학생은 일본인의 무엇을 이해할 수 없다고 말하고 있습니까?

1 공공장소에서 매너가 좋은 점

2 자기 부정이 강한 점

3 겸손한 것이 옳다고 생각하고 있는 점

4 상대방을 너무 존경하고 있는 점

テレビでアナウンサーと大学の教授が話しています。教授が問題だと思っているのは、どんなことですか。

F：今日は物理学の青木教授に、大学の基礎研究が抱える問題について、お話を伺います。

M：よろしくお願いします。

F：青木先生。以前、ノーベル物理学賞を受賞された小柴昌俊先生に多くのメディアが「その成果は将来、何かの役に立つのか」と尋ねたところ、小柴先生は「まったく役に立たない」と答えていらっしゃいましたね。基礎研究は何のためにやるのか、という声をよく聞きますが、青木先生はどうお考えでしょうか。

M：基礎研究は人類の知的資産を蓄積し、新しい自然認識をもたらすことで、100年後の科学の進歩に大きな役割を果たす可能性があります。小柴先生がおっしゃったことに多くの人は驚いたことでしょう。しかし、先生が

2번 정답 4

TV에서 아나운서와 대학교수가 이야기하고 있습니다. 교수가 문제라고 생각하는 것은 어떤 것입니까?

F：오늘은 물리학의 아오키 교수님께, 대학의 기초 연구가 안고 있는 문제에 관해 이야기를 여쭤보겠습니다.

M：잘 부탁드립니다.

F：아오키 선생님. 이전, 노벨물리학상을 수상하신 고시바 마사토시 선생님에게 많은 미디어가 '그 성과가 장래, 무언가의 도움이 되겠냐?'라고 물어봤더니, 고시바 선생님은 '전혀 도움이 되지 않는다'라고 답하셨습니다. 기초 연구는 무엇을 위해 하는 것이냐는 말을 자주 듣습니다만, 아오키 선생님은 어떻게 생각하십니까?

M：기초 연구는 인류의 지적 자산을 축적해, 새로운 자연 인식을 가져와 100년 후의 과학의 진보에 큰 역할을 다할 가능성이 있습니다. 고시바 선생님이 말씀하신 것에 많은 사람이 놀랐겠지요. 하지만, 선생님이 말씀하신 것은 '현재의 경제활동에 있

おっしゃったのは「現在の経済活動において、今すぐ役に立つわけではない」ということです。研究において、科学的価値があることと経済的価値は別のものなのです。

F：そうですね。しかし、一般的には理解されづらいですね。

M：はい。現在では、経済的に役に立つかどうかが価値を決める判断基準となっていますからね。国も産業界も応用研究に投資する流れが止まりません。本来、基礎研究と応用研究の両輪が揃ってこそ、科学は進歩していくのです。

教授が問題だと思っているのは、どんなことですか。
1　基礎科学は経済活動にすぐ役に立たないこと
2　科学的価値と経済的価値の見分けがつかないこと
3　研究内容が難しくて一般人が理解しづらいこと
4　科学的価値より経済的価値に重みを置くこと

어, 지금 당장 도움이 되는 것은 아니다'라는 것입니다. 연구에 있어 과학적 가치가 있는 것과 경제적 가치는 다른 것입니다.

F : 그렇군요. 하지만 일반적으로는 이해하기 어렵네요.

M : 네. 현재는 경제적으로 유용할지 아닐지가 가치를 결정하는 판단 기준이 되어 있으니까요. 국가도 산업계도 응용 연구에 투자하는 흐름이 멈추지 않습니다. 본래, 기초 연구와 응용 연구의 양쪽이 갖춰져야 비로소, 과학은 진보해가는 것입니다.

교수가 문제라고 생각하는 것은 어떤 것입니까?
1　기초 과학은 경제활동에 당장 도움이 되지 않는 것
2　과학적 가치와 경제적 가치가 구별이 되지 않는 것
3　연구 내용이 어려워서 일본인이 이해하기 어려운 것
4　과학적 가치보다 경제적 가치에 중요도를 두는 것

해설　교수는 대학의 기초 연구가 「現在では、経済的に役に立つかどうかが価値を決める判断基準(현재는 경제적으로 유용할지 아닐지가 가치를 결정하는 판단 기준)」이 되어 평가받고 있는 부분을 아쉬워하고 있다. 그러면서 「国も産業界も応用研究に投資する流れが止まりません(국가도 산업계도 응용 연구에 투자하는 흐름이 멈추지 않습니다)」라며 문제점을 언급하였기 때문에 정답은 4번이 된다.

어휘　教授(교수) | 物理学(물리학) | 基礎研究(기초 연구) | 抱える(안다) | 伺う(여쭙다) | ノーベル物理学賞(노벨물리학상) | 受賞(수상) | 成果(성과) | 役に立つ(도움이 되다) | 尋ねる(묻다) | ~たところ(~했더니) | 人類(인류) | 知的資産(지적 자산) | 蓄積(축적) | 自然認識(자연 인식) | もたらす(가져오다, 초래하다) | 科学(과학) | 進歩(진보) | 役割を果たす(역할을 다하다) | 経済活動(경제활동) | 科学的価値(과학적 가치) | 経済的価値(경제적 가치) | 別のもの(다른 것) | 一般的(일반적) | 理解されづらい(이해하기 어렵다) | 判断基準(판단 기준) | 産業界(산업계) | 応用研究(응용 연구) | 投資する(투자하다) | 流れが止まる(흐름이 멈추다) | 本来(본래) | 両輪(양쪽) | 揃う(갖춰지다) | ~てこそ(~하고 비로소)

3番
男の人と女の人が話しています。男の人はどうしたら卵の殻が割れないと言っていますか。

M：昨日、テレビで半熟卵の作り方を紹介しててさ。早速試しに作ってみたら案外簡単で、おいしくできたんだ。

F：ゆで卵でしょ。水に卵を入れて沸かせばいいだけじゃないの？

M：いやいや。ゆで卵ならそれでいいけど、半熟卵は違うんだ。まずは卵がしっかり浸かるくらいのお湯を沸騰させるだろ。そしたら卵を入れる直前に酢と塩を入れるんだ。卵の殻が割れにくくなるんだって。

3번　정답 2
남자와 여자가 이야기하고 있습니다. 남자는 어떻게 하면 달걀 껍질이 깨지지 않는다고 말하고 있습니까?

M : 어제 TV에서 반숙란 만드는 법을 소개하기에 바로 시험삼아 만들어 봤더니 생각보다 간단하고 맛있게 됐어.

F : 삶은 달걀이잖아? 물에 달걀 넣고 끓이기만 하면 되는 거 아니야?

M : 아니, 아니. 삶은 달걀이라면 그걸로 되지만 반숙란은 달라. 먼저 달걀이 완전히 잠길 정도의 물을 끓이잖아. 그리고 달걀을 넣기 직전에 식초와 소금을 넣는 거야. 달걀 껍질이 잘 안 깨지게 된대.

F：ふーん。

M：それにね、ゆでる前に卵の尖っていないほうに画びょうで穴を開けるか、スプーンの背で叩いて軽くひびを入れておくんだ。殻がむきやすくなるよ。

F：卵がゆで上がったら冷水に入れて少し置いておくっていう方法もあるよね。

M：そうそう。白身の表面はつるっとしていて、中身の黄身はとろっとしている半熟卵を作るのは案外難しいんだよ。

男の人はどうしたら卵の殻が割れないと言っていますか。

1　卵をお湯にしっかり浸けて沸かす
2　塩と酢を入れた熱湯でゆでる
3　ゆでる前に殻にひびを入れておく
4　ゆでたあと氷を入れた水で冷やす

F : 흠.

M : 게다가 삶기 전에 계란의 뾰족하지 않은 쪽에 압정으로 구멍을 내든지, 숟가락 뒷면으로 두들겨서 가볍게 금을 내 두는 거야. 껍질이 잘 벗겨지게 되거든.

F : 달걀이 다 삶아지면 찬물에 잠시 넣어 두는 방법도 있지.

M : 맞아, 맞아. 흰자 표면은 매끈하고 속의 노른자는 걸쭉한 반숙란을 만드는 게 생각보다 어려워.

남자는 어떻게 하면 달걀 껍질이 깨지지 않는다고 말하고 있습니까?

1　달걀을 뜨거운 물에 완전히 잠기게 끓인다
2　소금과 식초를 넣은 뜨거운 물에 삶는다
3　삶기 전에 껍질에 금을 내 둔다
4　삶은 후 얼음을 넣은 물에 식힌다

해설 두 사람은 달걀 껍질이 잘 안 깨지는 방법과 껍질을 쉽게 벗기는 법을 이야기하고 있다. 문제에서는 달걀 껍질이 잘 안 깨지는 방법을 물어보았는데, 남자가「卵を入れる直前に酢と塩を入れるんだ。卵の殻が割れにくくなるんだって(달걀을 넣기 직전에 식초와 소금을 넣는 거야. 달걀 껍질이 잘 안 깨지게 된대)」라는 내용이 힌트가 되어 2번이 답이 된다.

어휘 殻(껍질) | 割れる(깨지다) | 半熟卵(반숙란) | 早速(바로) | 試しに(시험 삼아) | 案外(생각보다) | ゆで卵(삶은 달걀) | 沸かす(끓이다) | 浸かる(잠기다) | お湯(끓는 물) | 沸騰する(끓다) | 酢(식초) | ゆでる(삶다) | 尖る(뾰족하다) | 画びょう(압정) | 穴を開ける(구멍을 내다) | スプーンの背(숟가락 뒷면) | 叩く(두들기다) | ひびを入れる(금을 내다) | むく(벗기다) | ゆで上がる(다 삶다) | 冷水(찬물) | 白身(흰자) | つるっとする(매끈하다) | 中身(속, 알맹이) | 黄身(노른자) | とろっとしている(걸쭉하다) | 味を付ける(맛을 내다) | 熱湯(뜨거운 물) | 冷やす(식히다) | ゆで上げる(다 삶다)

4番

テレビで女の人が話しています。女の人は熱中症予防のためにどうしたらいいと言っていますか。

F：連日、暑い日が続いています。昨日は体感温度が35度にもなる猛暑日でした。こんなとき、注意しなければならないのが熱中症です。外出するときは、できるだけ日陰を歩くようにしましょう。また、日傘をさしたり、帽子を被ったり、通気性のよい服を着ることも有効です。そして、水分補給はもちろんですが、塩分補給も大切です。ただし、摂りすぎると逆にのどが渇いたり、体がむくんだりしますので、塩分の摂りすぎには注意しましょう。万が一、熱中症かなと思ったら、

4번　정답 2

TV에서 여자가 이야기하고 있습니다. 여자는 열사병 예방을 위해 어떻게 하면 좋다고 말하고 있습니까?

F : 연일 더운 날들이 계속되고 있습니다. 어제는 체감온도가 35도나 되는 *맹서일이었습니다. 이럴 때 주의해야 하는 것이 열사병입니다. 외출할 때에는 되도록 그늘 쪽으로 걷도록 합시다. 또한 양산을 쓰거나 모자를 쓰거나, 통기성이 좋은 옷을 입는 것도 효과가 있습니다. 그리고 수분 보충은 물론이지만, 염분 보충도 중요합니다. 다만 너무 많이 섭취하면 반대로 목이 마르거나 몸이 붓거나 하기 때문에 염분 과다 섭취에는 주의합시다. 만일 열사병이다 싶으면 피부에 물을 뿌리거나 목덜미나 겨드랑이 밑에 얼음을 대거나 해서 몸을 식힙시다. 속이 불편할 때는 바로

皮膚に水をかけたり、首筋や脇の下に氷を当てたりして、体を冷やしましょう。気分が悪いときは、すぐに病院へ行ってください。

병원에 가세요.

*맹서일 : 최고 기온이 35℃ 이상 되는 날

女の人は熱中症予防のためにどうしたらいいと言っていますか。

1 体温を下げないようにする
2 日差しを避ける
3 塩分をたくさん摂る
4 首筋や脇の下に氷を当てる

여자는 열사병 예방을 위해 어떻게 하면 좋다고 말하고 있습니까?

1 체온이 내려가지 않도록 한다
2 햇빛을 피한다
3 염분을 많이 섭취한다
4 목덜미나 겨드랑이 밑에 얼음을 댄다

해설 열사병 예방이라고 했으니 힌트가 되는 말은 「外出するときは、できるだけ日陰を歩くようにしましょう(외출할 때에는 되도록 그늘을 걷도록 합시다)」라고 했으니 2번이 답이다. 염분 섭취도 중요하다고는 했지만, 염분은 많이 섭취하면 오히려 나쁘다고 했으니 3번은 오답이다. 4번은 열사병 예방이 아니라 열사병을 일으켰을 때 취하는 조치이니 오답이다.

어휘 熱中症予防(열사병 예방) | 連日(연일) | 体感温度(체감온도) | 猛暑日(맹서일) | 日陰(그늘) | 日傘をさす(양산을 쓰다) | 通気性(통기성) | 有効(유효) | 水分補給(수분 보충) | 塩分補給(염분 보충) | ただし(다만) | 逆に(반대로) | のどが渇く(목이 마르다) | 体がむくむ(몸이 붓다) | 万が一(만일) | 皮膚(피부) | 水をかける(물을 뿌리다) | 首筋(목덜미) | 脇(겨드랑이) | 氷を当てる(얼음을 대다) | 冷やす(식히다) | 日差し(햇빛)

5番

大学の教育学概論の授業で先生が話しています。今日このあとの講義のテーマは何ですか。

M：新入生の皆さん、こんにちは。今日は教育学概論の初回の講義です。この講義では、教育の意義と目的を理解することが大切で、まずは基礎理論をしっかりと身につけてもらいます。基礎理論が身についてこそ、実践で応用ができるのであり、目の前の子供たちの行動と結びつけて考えることができるのです。今学期の講義は、プラトン、ルソー、フレーベルなどヨーロッパにおける代表的な教育思想を取り上げます。本格的な講義はですね、次回、プラトンから入ってまいります。えー、ではその前に、教育をめぐる現代的課題について教師の仕事という視点からアプローチしてみたいと思います。はい、皆さん、よろしいですか。

今日このあとの講義のテーマは何ですか。
1 教育の意義と目的
2 プラトンなどの教育思想

5번 정답 4

대학의 교육학개론 수업에서 선생님이 이야기하고 있습니다. 오늘 강의 이후의 테마는 무엇입니까?

M : 신입생 여러분, 안녕하세요. 오늘은 교육학개론 첫 번째 강의입니다. 이 강의에서는 교육의 의의와 목적을 이해하는 것이 중요하므로, 우선은 기초이론을 확실히 익히도록 하겠습니다. 기초이론을 익히고 비로소 실천에서 응용이 가능한 것이며, 눈앞에 있는 아이들의 행동과 연결하여 생각할 수 있는 것입니다. 이번 학기 강의는 플라톤, 루소, 프뢰벨 등 유럽의 대표적인 교육사상을 다룹니다. 본격적인 강의는 다음 번 플라톤부터 들어 가겠습니다. 자, 그럼 그전에 교육을 둘러싼 현대적 과제에 관해 교사의 일이라는 시점에서 접근해 보려고 합니다. 자, 여러분 잘 아시겠나요?

오늘 강의의 이후의 테마는 무엇입니까?
1 교육의 의의와 목적
2 플라톤 등의 교육사상

3 子供たちの行動	3 아이들의 행동
4 教育の現代的課題	**4 교육의 현대적 과제**

解説 講義の初日、男の人は講義の進め方などを説明した後、本格的な講義は次の番「プラトン」からだと言ったが、その前に「教育をめぐる現代的課題について教師の仕事という視点からアプローチしてみたい(교육을 둘러싼 현대적 과제에 관해 교사의 일이라는 시점에서 접근해 보려고 합니다)」라고 했으니 오늘 강의 이후의 테마는 4번이 정답이다.

語彙 教育学概論(교육학개론)｜講義(강의)｜新入生(신입생)｜初回(첫 번째)｜意義(의의)｜基礎理論(기초이론)｜身につける(몸에 익히다)｜身につく(몸에 익다)｜〜てこそ(〜하고 비로소)｜実践(실천, 실전)｜行動(행동)｜結びつける(연결하다)｜今学期(이번 학기)｜代表的(대표적)｜思想(사상)｜取り上げる(다루다)｜本格的(본격적)｜次回(다음 번)｜〜をめぐる(〜을 둘러싼)｜現代的課題(현대적 과제)｜教師(교사)

6番

女の人と男の人が話しています。男の人が会社に満足している理由は何ですか。

F : 神木君、最近、仕事はどう？楽しい？

M : うん、順調だよ。いい人ばかりだし、新しいことにチャレンジすることを応援してくれる社風なんだ。資格を取るための支援が充実していて、受験料の補助だけじゃなくて、社内にいろんな無料講座もあるんだよ。

F : えー、いいな。すごいじゃない。

M : うん。大学の専攻がドイツ語だったから、正直、情報関連の仕事は知識が追いつかないんじゃないかと心配したけど、頑張れば何とかなるかもしれないって自信がついてきた。

F : 働く上ではそれが大事よね。私の会社は福利厚生は充実してるけど、規模が大きすぎて、人間味に欠けるっていうかさあ。

M : 世界的に有名な大企業なんだから自慢できるじゃない。福利厚生は大事だよ。うらやましいよ。

男の人が会社に満足している理由は何ですか。

1 資格取得を奨励しているから
2 大学の専攻と関連しているから
3 情報関連の知識が増えたから
4 福利厚生が充実しているから

6번 정답 1

여자와 남자가 이야기하고 있습니다. 남자가 회사에 만족하고 있는 이유는 무엇입니까?

F : 가미키 군, 최근 일은 어때? 재밌어?

M : 응, 순조로워. 좋은 사람들만 있고, 새로운 일에 도전하는 것을 응원해 주는 회사 분위기야. 자격증을 따기 위한 지원이 충분해서 수험료 보조뿐만 아니라, 사내에 여러 무료 강좌도 있어.

F : 와, 좋네. 굉장한 걸.

M : 응, 대학 전공이 독일어였어서, 솔직히 정보 관련 일은 지식이 못 따라갈까봐 걱정했는데, 열심히 하면 어떻게든 될지도 모른다는 자신이 생기기 시작했어.

F : 일하는 데 있어서는 그게 중요하지. 우리 회사는 복리 후생은 충실한데 규모가 너무 커서 인간미가 부족하다고 할까 말이지.

M : 세계적으로 유명한 대기업이니까 자랑할 수 있잖아. 복리 후생은 중요해. 부러워.

남자가 회사에 만족하고 있는 이유는 무엇입니까?

1 자격증 취득을 장려하고 있어서
2 대학 전공과 관련되어 있어서
3 정보 관련 지식이 늘어서
4 복리 후생이 충실하게 되어 있어서

解説 여자의 회사와 혼동해서는 안 되는 문제이다. 남자는 전공과 다른 정보 관련 일이라 걱정했는데「資格を取るための支援が充実していて、受験料の補助だけじゃなくて、社内にいろんな無料講座(자격증을 따기 위한 지원이 충분해서 수험료 보조뿐만 아니라, 사내

에 여러 무료 강좌)」도 있어서「頑張れば何とかなるかもしれないって自信がついてきた(열심히 하면 어떻게든 될지도 모른다는 자신이 생기기 시작했다)」라고 말하고 있다. 따라서 남자가 회사에 가장 만족하는 이유는 1번이다.

어휘 順調(순조)┃応援(응원)┃社風(사풍, 회사 분위기)┃資格を取る(자격증을 따다)┃支援(지원)┃充実(충실, 충분)┃受験料(수험료)┃補助(보조)┃無料講座(무료 강좌)┃専攻(전공)┃正直(정직, 솔직히)┃情報関連(정보 관련)┃追いつく(따라가다)┃自信がつく(자신이 생기다)┃~上では(~하는 데 있어서는)┃福利厚生(복리 후생)┃規模(규모)┃人間味に欠ける(인간미가 부족하다)┃大企業(대기업)┃自慢する(자랑하다)┃挑戦(도전)┃資格取得(자격 취득)┃奨励(장려)

<table>
<tr><td>

7番

女の人と男の人が話しています。男の人はネットオークションの何がいいと言っていますか。

F : 家にある使わなくなったものを処分したいんだけど、ネットオークションかフリーマーケットサイトか、どちらを利用するか迷ってるんだよね。

M : 僕はどっちも使ったことがあるよ。早く売りたいなら、フリーマーケットサイトをおすすめするかな。ネットオークションは入札期間があって、すぐには取引が成立しないけど、フリーマーケットサイトは欲しい人がいれば、すぐに取引が成立するからね。

F : 私はどっちかというと、なるべく高く売りたいんだよね。

M : それならネットオークションがいいんじゃない？買い手が多ければ多いほど、商品の値段が上がっていくから、自分が思っていたよりも倍の値段で売れることがあるよ。僕も最初は1,000円で設定していた物が最終的には3,000円で売れたことがあったんだ。

F : へー、すごいね。じゃあ、私もネットオークションにするわ。

M : でも、僕たちみたいな若い世代はフリーマーケットサイトを使う人が多いから、こっちのほうが売れやすいかもよ。洋服とかアクセサリーとか、身近な品を売りたい場合は特にね。まあ、どちらも試しに一回やってみるといいよ。

F : いろいろ教えてくれてありがとう。家に帰って早速やってみるね。

</td><td>

7번 정답 1

여자와 남자가 이야기하고 있습니다. 남자는 인터넷 경매의 무엇이 좋다고 말하고 있습니까?

F : 집에 있는 안 쓰는 물건을 처분하고 싶은데 인터넷 경매로 할까 벼룩시장 사이트로 할까, 어느 쪽을 이용할까 망설이고 있어.

M : 나는 둘 다 쓴 적이 있어. 빨리 팔고 싶으면 벼룩시장 사이트를 추천할까~. 인터넷 경매는 입찰 기간이 있어서, 바로는 거래가 성립되지 않지만, 벼룩시장 사이트는 원하는 사람이 있으면 바로 거래가 성립되니까 말이야.

F : 나는 어느 쪽이냐 하면, 될 수 있으면 비싸게 팔고 싶어.

M : 그거라면 인터넷 경매가 낫지 않아? 살 사람이 많으면 많을수록 상품 가격이 올라가니까, 자신이 생각했던 것보다 배의 가격으로 팔리는 경우가 있어. 나도 처음에는 1,000엔으로 설정했던 물건이 최종적으로는 3,000엔에 팔린 적이 있었거든.

F : 와~ 굉장하네. 그럼, 나도 인터넷 경매로 할래.

M : 그치만, 우리 같은 젊은 세대는 벼룩시장 사이트를 이용하는 사람이 많으니까, 이쪽이 팔리기 쉬울지도 몰라. 옷이나 액세서리 같은 자주 쓰는 물건을 팔고 싶을 때는 특히 더 그래. 뭐, 어느 쪽이든 시험 삼아 한번 해 보면 좋아.

F : 여러 가지 가르쳐 줘서 고마워. 집에 돌아가서 당장 해 볼게.

</td></tr>
</table>

男の人はネットオークションの何がいいと言っていますか。

1 思ったよりも高い値段で売れるところ
2 買い手がいればすぐに取引できるところ
3 洋服やアクセサリーが売れやすいところ
4 入札したらすぐに取引が成立するところ

남자는 인터넷 경매의 무엇이 좋다고 말하고 있습니까?

1 생각했던 것보다 비싼 가격으로 팔리는 점
2 살 사람이 있으면 바로 거래할 수 있는 점
3 옷이나 액세서리가 팔리기 쉬운 점
4 입찰하면 바로 거래가 성립되는 점

해설 남자는 인터넷 경매와 벼룩시장 사이트를 비교하며 설명하고 있는데, 비싸게 팔고 싶다는 여자의 말에 비록 시간은 걸리지만 「買い手が多ければ多いほど、商品の値段が上がっていくから、自分が思っていたよりも倍の値段で売れることがあるよ(살 사람이 많으면 많을수록 상품 가격이 올라가니까, 자신이 생각했던 것보다 배의 가격으로 팔리는 경우가 있어)」라고 하며 인터넷 경매의 좋은 점을 말하고 있으니 답은 1번이다.

어휘 処分(처분) | 迷う(망설이다) | おすすめ(추천) | 入札期間(입찰 기간) | 取引(거래) | 成立(성립) | なるべく(될 수 있으면) | 買い手(살 사람) | 倍の値段(배의 가격) | 設定(설정) | 最終的(최종적) | 若い(젊다) | 世代(세대) | 洋服(옷) | 身近な品(친숙한 물건, 자주 쓰는 물건) | 試しに(시험 삼아) | 早速(당장, 즉시)

問題3 問題3では、問題用紙に何も印刷されていません。この問題は、全体としてどんな内容かを聞く問題です。話の前に質問はありません。まず話を聞いてください。それから、質問とせんたくしを聞いて、1から4の中から、最もよいものを一つ選んでください。

例

ラジオで女の人が話しています。

F：先日、両親の銀婚式の記念に旅行をプレゼントしたんです。私は昔から両親の誕生日は重視してきたんですが、結婚記念日まで意識したことがありませんでした。ただ、私が結婚してみて、夫婦で仲良く何年も一緒に暮らすこと、家族を養っていくことの大変さを実感して、両親を今まで以上に尊敬するようになりました。私はまだ結婚1年目のひよっこですが、ここから24年間にどんなことが起きるのか、どんな家庭を築いていくのか、両親を見習ってこれからも頑張っていきたい、両親の銀婚式はそう思うきっかけになりました。

女の人は両親についてどう思っていますか。

1 25年仲良く暮らしてきたことが信じられない
2 両親にこれからもいろいろ教えてもらいたい
3 両親を非常に尊敬している

問題3 문제 3에서는 문제지에 아무것도 인쇄되어 있지 않습니다. 이 문제는 전체로서 어떤 내용인지를 묻는 문제입니다. 이야기 전에 질문은 없습니다. 우선 이야기를 들으세요. 그리고 나서 질문과 선택지를 듣고 1부터 4 안에서 가장 알맞은 것을 하나 고르세요.

예 정답 3

라디오에서 여자가 이야기하고 있습니다.

F：얼마 전 부모님의 은혼식 기념으로 여행을 선물했습니다. 저는 옛날부터 부모님의 생신은 중요시해 왔습니다만, 결혼기념일까지 챙긴 적은 없었습니다. 다만, 제가 결혼해보니 부부가 사이좋게 몇 년이나 함께 살아가는 것, 가족을 부양하는 것의 어려움을 실감하고 나서, 부모님을 지금까지 이상으로 존경하게 되었습니다. 저는 아직 결혼 1년차 병아리이지만, 앞으로 24년 사이에 어떤 일이 일어날지, 어떤 가정을 만들어 갈지, 부모님을 본받아 앞으로 열심히 살아가야겠다고, 부모님의 은혼식은 그렇게 생각하는 계기가 되었습니다.

여자는 부모님에 대해 어떻게 생각하고 있습니까?

1 25년간 사이 좋게 살아왔다는 게 믿기지 않는다
2 부모님에게 앞으로도 여러모로 배우고 싶다
3 부모님을 너무나 존경하고 있다

4 無理をして長く家族を養ってきた

4 무리해서 오랫동안 가족을 부양해왔다

大学で先生が学生たちに話しています。

F：今回の授業の評価は、すでにシラバスで提示している
ように、出席率と中間プレゼンテーション、そして期
末レポートの３つで行います。それから、中間プレゼ
ンテーションですが、パワーポイントを使って作成する
よう、お願いします。スライドは20枚以内、写真、表
などは自由に入れて構いません。ただし、すでにある調
査結果を利用する際は、各図や表の下に引用元を書く
こと。そして作成時に参考にした資料はすべて、最終
スライドに参考文献として載せてください。ここまでで
すが、何か質問はありますか。

先生は何について話していますか。
1 授業の評価方法
2 プレゼンのテーマ
3 プレゼンを準備する際の注意事項
4 パワーポイントを知らない人への説明

대학에서 선생님이 학생들에게 이야기하고 있습니다.

F : 이번 수업 평가는 이미 실러버스(수업계획서)에서 제시한 대로
출석률과 중간 프레젠테이션, 그리고 기말 리포트 3가지로 합
니다. 그리고, 중간 프레젠테이션입니다만, 파워포인트를 사용
해서 작성하기 바랍니다. 슬라이드는 20장 이내, 사진, 표 등은
자유롭게 넣어도 상관없습니다. 다만, 이미 있는 조사 결과를
이용할 때는 각 그림이나 표 밑에 인용처를 쓸 것. 그리고 작성
시에 참고한 자료는 모두 최종 슬라이드에 참고문헌으로서 게
재해 주세요. 여기까지입니다만 질문 있습니까?

선생님은 무엇에 관해 이야기하고 있습니까?
1 수업 평가 방법
2 프레젠테이션의 테마
3 프레젠테이션을 준비할 때 주의사항
4 파워포인트를 모르는 사람에게 설명

해설 선생님은 「出席率と中間プレゼンテーション、そして期末レポート(출석률과 중간 프레젠테이션, 그리고 기말 리포트)」 3가지로
수업 평가하겠다고 하며, 중간 프레젠테이션에 관한 설명과 주의사항에 대해 자세히 언급하고 있으므로 정답은 3번이다.

어휘 シラバス(실러버스, 수업계획서) | 提示(제시) | 出席率(출석률) | 中間プレゼンテーション(중간 프레젠테이션) | 期末レポート
(기말 리포트) | 行う(하다, 행하다) | 作成(작성) | 表(표) | ただし(다만) | 調査結果(조사 결과) | ～際は(～때는) | 各図(각 그림) |
引用元(인용처) | 作成時(작성 시) | 参考(참고) | 資料(자료) | 文献(문헌) | 載せる(게재하다, 싣다) | 注意事項(주의사항)

ラジオで男の人と女の人が話しています。

M：みどりさん、今日のランチは何を食べましたか？
F：私は地下街でラーメンを食べてきました。トオルさん
は？
M：僕はですね、今日のお昼ご飯はキッチンカーのお弁当に
したんですよ〜 キッチンカーって、最近いろんな所で
目にするようになったと思いませんか？

라디오에서 남자와 여자가 이야기하고 있습니다.

M : 미도리 씨, 오늘 런치는 뭘 드셨어요?

F : 저는 지하상가에서 라멘을 먹고 왔어요. 토오루씨는요?

M : 저는 말이죠. 오늘 점심은 키친 카의 도시락으로 했어요. 키친
카를 요즘 여기저기서 보게 되었다고 생각하지 않으세요?

F：あ～ そういえば結構見かけますね！

M：昔はオフィス街やイベント会場で見るイメージでしたよね。それが今では、人の流れがある所ならどこにでも！という印象で、利用者にとっては、わざわざレストランまで出向かなくても済むわけですから、キッチンカーって、ありがたいなぁって思うんです。しかもメニューが、かなり多彩で多国籍で！

F：そうそう！

M：出店者にとっても、時間帯によって場所を移動することでいろんなお客さんを確保できますし、よくよく考えると、これ、いいことだらけなんですよ。

F：そうですね～ 私も明日のランチはキッチンカーから選ぼうかな～

男の人は何について話していますか。
1 明日の昼食のメニュー
2 キッチンカーの利点
3 食生活の変化
4 外で食べることの利点

F：아~ 그러고 보니 자주 보네요!

M：전에는 오피스 거리나 이벤트 회장에서 보는 이미지였는데요. 그게 지금은 사람의 흐름이 있는 장소라면 어디든! 이라는 인상으로, 이용자에게 있어서는 일부러 레스토랑까지 가지 않아도 되니까, 키친 카가 고맙죠. 게다가 메뉴가 꽤 다채로운 다국적이고!

F：맞아요!

M：출점자(가게 측)에게 있어서도, 시간대에 따라 장소를 이동하니까 다양한 손님을 확보할 수 있고, 잘 생각해보면, 이거 좋은 점만 있다고요!

F：그렇네요~ 나도 내일 런치는 키친 카에서 골라볼까~

남자는 무엇에 대해 이야기하고 있습니까?
1 내일 점심메뉴
2 키친 카의 이점
3 식생활의 변화
4 밖에서 먹는 것의 이점

해설 남자와 여자는 점심 식사에 관해서 이야기를 하고 있다. 이때 남자는 키친 카(푸드 트럭)에서 도시락을 먹고 난 후, 여자에게 키친 카의 장점에 대해 이야기하고 있으므로 2번이 정답이다. 1번은 여자가 내일 점심을 키친 카에서 먹고 싶다고 하고 있기 때문에 오답이며, 3번은 식생활의 변화라기 보다 키친 카의 출점 형태의 변화를 이야기하고 있기 때문에 오답이 된다. 마지막으로 밖에서 먹는 식사에 대한 이점에 대해서는 언급되어 있지 않기 때문에 4번도 오답이다.

어휘 地下街(지하상가) | キッチンカー(키친 카, 푸드 트럭) | オフィス街(오피스 거리) | イメージ(이미지) | 流れ(흐름, 유동) | 印象(인상) | 利用者(이용자) | 出向かう(밖으로 나가다) | 済む(끝나다, 마치다) | 多国籍(다국적) | 確保(확보) | 選ぶ(고르다) | 利点(이점) | 食生活(식생활) | 変化(변화)

3番

就職情報会社の会議で女の人が話しています。

F：私は先月まで大学の事務局で働いていたのですが、そこでの担当は、主に学生の就職のサポートでした。そのときに驚いたのが、全国の地方自治体からさまざまな就職情報が集まってくることなんです。求人情報だけではなく、就職イベントの案内、地方へ就職する際の移動費の補助など、多様な支援が行われていました。私は、就職情報イコール企業からの情報だと考えていたので、各自治体がそれほどまでに地方就職に

3번 정답 4

취직 정보 회사의 회의에서 여자가 이야기하고 있습니다.

F：저는 지난달까지 대학교 사무국에서 일했습니다만, 그곳에서의 담당은 주로 학생들 취직 서포트였습니다. 그때 놀란 것이 전국의 지방 자치 단체로부터 다양한 취직 정보가 모여든다는 것이었습니다. 구인 정보뿐만 아니라, 취직 이벤트 안내, 지방에 취직할 때의 교통비 보조 등 다양한 지원이 이루어지고 있었습니다. 저는 취직 정보는 곧 기업으로부터의 정보라고 생각하였기에, 각 자치 단체가 그 정도까지 지방 취직에 힘을 쏟고 있을 줄은 몰랐습니다. 취직을 계기로 고향에 돌아가고 싶어 하는 학생

力を入れているなんて知らなかったんです。就職を機に田舎に戻りたいと考えている学生にとっては、とてもいいことだなと思いました。

女の人は何について話していますか。
1 地方自治体によるイベントの多さ
2 大学での就職支援の難しさ
3 田舎に帰りたい人への就職情報
4 就職支援に熱心な地方自治体

에게 있어서는 매우 좋은 일이라고 생각했습니다.

여자는 무엇에 대해 이야기하고 있습니까?
1 지방 자치 단체에 의한 많은 이벤트
2 대학교에서의 취직 지원의 어려움
3 고향에 돌아가고 싶은 사람에 대한 취직 정보
4 취업 지원에 열심인 지방 자치 단체

해설 여자는 대학에서 학생들 취직 서포트 일을 하였는데, 전국 지방 자치 단체로부터 다양한 취직정보를 비롯한 교통비 보조 등 다양한 지원이 이루어지는 것에 놀랐다고 하며 「各自治体がそれほどまでに地方就職に力を入れているなんて知らなかった(각 지방 자치체가 그 정도까지 지방 취직에 힘을 쏟고 있을 줄 몰랐다)」라고 하며, 「就職を機に田舎に戻りたいと考えている学生にとっては、とてもいいこと(취직을 계기로 고향에 돌아가고 싶어 하는 학생에게 있어서는 매우 좋은 일)」라고 했다. 즉 이 여자는 학생들의 취업 지원을 열심히 행하고 있는 지방 자치 단체에 관해 높게 평가하고 있으니 답은 4번이다.

어휘 就職情報会社(취직 정보 회사) | 事務局(사무국) | 主に(주로) | 地方自治体(지방 자치 단체) | 求人情報(구인 정보) | 移動費(이동비, 교통비) | 補助(보조) | 多様な(다양한) | 企業(기업) | 各自治体(각 자치 단체) | 力を入れる(힘을 쏟다) | ~を機に(~을 계기로) | 田舎(고향, 시골) | ~にとっては(~에게 있어서는) | 熱心(열심)

4番

大学で教授が話しています。

M：皆さんは昨日、パーシビアランスの火星への着陸の瞬間をテレビで見ましたか。火星に探査機が着陸したことは過去にもありましたが、今までは「火星で生命が生存可能か」ということを調査するのが主な目的でした。しかし今回は生命探査、つまり「火星に生命はいたのか」が調査の目的です。以前の探査で、火星に水が流れていた痕跡、跡のようなものが発見されており、生命が存在していたかもしれないということに注目が集まっているようですね。実際、生命がいたかもしれないと考えると興奮しませんか。本授業でも少しずつ今回の探査についての内容を取り上げていきたいと思います。

教授は何について話していますか。
1 新しい探査機の性能
2 今回の火星調査の目的
3 火星の成り立ちと歴史
4 生命の生存可否についての確認方法

4번 정답 2

대학에서 교수가 이야기하고 있습니다.

M : 여러분은 어제 퍼서비어런스(Perseverance)가 화성에 착륙한 순간을 TV로 봤습니까? 화성에 탐사기가 착륙한 적은 과거에도 있었지만, 지금까지는 '화성에서 생명이 생존 가능한가'를 조사하는 것이 주요 목적이었습니다. 그러나 이번에는 '생명 탐사', 즉, '화성에 생명이 있었던 것인가'가 조사의 목적입니다. 이전 조사에서 화성에 물이 흘렀던 흔적, 자국과 같은 것이 발견되어, 생명이 존재했을지도 모른다는 사실에 주목이 집중되고 있는 것 같습니다. 실제로 생명이 있었을지도 모른다고 생각하면 흥분되지 않습니까? 본 수업에서도 조금씩 이번 탐사에 관한 내용을 다뤄 가려고 합니다.

교수는 무엇에 대해 이야기하고 있습니까?
1 새로운 탐사기의 성능
2 이번 화성 탐사의 목적
3 화성의 성립과 역사
4 생명의 생존 여부에 관한 확인 방법

5番	**5번** 정답 1
ユーチューブで女の人が話しています。	유튜브에서 여자가 이야기하고 있습니다.

F：私、中学生のとき、髪がすごく長かったんですけど、中3の夏休みに、短くしたいなあって家族に話したんですよ。そしたらお父さんが「それ、寄付してみたらどうだ」って言ったんです。よく聞いてみたら、病気が原因で髪が抜けてしまった子供たちのためのカツラを作る活動のことでした。そのとき初めてヘアドネーションというものを知って、私も自分の髪を寄付してみることにしたんです。方法は簡単です。ヘアドネーションに参加している美容室で切ってもらうだけ。医療用のカツラを作るためには、31センチ以上の長さが必要で、切り方にも決まりがあります。提供する髪の毛は、染めていてもパーマをかけていても大丈夫です。だから、長い髪をばっさり切ってイメチェンしたいとった方は、ぜひヘアドネーションに参加してみてください。活動に協力している美容室の情報だとか参考になるURLを概要欄に書いておくので、チェックしてみてくださいね。

F : 저 중학생일 때 머리카락이 엄청 길었는데요, 중3 여름 방학에 짧게 하고 싶다고 가족에게 말했어요. 그랬더니, 아버지가 '그거, 기부해 보면 어때?'라고 말했어요. 잘 들어 봤더니, 병으로 머리카락이 빠져 버린 아이들을 위한 가발을 만드는 활동이었습니다. 그때 처음 모발 기부(Hair Donation)라는 것을 알고, 저도 제 머리카락을 기부해 보기로 했어요. 방법은 간단합니다. 모발 기부에 참가하고 있는 미용실에서 자르는 것뿐. 의료용 가발을 만들기 위해서는 31센티미터 이상의 길이가 필요하고, 자르는 법에도 규칙이 있습니다. 제공하는 머리카락은 염색이나 파마했어도 괜찮습니다. 그러니까, 긴 머리카락을 싹둑 잘라 이미지 변신하고 싶은 분은 꼭 모발 기부에 참가해 보세요. 활동에 협력하고 있는 미용실의 정보라든가 참고가 되는 URL을 개요란에 적어둘테니, 확인해 보세요.

女の人は何について話していますか。

1 ヘアドネーションの紹介
2 ヘアドネーションの背景
3 髪を短く切りたかった理由
4 寄付ができる美容室の情報

여자는 무엇에 대해 이야기하고 있습니까?

1 모발 기부의 소개
2 모발 기부의 배경
3 머리카락을 짧게 자르고 싶었던 이유
4 기부할 수 있는 미용실 정보

6番

人権問題に取り組む弁護士がテレビで話しています。

M：日本で戸籍のない人たちが１万人いるという事実をご存じでしょうか。通常、戸籍は、赤ちゃんが生まれ、自治体に出生届を提出することで作られます。ところが、何らかの事情でこの出生届が出されず、戸籍のないまま生きている、いわゆる無戸籍の人たちがいるのです。戸籍がないと小学校に通えません。健康保険証がないから病院に行けない、身分証明書がないからまともな働き口が得られない等々、想像を絶する不利益が生じます。こうした戸籍のない状態になってしまうことは法律に問題があるのですが、その話は後に譲ります。私が申し上げたいのは、出生届を出すのは親だということです。そして、親に事情があったとして、その子供に何の責任があるというのでしょうか。厳しい状況に置かれた子供たちの支援を私は今後も続けていく所存です。

弁護士は何について話していますか。
1　無戸籍者が生まれる背景
2　無戸籍者への国の支援
3　**無戸籍者の苦労や問題**
4　無戸籍者に対する国の課題

6번
정답 3

인권 문제에 임하는 변호사가 TV에서 이야기하고 있습니다.

M : 일본에서는 호적이 없는 사람들이 1만 명 있다는 사실을 알고 계시나요? 통상적으로 호적은 갓난아기가 태어나고, 지자체에 출생 신고서를 제출하는 것으로 만들어집니다. 그러나, 어떤 사정으로 이 출생 신고서가 제출되지 않아 호적이 없는 채 살고 있는, 이른바 무호적인 사람들이 있는 것입니다. 호적이 없으면, 초등학교에 다닐 수 없습니다. 건강 보험증이 없으니 병원에 못 가고, 신분증명서가 없으니 제대로 된 일자리를 얻을 수 없는 등 상상도 할 수 없는 불이익이 생깁니다. 이러한 호적이 없는 상태가 되어 버리는 것은 법률에 문제가 있는 건데요, 그 이야기는 나중으로 미루겠습니다. 제가 말씀드리고 싶은 것은 출생 신고서를 내는 것은 부모라는 것입니다. 그리고, 부모에게 사정이 있었다고 해서, 그 아이에게 무슨 책임이 있다는 것일까요? 혹독한 상황에 놓인 아이들의 지원을 저는 앞으로도 계속해 나갈 생각입니다.

변호사는 무엇에 대해 이야기하고 있습니까?
1　무호적자가 생기는 배경
2　무호적자에 대한 국가의 지원
3　**무호적자의 고생이나 문제**
4　무호적자에 대한 국가의 과제

해설 이 글에서 변호사는 주로 호적이 없는 사람들이 겪게 되는 문제점들에 관해 지적하고 있다. 학교 문제, 병원, 일자리 문제 등 호적이 없다는 이유로 발생하는 불이익에 관해 언급하고 있으므로 답은 3번이 된다.

어휘 人権問題(인권 문제) | 取り組む(임하다, 대처하다) | 弁護士(변호사) | 戸籍(호적) | ご存じだ(알고 계시다) | 通常(통상, 보통) | 出生届(출생 신고서) | 何らかの事情(어떤 사정) | いわゆる(이른바) | 無戸籍(무호적) | 通う(다니다) | 健康保険証(건강 보험증) | 身分証明書(신분증명서) | まともな(제대로 된) | 働き口(일자리) | 得る(얻다) | 等々(등등) | 想像を絶する(상상도 할 수 없다) | 不利益が生じる(불이익이 생기다) | 法律(법률) | 譲る(양보하다, 미루다) | 申し上げる(말씀드리다) | 今後も(앞으로도) | 所存(생각) | 背景(배경)

제2회 해설 및 풀이 전략　**91**

問題4では、問題用紙に何も印刷されていません。まず文を聞いてください。それから、それに対する返事を聞いて、1から3の中から、最もよいものを一つ選んでください。

문제 4에서는 문제지에 아무것도 인쇄되어 있지 않습니다. 우선 문장을 들으세요. 그러고 나서 그 문장에 맞는 대답을 듣고 1부터 3 안에서 하나를 고르세요.

例

M：ラファエロ、ダ・ヴィンチとくれば、その次は？

F：1　私は行かないことにするわ。

　　2　ミケランジェロかな。

　　3　世界的に名の知れた画家でしょ。

예 정답 2

M : 라파엘로, 다빈치라고 하면 그 다음은?

F : 1　난 안 갈래.

　　2　미켈란젤로인가.

　　3　세계적으로 이름이 알려진 화가잖아.

1番

F：うちのおじいちゃんが住んでる村なんて、コンビニはおろかスーパーもないんだよ。

M：1　へえ、のんびりしてるおじいちゃんだね。

　　2　えー、それは不便でしょうがないね。

　　3　でも、コンビニがあるならよかったね。

1번 정답 2

F : 우리 할아버지가 살고 있는 동네는 편의점은커녕 슈퍼도 없어.

M : 1　우와, 한가로이 지내는 할아버지네.

　　2　와, 그거 정말 불편하겠네.

　　3　하지만, 편의점이 있다면 다행이네.

해설 「~はおろか~も(~는커녕 ~도)」 표현이 결정적 힌트가 된다. 편의점은커녕 슈퍼도 없으니 당연히 여러모로 불편할 수밖에 없을 것이므로 가장 적당한 대답은 2번 「それは不便でしょうがないね(그거 정말 불편하겠네)」가 된다. 「~てしょうがない」는 '정말, 너무 ~하다'는 뜻으로 어떤 상태를 강하게 느낀다는 표현으로 시험에 자주 출제되니 꼭 공부해 두자.

어휘 うちのおじいちゃん(우리 할아버지) | 村(동네, 마을) | ~はおろか~も(~는커녕 ~도) | のんびり(한가로이, 여유있게) | ~てしょうがない(정말, 너무 ~하다)

2番

M：結果はどうやって教えていただけるんでしょうか。

F：1　後日、お知らせいたします。

　　2　伝えていただければ幸いです。

　　3　来週、書面をもってお知らせいたします。

2번 정답 3

M : 결과는 어떻게 알려 주시는 건지요?

F : 1　나중에 알려드리겠습니다.

　　2　전해주시면 감사하겠습니다.

　　3　다음 주, 서면으로 알려드리겠습니다.

해설 정확한 질문의 의도를 파악하는 것이 중요하다. 「どうやって(어떻게)」라고 질문했으니, 「書面をもって(서면으로)」라고 수단을 나타내는 3번이 답이 된다. 1번은 알려주는 방법이 아니라 단순한 시기만 말하고 있으므로 답이 될 수 없다.

어휘 どうやって(어떻게) | 後日(나중에, 후일) | ~ば幸いです(~해주시면 감사하겠습니다) | 書面(서면) | ~をもって(~로)

3番

F：それにしても、よく降りますね。

M：1　あんまり振られすぎて、もう慣れっこです。

3번 정답 3

F : 그건 그렇고, 많이 내리네요.

M : 1　너무 많이 차여서, 이제 익숙해요.

2 ええ、緊張してしまって。せっかくのチャンスだったのに。

3 秋の長雨とは言うものの、長すぎますよ。

2 네, 긴장해버려서. 모처럼의 기회였는데.

3 가을장마라고 해도 너무 기네요.

해설 「よく降りますね(많이 내리네요)」를 들으면, 현재 비 또는 눈이 많이 내리고 있다는 것을 추측할 수 있다. 따라서 비와 관련된 단어 「秋の長雨(가을 장마)」가 들린 3번이 답이다. 1번 「振られる」는 발음은 같지만 한자는 다른 단어로 '(이성에게) 차이다'란 뜻이다.

어휘 振られる(차이다) | 慣れっこ(완전히 익숙해진 모양) | 秋の長雨(가을 장마) | ～とは言うものの(~라고 해도)

4番

M：セミナーの参加費、2万円だってね。まあ、払えなくもないけどさ。

F：1 内容のわりに安くてびっくりだよね。

2 ちょっと考えちゃう値段よね。

3 私は安いとは思わないけど。

4번 정답 2

M：세미나 참가비, 2만 엔이라네. 뭐, 못 낼 것도 없지만 말이야.

F：1 내용에 비해 싸서 깜짝 놀랐어. 그치?

2 좀 생각하게 하는 가격이지.

3 나는 싸다고는 생각 안 하는데

해설 남자의 말의 뉘앙스를 파악하는 것이 중요하다. 「払えなくもない」는 '못 낼 것도 없다'는 뜻인데, 「～なくもない(~하지 않을 것도 없다, ~못할 것도 없다)」 문형이 결정적 힌트가 된다. 따라서 참가비를 못 낼 것도 없다, 즉 그 정도 금액이라면 낼 수 있는 능력은 되지만 좀 비싸다는 말을 하고 싶은 것이므로 이 말에 맞장구 치고 있는 2번이 답이 된다. 1번과 3번은 반대로 싸다는 말을 하고 있으므로 오답이다.

어휘 参加費(참가비) | 払う(내다, 지불하다) | ～のわりに(~에 비해)

5番

F：課長、私の企画書、もう読まれました？使えそうですか？

M：1 ご苦労さま。よく仕えていたよ。

2 もう少し現実に即した提案にするべきかな。

3 とんだ代物をつかまされたね。

5번 정답 2

F：과장님, 제 기획서, 벌써 읽으셨어요? 쓸 수 있을 것 같아요?

M：1 수고했어. 잘 모셨어.

2 좀 더 현실에 입각한 제안으로 해야 하려나?

3 형편없는 물건을 속아서 사셨네요.

해설 「使えそうですか」는 '쓸 만하냐, 사용할 만한 가치가 있냐'는 뜻으로, 이 질문에 대해 자신의 의견을 말하고 있는 2번이 답이다. 1번의 「仕える(모시다, 섬기다)」는 발음은 같지만 전혀 다른 뜻이고, 3번의 「とんだ代物をつかまされる(형편없는 물건을 속아서 사다)」는 관용 표현처럼 통째로 외워 두자.

어휘 企画書(기획서) | ご苦労さま(수고했어) | 仕える(모시다, 섬기다) | ～に即した(~에 입각한) | とんだ代物をつかまされる(형편없는 물건을 속아서 사다)

6番

M：旅行では、その土地ならではの味を楽しみたいよね。

F：1 ほんと、ご当地グルメは欠かせないわ。

2 その土地、前にも味わったもんね。

3 あなたならきっとうまくできるわよ。

6번 정답 1

M：여행에서는 그 지방만의 맛을 즐기고 싶죠?

F：1 정말, 그 지역 맛집은 빼놓을 수 없네.

2 그 지방, 전에도 맛본걸.

3 너라면 반드시 잘 할 수 있을 거야.

해설 「AならではのB」는 'A만의 B'라는 뜻으로 남자는 그 지방만의, 그 지방에서만 맛볼 수 있는 음식을 즐기고 싶다고 했으니 1번 「ご当地

グルメ(지역 맛집)」가 결정적 힌트로 정답이 된다. 3번의 「うまい」는 '맛있다'는 뜻이 아니라 '잘한다'는 뜻이므로 오답이다.

어휘 土地(토지, 지방) | ~ならではの(~만의) | ご当地グルメ(지역 맛집) | 欠かす(빼놓다, 빠뜨리다)

7番

F : 聞いた？鈴木さんがとうとう部長とやり合ったらしいよ。

M : 1 そっか。何をあげたって？

2 あげたんだ？似合ってたって？

3 ついに？いつか衝突すると思ったよ。

7번 정답 3

F : 들었어? 스즈키 씨가 결국 부장님하고 다툰 모양이야.

M : 1 그렇구나. 무엇을 드렸대?

2 드렸어? 어울렸대?

3 결국? 언젠가 충돌할 줄 알았어.

해설 「やり合う」는 '다투다, 언쟁을 벌이다'는 뜻이다. 여자는 스즈키 씨와 부장님이 다투었다고 했고, 이 말에 가장 적당한 대답은 3번이란 것을 알 수 있다.

어휘 とうとう(결국, 드디어) | やり合う(다투다, 언쟁을 벌이다) | 似合う(어울리다) | ついに(마침내, 드디어) | 衝突する(충돌하다)

8番

M : 僕は、日本の夏といったら、やっぱり花火だな。

F : 1 ええ、桜の季節になりましたね。

2 言わぬが花ですよ。

3 私もです。情緒がありますよね。

8번 정답 3

M : 나는 일본의 여름이라고 하면, 역시 불꽃놀이지.

F : 1 예, 벚꽃의 계절이 되었네요.

2 아무 말 하지 않는 게 좋아요.

3 저도 그래요. 정서가 있지요?

해설 「~といったら(~라 하면)」는 어떤 단어를 듣고 연상되는 사항을 말할 때 쓰는 문형이다. 남자는 일본의 여름이라고 하면 불꽃놀이가 연상된다는 말을 하고 있고, 이에 맞장구 치는 3번이 답이 된다. 1번의 「桜(벚꽃)」, 2번의 「花(꽃)」는 꽃과 관련된 단어로 오답을 유도하는 문제로 함정에 빠지지 않도록 주의하자.

어휘 ~といったら(~라 하면) | 花火(불꽃놀이) | 季節(계절) | 言わぬが花(아무 말 하지 않는 게 좋다, 낫다) | 情緒(정서)

9番

F : 田中さん、この報告書、具体的な数字を書き足しておいてくれると助かるんだけど。

M : 1 すみません。修正してくださったんですね。

2 助かりました。やろうと思ってたんです。

3 分かりました。すぐにやっておきます。

9번 정답 3

F : 다나카 씨, 이 보고서, 구체적인 숫자를 보충해서 더 써 주면 도움 되겠는데.

M : 1 죄송합니다. 수정해 주셨네요.

2 도움이 되었습니다. 하려고 했습니다.

3 알겠습니다. 즉시 해 두겠습니다.

해설 여자는 남자에게 구체적인 숫자를 보충해 달라고 부탁하고 있고, 그 부탁대로 「すぐにやっておきます(즉시 해 두겠다)」라고 답한 3번이 답이 된다. 1번은 수정해 주었다고 상대에게 고마워하고 있으니 맞지 않고, 2번의 「助かりました(도움이 되었습니다)」도 마찬가지로 상대에게 도움을 받았다는 뜻이므로 답이 될 수 없다.

어휘 報告書(보고서) | 具体的(구체적) | 数字(숫자) | 書き足す(보충해서 더 쓰다) | 助かる(도움이 되다) | 修正(수정)

10番

M：差し支えなければ、後ほどお時間いただいてもよろしい
　　でしょうか。

F：1　では、いただけるものなら、ありがたく。

　　2　お邪魔でないのなら、差し上げますよ。

　　3　ええ、かまいませんよ。

10번 정답 3

M：괜찮으시다면, 나중에 시간 내주실 수 있으신지요?

F：1　그럼, 주신다면 감사히.

　　2　방해가 되지 않는다면, 드리겠습니다.

　　3　예, 괜찮습니다.

해설 「差し支えなければ(괜찮으시다면, 지장 없으시다면)」는 상대에게 양해를 구할 때 쓰는 표현이고, 「お時間をいただく(시간 내주시다)」는 상대에게 시간을 내달라는 뜻이고, 이 말에 가장 적당한 대답은 허락을 하는 3번이 된다. 1번 「いただける(주시다)」나 2번 「差し上げる(드리다)」는 모두 비슷한 발음을 들려주어 오답을 유도하고 있으므로 혼동하지 않도록 주의하자.

어휘 差し支えなければ(괜찮으시다면, 지장 없으시다면) | 後ほど(나중에) | お邪魔(방해) | 差し上げる(드리다)

11番

F：くどいくらい何度も念を押しておいたほうがいいです
　　よ。

M：1　うん、最近の和田部長、うっかりミスが多いから
　　　　ね。

　　2　そうかな。僕は濃い味のほうが好きなんだけど。

　　3　下手すると胃がもたれそうですね。気をつけます。

11번 정답 1

F：끈질길 정도로 몇 번이나 확인을 하는 편이 좋아요.

M：1　응, 요즘 와다 부장님 깜빡하는 실수가 잦으니까.

　　2　그럴까, 나는 진한 맛을 더 좋아하는데.

　　3　자칫하면 체할 것 같네요. 조심할게요.

해설 「念を押す」는 '거듭 확인하다'라는 뜻의 관용 표현으로, 상대에게 「うっかりミスが多いから(깜빡 실수가 많으니까)」라고 하며 끈질기게 느껴질 정도로 여러 번 확인하라고 조언하고 있다는 것을 추측할 수 있으므로 답은 1번이 된다.

어휘 くどい(끈덕지다, 장황하다) | 念を押す(거듭 확인하다) | うっかり(깜빡) | 濃い(진하다) | 下手すると(자칫하면) | 胃がもたれる(체하다)

12番

M：思いがけないことで、言葉も見つからないのだけど、大
　　変だったね。お悔み申し上げます。

F：1　いらっしゃい。ゆっくり遊んでいってね。

　　2　ありがとう。あなたに来てもらえて心強い限りだ
　　　　わ。

　　3　あなたが悔しがるなんて、思ってもみなかったわ。

12번 정답 2

M：예기치 못한 일로 할 말이 떠오르지 않지만, 많이 힘들었지. 조의를 표합니다.

F：1　어서 와. 천천히 놀다 가.

　　2　고마워. 네가 와 줘서 정말 마음 든든해.

　　3　네가 분해하다니 생각치도 못했어.

해설 「お悔み申し上げます」는 '조의를 표합니다'란 뜻으로 유족에게 사용하는 표현으로, 이 말에 가장 적당한 대답은 2번이다. 비슷한 표현으로 「ご愁傷さまです(정말 애통하게 생각합니다, 명복을 빕니다)」도 함께 기억해 두자.

어휘 思いがけない(뜻하지 못하다) | 言葉も見つからない(뭐라 할 말도 없다) | お悔み申し上げます(조의를 표합니다) | 心強い(마음 든든하다) | ～限りだ(정말, 매우 ~하다) | 悔しがる(분해하다)

M1：高額な料金を払ってまで外部の業者に依頼するんじゃなかったよ。

M2：1 承知しました。発注はキャンセルします。

2 これなら我々の手でも何とかできましたね。

3 さすがプロは違いますよね。高いだけあります。

解説 「〜んじゃなかった」는 동사 기본형에 접속하여 '괜히 ~했다' 후회할 때 쓰는 표현이다. 남자1은 고액의 요금을 내면서까지 외부 업자에게 「依頼するんじゃなかった(의뢰하는 게 아니었다)」라고 후회한다는 말에 가장 맞는 대답은 「我々の手でも何とかできました(우리들 손으로도 어떻게든 할 수 있었습니다)」, 즉 굳이 돈 내고 맡기지 말고 우리가 직접 했어도 괜찮지 않았냐고 한 2번이 답이다. 1번은 발주를 취소하겠다고 했는데, 이미 좋지 못한 결과가 나온 상태를 보며 후회하고 있으므로 답이 될 수 없다.

어휘 高額(고액) | 〜てまで(~하면서까지) | 外部(외부) | 業者(업자) | 依頼する(의뢰) | 〜んじゃなかった(~하는 게 아니었다, 괜히 ~했다) | 承知する(알다) | 発注(발주) | 我々の手(우리들 손) | 何とか(어떻게든) | さすが(역시, 과연) | 〜だけある(~만큼 가치가 있다)

13번 정답 2

M1：고액의 요금을 지불하면서까지 외부 업자에게 의뢰하는 게 아니었어.

M2：1 알겠습니다. 발주는 취소하겠습니다.

2 이거라면 우리들 손으로도 어떻게든 할 수 있었네요.

3 역시 프로는 다르군요. 비싼 만큼 가치가 있네요.

M：今回のトラブル、下手するとプロジェクト自体が見送りになりかねないね。

F：1 そこまで深刻なの？

2 私は上手だと思ったけどな。

3 お見送り、代わってあげよう？

解説 「見送り」에는 '배웅'이란 뜻과 '보류'란 뜻이 있다. 대개 시험에는 '보류'란 뜻이 자주 출제되니 꼭 기억해 두자. 어떤 문제로 인해 프로젝트 자체가 보류될 수도 있을 정도라고 했으므로 가장 적당한 것은 1번 「そこまで深刻なの？(그렇게까지 심각한 거야?)」가 정답이 된다. 2번에 「上手だ」가 나오지만 「下手すると(잘못하면, 자칫하면)」는 못한다는 뜻이 아니니 주의하고, 3번에도 「見送り」가 나오지만 '배웅'이란 뜻으로 쓰인 문장이니 혼동하지 않도록 조심하자.

어휘 下手すると(잘못하면, 자칫하면) | 自体(자체) | 見送り(배웅, 보류) | 深刻(심각) | 代わる(대신하다)

14번 정답 1

M：이번 문제, 잘못하면 프로젝트 자체가 보류가 될 수도 있네.

F：1 그렇게까지 심각한 거야?

2 나는 잘한다고 생각했는데 말야.

3 배웅 대신해 줄까？

問題5 問題5では、長めの話を聞きます。この問題には練習はありません。問題用紙にメモをとってもかまいません。

1番、2番

問題用紙に何も印刷されていません。まず話を聞いてください。それから、質問とせんたくしを聞いて、1から4の中から、最もよいものを一つ選んでください。

문제 5 문제 5에서는 긴 이야기를 듣습니다. 이 문제에 연습은 없습니다. 문제지에 메모를 해도 됩니다.

1번, 2번

문제지에 아무것도 인쇄되어 있지 않습니다. 우선 이야기를 들으세요. 그러고 나서 질문과 선택지를 듣고 1부터 4 안에서 가장 알맞은 것을 하나 고르세요.

女の人と男の人が和菓子について話しています。

F：木下さんは、あんことクリーム、どちらがお好きですか。

M：どちらかというと和菓子が好きです。街を歩いていても、和菓子屋さんの店先は、ついのぞいてしまいます。

F：意外ですね。甘いものは苦手なものと思いきや、それは相当お好きなほうなんじゃ？和菓子の中では何がいちばんお好きですか。

M：羊羹でも、どら焼きでも、あんこの入っているものなら何でも目がないんですが、いちばんは最中ですね。まずね、形が四角だけじゃなくて、いろいろあるでしょう。梅や栗、鈴や人形などなど、地方の名物を表したような独自の形があってね、それが面白いと思うんですよ。

F：言われてみればそうですね。全国各地にいろいろな形がありますね。

M：それから、まあ、これは最中に限ったことじゃないですが、和菓子屋さんでは店先で職人の作業を見せることがあるじゃないですか。

F：はあ、確かに。

M：私はね、子供の頃、和菓子屋の職人さんが皮にあんこを載せる作業を見ていて、その流れるような手さばきに惚れ惚れしたんですよ。私が最中を好きになったのは、その職人芸を見たからかもしれません。

F：思い出のお菓子なんですね。最中は作り立てがおいしいって言いますよね。以前テレビで、注文を受けてから皮にあんこを載せる和菓子屋さんを見たことがあります。それにつけても、木下さんの最中への愛は、すごいですね。

M：いやいや、それほどでも。もし川村さんも和菓子がお好きなら、今度、私が好きなお店の最中を買ってきますよ。

F：ありがとうございます。それは食べずにはいられませんね。

여자와 남자가 화과자에 대해 이야기하고 있습니다.

F : 기노시타 씨는 팥소하고 크림 어느 것이 좋아요?

M : 굳이 말하자면 화과자가 좋아요. 거리를 걷고 있다가도 화과자 가게 앞은 나도 모르게 들여다보게 돼요.

F : 의외네요. 단 것은 싫어할 줄 알았는데, 그건 꽤나 좋아한다는 거잖아요! 화과자 중에서는 뭐가 제일 좋아요?

M : 양갱이든 도라야키든 팥소가 들어 있는 거라면 뭐든 사족을 못 쓰는데요, 제일 좋아하는 건 모나카예요. 우선, 모양이 네모만 있는 게 아니라 여러 가지 있잖아요? 매실이나 밤, 방울이나 인형 등 지방의 명물을 나타낸 것 같은 독자적인 모양이 있어서, 그게 재밌다고 생각해요.

F : 듣고 보니 그렇네요. 전국 각지에 여러 가지 모양이 있네요.

M : 그리고, 이건 모나카에 한정된 것은 아닌데, 화과자 가게에서는 가게 앞에서 장인의 작업을 보여주는 경우가 있잖아요.

F : 아, 그렇죠.

M : 저는요, 어렸을 때 화과자 가게의 장인이 피에 팥소를 올리는 작업을 보고 있다가, 그 물 흐르는 듯한 솜씨에 홀딱 반했어요. 제가 모나카를 좋아하게 된 것은 그 장인의 뛰어난 기술을 봤기 때문일지도 몰라요.

F : 추억의 과자네요. 모나카는 갓 만들었을 때 맛있다고 하지요. 이전에 TV에서, 주문을 받고 나서 피에 팥소를 올리는 화과자 가게를 본 적이 있어요. 그렇다 치더라도, 기노시타 씨의 모나카에 대한 사랑은 대단하군요.

M : 아뇨, 아뇨, 그 정도는 아니에요. 만약에 가와무라 씨도 화과자를 좋아하면 다음에 제가 좋아하는 가게의 모나카를 사올게요.

F : 감사합니다. 그건 꼭 먹어봐야겠네요.

男の人はどうして最中を好きになりましたか。

1　形がいろいろあって面いから
2　職人の技に感心したから
3　作る過程を見せてくれるから
4　作り立てがおいしいから

남자는 왜 모나카를 좋아하게 되었습니까?

1　모양이 여러 가지 있어 재밌어서
2　장인의 기술에 감탄해서
3　만드는 과정을 보여 주니까
4　갓 만든 것이 맛있어서

해설　남자는 화과자를 좋아하는데 그중에서도 모나카를 제일 좋아한다고 했다. 결정적 힌트는「私はね、子供の頃、～私が最中を好きに なったのは、その職人芸を見たから(나는요, 어렸을 때 ~제가 모나카를 좋아하게 된 것은 그 장인의 뛰어난 기술을 봐서)」라는 내용 이다. 즉 남자는 화과자 장인이 직접 모나카를 만드는 장면을 보고 모나카를 좋아하게 된 것을 알 수 있으니 답은 2번이 된다.

어휘　和菓子(화과자)｜あんこ(팥소)｜どちらかというと(굳이 말하자면)｜和菓子屋さん(화과자 가게)｜店先(가게 앞)｜つい(나도 모르게)｜のぞく(들여다 보다)｜～と思いきや(~할 줄 알았는데)｜相当(상당히, 꽤나)｜羊羹(양갱)｜どら焼き(도라야키)｜目がない(사족을 못 쓰다)｜最中(모나카)｜形(모양)｜四角(네모, 사각)｜梅(매실)｜栗(밤)｜鈴(방울)｜名物(명물)｜表す(나타내다)｜独自(독자)｜各地(각지)｜職人(장인)｜作業(작업)｜皮(피, 껍질)｜載せる(올리다, 얹다)｜手さばき(솜씨)｜惚れ惚れする(홀딱 반하다)｜職人芸(장인의 뛰어난 기술)｜思い出(추억)｜作り立て(갓 만듦)｜それにつけても(그걸 봐도)｜～ずにはいられない(~하지 않고는 못 배기다, 꼭 ~해야 한다)｜技(기술)｜感心する(감탄하다)

2番

会社で男の人と女の人が話をしています。

M：先輩、おいしいレストラン、たくさん知ってますよね。ちょっと相談に乗ってもらえませんか。来月、親父の還暦祝いをするんですよ。兄弟とその家族が集まるんで、結構な人数になるんですけど、どこかいいところ、ないですかね。

F：あら、すてきね。どんなメニューがいいのかしら。

M：親父とお袋は海外旅行の経験が豊富で、外国の珍しい料理を食べるのが好きなんです。二人とも年齢の割によく食べるほうで、ステーキみたいなボリュームのあるものでもペロリと平らげちゃうんですよ。あと、周りに気をつかわなくても済むように、個室があれば。

F：そうねえ。最近オープンした店なんだけど、「ギュウギュウ」っていうおいしいステーキハウスがあるわよ。アメリカンスタイルで、厚みがあってジューシーで、赤身は噛み応えがあって、ボリュームたっぷりだったの。ワインも揃ってたわ。あー、でも、独立した空間はなかったかも。

M：ステーキとワイン、いいですね。ほかにもどこかありますか。

2番 정답 3

회사에서 남자와 여자가 이야기하고 있습니다.

M：선배, 맛있는 레스토랑 많이 알고 계시죠? 잠깐 상의 좀 해 주실 수 있을까요? 다음 달에 아버지 환갑잔치가 있는데요. 형제들이랑 가족들이 모일 거라 상당한 인원수가 될 텐데, 어디 좋은 데 없을까요?

F：어머, 멋지다! 어떤 메뉴가 좋을까?

M：아버지와 어머니는 해외여행 경험이 풍부해서, 외국의 진귀한 요리를 먹는 걸 좋아하세요. 두 분 다 연세에 비해서 잘 드시는 편이고, 스테이크 같은 양이 되는 것도 금방 먹어 치울 정도예요. 그리고 주위 사람 신경 쓰지 않아도 되는 룸이 있으면….

F：글쎄. 최근에 오픈한 가게인데, '규우규우'라고 하는 맛있는 스테이크 하우스가 있어. 아메리칸 스타일로 두툼하고 육즙도 풍부하고, 살코기는 씹는 맛이 있고 양이 푸짐했어. 와인도 여러 종류 갖춰져 있었어. 아 근데, 독립된 공간은 없었을지도.

M：스테이크와 와인, 좋네요. 어디 다른 데도 있을까요?

F：ベトナム料理の「ハノイ」というお店もおすすめよ。どの料理にもハーブがしっかり使われていて、本格的なの。ちょっとおしゃれな感じのお店かな。盛り付けがってもきれいで、女性に人気よ。

M：へー、今度彼女と行ってみたいな。デート向けの店ですよね。兄貴の子供がまだ小さいんで、子供が食べやすいメニューもあると助かります。

F：中国料理の「桃園」はね、家庭料理から宮廷料理までメニューが多彩だから、その点では安心かも。古い一軒家を改造したお店なの。襖で仕切れる座敷の個室スタイルよ。

M：なるほど。

F：あとは、子供のことを考えたら、無難に和食かしら。「さくら」って一緒に行ったことあるよね。あそこなら個室もあるし。

M：あ、あそこもおいしいですよね。けど、和食はいつも食べてるからな。よし、親父がメニュー選びから楽しめそうな店に決めます。やっぱ、先輩に相談してよかったです。ありがとうございました。あとで電話して予約入れちゃいます。

男の人はどの店に電話をしますか。

1　ステーキハウス「ギュウギュウ」
2　ベトナム料理「ハノイ」
3　中国料理「桃園」
4　和食レストラン「さくら」

F : 베트남 요리 '하노이'라는 가게도 추천이야. 어떤 요리에도 허브가 제대로 사용되어 있어 본격적이야. 좀 세련된 느낌의 가게라고 할까. 플레이팅이 아주 예뻐서 여성에게 인기야.

M : 아~, 다음에 여자친구랑 가 보고 싶네요. 데이트에 어울리는 가게네요. 형네 아이가 아직 어려서, 아이가 먹기 좋은 메뉴도 있으면 좋겠어요.

F : 중국 요리 '도원'은 말이야. 가정 요리부터 궁정 요리까지 메뉴가 다채로우니까, 그 부분은 안심될지도. 오래된 단독주택을 개조한 가게야. 미닫이문으로 칸막이할 수 있는 다다미방 객실 스타일이야.

M : 그렇군요.

F : 그리고 아이들을 생각하면, 일식이 무난하려나? '사쿠라'라고 같이 가 본 적 있지? 거기라면 룸도 있고.

M : 아, 거기도 맛있죠. 하지만, 일식은 늘 먹는 거니까. 좋아, 아버지가 메뉴 선정부터 즐길 수 있을 것 같은 가게로 정할게요. 역시 선배한테 상의하길 잘했어요. 감사합니다. 나중에 전화로 예약할게요.

남자는 어느 가게에 전화합니까?

1　스테이크 하우스 '규우규우'
2　베트남 요리 '하노이'
3　중국 요리 '도원'
4　일식 레스토랑 '사쿠라'

해설 이런 유형의 문제는 메모하면서 특징을 받아 적는 것이 중요하다. 문제의 패턴은 대개 몇 가지 명사를 나열하며 그 특징을 설명하고, 그 설명을 다 듣고 특징을 언급하며 답을 찾는 방식이다. 남자는 마지막에「親父がメニュー選びから楽しめそうな店に決めます(아버지가 메뉴 선정부터 즐길 수 있을 것 같은 가게로 정할게요)」라고 했는데, 앞에서 중국 요리 '도원'에 관해「家庭料理から宮廷料理までメニューが多彩だ(가정 요리부터 궁정 요리까지 메뉴가 다채롭다)」라고 하며「襖で仕切れる座敷の個室スタイル(미닫이문으로 나뉘어 있는 다다미방 객실 스타일)」라고 했으니 남자가 찾던 식당이라는 것을 판단할 수 있으니 답은 3번이 된다.

어휘 相談に乗る(상담에 응하다) | 親父(아버지) | 還暦祝い(환갑잔치) | 人数(인원수) | お袋(어머니) | 豊富だ(풍부하다) | 珍しい(진귀하다) | 〜の割に(〜에 비해서) | ボリュームがある(양이 되다) | ペロリと(음식을 빨리 먹는 모양) | 平らげる(먹어 치우다) | 気をつかう(신경 쓰다) | 個室(룸, 독립된 방) | 厚みがある(두툼하다) | ジューシー(육즙이 풍부) | 赤身(살코기) | 噛み応えがある(씹는 맛이 있다) | ボリュームたっぷりだ(양이 푸짐하다) | 揃う(갖춰지다) | 独立(독립) | 本格的(본격적) | 盛り付け(플레이팅) | デート向け(데이트에 어울림, 데이트용) | 兄貴(형) | 家庭料理(가정 요리) | 宮廷料理(궁정 요리) | 多彩だ(다채롭다) | 一軒家(단독주택) | 改造(개조) | 襖(맹장지, 미닫이문) | 仕切る(칸막이하다) | 座敷(다다미방) | 無難(무난) | 和食(일식) | メニュー選び(메뉴 선정)

3番

まず話を聞いてください。それから、二つの質問を聞いて、それぞれ問題用紙の1から4の中から、最もよいものを一つ選んでください。

3番

テレビを見て男の人と女の人が話しています。

M1：あけましておめでとうございます。今、万福百貨店の前に来ています。ご覧ください。この長蛇の列。福袋を求めて大勢のお客さんが並んでいます。お店は10時開店ですが、いちばん早い方はなんと朝5時から並んでいるそうですよ。今年の福袋のいちばんの目玉は、Yブランドの3万円の福袋です。なんと5万円相当の品物も含まれているということです。以上、万福百貨店の前から中継でした。

M2：まったく、正月早々、何時間も並んで福袋を買うなんて、考えられない。どうかしてるよ。

F ：そうかしら。福袋って何が入っているか分からないから、ドキドキするじゃない。福袋の最大の醍醐味よ。幸福の福を買うんだし、縁起がいいじゃないの。

M2：何が入っているか分からないものに3万円も払うのかい？だったら、自分で好きなものを選んで買うほうがいいじゃないか。

F ：好きなブランドなんだから、選ぶ手間が省けていいじゃない。

M2：自分がお金を払うのに、中身を確かめないなんて、あり得ないよ。

F ：テレビで言ってたでしょ。5万円のものが入っているのよ。お得よ。

M2：だけど使わなかったら意味ないだろ。

F ：そういう場合は、また売ればいいわ。中古品を売るアプリとかでね。

M2：そんなめんどくさいことを。店の前に並ぶのだって、また売るのだって、時間の無駄だよ。

F ：あなたとは意見が合わないわ。

3번

우선 이야기를 들으세요. 그리고 나서 두 개의 질문을 듣고 각각 문제지의 1부터 4 안에서 가장 알맞은 것을 하나 고르세요.

3번 질문1 정답 1 | 질문2 정답 4

TV를 보고 남자와 여자가 이야기하고 있습니다.

M1 : 새해 복 많이 받으세요. 지금 만복 백화점 앞에 와 있습니다. 이 긴 줄을 보세요. 복주머니를 구하러 많은 손님들이 줄 서 있습니다. 가게는 10시 개점인데, 제일 먼저 오신 분은 무려 아침 5시부터 서 있었다고 합니다. 올해 복주머니의 최고의 특가품은 Y브랜드의 3만 엔짜리 복주머니입니다. 무려 5만 엔 상당의 상품도 포함되어 있다고 합니다. 이상 만복 백화점 앞에서 중계였습니다.

M2 : 도무지, 정초부터 몇 시간이나 줄 서서 복주머니를 산다니, 이해가 안 돼. 제정신이야?

F : 그런가? 복주머니는 뭐가 들어 있는지 모르니까 두근두근하잖아. 복주머니의 가장 큰 묘미지. 행복의 복을 사는 거고, 징조가 좋잖아.

M2 : 뭐가 들어 있는지도 모르는 것에 3만 엔이나 내는 거야? 그럴 거면 자기가 좋아하는 거를 골라서 사는 편이 더 낫지 않아?

F : 좋아하는 브랜드니까 고르는 수고를 덜 수 있어서 좋잖아.

M2 : 내 돈을 내는데 내용물을 확인하지 않다니 있을 수 없는 일이야.

F : TV에서 말했잖아. 5만 엔짜리 물건이 들어 있다고. 이득이지.

M2 : 그렇지만 쓰지 않으면 의미 없잖아.

F : 그럴 경우에는 다시 팔면 돼. 중고품을 파는 앱 같은 데서.

M2 : 그런 귀찮은 일을. 가게 앞에 줄 서는 것도 다시 파는 것도 시간 낭비야.

F : 당신과는 의견이 안 맞네.

質問1　女の人は福袋の何がいちばんいいと言っていますか。

1　高揚感を得られるところ
2　迷信めいたところ
3　価格と価値が釣り合っているところ
4　時間と労力を費やさないところ

질문1　여자는 복주머니의 무엇이 가장 좋다고 말하고 있습니까?

1　고양감을 얻을 수 있는 점
2　미신 같은 점
3　가격과 가치가 균형이 맞는 점
4　시간이나 수고를 허비하지 않는 점

質問2　男の人は福袋の何がいちばんいやだと言っていますか。

1　高揚感を得られないところ
2　迷信めいたところ
3　価格と価値が釣り合っていないところ
4　時間と労力を費やすところ

질문2　남자는 복주머니의 무엇이 가장 싫다고 말하고 있습니까?

1　고양감을 얻을 수 없는 점
2　미신 같은 점
3　가격과 가치가 균형이 맞지 않은 점
4　시간이나 수고를 허비하는 점

해설 (질문1) 본문에서 여자는 복주머니를 구입하는 것에 대해 「ドキドキするじゃない(두근두근하잖아)」, 「幸福のを買うんだし、縁起がいい(행복의 복을 사는 거고, 징조가 좋잖아)」, 「お得よ(이득이지)」라는 표현을 하고 있는데, 이렇게 심리적으로 기분이 고조되어, 흥분된 감각을 「高揚感(고양감)」이라고 하므로 답은 1번이 된다.

해설 (질문2) 여자와 달리 남자는 복주머니를 매우 부정적으로 생각하고 있음을 알 수 있는데, 그 중 특히 마지막에 말한 「そんなめんどくさいことを。店の前に並ぶのだって、また売るのだって、時間の無駄だよ(그런 귀찮은 일을. 가게 앞에 줄 서는 것도 다시 파는 것도 시간 낭비야)」에서 복주머니에 대한 남자의 생각을 알 수 있으므로 4번이 가장 정확한 답이 된다.

어휘 百貨店(백화점) | ご覧ください(보세요) | 長蛇の列(장사진, 길게 선 줄) | 福袋(복주머니) | 求める(구하다) | なんと(무려) | 目玉(특가품) | 相当(상당) | 含む(포함하다) | 中継(중계) | まったく(참내) | 正月早々(정초) | 醍醐味(묘미, 진미) | 幸福(행복) | 福(복) | 縁起がいい(징조, 조짐이 좋다) | 手間を省く(수고를 덜다) | 中身(내용물, 알맹이) | 確かめる(확인하다) | あり得ない(있을 수 없다) | お得(이득) | 中古品(중고품) | めんどくさい(귀찮다) | 無駄(낭비) | 高揚感(고양감) | 迷信めく(미신 같다) | 釣り合う(균형이 맞다) | 労力(노력, 수고) | 費やす(소비하다, 허비하다)

언어지식(문자·어휘·문법)

問題1		問題5	
1	4	26	3
2	2	27	2
3	3	28	3
4	2	29	4
5	4	30	1
6	1	31	2
問題2		32	3
7	2	33	1
8	3	34	1
9	4	35	3
10	3	問題6	
11	2	36	3
12	3	37	3
13	1	38	1
問題3		39	3
14	2	40	2
15	2	問題7	
16	4	41	3
17	3	42	2
18	4	43	1
19	1	44	1
問題4		45	2
20	4		
21	2		
22	1		
23	4		
24	1		
25	2		

독해

問題8		問題13	
46	4	69	3
47	3	70	2
48	1		
49	2		
問題9			
50	3		
51	4		
52	2		
53	2		
54	4		
55	2		
56	3		
57	3		
58	2		
問題10			
59	4		
60	3		
61	1		
62	2		
問題11			
63	3		
64	4		
問題12			
65	4		
66	2		
67	2		
68	1		

청해

問題1		問題4	
例	4	例	2
1	2	1	2
2	4	2	2
3	3	3	3
4	4	4	2
5	4	5	1
6	2	6	2
問題2		7	2
例	3	8	2
1	1	9	3
2	2	10	1
3	4	11	1
4	2	12	3
5	4	13	1
6	3	14	3
7	2	問題5	
問題3		1	1
例	3	2	3
1	3	3	1
2	3	3	2
3	1		
4	2		
5	4		
6	3		

1교시 언어지식(문자·어휘)

본책 129 페이지

問題 1 _____ 단어의 읽는 법으로 가장 알맞은 것을 1·2·3·4에서 하나 고르세요.

1 정답 4

오늘 아침 발견된 시신은 부패해 있었다.

해설 「腐」의 음독은 「ふ」, 「敗」의 음독은 「はい」이므로, 「ふはい(부패)」로 읽는다. 이 두 한자는 훈독도 자주 출제되니 함께 암기해 두자.

빈출 腐る(썩다) | 防腐(방부) | 豆腐(두부) | 腐食(부식) | 敗れる(패배하다) | 敗北(패배) | 惜敗(석패) | 惨敗(참패) | 敗退(패퇴)

어휘 今朝(오늘 아침) | 遺体(시신, 시체)

2 정답 2

그는 귀찮은 일을 부탁해도 흔쾌히 맡아준다.

해설 「快」의 음독은 「かい」, 훈독은 「こころよい」이고 '상쾌하다'라는 뜻이지만, 실제로 시험에 자주 나오는 형태는 「快く(흔쾌히)」이다. 오답 선택지 1 潔く(깨끗이), 3 心地よく(기분 좋게), 4 勢いよく(힘차게)도 체크하자.

빈출 快適(쾌적) | 軽快(경쾌) | 豪快(호쾌) | 愉快(유쾌) | 快晴(쾌청) | 快調(쾌조)

어휘 面倒だ(귀찮다, 성가시다) | 引き受ける(인수하다, 맡다)

3 정답 3

이 서비스를 도입한 경위를 설명하겠습니다.

해설 「経」의 음독은 「けい」이고, 「緯」의 음독은 「い」이므로, 「経緯(경위, 일의 경과, 복잡한 사정)」라고 읽는다. 특히 「経」의 경우에는 훈독이 「経つ(경과하다)」와 「経る(거치다)」 두 가지가 있는데, 독해 등에도 잘 나오니 잘 구별해서 외워 두자. 또한 「経緯」는 「いきさつ」로도 읽으며, 「いきさつ」는 '일의 경위'란 의미밖에 없지만, 「けいい」는 '일의 경위' 외에 '지구 경도와 위도'란 뜻도 있다. 오답 선택지 1 脅威(위협), 2 郷里(고향), 4 経理(경리)도 체크하자.

빈출 経つ(경과하다) | 経る(거치다) | 経歴(경력) | 経由(경유) | 経度(경도) | 経路(경로) | 経費(경비) | 緯度(위도)

어휘 導入(도입)

4 정답 2

4월부터 옆 동네에 있는 학교에 부임하게 되었습니다.

해설 「赴」의 음독은 「ふ」, 「任」의 음독은 「にん」으로 읽으므로, 정답은 「赴任(부임)」이다. 「赴」의 경우, 훈독 「赴く(향해 가다)」도 많이 사용되니 기억해 두자. 참고로 다른 선택지 1번은 「夫人(부인)」 또는 「婦人(여성)」이 된다.

빈출 赴く(향해 가다) | 任せる(맡기다) | 一任(일임) | 兼任(겸임) | 就任(취임) | 任務(임무) | 任命(임명) | 任意(임의)

어휘 隣町(옆 동네, 이웃 마을)

5 정답 4

모든 어린이가 건강하게 자라는 사회실현을 지향하고 싶다.

해설 「健」의 훈독은 「健やかだ(건강하다)」이며, 음독은 「けん」이다. 비슷한 한자 「建」과 많이 혼동을 하는데, 「健」은 '튼튼하다, 굳세다'란 의미로 주로 '건강' 쪽에 관련된 단어에 많이 쓰이고, 「建」은 '세우다'라는 의미로 주로 '건설, 건축' 등과 관련된 단어에 사용된다. 다른 선택지 1 爽やかに(상쾌하게), 2 緩やかに(완만하게), 3 穏やかに(온화하게, 평온하게)도 체크하자.

빈출 健康(건강) | 健全(건전) | 健在(건재) | 保健(보건) | 健保(건강보험)

어휘 育つ(자라다) | 実現(실현) | 目指す(지향하다, 목표하다)

6 정답 1

상대를 깔보면 안 된다.

해설 「侮」의 훈독은 「あなどる(무시하다, 깔보다)」이며, 음독은 「ぶ」로 읽는다. 비교적 학습자들이 헷갈려 하는 한자이니 잘 기억하자. 다른 선택지 2 疑っては(의심하면), 3 怠っては(소홀히 하면), 4 偽っては(속이면)도 암기해 두자.

빈출 侮辱(모욕) | 侮蔑(모멸)

어휘 相手(상대)

問題 2 ( )에 들어갈 것으로 가장 알맞은 것을 1·2·3·4에서 하나 고르세요.

7 정답 2

요즘 경찰에 의한 교통 위반 (단속)이 엄격해졌다.

해설 보통 「警察(경찰)」,「交通違反(교통 위반)」등과 같은 어휘들은 「取り締まり(단속)」와 함께 자주 등장하는 어휘이다. 동사 「取り締まる(단속하다)」도 함께 기억하자. 다른 선택지 「取り」가 들어간 어휘도 필수 어휘이니 꼭 암기해 두자.

오답 1 取り扱い(취급), 3 取り引き(거래), 4 引き取り(인수, 떠맡음)

어휘 違反(위반)

8 정답 3

부상을 입은 그의 상처를 (압박)하여 지혈했다.

해설 「圧迫」에는 물리적인 힘으로 '압박'한다는 뜻과, 정신적·심리적으로 '압박'한다는 뜻이 있다. 이 문장에서는 상처 부위를 힘으로 눌러 지혈했다는 의미로 사용되었다.

오답 1 圧力(압력), 2 圧勝(압승), 4 圧縮(압축)

어휘 怪我(부상) | 傷口(상처) | 止血(지혈)

9 정답 4

형이 물려준 옷을 입어 봤는데 (헐렁헐렁)했다.

해설 「お下がり」는 형제나 자매에게 물려받은 옷을 의미한다. 「ぶかぶか」는 옷이나 신발 등의 크기가 커서 헐렁헐렁한 상태를 의미한다. 유의어 「だぶだぶ(헐렁헐렁)」도 자주 출제되니 같이 기억해 두자.

오답 1 つるつる(매끈매끈), 2 のろのろ(느릿느릿), 3 ばらばら(뿔뿔이)

어휘 お下がり(물려준 옷)

10 정답 3

그 문학작품에는 인간의 본질이 (똑똑히) 묘사되어 있다.

해설 「ありありと(똑똑히, 생생히, 뚜렷이)」는 어떤 풍경이나 상황이 마치 눈앞에 있는 것처럼 떠오르거나 느껴진다는 의미의 단어이다. 「ありありと見える(똑똑히 보인다)」,「ありありと目に浮かぶ(생생히 눈에 떠오르다)」로 잘 쓰이니 기억해 두자.

오답 1 ぼつぼつと(슬슬, 조금씩), 2 軒並み(일제히, 모두), 4 さぞかし(필시)

어휘 文学作品(문학작품) | 人間(인간) | 本質(본질) | 描写(묘사)

11 정답 2

그는 다채로운 취미와 (특기)의 소유자이다.

해설 앞에서 「多彩な(다채로운)」란 단어로 「趣味(취미)」를 수식하고 있는데, 선택지 중 '다채로운'이란 단어와 매치할 수 있는 단어는 「特技(특기)」뿐이다.

오답 1 特権(특권), 3 特許(특허), 4 特集(특집)

어휘 多彩(다채) | 趣味(취미) | 持ち主(소유자)

12 정답 3

갑자기 필수 수업이 요일 변경되어 아르바이트 (근무시간표)를 다시 짜게 되었다.

해설 「シフト」는 교대로 근무하는 곳에서 교대근무시간 또는 교대근무시간표를 가리키는 말인데, 주로 아르바이트에서 많이 사용하는 단어이다.

오답 1 ダメージ(데미지), 2 ジャンル(장르), 4 レイアウト(레이아웃)

어휘 突然(갑자기) | 必修(필수) | 授業(수업) | 曜日変更(요일변경) | 組み直す(다시 짜다)

13 정답 1

일본인은 금융지식을 (잘 몰라서), 투자에 대해서도 소극적인 것이 현실이다.

해설 「うとい」에는 '사람과의 관계가 소원하다'란 뜻과 '잘 모른다, 어둡다'란 뜻이 있는데, 시험에는 「~にうとい(~에 대해 잘 모른다)」가 잘 나온다. 예를 들어 「彼は情報技術にうとい(그는 정보기술에 대해 잘 모른다)」처럼 사용한다.

오답 2 著しい(현저하다, 두드러지다), 3 そっけない(냉담하다), 4 紛らわしい(헷갈리다)

어휘 金融(금융) | 投資(투자) | 後ろ向き(소극적)

問題 3 _____ 단어와 의미가 가장 가까운 것을 1·2·3·4에서 하나 고르세요.

14 정답 2

오늘날, 우리 회사의 성공이 있는 것은 <u>오로지</u> 사원 여러분의 덕분입니다.

해설 「ひとえに」는 '오로지, 그저, 전적으로'란 뜻으로, '이유나 원인이 오로지 그것뿐'이란 것을 강조할 때 사용하는데, 가장 가까운 의미를 가진 단어는 2번 「ほかでもなく(다름이 아니라)」이다.

오답 1 いっそ(도리어, 차라리), 3 ひときわ(한층 더), 4 なお(여전히, 아직)

어휘 今日(오늘날) | 我が社(우리 회사) | 成功(성공)

---

15 정답 2

> 쌍방이 주장을 양보하지 않아, 세 번째 회의도 평행선인 채이다.

해설 「双方」은 '쌍방, 양쪽'이란 뜻으로, 가장 가까운 단어는 2번 「互いに(서로)」이다. 유의어 「両方(양쪽)」, 「両者(양자)」, 「両人(두 사람)」 등도 함께 기억해 두면 좋다.

오답 1 たとえ(설령, 가령), 3 概して(대체로, 일반적으로), 4 互角に(막상막하로)

어휘 譲る(양보하다) | 平行線(평행선) | ~のままだ(~인 채이다)

---

16 정답 4

> 이 선거구는 여당과 야당이 맹렬히 싸우는 격전구이다.

해설 「しのぎ」는 칼날과 칼등 사이의 불룩한 부분인데, 이 부분이 깎일 정도로 그 싸움이 격렬하다는 뜻이다. 「しのぎを削る(맹렬히 싸우다)」와 가장 가까운 뜻을 가진 표현은 4번 「激しく争う(격렬하게 다투다)」이다. 2번 「ひどく対立する(심하게 대립하다)」는 서로 다른 의견을 갖고 있는 두 사람이 양보하지 않고 맞선다는 뜻이지, 실제로 격렬하게 싸운다는 뜻은 아니다.

오답 1 汗を流す(땀을 흘리다), 2 ひどく対立する(심하게 대립하다), 3 しょっちゅう替わる(늘 바뀌다)

어휘 選挙区(선거구) | 与党(여당) | 野党(야당) | 激戦区(격전구)

---

17 정답 3

> 그녀라면 이 고난을 틀림없이 극복해 낼 것이 확실하다.

해설 「乗り越える」는 '이겨내다, 뛰어넘다, 극복하다'란 의미로 가장 가까운 단어는 3번 「克服する(극복하다)」이다. 「乗り切る(극복하다, 이겨내다)」도 같이 기억해 두자.

오답 1 排除する(배제하다), 2 勝利する(승리하다), 4 飛躍する(비약하다)

어휘 苦難(고난) | きっと(꼭, 틀림없이) | ~に違いない(~에 틀림없다, 확실하다)

---

18 정답 4

> 스즈키 씨와는 언제나 이야기가 서로 맞지 않아서 스트레스가 쌓인다.

해설 「かみ合う」는 '의견, 생각 등이 서로 맞다'라는 뜻인데, 대개는 부정형 「かみ合わない(의견, 생각 등이 서로 맞지 않다)」로 사용된다. 가장 가까운 단어는 4번 「ずれる(어긋나다, 엇갈리다)」이다.

오답 1 とまらない(멈추지 않다), 2 (話が)つく((이야기가)되다), 3 (話が)弾む((이야기 꽃을) 피우다)

어휘 たまる(쌓이다, 밀리다)

---

19 정답 1

> 몇 번 말해도 약속을 지킬 수 없다면, 다음에는 스마트 폰을 몰수하도록 하겠습니다.

해설 「没収する」는 '몰수하다'라는 뜻인데, 유의어 문제뿐 아니라 한자 문제에도 자주 출제되는 단어이니, 한자도 반드시 암기해 두자. 유의어는 1번 「取り上げる(빼앗다)」이며, 「取り上げる」에는 '빼앗다' 외에도 '문제 삼다, 채택하다, 징수하다'라는 뜻도 있으니 같이 기억하자.

오답 2 取り下げる(취하하다), 3 取り除く(제거하다), 4 取り出す(꺼내다)

어휘 約束(약속) | 守る(지키다)

問題 4 다음 단어가 가장 알맞게 사용된 것을 1·2·3·4에서 하나 고르세요.

20 정답 4

> 그녀는 공원에서 놀고 있던 아이를 날아온 공으로부터 보호하다가 다쳤다.

해설 「かばう」는 '감싸다, 보호하다'라는 뜻인데, 한자 「庇う」도 기억해 두자. 가장 맞게 쓰인 문장은 4번이다.

오답 1번은 支える(떠받치다, 지탱하다), 2번은 維持する(유지하다), 3번은 囲まれる(둘러싸다)가 되어야 자연스러운 문장이 된다.

어휘 陰で(뒤에서) | 役割(역할) | 健康(건강) | 規則正しい(규칙적이다) | 故郷(고향) | 周囲(주위) | 集落(집락)

---

21 정답 2

> 형의 빚 때문에 고생한 그의 입장에서 보면, 이제 이 건에는 상
> 관하고 싶지 않다는 것이 그의 본심일 것이다.

해설 「本音」는 사람의 '본심, 진심'이란 뜻으로 가장 맞게 쓰인 문
장은 2번이다. 관용구 「本音を吐く(본심을 털어놓다)」도
함께 알아 두자. 반대어로는 「建前(겉, 표면적 이유)」가 있
다.

오답 1번은 「本質(본질)」, 3번은 「本気(진심, 진지함)」, 4번은 「
本能(본능)」이 되어야 자연스러운 문장이 된다.

어휘 物事(일) | ～なりに(～나름대로) | 借金(빚) | 苦労(고생)
| かかわる(관계하다) | 言い訳(핑계) | 放つ(내뱉다) | 一
言(한마디) | 従う(따르다) | 予習(예습)

22 정답 1

> 피고의 책임 능력에 문제는 없으며, 비정하고 냉혹한 범행에 대
> 해 엄벌을 희망한다.

해설 「冷酷だ」는 '냉혹하다'라는 뜻으로 가장 맞게 쓰인 문장은 1
번이다. '비정하다'와 비슷한 맥락으로 냉정하고, 혹독하다는
의미인 「冷酷(냉혹)」가 범행의 앞에 오는 것이 가장 적절하
다.

오답 2번은 「冷静な(냉정한)」, 3번은 「心から(진심으로)」, 4번
은 「大量業務(대량업무)」가 되어야 자연스러운 문장이 된
다. 2번 「冷静な(냉정한)」은 우리말 '냉정하다'와는 다른
뜻이니 주의하자. 일본어에서는 '감정에 휘둘리지 않는, 침
착한'이란 뜻이다.

어휘 被告(피고) | 非情(비정) | 犯行(범행) | 厳罰(엄벌) | 判断
(판단) | ～ものの(～이지만) | 業務(업무) | 待ち受ける
(기다리다) | もっぱら(오로지, 한결같이)

23 정답 4

> 현장에 남겨진 지문과 용의자의 지문을 대조해 봤다

해설 「照合する」는 '대조하여 확인하다, 조회하다'라는 뜻이다.
보통 '지문'을 대조한다는 뜻으로 많이 쓰이며, 「書類を原簿
と照合する(서류를 원본과 대조하다)」와 같은 표현도 자주
쓰이니 함께 기억해 두자.

오답 1번은 「対照(대조)」, 2번은 「融合(융합)」, 3번은 「適合
(적합)」가 되어야 자연스러운 문장이 된다.

어휘 長女(장녀) | 万能(만능) | 次女(차녀) | テクノロジー(테
크놀로지, 과학 기술) | 話題(화제) | 経営戦略を立てる
(경영전략을 세우다) | 現場(현장) | 指紋(지문) | 容疑者

(용의자)

24 정답 1

> 노약자를 돌보는 것은 사람으로서 당연한 것이라고 생각한다.

해설 「労わる」는 '(환자, 약한 사람 등을) 돌보다, 친절하게 대하
다'라는 뜻으로 가장 맞게 쓰인 문장은 1번이다.

오답 2번은 「便宜を図る((편의를) 도모하다)」, 3번은 「守る
(지키다)」, 4번은 「歓迎した(환영했다)」가 되어야 자연스
러운 문장이 된다. 2번 「便宜を図る(편의를 도모하다)」는
문맥규정 파트에도 자주 출제되니 통째로 기억해 두자.

어휘 老弱者(노약자) | 便宜(편의) | 国会議員(국회의원) | 賄
賂(뇌물) | しょっちゅう(항상, 늘) | 液晶(액정) | 貼る
(붙이다) | ～や否や(～하자마자)

25 정답 2

> 아이가 학교 청소 당번을 땡땡이치고 돌아온 것을 알고, 이유를
> 캐물었다.

해설 「さぼる」는 '땡땡이치다, 게으름 피우다'라는 뜻인데, 명사
「さぼり(땡땡이)」로도 잘 쓰이니 함께 기억해 두자. 가장 맞
게 쓰인 문장은 2번이다.

오답 1번은 「怠ると(게을리하면)」, 3번은 「怒って(화내고)」, 4
번은 「促した(재촉한)」가 되어야 자연스러운 문장이 된다.

어휘 ～からと言って(～라고 해서) | 努力(노력) | 掃除当番
(청소 당번) | 問いただす(캐묻다, 추궁하다) | 乱暴(난폭)

問題 5 다음 문장의 (   )에 들어갈 가장 알맞은 것을 1·2·3·4에서 하나 고르세요.

26 정답 3

큰 쓰나미가 덮쳐와, 집(이란) 집(모든 집)은 모두 떠내려 갔다.

해설 ★AというA : 모든 A

「AというA」는 같은 명사를 2번 반복 사용하여 '예외 없이 모든 A'란 뜻이 된다. 다른 예로 「花という花(모든 꽃)」, 「店という店が閉まっている(모든 가게가 닫혀 있다)」처럼 사용할 수 있으니 기억해 두자.

오답 1 ~だけに(~에게만, ~인만큼), 2 ~にかぎり(~에 한해서), 4 ~をも(~도, ~마저)

어휘 大津波(큰 쓰나미) | 見舞う(덮치다, 위문하다)

27 정답 2

나는 잘 몰랐는데 (아마도) 다무라 씨의 어머니는 저명한 서예가라는 것 같다.

해설 ★なんでも : 아마도, 어쩌면, 잘은 모르지만

「なんでも」는 '무엇이든지'라는 뜻도 있지만, 남에게 전해 들은 이야기를 다시 다른 사람에게 전할 때 사용하는 용법도 가지고 있다. '아마도, 어쩌면, 잘은 모르지만'으로 해석하며 뒤에는 「~そうだ・~ということだ・~らしい(~라고 한다, ~인 것 같다)」 등이 자주 접속된다.

오답 1 ひょっとすると(어쩌면), 3 もしや(혹시나), 4 あえて(굳이)

어휘 著名だ(저명하다) | 書道家(서예가)

28 정답 3

그녀는 새로운 지방에도 적응하여, 바쁘(지만) 매일 건강하게 지내고 있는 것 같다.

해설 ★Aながらも : A하면서도, A하지만

「Aながらも」는 'A하면서도, A하지만'이란 뜻으로 역접을 의미한다. 참고로 「Aながら」는 ①A하면서(동시동작) ②A하면서도(역접) 두 가지 뜻이 있지만, 「Aながらも」는 오로지 역접의 뜻 '~하면서도'으로만 사용한다.

오답 1 ~ともなしに(의도없이 ~하다), 2 ~とばかりに(마치 ~란 듯이), 4 ~ながらにして(~상태인 채로)

어휘 土地(토지, 지방) | 慣れる(적응하다, 익숙해지다)

29 정답 4

그는 오늘 회의에서 많은 의견을 냈지만, 누구에게도 (받아들여지는) 않을 것이다.

해설 ★동사의 ます형 + はしない : ~하지 않는다

「동사의 ます형+はしない」는 「동사ない」의 강조형이다. 원래는 「決して + 동사의 ます형 + はしない(결코 ~하지 않는다)」인데 「決して」가 생략된 형태이다. 예를 들어 「忘れはしない」는 '결코 잊지 않겠다'라는 뜻으로 「忘れない」보다 잊지 않겠다는 의지가 한층 강조된 표현이다.

오답 1 受け入れは(받아들임은), 2 受け入れされ(받아들여지는), 3 受け入れすら(받아들이는 것조차)

어휘 会議(회의) | 意見(의견)

30 정답 1

산악 마라톤에 참가한 그녀는 밤새 산 속을 (달리고 달려), 마침내 골인하였다.

해설 ★走りに走って : 달리고 달려

「走りに走って」는 '달리고 달려'라는 뜻의 관용 표현으로 통째로 기억해 두자. 4번 「走りに走った(달리고 달렸다)」는 이 표현으로 문장이 끝나야 하므로 오답이다.

오답 2 走れ走れ(달려라 달려), 3 走っても走っても(달려도 달려도), 4 走りに走った(달리고 달렸다)

어휘 山岳(산악) | 一晩中(밤새) | ついに(마침내, 드디어)

31 정답 2

(백화점 매장에서)

손님 : 저기요, 이 저지는 봄가을용인가요?

점원 : 여름철 이외는 계절에 관계없이 (입으실 수) 있습니다.

해설 ★召す : 「着る・食べる・飲む・買う・入浴する・風邪をひく・乗る・気に入る・歳をとる」의 존경어

「召す」에는 다양한 존경어 의미가 있으니 정리해 두자. 「和服を召す(일본 옷을 입으시다, 着る)・お酒を召す(술을 드시다, 食べる・飲む)・花を召す(꽃을 사시다, 買う)・風邪を召す(감기에 걸리시다, ひく)・気に召す(마음에 드시다, 入る)・お歳を召す(나이를 잡수시다, とる)」 문제에서는 「着る(입다)」의 용법이 사용되었다.

오답 1 頂戴して(받고), 3 承って(삼가 듣고), 4 おいでになって(오시고)

어휘 春秋向き(봄가을용) | 夏季(하기, 여름철) | オールシーズン(올시즌, 계절에 관계없는)

---

32 정답 3

11월에 들어서야 겨우 가을다워진 줄 (알았는데), 아직 방에 모기가 날아다니고 있다.

해설 ★Aと思いきや : A인줄 알았는데
「Aと思いきや」는 'A인줄 알았는데'란 뜻인데, 본인의 예상, 예측과는 반대되는 뜻밖의 결과가 나타났을 때 사용하는 문형이다. 「Aかと思いきや」로 사용되는 경우도 있다.

오답 1 ~とあれば(~라면), 2 ~とばかりに((마치) ~란 듯이), 4 ~と思いつつ(~라고 생각하면서)

어휘 ようやく(겨우) | 蚊(모기)

---

33 정답 1

부하 : 아, 과장님, 선물 감사합니다.
과장 : 마음에 들면 (좋겠는데).
부하 : 이런 맛있는 과자는 처음이에요.

해설 ★~てもらえるとうれしい : ~해주기 바란다, ~했으면 좋겠다
「~てもらえるとうれしい」는 화자가 원하는 어떤 행위를 상대가 해주기 바란다는 표현이다. 문제에 나온 「気に入ってもらえるとうれしい」는 선물을 할 때, 상대가 그 선물이 '마음에 들면 좋겠다'라는 뜻으로 선물을 주는 사람이 사용하는 표현이다.

오답 2 あげないと困るんだけど(주지 않으면 곤란한데), 3 願えないものかなあ(부탁할 수 없을까), 4 お願いしたいんだがなあ(부탁하고 싶은데)

어휘 お土産(선물) | 気に入る(마음에 들다)

---

34 정답 1

다카하시 : 어제 기무라 씨 집 근처에 볼일이 있어 갔었어.
기무라 : 그래? 그럼 연락하면 좋았(을 텐데), 섭섭하군.

해설 ★~ものを : ~일 것을, ~일 텐데, ~련만
「~ものを」는 「~のに」의 유의어로 '~일 텐데, ~일 것을'이라는 뜻이다. 이 표현은 일어나지 않은 어떤 행위에 대해 아쉬움, 후회, 불만, 비난 등의 기분을 나타낼 때 사용하는데, 「~のに」보다 더 강한 느낌을 준다.

오답 2 ~こととて(~라서), 3 ~がゆえに(~이므로), 4 ~にしろ(~라 해도)

어휘 近所(근처) | 用事(볼일) | 水くさい(섭섭하다, 매정하다)

---

35 정답 3

인생을 (즐겁게 하는 것도 못하는 것도), 자기 나름이라고 생각합니다.

해설 ★するもしないも : ~하는 것도 못하는 것도
「するもしないも」는 '~하는 것도 못하는 것도'라는 뜻이다. 뒤에는 「~にかかっている・~次第だ」가 와서, '(어떤 상황으로) 만드는 것도 만들지 못하는 것도 ~에게 달려있다, 나름이다'란 형태로 쓰인다.

오답 2 楽しくしてもしなくても(즐겁게 해도 안 해도), 4 楽しくしようがしまいが (즐겁게 하든 말든)

어휘 人生(인생) | ~次第だ(~나름이다)

問題6 다음 문장의 ___★___ 에 들어갈 가장 알맞은 것을 1·2·3·4에서 하나 고르세요.

---

36 정답 3

4 鼻について   3 ★夫婦喧嘩に   1 なってしまったが、   2 私にもいところがあった

어제 남편의 사소한 발언이 짜증이 나 ★부부싸움이 되어 버렸지만, 나에게도 잘못한 점이 있었다고 반성하고 있다.

해설 「鼻につく」는 '냄새가 코를 찌르다'라는 뜻과 '짜증나다'라는 뜻이 있는데 이 문제에서는 '짜증나다'라는 뜻으로 쓰였다. 남편의 발언 때문에 짜증이 났다는 표현을 만들기 위해서는 4번이 맨 앞에 오고, 그로 인해 부부싸움이 된 것이란 문맥이 자연스러우니 3번+1번이 되어야 한다. 따라서 나열하면 4-3-1-2가 된다.

어휘 ちょっとした(사소한) | 発言(발언) | 夫婦喧嘩(부부싸움) | 反省(반성)

---

37 정답 3

2 成功するかどうかは   4 リーダーである   3 ★田中さんの   1 活躍

이번 프로젝트가 성공할지 어떨지는 리더인 ★다나카 씨의 활약에 달려있다.

해설 「~にかかっている」는 명사에 접속하여 '~에 달려있다'라는 뜻이므로, 앞에 올 수 있는 단어는 1번「活躍(활약)」를 맨 마지막에 쓰며, 앞에 활약을 꾸며주는 말로 '리더인 다나카 씨의 활약'이 되어야 자연스러우므로 2-4-3-1이 된다.

어휘 プロジェクト(프로젝트) | 成功(성공) | 活躍(활약) | ~にかかっている(~에 달려있다)

38 정답 1

> 4 信頼してきた女性が 3 言葉巧みに 1 ★投資の話をする 2 ものだから

오랜 시간 신뢰해 온 여성이 그럴싸하게 ★투자 이야기를 하기에 완전히 속고 말았습니다.

해설 「Aものだから」는 'A라서, A니까'란 뜻이다. 「から(~니까)」와 바꾸어 쓸 수 있으나 「から」와 달리 뒤에 주관적 표현은 올 수 없다. 「ものだから(하기에)」 앞에 올 수 있는 선택지는 1번이니 우선 1번+2번 「投資の話をするものだから(투자 이야기를 하기에)」가 완성되고, 이런 이유로 '완전히 속았다'가 되어야 자연스러우니 맨 뒤로 가야 한다. 그리고 오랜 기간 신뢰해 온 여자가 '그럴싸하게' 투자 이야기를 해서 속았다는 내용이 되야 문맥이 맞으니, 나열하면 4-3-1-2가 된다.

어휘 長いこと(오랜 기간) | 信頼(신뢰) | 言葉巧みに(그럴싸하게) | 投資(투자) | すっかり(완전히) | 騙す(속이다)

39 정답 3

> 4 荷物の 1 片付けも 3 ★そこそこに 2 町に

여동생은 이사가 끝나자, 짐 정리도 ★하는 둥 마는 둥 하고 동네에 나갔습니다.

해설 「Aもそこそこに」는 'A도 하는 둥 마는 둥' 하고 다른 행위를 한다는 뜻이다. 따라서 우선 1번+3번 「片付けもそこそこに(정리를 하는 둥 마는 둥)」가 완성되는데, 문맥상 앞에는 「荷物の(짐의)」가 오고, 뒤에는 '동네에 나갔다'가 되어야 한다. 따라서 나열하면 4-1-3-2가 된다.

어휘 引越し(이사) | 片付け(정리)

40 정답 2

> 1 更生の 3 余地は 2 ★ない 4 という

변호사는 소년의 가정환경에 문제가 있다고 호소하였으나, 범죄를 반복하는 소년에게 갱생의 여지는 ★없다 는 판단이 내려졌습니다.

해설 「余地はない」는 '여지는 없다'는 의미의 관용 표현이다. 따라서 우선 3번+2번 「余地はない(여지는 없다)」가 만들어지는데, 앞에는 1번이 와서 '갱생의 여지는 없다'가 되어야 문맥이 맞고, 맨 뒤에는 「という」가 와서 '~는'이 되어야 하므로 나열하면 1-3-2-4가 된다.

어휘 弁護士(변호사) | 少年(소년) | 家庭環境(가정환경) | 訴える(호소하다) | 犯罪(범죄) | 繰り返す(반복하다) | 更生(갱생) | 余地はない(여지는 없다) | 判断を下す(판단을 내리다)

問題7 다음 글을 읽고 글 전체의 내용을 생각하여 41 부터 45 안에 들어갈 가장 알맞은 것을 1·2·3·4에서 하나 고르세요.

41~45

세계에서는 매년 40억 톤에 달하는 식량이 생산되고 있습니다. 그러나 이 중 3분의 1은 과잉생산 등에 의해 폐기되고 있는 것이 현 상황입니다. 아직 먹을 수 있는데도 버려지는 것을 '식품 손실'이라고 하며, 세계에서도 큰 문제로 인식되고 있습니다.

현재 세계에서는 대략 9명에 1명이 굶주림으로 고통받고 있다고 41 합니다. 40억 톤의 식량이 있다면, 전 세계 인구의 음식을 마련하기에는 충분한 양입니다. 42 그러나, 이 식량의 대부분은 수입이 있고 소비가 예상되는 선진국에 집중되므로, 가난한 나라에는 미치지 못하는 것입니다. '식품 손실'은 이러한 먹거리의 불균형 문제 외에, 환경에도 큰 영향을 끼칩니다. 식량을 폐기하는 과정에서는 쓰레기 문제는 물론, 생태계 파괴와 기후 변동 43 에도 연관되는 것입니다.

일본에서는 식품 손실 삭감추진법 44 에 의거하여, 매년 10월을 식품 손실 삭감 월간으로 정해 놓고 있습니다. 식품회사나 외식산업뿐만 아니라, 우리에게도 할 수 있는 일이 있습니다. 외식할 때 먹다 남은 요리를 집에 싸간다든가, 가정에서는 필요한 만큼만 요리하는 것으로 45 평소부터 의식하며 대처하는 것이 중요합니다.

어휘 及ぶ(달하다) | 食糧(식량) | 過剰(과잉) | 廃棄(폐기) | 現状(현 상황) | 取り上げる(인식하다, 다루다) | 飢え(굶주림) | 苦しむ(고통받다) | 食(음식) | 賄う(마련하다) | 収入(수입) | 消費(소비) | 見込む(예상하다, 내다보다) | 先進国(선진국) | 貧しい(가난하다) | 行き届く(도달하다, 미치다) | 不均衡(불균형) | 影響(영향) | 及ぼす(끼치다) | 過程(과정) | 生態系(생태계) | 破壊(파괴) | 気候変動(기후 변동) | 削減推進法(삭감추진법) | 削減月間(삭감 월간) | 定める(정하다) | ~のみならず(~뿐만 아니라) | ~の際に(~때에) | 持ち帰る(갖고 돌아가다) | 日頃(평소) | 取り組む(대처하다)

41 정답 3

1 당하고 있는 것입니다	2 시키고 있는 것입니다
3 합니다	4 시키고 있습니다

해설 「~とされている(~라고 한다, ~라고 알려져 있다)」는 단순한 수동 표현이 아니라 일반 상식, 이론, 정설 등 객관적으로 논할 때 논문 등에서 많이 쓰이는 표현이다.

42 정답 2

1 여전히	2 그러나	3 아무래도	4 마침

> **해설** 앞에서 「40億トンの食糧があれば、世界全人口の食を賄うには十分な量(40억 톤의 식량이 있으면, 전 세계 인구의 음식을 마련하기에는 충분한 양)」라고 했는데, 뒤에서는 이 식량의 대부분은 선진국에 집중되어 가난한 나라에까지 그 혜택이 미치지 못한다고 했으니, 역접 표현인 「しかしながら(그러나)」가 들어가야 문맥이 맞게 된다.

43 정답 1

1 에도 연관되는 것입니다
2 까지 흐트러지는 것 입니다
3 까지 꼬여버리는 것입니다
4 에도 빗나가버리는 것입니다

> **해설** 바로 앞 문장 「「食品ロス」は、このような食の不均衡の問題のほかに、環境にも大きな影響を及ぼします('식품 손실'은 이러한 먹거리의 불균형 외에, 환경에도 큰 영향을 끼칩니다)」를 보면 식품 손실로 인하여 피해를 보는 환경에 대해 언급했으므로, 쓰레기 문제와 생태계 파괴, 기후 변동과는 '연관'되어 있는 것을 알 수 있다. 그러므로 정답은 1번이 된다.

44 정답 1

1 에 의거하여	2 에 관련하여
3 에 부응하여	4 에 즈음하여

> **해설** 앞에서 「日本においては食品ロス削減推進法(일본에서는 식품 손실 삭감추진법)」이 나오고, 뒤에는 「毎年10月を食品ロス削減月間に定めています(매년 10월을 식품 손실삭감월간으로 정해 놓고 있습니다)」라고 했다. 그 근거는 바로 앞에 나온 '식품 손실 삭감추진법'이므로 「~に則り(~에 의거하여, 따라)」가 들어가야 문맥이 맞게 된다.

45 정답 2

1 평소부터 의식하면서 마음을 졸여야 합니다
2 평소부터 의식하며 대처하는 것이 중요합니다
3 수시로 의식하면서 가능해야 합니다
4 수시로 의식하며 받아들이는 것이 중요합니다

> **해설** 바로 앞 문장 「私たちにもできることがあります。外食の際に食べ残した料理を持ち帰ったり、家では必要な分だけ料理をしたり~(우리에게도 할 수 있는 일이 있습니다. 외식할 때 먹다 남은 요리를 집에 싸간다든가, 가정에서는 필요한 만큼 요리하거나~)」를 보면 우리가 평소에 할 수 있는 대처 방법이므로, 정답은 2번이다.

1교시 독해

본책 140 페이지

> **問題8** 다음 (1)부터 (4)의 글을 읽고, 질문에 대한 답으로 가장 알맞은 것을 1·2·3·4에서 하나 고르세요.

46 정답 4

(1)

    프리미엄 프라이데이는 매달 마지막 금요일 오후 3시에 일을 끝낼 것을 장려하는 정부 주도의 캠페인이다. 개인 소비의 환기와 장시간 노동 경감이라는 두 가지를 목표로 시작되었다. 하지만 실시로부터 2년 뒤의 설문조사에 따르면 인지율은 90%를 넘지만, 실시는 10%에 그쳤다. 많은 기업에서는 '거래처의 사정이 있어 우리들만 쉴 수 없다', '아르바이트에 대한 대응이 어렵다', '월말은 바쁘다' 등 도입이 쉽지 않았던 점을 엿볼 수 있다.

도입이 쉽지 않았다고 했는데, 어째서인가?

1 임금인상에 의한 기업의 부담이 커지기 때문

2 노동시간의 단축으로 인해 기업의 노동생산성이 떨어지기 때문
3 정부가 캠페인의 침투화를 소홀히 했기 때문
4 시급제 고용자에 대한 대응이 필요하게 되기 때문

> **해설** 도입이 쉽지 않았던 이유가 바로 앞 「多くの企業では「取引先の都合があり自分たちだけ休めない」「アルバイトへの対応が難しい」「月末は忙しい」(많은 기업에서는 '거래처의 사정이 있어 우리들만 쉴 수 없다', '아르바이트에 대한 대응이 어렵다', '월말은 바쁘다')에 나와 있다. 임금인상에 따라 기업의 부담, 노동생산성의 저하에 대한 직접적인 언급은 없기 때문에 1번과 2번은 오답이고, 정부의 노력 여부에 대한 언급도 없으므로 3번도 오답이다. 본문의 아르바이트에 대한 대응이 어렵다는 문장으로 보아 그에 따른 대응이 필요했을 것을 알 수 있으므로 정답은 4번이 된다.

> **어휘** 推奨(장려)｜政府(정부)｜主導(주도)｜個人(개인)｜消費(소비)｜喚起(환기)｜長時間(장시간)｜労働(노동)｜軽減

(경감) | 目指す(목표하다) | 実施(실시) | 認知率(인지율) | 超える(넘다) | ～ものの(~이지만) | ～にとどまる(~에 그치다, 머무르다) | 企業(기업) | 取引先(거래처) | 都合(형편, 사정) | 導入(도입) | 伺う(엿보다) | 賃上げ(임금인상) | 労働生産性(노동생산성)

---

47 정답 3

(2)

　　특허 기간이 끝난 신약과 같은 성분과 효과를 가진 약품을 다른 의약품 제조사가 만든 것을 '제네릭 의약품'이라고 합니다. '신약과 완전히 같고 보다 싼 약'이라는 이미지가 있지만, 실은 효능이 완전히 같은 것은 아닙니다. 이는 신약의 특허에 물질 특허나 제법 특허 등 복수의 특허가 존재하여, 같은 성분을 사용할 수 있어도 제조 방법은 똑같이 할 수 없는 경우가 있기 때문입니다. 그렇게 되면 약이 너무 세거나 혹은 너무 약하거나, 다른 부작용이 일어나는 등과 같은 차이가 발생할 가능성이 있습니다. 국가에서 이용을 추진하고 있지만, 좋은 점만 있는 약은 아니므로 잘 알아보고 사용합시다.

이 글에서 필자가 가장 하고 싶은 말은 무엇인가?
1　제네릭 의약품은 저렴하지만 성분이 좋지 않으므로 사용하지 않는 것이 좋다.
2　제네릭 의약품과 신약은 완전히 같으므로 안심하고 사용해도 된다.
3　제네릭 의약품은 부작용의 우려가 있으므로 사용할 때 주의가 필요하다.
4　제네릭 의약품은 나라에서 권장하고 있으나 신약과 비교하고나서 사용하는 것이 좋다.

해설　본문에서는 제네릭 의약품에 관해 설명하며 신약과의 차이를 말하고 있는데, 마지막 문장에서 「良いことずくめの薬ではないのでよく調べて使いましょう(좋은 점만 있는 약은 아니므로 잘 알아보고 사용합시다)」라고 했다. 즉 제네릭 의약품을 사용할 때는 충분히 알아보고 복용해야 한다는 말을 하고 싶은 것이므로 3번이 답이 된다. 1번의 '싸다'와 4번의 '국가가 권장한다'도 나오는 내용이지만 필자는 사용을 권하고 있지 않고, 2번은 필자의 생각과 반대이니 오답이다.

어휘　特許期間(특허 기간) | 新薬(신약) | 成分(성분) | 効能(효능) | 医薬品(의약품) | 製造(제조) | 全く(완전히) | 物質(물질) | 製法(제법) | 複数(복수) | もしくは(혹은) | 異なる(다르다) | 副作用(부작용) | 可能性(가능성) | 推進(추진) | ～ずくめ(~일색)

---

48 정답 1

(3)

　　*아포덴 강도 피해가 늘어나고 있다. 혼자 사는 고령자 집에 친척을 가장하여 전화를 걸어 '교통사고를 당해 급히 현금이 필요하다. 지금 집에 돈이 있는가?'라고 묻고 현금이 있다는 것을 확인하면, 강도로 침입하는 극히 악질적인 수법이다. 비슷한 수법인 *오레오레 사기는 금전피해뿐이지만 아포덴 강도는 최악의 경우, 목숨을 빼앗기는 경우도 있다. 고령자 자신이 혼자일 때는 전화를 받지 않는다든가 소지 금액을 알려주지 않는 등 하여 조심하는 것 외에, 방범 서비스 이용을 촉구하는 등 가족과 지역의 협력도 빼놓을 수 없다.

*아포덴 강도(Appointment 電話強盗, 약속 강도) : 미리 전화로 현금 보관 상황 등을 물은 뒤 강도를 저지르는 보이스피싱의 일종
*오레오레 사기(オレオレ詐欺, 나야 나 사기) : 노인들에게 전화를 걸어 아들이나 손자인척 속이고 돈을 뜯어내는 보이스피싱의 일종

아포덴 강도는 어떠한 수법인가?
1　전화를 걸어 현금 유무를 확인한 후, 집에 침입하는 것
2　전화를 걸어 지정 은행 계좌에 돈을 이체시키는 것
3　집에 와 현금을 훔친 뒤, 목숨까지 빼앗는 것
4　교통사고 당했다고 거짓말을 해서 현금을 준비시키는 것

해설　「一人暮らしの高齢者宅に親族を装って電話をかけ、～現金があると確認できると、強盗に押し入る(혼자 사는 고령자 집에 친척을 가장하여 전화를 걸어 ~현금이 있다는 것을 확인하면, 강도로 침입한다)」라는 내용에서 그 수법을 알 수 있으므로 답은 1번이다. 은행 계좌에 관해서는 언급하지 않았으므로 2번은 오답이다. 3번은 최악의 경우를 말하는 것으로 일반적인 수법이 아니며, 현금을 준비시키는 것으로 끝나는 것이 아니라 집에까지 와서 돈을 빼앗는다고 했으니 4번도 오답이다.

어휘　アポ電強盗(아포덴 강도, 약속 강도) | 高齢者宅(고령자 집) | 親族(친척) | 装う(가장하다) | 現金(현금) | 押し入る(침입하다) | 極めて(극히) | 悪質(악질) | 手口(수법) | オレオレ詐欺(오레오레 사기, 나야 나 사기) | 金銭(금전) | 命を奪う(목숨을 빼앗다) | 所持金額(소지 금액) | 防犯(방범) | 促す(촉구하다) | 欠かす(빼놓다)

49 정답 2

(4)

긴 단어를 짧게 압축한 축약어의 남용은 일본어에 한정된 것이 아니지만 일본에서는 유독 외래어의 약어가 많으며 일본인이어도 이해하기 어려운 경우가 많다. 발음의 용이함이나 내용 전달의 효율성은 있지만 축약함으로써 본래의 단어가 내장하고 있던 정치적 선언이나 역사적 의의가 해체되는 경우도 있다. 최근 빈번하게 사용되는 '파워하라(power harassment)'나 '세쿠하라(sexual harassment)' 등의 용어는 중대한 사회적 문제를 고발하는 목적으로 고안된 단어를 간략화했기 때문에 때에 따라 긴장감을 무너뜨리고 농담처럼 사용되고 만다.

필자의 생각과 맞는 것은 어느 것인가?

1 축약어는 구어체에서만 사용되어야 한다.
2 외래어를 간략화 하면 단어의 의미가 약해질 수 있다.
3 목적을 가진 단어를 짧게 줄이면 그 의미가 복잡해져 버린다.
4 음절이 적은 단어는 가벼운 뉘앙스를 준다.

해설 필자는 일본에 유독 많은 외래어의 축약어에 관련하여 원래 가지고 있던 의미가 해제되거나 가볍게 쓰여질 수 있다는 것을 지적하고 있으며,「略すことによって元の言葉が保っていた政治的宣言や歴史的意義が解体されることもある(축약함으로써 본래의 단어가 내장하고 있던 정치적 선언이나 역사적 의의가 해체되는 경우도 있다)」라는 문장으로 보아 약어의 의미가 약해질 수 있다는 것을 알 수 있으므로 정답은 2번이다.

어휘 略語(약어) | 乱用(남용) | 伝達(전달) | 効率(효율) | 政治的(정치적) | 宣言(선언) | 歴史的(역사적) | 意義(의의) | 解体(해체) | 頻繁(빈번) | パワハラ(갑질) | セクハラ(성추행, 성희롱) | 簡略化(간략화) | 緊張(긴장) | 崩す(무너뜨리다, 붕괴시키다)

問題 9 다음 (1)부터 (3)의 글을 읽고, 질문에 대한 답으로 가장 알맞은 것을 1·2·3·4에서 하나 고르세요.

50~52

(1)

인기 있는 연예인들에게 사생활이라는 것은 있는 걸까? 텔레비전이나 잡지에서 연예인이나 스포츠 선수의 사생활에 관한 보도를 접할 기회도 많다. 어떤 사람과 교제하고 있는지, 아이가 어떤 학교에 다니고 있는지 등, 50 사소한 것까지 모두 공개되는 경우가 있어 ①연예인도 마냥 편한 직업은 아닌 것

같은 느낌이 든다. 분명 유명인은 불특정 다수의 사람들로부터 보여지는 것이 일의 일부분이라고 말해도 틀린 것은 아니지만 그것은 어디까지나 일을 하는 중에 해당되는 경우이고, 51 매우 사적인 부분까지 사람들 눈에 노출되는 경우도 있어서 문제가 된다고 생각하기 때문이다.

나는 그런 한편으로, 사실을 보도하거나 전달하는 ②보도의 자유도 생각하지 않으면 안 된다고 생각한다. 일반인에 있어서는 프라이버시 침해라고 간주되는 것도 연예인이라면 넓은 범위에서 보도가 허용되는 건 어쩔 수 없는 것일지도 모른다. 하지만 과거 재판을 예로 보면, 연예인이라도 일반인과 거의 마찬가지로 프라이버시가 지켜져야 한다는 판례가 많다. 52 나도 어떤 직업이라도 원칙적으로 프라이버시는 지켜져야 하며, 보도의 자유를 빙자하여 선을 넘는 행위가 있어서는 안 된다고 생각한다.

어휘 芸能人(연예인) | 私生活(사생활) | 週刊誌(주간지) | 報道(보도) | 交際(교제, 사귐) | 些細だ(사소하다, 세세하다) | 非常(매우) | プライベート(개인적, 사적, 프라이빗) | 人目(남의 눈, 타인의 시선) | プライバシー(사생활, 프라이버시) | 侵害(침해) | 範囲(범위) | 裁判(재판) | 同様(마찬가지, 같은 모양, 같음) | 判決(판결) | 一線(선) | 行為(행위)

---

50 정답 3

①연예인 마냥 편한 직업은 아닌 것 같다는 느낌이 든다라고 했는데, 어째서인가?

1 사생활에 대해서 불특정 다수에게 항상 평가되기 때문
2 일반인과 다르게 사생활이 없기 때문
3 사생활의 사소한 부분까지 사람들에게 보여지기 때문
4 사생활이 남의 눈에 띄어 제대로 생활할 수 없기 때문

해설 편한 직업이 아닌 이유는 밑줄 바로 앞 문장「些細なことまですべて公開されることがあり(사소한 것까지 모두 공개되는 경우가 있어)」을 보면 알 수 있으므로 정답은 3번이 된다.

---

51 정답 4

②보도의 자유라고 했는데, 필자는 어떻게 말하고 있는가?

1 보도는 연예인의 프라이버시을 침해하더라도 사실을 전달할 자유가 있다.
2 연예인의 입장보다 사실을 전달하는 보도 측의 입장이 더 중요하다.

3 보도는 연예인의 사생활을 전부 전달해도 프라이버시 침해가 되지 않는다.

4 연예인의 입장도 중요하지만 보도하는 측의 입장도 고려해야 한다.

해설 보도의 자유에 대한 핵심적인 문장「私は事実を報道したり伝えたりする報道の自由も考えなければならないと思う。〜芸能人であれば広い範囲で報道が許されるのは仕方がないことなのかも知れない(나는 사실을 보도하거나 전달하는 보도의 자유도 생각하지 않으면 안 된다고 생각한다. 〜연예인이라면 넓은 범위에서 보도가 허용되는 건 어쩔 수 없는 것일지도 모른다)」를 보면 필자는 연예인의 사생활은 물론 중요하지만 보도의 자유도 생각해야 한다고 말하며 양측의 입장을 고려하고 있다는 것을 알 수 있으므로 정답은 4번이 된다.

52 정답 2

이 글에서 필자가 가장 말하고 싶은 것은 무엇인가?

1 연예인의 사생활은 항상 일반인과 공유해야만 한다.

2 연예인의 사생활까지 공개하는 것은 삼가야 한다.

3 연예인의 사생활을 함부로 들어내는 행위는 벌받아야 한다.

4 연예인의 사생활에 관한 보도의 범위는 법으로 정해져야 한다.

해설 가장 전달하고자 하는 것은 마지막 문장「私もどんな職業であっても原則としてプライバシーは守られるべきものであり、報道の自由を笠に着て一線を越えるような行為があってはならないと考える(나도 어떤 직업이라도 원칙적으로 프라이버시는 지켜져야 하며, 보도의 자유를 빙자하여 선을 넘는 행위가 있어서는 안 된다고 생각한다)」에 나와 있듯이 어떤 직업이라도 프라이버시는 지켜져야 한다고 말하고 있으므로 정답은 2번이다.

53~55

(2)

'우물 안 개구리 큰 바다를 모른다'라는 속담을 들어본 적이 있습니까? '자신이 가진 편협한 가치관만으로 세상일을 생각하고, 넓은 시야로 세상일을 생각하지 못하는 사람'이란 의미를 갖고 있습니다. '우물 안 개구리'라고 줄여서 쓰이는 것이 일반적입니다. 중국의 고전을 토대로 한 말로, 원문을 알기 쉽게 설명하자면, '우물 안의 개구리는 바다에 관해 말할 수 없다. 바다를 본 적이 없어서, 시야가 좁고 뻔한 지식밖에 없기 때문'

이라는 의미가 됩니다.

이처럼 '우물 안 개구리'란 [53] '시야가 좁고 식견이 없는 사람'이라는 부정적인 말로 쓰이고 있습니다. 그러나 이 속담에는 이어지는 이야기가 있는데, 그 의미는 매우 긍정적인 것입니다. '우물 안 개구리 큰 바다를 모른다'에 이어지는 이야기는 '하지만 하늘의 푸르름은 알고 있다'입니다. 이것은 중국에서 전해진 것이 아니라, 일본에 전해진 뒤에 더해진 것이라고 알려져 있습니다. [54] 이 한마디를 더함으로써 '좁은 세계에 있기에, 그 세계의 깊은 곳까지 잘 알고 있다'는 의미가 됩니다.

확실히, 넓은 시야를 갖는 것으로 자신의 미숙함을 깨닫고 성장할 수 있을지도 모릅니다. 하지만, [55] 좁은 세계라고 해도 그 길을 파헤치는 것으로 확실하게 성장할 수 있다는 희망을 보여주는 속담입니다.

어휘 井(우물) | 蛙(개구리) | 大海(대해) | 価値観(가치관) | 物事(세상일) | 古典(고전) | 〜を元に(〜을 토대로) | 原文(원문) | 井戸(우물) | ありきたり(뻔한, 흔한) | 見識(견식) | 否定的(부정적) | 肯定的(긍정적) | されど(하지만) | 付け加える(덧붙이다) | 一言(한마디) | 〜からこそ(〜이기에) | 未熟(미숙) | 究める(파헤치다) | 示す(나타내다)

53 정답 2

'우물 안 개구리 큰 바다를 모른다'는 어떤 사람이라고 말하고 있는가?

1 어두운 성격인 사람

2 식견이 좁은 사람

3 생각이 어리석은 사람

4 평범하고 재미없는 사람

해설 가장 결정적인 힌트는「視野が狭く見識の無い人(시야가 좁고 식견이 없는 사람)」이다.「見識」란 '확실한 생각과 우수한 판단력'이란 의미로「視野が狭く見識の無い人」를 바꿔 말하면 2번 '식견이 좁은 사람'이 된다. 3번의「考えが浅はかな人」는 '생각이 어리석은 사람'이란 뜻이므로 오답이다.

54 정답 4

이 속담의 이어지는 이야기에 관한 설명으로 맞는 것은 무엇인가?

1 이어지는 부분도 중국에서 전해진 것이지만 길어서 생략하고 있다.

2 이어지는 부분이 더해지면, 좁은 가치관으로 세상을 보는 사람이라는 의미가 된다.

3 전반 부분도 이어지는 부분도 모두 일본의 고전이 바탕이 된다.

4 이어지는 부분이 더해지면 한 가지 분야에 정통한 사람이 라는 의미가 된다.

해설 원래 중국에서 전해진 뜻은 부정적이었으나, 일본에서 더해진 부분으로 인해「狭(せま)い世界(せかい)にいるからこそ、その世界(せかい)の深(ふか)いところまでよく知(し)っている(좁은 세계에 있기에, 그 세계의 깊은 곳까지 잘 알고 있다)」란 긍정적 의미로 바뀌었다고 했으므로 답은 4번이다.

55 정답 2

'우물 안 개구리'를 통해 필자가 말하고 싶은 것은 무엇인가?

1 자신의 부족함을 깨닫고 넓은 시야를 가져야 희망이 보인다.

2 한 가지 일이라도 끝까지 탐구하면 성장할 수 있다.

3 부정적인 생각보다 긍정적인 생각을 가져야 성장할 수 있다.

4 넓은 세계보다 좁은 세계를 탐구하는 것이 중요하다.

해설 필자가 말하고 싶은 것은 보통 마지막 문장에 드러나 있다.「狭(せま)い世界(せかい)だとしてもその道(みち)を究(きわ)めることで、しっかり成長(せいちょう)ができるという希望(きぼう)を示(しめ)してくれる(좁은 세계라고 해도 그 길을 파헤치는 것으로 확실하게 성장할 수 있다는 희망을 보여준다)」를 보면 좁은 세계, 즉 한 가지의 일이라도 계속해서 탐구하면 성장할 수 있다는 것을 의미하고 있으므로 필자가 말하고 싶은 것은 2번이다.

56~58

(3)

'난폭 운전'이란 차간 거리를 갑자기 좁히거나, 전방을 달리고 있는데 급정거하여 주변 차량의 운전을 방해하는 위험한 행위를 말한다. 난폭 운전에는 경적을 필요 이상으로 울리거나, 상대 차량을 쫓아다니거나, 상대방을 직접 협박하거나 폭언을 퍼붓는 것도 포함되어 있다. 2020년 6월, 난폭 운전을 단속하기 위한 56 '방해 운전죄'가 정해져 엄벌에 처해지게 되었다.

57 엄벌화의 계기가 된 것은 2017년 고속도로에서 일어난 난폭 운전 사고이다. 난폭 운전에 의해 차를 강제로 정차한 곳에 트럭이 추돌하여 4명의 사상자가 발생하였다. 이 사건 재판에서 가해자에게는 위험 운전 치사상죄의 판결이 내려졌으나 검찰과 변호사가 정면으로 대립하여, 많은 논의가 이루어졌다. 방해 운전죄가 창설되고 나서 난폭 운전에 의해 인명사고

가 일어났을 경우, 위험 운전 치사상죄가 적용되어, 상해를 입히면 징역 15년 이하, 사망하게 한 경우 1년 이상 20년 이하의 징역이 부과된다.

난폭 운전을 만났을 경우, 어떻게 하면 좋을까? 우선은 58 침착하게 길을 양보하고 엮이지 않는 것이 가장 현명한 방법이다. 끈질길 경우, 갓길이나 고속도로 휴게소 등 안전한 장소까지 이동하여 정차한다. 정차 후, 난폭 운전 상대가 차에서 내리면 문을 잠그고 경찰에게 통보하자.

어휘 あおり運転(うんてん)(난폭 운전) | 車間距離(しゃかんきょり)(차간 거리) | 詰(つ)める(좁히다) | 前方(ぜんぽう)(전방) | 急停止(きゅうていし)(급정지) | 邪魔(じゃま)(방해) | 追(お)い回(まわ)す(쫓아다니다) | 脅(おど)す(협박하다) | 暴言(ぼうげん)を吐(は)く(폭언을 퍼붓다) | 含(ふく)む(포함하다) | 取(と)り締(し)まる(단속하다) | 妨害運転罪(ぼうがいうんてんざい)(방해 운전죄) | 定(さだ)める(정하다) | 厳罰化(げんばつか)(엄벌화) | きっかけ(계기) | 強引(ごういん)に(강제로) | 停(と)める(세우다) | 追突(ついとつ)(추돌) | 死傷者(ししょうしゃ)(사상자) | 裁判(さいばん)(재판) | 加害者(かがいしゃ)(가해자) | 危険運転致死傷罪(きけんうんてんちししょうざい)(위험 운전 치사상죄) | 判決(はんけつ)が下(くだ)る(판결이 내려지다) | 〜ものの(〜이지만) | 検察(けんさつ)(검찰) | 弁護士(べんごし)(변호사) | 真(ま)っ向(こう)(정면) | 議論(ぎろん)がなされる(논의가 이루어지다) | 創設(そうせつ)(창설) | 人身事故(じんしんじこ)(인명사고) | 適用(てきよう)(적용) | 懲役(ちょうえき)(징역) | 死亡(しぼう)(사망) | 科(か)せられる(부과되다) | 〜に遭(あ)う(〜을 당하다) | 冷静(れいせい)に(침착하게) | 譲(ゆず)る(양보하다) | 関(かか)わる(관계되다, 상관하다) | 賢明(けんめい)(현명) | しつこい(끈질기다) | 路肩(ろかた)(갓길) | 通報(つうほう)(통보, 신고)

56 정답 3

'난폭 운전'에 관한 설명으로, 본문과 맞는 것은 어느 것인가?

1 경적을 끈질기게 울리는 것은 난폭 운전이 아니다.

2 옛날부터 난폭 운전에 대해 엄격한 벌칙이 부과되고 있다.

3 '방해 운전죄'가 창설되어 난폭 운전은 엄벌화되었다.

4 차간 거리를 갑자기 좁혀도 사고가 일어나지 않으면 괜찮다.

해설 첫 번째 단락 끝에서「2020年(ねん)6月(がつ)、あおり運転(うんてん)を取(と)り締(し)まるための「妨害運転罪(ぼうがいうんてんざい)」が定(さだ)められ、厳罰化(げんばつか)されるようになった(2020년 6월, 난폭 운전을 단속하기 위한 '방해 운전죄'가 정해져 엄벌에 처해지게 되었다)」라고 했으니, 답은 3번이다. 필요 이상으로 경적을 울리는 것도 난폭 운전이니 1번은 오답이며, 난폭 운전에 대한 단속이 엄벌화 된 것은 2020년부터이니 2번도 오답이다. 사고와 관계없이 갑자기 차간 거리를 좁히는 행위도 난폭 운전이라고 했으니 4번도 오답이다.

57 정답 3

'난폭 운전'이 엄벌화 된 이유로 맞는 것은 어느 것인가?

1 사고 재판에서 검찰과 변호사의 의견이 같았기 때문에

2 가해자에게 위험 운전 치사상죄가 적용되지 않았기 때문에

3 난폭 운전 때문에 4명의 사상자가 발생한 사고가 일어났기 때문에

4 방해 운전죄에는 난폭 운전에 대한 징벌이 정해져 있지 않았기 때문에

해설 「厳罰化のきっかけとなったのは～4人の死傷者が出た(엄벌화의 계기가 된 것은 ~4명의 사상자가 발생하였다)」라고 하며 이 사건이 결정적 계기가 되어 난폭 운전에 대한 처벌이 엄벌화되었으니 답은 3번이다.

58 정답 2

필자에 의하면 난폭 운전을 만났을 경우에 어떻게 해야 하는가?

1 갓길에 급정거하고 경찰에 신고한다.

2 상대 차량에게 길을 양보하고 침착하게 운전하는 것이 중요하다.

3 끈질기게 쫓아오면 경찰서로 이동하여 신고한다.

4 가해자가 차에서 내려오면 같이 내려 이야기를 한다.

해설 밑줄의 뒤 부분에 언급된 「冷静に道を譲り、関わらないことが最も賢明な方法だ(침착하게 길을 양보하고 엮이지 않는 것이 가장 현명한 방법이다)」라는 문장을 힌트로 보아 알맞는 내용은 2번임을 알 수 있다.

問題10 다음 글을 읽고, 질문에 대한 답으로 가장 알맞은 것을 1·2·3·4에서 하나 고르세요.

59~62

쇼와 20년(1945년) 8월부터 약 1년 3개월 정도, 혼슈(本州) 북단에 있는 쓰가루 생가에서 이른바 (注1)소개 생활을 하고 있었는데, 그동안 나는 거의 집에만 있었고 여행다운 여행은 단 한 번도 하지 않았다. 딱 한 번, 쓰가루반도 동해 쪽에 있는 어느 항구마을에 놀러 갔는데 그래봐야 내가 소개하던 마을에서 기차로 기껏해야 3, 4시간 걸리는 '외출'이라고도 하는 편이 괜찮을 정도의 작은 여행이었다.

하지만 나는 그 항구마을의 어느 여관에 하룻밤 묵으면서 애화(哀話:슬프고도 불쌍한 이야기)와도 비슷한 기묘한 사건을 접한 것이다. 그 이야기를 써 보겠다.

내가 쓰가루에 소개하고 있을 무렵에는 내가 먼저 남의 집을 방문한 적은 거의 없었고, 또한 나를 찾아오는 사람도 별로 없었다. 그래도 가끔은 (注2)복원한 청년 등이 소설 이야기를 들려 달라고 하며 찾아왔다.

"지방 문화란 단어가 자주 쓰이는 것 같은데, 선생님, 그건 무슨 의미인가요?"

"음, 나도 잘은 모르지만. 예를 들어 지금 이 지방에는 (注3)탁주가 활발하게 만들어지고 있는 것 같은데, 기왕 만들 거라면 맛있고 많이 마셔도 숙취가 없는 고급스러운 것을 만드는 거지. 탁주뿐 아니라 딸기주도, 오디주도, 개머루주도 사과주도 이런저런 아이디어를 내서 기분 좋게 취하는 고급품을 만드는 거야. 음식도 마찬가지로 [59] 이 지방의 산물을 가능한 한 맛있게 먹는 것에 독자적으로 아이디어를 짜는 거야. 그렇게 해서 모든 사람이 즐겁게 먹고 마시는 거야. 그런 거 아닐까?"

"선생님은 탁주 같은 거 드십니까?

[60] "안 마시는 건 아닌데 그렇게 맛있는 것 같지는 않더군. 취했을 때 느낌도 별로였어."

"하지만 ①좋은 것도 있어요. 청주랑 똑같은 것도 요즘 만들 수 있게 되었습니다."

"그래? 그게 말하자면 지방문화의 진보란 것일지도 모르겠네."

"다음번에 선생님 댁에 가져와도 될까요? 선생님은 드셔 보시겠어요?"

[61] "그래 마셔 보겠네. 지방 문화 연구를 위해서니까."
며칠 후 그 청년은 물통에 술을 담아 들고 왔다.

[62] 나는 마셔보고, "맛있군." 이렇게 말했다.
청주와 마찬가지로 깨끗하고 맑았으며 청주보다도 더욱 진한 호박색으로 알코올 도수도 꽤 센 것 같았다.

"우수하지요?"

"응, 우수해. ②지방 문화를 얕봐서는 안 되네."

"그리고 선생님, 이게 뭔지 아시겠어요?"
청년은 지참한 도시락통 뚜껑을 열어 책상 위에 올려놓았다.

'어머니 (1947년)' 다자이 오사무

(注1) 소개 : 공습 등에 대비해서 도시에 사는 주민들이 지방으로 이사하는 것

(注2) 복원 : 전시체제를 해제하고, 소집된 병사의 복무를 해제하는 것

(注3) 탁주 : 쌀과 물과 누룩으로 만들며, 발효 후에 걸러내지 않고 만든 술. 하얗고 탁하다

어휘 本州(혼슈) | 北端(북단) | 生家(생가) | 所謂(이른바) | 疎開(소개) | 半島(반도) | 港町(항구마을) | それとて(그래봐야) | 汽車(기차) | せいぜい(기껏해야) | 小旅行(작은 여행) | 哀話(애화, 슬프고도 불쌍한 이야기) | 接する(접

하다) | 復員(복원) | 青年(청년) | 濁酒(탁주) | さかんに (활발하게) | どうせ(어차피) | 二日酔い(숙취) | 上等な (고급스러운) | ～に限らず(~뿐만 아니라) | イチゴ(딸기) | 桑の実(오디) | 野葡萄(개머루) | 工夫(궁리) | 酔い心地 (술 취했을 때 느낌) | 上等品(고급품) | 産物(산물) | 独自 (독자) | 工夫をこらす(아이디어를 내다, 궁리하다) | 愉 快(유쾌) | ～かつ(~및) | 結構だ(좋다, 만족스럽다) | 清 酒(청주) | 数日後(며칠 후) | 水筒(물통) | 同様に(마찬가 지로) | 澄む(맑다) | 更に(더욱) | 濃い(진하다) | 琥珀色 (호박색) | アルコール度(알코올 도수) | 優秀(우수) | あ などる(얕보다) | ～べからず(~해서는 안 되다) | 持参(지 참) | 弁当箱(도시락 통) | 蓋(뚜껑) | 卓上(책상 위)

59 정답 4

'지방 문화'에 대해 필자는 어떻게 말하고 있는가?

1 지방의 산물을 절차탁마하여 살리는 것
2 지방만의 일취천일(아주 좋은 술을 비유하는 말)한 탁주를 만드는 것
3 지방 사람들이 사이좋게 일치단결하는 것
4 지방의 산물을 살릴 창의적 고안이 있는 것

해설 필자가 청년에게 '지방 문화'에 관한 질문을 받고 「この地方 の産物を、出来るだけおいしくたべる事に、独自工夫 のをこらす。そうして皆で愉快に飲みかつ食う(이 지방 의 산물을 가능한 한 맛있게 먹는 것에 독자적으로 아이디어 를 짜는 거야. 그렇게 해서 모든 사람이 즐겁게 먹고 마시는 거야)」라고 답했으니 답은 4번이 된다. 1번과 3번은 언급이 없었고, 2번은 다양한 지방의 산물이 아닌 오로지 술만 언급 하였으므로 오답이다.

60 정답 3

①좋은 것도 있어요라고 했는데, 어째서인가?

1 필자가 기묘한 사건을 접했다고 하니까
2 소개생활도 괴로운 생활만이 아니니까
3 현지 술에 대한 필자의 평가가 좋지 않으니까
4 지방에서도 청주를 만들 수 있게 되었으니까

해설 청년이 '선생님은 탁주 같은 거 드십니까?'라고 하자 필자는 「飲まぬ事もないが、そんなに、おいしいとは思わな い。酔い心地も、結構でない(안 마시는 건 아닌데 그렇 게 맛있는 것 같지는 않더군. 취했을 때 느낌도 별로였어)」라

고 했다. 즉, 현지 술에 대한 평가를 그다지 좋지 않게 말하였 고, 이 말에 청년은 「しかし、いいのもありますよ(하지만 좋은 것도 있어요)」라며 필자의 말을 반박하고 있는 것을 알 수 있으므로 3번이 정답이다.

61 정답 1

'지방 문화의 연구'란 무엇을 가리키고 있는가?

1 청년이 권하는 탁주를 조금 마셔보는 것
2 쓰가루에서 기차로 3, 4시간 걸리는 항구마을에 가는 것
3 복원해 온 지방 청년과 소설 이야기를 하는 것
4 지방의 산물을 다 같이 즐겁게 먹는 것

해설 본문에서 필자는 「それは、飲んであげてもいい。地方文 化の研究のためですからね(그래 마셔보겠네. 지방 문화 연구를 위해서니까)」라고 했다. 청년이 권하는 탁주를 비록 적극적은 아니지만 지방 문화의 연구를 위해서라면 탁주를 마셔 보기는 하겠다고 말했으니 답은 1번이다.

62 정답 2

②지방 문화를 얕봐서는 안 되네라고 했는데, 필자의 생각과 일 치하는 것은 어느 것인가?

1 탁주에 따라서는 우수하다.
2 탁주치고는 우수하다.
3 탁주인 만큼 우수하다.
4 탁주 정도 되면 우수하다.

해설 앞에서 필자는 탁주를 마셔본 적은 있지만 맛도 별로였고 취 했을 때 느낌도 별로였다고 했지만, 다른 날 마셔 본 탁주를 '맛있다'라고 하면서 「地方文化あなどるべからず(지방 문 화를 얕봐서는 안 되네)」라고 했다. 즉 전에는 무시했던 지방 탁주이지만 이런 좋은 탁주도 있다는 것을 알고 지방 문화를 재평가했다는 말을 하고 있는 것이므로 답은 2번이 된다.

[問題 11] 다음 A, B 글을 읽고, 질문에 대한 답으로 가장 알 맞은 것을 1·2·3·4에서 하나 고르세요.

63~64

A

최근 때때로 공원에 가면 공놀이 금지, 큰 소리 내지 말 것 등의 주의사항이 쓰여 있는 것을 자주 본다. 그 주의사항을 볼 때마다 위화감을 느끼고 있었는데, 공원이나 보육원에서 아이 들 노는 소리가 시끄럽다고 문제가 되는 경우가 늘어나고 있는

것 같다. 심야 근무를 마치고 왔는데, 아이들 소리가 시끄러워서 잘 수 없다, 조용히 살고 싶은데 방해가 된다 등 종종 클레임이 들어온다고 한다. 최근의 보육원에서는 이웃과의 트러블을 방지하기 위해, 방음 대책에 힘쓰고 있는 곳도 많다고 한다. 이런 이야기를 들을 때마다, 과연 아이들 소리는 소음인 걸까 생각한다. ___64___ 문득 옛날을 떠올리면, 유소년기는 공원에서 친구와 축구나 소프트볼을 하고 지냈던 기억이 있다. 분명 누구나 한 번이나 두 번 그런 경험이 있는 건 아닐까? ___63___ 아무것도 없는 길에서 소리를 지르는 것이 아니라, 공원이나 보육원에서 그저 놀고 있을 뿐임에도 불구하고, 소음으로서 반응하는 것은 도가 지나칠 것이다.

B

어린이는 우는 것은 당연한 거니까, 그것에 불평을 말하는 것은 이상하다는 의견을 말하는 사람이 있다. ___63___ 물론 아이가 우는 것이나, 소리를 내는 것이 당연하다는 인식은 있다. 하지만, 불평을 말하는 사람을 일방적으로 이상하다고 단정 지어 버리는 것도 또한, 이상한 것은 아닐까? 공원이나 보육원이 가까이에 있는 지역에 스스로 이사 온 경우는 다르지만, 예를 들어, 살고 있던 곳에 갑자기 공원이나 보육원이 생겼다고 생각하면 어떨까? 어쩌면, 불평을 말하는 사람은 몸이 좋지 않아 몸져누워 있는 사람일지도 모르고, 심야 근무를 하는 사람일지도 모르며, ___64___ 사람들 저마다 사정이 있을 것이다. 어느 쪽이 옳고 나쁨을 결정하는 것이 아니라, 함께 살아가는 주민으로서 서로의 주장에 귀를 기울이며, 타협점을 찾아낼 필요가 있는 것은 아닐까?

어휘 大声(큰 소리) | 注意書き(주의사항) | 度々(자주) | ～たびに(~때마다) | 違和感(위화감) | 保育園(보육원) | 夜勤明け(심야 근무 마침) | 妨げ(방해) | クレームがあがる(클레임이 들어오다) | 近隣(이웃) | 防ぐ(방지하다) | 防音対策(방음 대책) | 果たして(과연) | 騒音(소음) | ふと(문득) | 思い出す(떠올리다) | 幼少期(유소년기) | 記憶(기억) | 声をあげる(소리를 지르다) | ～にもかかわらず(~에도 불구하고) | 反応(반응) | やりすぎ(도가 지나침) | 当たり前だ(당연하다) | 苦情(불평) | 認識(인식) | 決めつける(일방적으로 단정짓다) | 地域(지역) | もしかしたら(어쩌면) | 寝たきり(몸져누워 있음, 노쇠하거나 병들어 죽누워 있음) | 共に(함께) | 耳を貸す(귀를 기울이다) | 妥協点(타협점)

---

63 정답 3

아이들 소리에 관해 A와 B는 어떻게 말하고 있는가?

1 A도 B도 소음이라고 받아들이는 것은 당연하다고 생각하고 있으며, 불평을 호소하는 사람들에게 이해를 나타내고 있다.

2 A도 B도 아이들 소리가 소음이라고는 받아들이지 않고 있으며, 소음이라고 받아들이는 사람에게 불편함을 내보이고 있다.

3 A는 소음으로 일방적으로 받아들이는 것은 좋지 않다고 생각하고 있으며, B는 중립적인 입장이다.

4 A는 소음으로 받아들이는 것에 불쾌함을 나타내고 있고, B는 소음으로 받아들이는 것이 당연하다고 생각하고 있다.

해설 A의 생각은 「注意書きを見るたびに違和感を覚えていた(주의사항을 볼 때마다 위화감을 느끼고 있다)」,「果たして子どもの声は騒音なのだろうかと考える(과연 아이들 소리는 소음인 걸까 생각한다)」,「騒音として反応するのは、やりすぎだろう(소음으로서 반응하는 것은 도가 지나칠 것이다)」에서 엿볼 수 있다. 즉 아이들의 소리를 소음으로 생각하지 말자는 입장이며, B는 아이들의 소리를 불편해하는 사람들의 입장을 말하지만, 「もちろん子どもが泣くことや、声を出すことは～おかしいのではないだろうか(물론 아이가 우는 것이나 소리를 내는 것이 ~이상한 것은 아닐까?)」라고 하며 중립적인 입장을 취하고 있음을 알 수 있으니 답은 3번이다.

64 정답 4

아이들 소리에 A와 B는 어떠한 자세를 가져야 한다고 말하고 있는가?

1 A와 B 모두 문제가 있을 때에는 서로의 주장을 명확하게 확인해야 한다고 말하고 있다.

2 A와 B 모두 불평하는 사람이 나쁘다고 판단하기 쉽지만, 그것은 완전히 잘못된 것이라고 말하고 있다.

3 A는 불평이 나올 때마다 서로 이야기할 수 있는 장을 마련할 필요가 있다고 말하고 있으며, B는 서로 입장에 따라 주장이 다를 수 있다는 것을 이해하고 행동해야 한다고 말하고 있다.

4 A는 아이 입장에서 당연한 것이기에 이해가 필요하다고 말하고 있으며, B는 서로의 입장을 인정하면서 서로 이해해야 한다고 말하고 있다.

해설 A의 경우, 「ふと昔を思い出すと、幼少期は公園で～きっと誰もが一度や二度そのような経験があるのではないだろうか(문득 옛날을 떠올리면, 유소년기는 공원에서~ 분명 누구나 한 번이나 두 번 그런 경험이 있는 건 아닐까?)」

라며 어린 시절을 떠올리며 모두가 아이일 적 경험을 해 보았을 것이라고 말하고 있으며, B의 경우에는 「人それぞれに事情はあるはずだ。～お互いの主張に耳を貸し、妥協点を見つける必要がある(사람들 저마다 사정이 있을 것이다. ～서로의 주장에 귀를 기울이며, 타협을 찾아낼 필요가 있다)」와 같이 서로의 입장을 인정하고 이해하자는 입장을 나타내고 있으므로 맞는 것은 4번이다.

問題 12 다음 글을 읽고, 질문에 대한 답으로 가장 알맞은 것을 1·2·3·4에서 하나 고르세요.

65~68

분재는 화분이라는 한정된 작은 공간에 수목을 심어 자연을 표현하는 예술 작품 중 하나이다. 분재의 기원은 중국에서 헤이안 시대에 전해졌다고 여겨진다. 무로마치 막부의 제8대 장군, 아시카가 요시마사가 분재를 돌보았다는 기록이 있으며, (注1)히가시야마 문화 아래 발전을 이룬 것으로 보인다. 에도 시대가 되자 신분을 불문하고 서민도 즐기는 문화가 되었고, 메이지 시대에는 정·재계의 (注2)중진들이 즐기는 상류계급의 취미로 자리매김하였다. 하지만 65 손이 많이 가고 재배에 긴 세월을 필요로 하기 때문에 시간적으로 여유가 있는 영감님의 취미로 간주되어 갔다.

최근에는 BONSAI로서 해외에서도 알려지는 데다가, 일본에서도 여성을 중심으로 주목받고 있는 것 같다. 그 이유는 주택 사정과도 관계가 있다. 일본의 주택은 협소한 데다 정원이 없고, 아파트 거주 1인 가구가 늘고 있다. 정원이 없어도 기를 수 있는 작은 수목이 분재이다. 소나무나 단풍, 벚꽃 등 본래는 (注3)땅 심기가 아니면 자라지 않는 수목이 분재라면 가능하며, 방 안에서 감상할 수 있는 것이 매력이다. 전통을 계승하면서 현대의 주거에 맞도록 모던한 인테리어로서의 분재 디자인이 수많이 제안되고 있다.

그런데 관엽식물이나 화초를 화분에 심은 것을 화분 심기라고 한다. 분재와 화분 심기는 무엇이 다를까? 가장 큰 차이는 크게 기르지 않는다는 점에 있다. 화분 심기는 보통 식물의 성장과 함께 큰 화분으로 옮겨 심어 간다. 만일 잘 길러진다면 화분 심기라 하더라도 방의 천장에 닿을 정도로 크게 기를 수 있다. 분재는 완전히 반대로, 수목을 작게 만드는 것을 목표로 하고 있으며, 66 작지만 가지를 늘려 대지에 뿌리를 뻗치고 있는 듯한 모습, 자연에 있는 모습을 재현하는 듯한 나무 형태를 만든다. 이것이 분재가 '화분 속 우주', '예술작품'이라 불리는 까닭이다.

한편 분재는 식물을 학대하고 있다는 비판도 있다. 67 애당초 커지려고 하는 수목을 억지로 작은 화분에 들어가게 하려는 데다가, 가지를 잘라 다듬는 전정(가지치기), 철사로 수목

의 모습을 가지런히 다듬는 철사 정지(가지 고르기), 때로는 나무껍질을 벗기거나 줄기에 구멍을 뚫어 가지를 삽입하거나, 수목에 여러모로 손을 댄다. 생명이 있는 것에 대치되는 자세라며 비판의 목소리를 받아들이는 분재도 있다. 그러나 손질 방식이 화분이나 정원 나무와는 비교가 되지 않으며, 그렇기에 인간의 수명보다 오래 사는 분재가 존재하고, 그 수는 결코 적지 않다. 68 분재를 기르는 자세에는 자연을 마음대로 바꾸려는 에고이즘이라기보다는 인간에게는 도저히 이룰 수 없는 자연의 힘, 몇 백 년의 수령을 계속 살아가는 식물에 대한 동경이 밑바탕에 흐르고 있는 것은 아닐까?

(注1) 히가시야마 문화 : 15세기에 노(能 : 일본의 전통 가무극), 다도, 화도(꽃꽂이), 정원, 건축 등의 다양한 예술이 꽃핀 시절, 그 문화

(注2) 중진 : 유력자. 그 방면에서의 중요한 지위를 차지하는 중심적인 인물

(注3) 땅 심기 : 지면에 직접 화초 등을 심는 것

어휘 盆栽(분재) | 鉢(화분) | 樹木(수목) | 芸術(예술) | ルーツ(기원) | 幕府(막부) | 将軍(장군) | 記録(기록) | 東山文化(히가시야마 문화) | ～のもとで(~아래에서) | 遂げる(이루다) | 身分(신분) | ～を問わず(~을 불문하고) | 庶民(서민) | 政財界(정재계) | 重鎮(중진) | たしなむ(즐기다) | 上流階級(상류계급) | 趣味(취미) | 位置付ける(자리매김하다) | 手間がかかる(손이 많이 가다) | 栽培(재배) | 年月(세월) | 要する(필요하다) | 余裕(여유) | ご隠居(영감님) | 狭小(협소) | ～上に(~인 데다) | 単身世帯(1인 가구) | 松(소나무) | 紅葉(단풍) | 桜(벚꽃) | 本来(본래) | 地植え(땅 심기) | 鑑賞(감상) | 魅力(매력) | 伝統(전통) | 継承(계승) | ～つつ(~하면서) | 数多く(수많이) | 提案(제안) | 観葉植物(관엽식물) | 草花(화초) | 鉢植え(화분 심기) | ～とともに(~와 함께) | 植え替える(옮겨 심다) | 上手い(잘한다) | 天井につく(천장에 닿다) | まったく(완전히) | 逆(반대) | 枝(가지) | 大地(대지) | 根を張る(뿌리를 뻗다) | 再現(재현) | 樹形(나무 형태) | 宇宙(우주) | ゆえん(까닭, 이유) | 虐待(학대) | そもそも(애당초) | 無理やり(억지로) | 収まる(담기다) | 整える(정리하다, 다듬다) | 剪定(가지치기) | 針金(철사) | 整枝(가지 고르기) | 樹皮(나무 껍질) | はぐ(벗기다) | 幹(줄기) | 穴を開ける(구멍을 내다) | 挿す(삽입하다) | 手をかける(손을 대다) | 対峙(대치) | 姿勢(자세) | 受け入れる(받아들이다) | 盆栽家(분재가) | 手の加え方(손질 방식) | 庭

木(정원수) | 比べもの(비교 대상) | 寿命(수명) | 自分勝手に(마음대로) | 作り変える(바꾸다, 변경하다) | エゴイズム(에고이즘, 이기주의) | 到底(도저히) | 叶う(이루어지다) | 樹齢(수령) | 憧憬(동경) | 根底(밑바탕, 근저)

65 정답 4

①영감님의 취미란 무엇인가?

1 분재를 오랜 세월 해 온 사람의 취미
2 일본의 전통을 계승해 나가는 사람의 취미
3 주로 집에서 시간을 보내는 사람의 취미
4 시간의 여유가 있는 노인의 취미

해설 첫 문단의 분재에 대한 설명으로 「手間がかかるのと、栽培に長い年月を要するため、時間的に余裕のあるご隠居趣味 (손이 많이 가고 긴 세월을 필요로 하기 때문에 시간적 여유가 있는 영감님의 취미)」라고 했으므로 정답은 4번이다.

66 정답 2

'화분 속 우주'라고 했는데, 어째서인가?

1 작은 화분 속에서 벚꽃이나 단풍 등 사계절을 느낄 수 있기 때문에
2 작은 화분 속에서 커다란 수목의 세계를 재현할 수 있기 때문에
3 화분 속에서 수목이 태어날 때부터 죽을 때까지를 재현할 수 있기 때문에
4 화분 속에서 우주를 느끼게 하는 모던한 분위기가 있기 때문에

해설 「鉢の中の宇宙(화분 속 우주)」 바로 앞에 「これが(이것이)」가 나오는데, 「これ(이것)」는 「小さいながら枝を増やし大地に根を張っているかのような姿、自然にある姿を再現するかのような樹形を作る(작지만 가지를 늘려 대지에 뿌리를 뻗치고 있는 듯한 모습, 자연에 있는 모습을 재현하는 듯한 나무 형태를 만든다)」를 가리키고 있으며, 이 문장이 「鉢の中の宇宙(화분 속 우주)」라고 불리는 이유인 것이다. 1번은 분재가 인기 있는 이유 중 한 가지이며, 3번, 4번은 없는 내용이다.

67 정답 2

②식물을 학대하고 있다라고 했는데, 필자는 왜 그렇게 말하고 있는가?

1 식물에도 감정이 있어서
2 무리하게 작게 길러서
3 땅에 심지 않고 화분에 심기 때문에
4 많이 만져서 식물을 상하게 하므로

해설 마지막 단락에 있는 문장 「そもそも大きくなろうとしている樹木を無理やり小さな鉢に収まるようにする上、~樹木に様々な手をかける(애당초 커지려고 하는 수목을 억지로 작은 화분에 들어가게 하려는 데다가, ~수목에 여러모로 손을 댄다)」가 결정적 힌트이다. 보통의 식물은 크게 키우는데 분재는 그와 반대로 어떻게든 작게 만들려고 하는 인간의 욕심 때문에 식물 학대라고 비판받는 것이므로 2번이 답이다.

68 정답 1

이 글에서 필자가 가장 하고 싶은 말은 무엇인가?

1 자연을 공경하는 마음과 동경의 마음이 있기 때문에 분재를 소중히 길러 오래 살게 하려는 것이다.
2 분재를 기르려면 많은 기술이 필요하며 아무나 가벼운 기분으로 쉽게 시작해서는 안 된다.
3 집이 좁아도 자연과 접할 수 있는 분재는 일본 전통문화로 외국에도 널리 보급하고 싶다.
4 분재는 자연의 흐름에 거스르고 있으며, 식물을 학대하고 있다는 의견을 새겨들어야 한다.

해설 이런 유형의 문제는 대개 마지막 단락에 힌트가 있다. 「盆栽を育てることへの姿勢には~人間には到底叶わない自然の力、樹齢何百年と生き続ける植物への憧憬が根底に流れているのではないだろうか(분재를 기르는 자세에는 ~인간에게는 도저히 이룰 수 없는 자연의 힘, 몇 백 년의 수령을 계속 살아가는 식물에 대한 동경이 밑바탕에 흐르고 있는 것은 아닐까?)」라는 내용이 결정적 힌트이다. 인간이 분재를 키우는 자세에는 도저히 거스를 수 없는 자연의 힘에 대한 공경과 몇 백 년이란 긴 세월을 살아가는 식물에 대한 동경이 바닥에 흐르고 있다고 했으니 답은 1번이다.

問題 13 오른쪽 페이지는 감기약의 설명서이다. 아래 질문에 대한 답으로 가장 좋은 것을 1·2·3·4에서 하나 고르세요.

69~70

사용 전에 이 설명서를 반드시 읽어 주세요

재채기, 콧물, 코막힘에 잘 듣는 성분이 배합되어, 코나 목의 염증을 가라앉힙니다. 그리고 열, 기침, 통증 등 감기 증상에 효과를 나타내는 유효성분을 배합한 감기약입니다.

[효능·효과]
감기의 여러 증상(콧물, 코막힘, 재채기, 인후통, 기침, 가래, 오한, 발열, 두통, 관절 통증, 근육통)을 완화

[용법·용량]
다음 용량을 물 또는 따뜻한 물과 함께 복용하세요.

연령	1회량	1일 복용 횟수
15세 이상	3정	3회
11세 이상 15세 미만	2정 70	식후 가급적 30분 이내에 복용
6세 이상 11세 미만	1정	
6세 미만	복용하지 마세요	

※용법·용량을 엄수해 주세요.
※12살 미만의 소아에게는 의사의 진료를 받게 하는 것을 우선해 주십시오.

[보관 및 취급상의 주의]
(1)직사광선이 닿지 않는 습기가 적은 서늘한 곳에 보관
(2)소아의 손이 닿지 않는 곳에서 보관
(3) 69 다른 용기에 바꿔 담지 말 것 (오복용의 원인과 품질이 변하기 때문에)
(4)젖은 손으로 취급하지 말 것

[해서는 안 되는 일]
1. 다음 사람은 복용하지 마세요.
(1)본 약제, 또는 본 약제의 성분, 계란에 의해 알레르기 증상을 일으킨 적이 있는 사람
(2)본 약제, 또는 다른 감기약을 복용해서 천식을 일으킨 적이 있는 사람
2. 본 약제를 복용하는 동안 다른 약을 먹지 마세요.
3. 복용 후, 차량 혹은 기계류 운전 조작을 하지 마세요.
(졸음 증상이 나타나는 경우가 있습니다)
4. 수유 중인 사람은 본 약제를 복용하지 말거나, 본 약제를 복용할 경우에는 수유를 하지 말아 주세요.
5. 복용 전후에는 음주하지 마세요.
6. 장기간 복용하지 마세요.

[상담해야 할 경우]
다음 증상이 나타나면, 복용을 중지하고 의사, 약사에게 상담하세요.
·발진, 가려움, 경련, 구역질, 식욕 부진
·변비, 입 마름
· 5~6회 복용해도 증상이 좋아지지 않는 경우

어휘 くしゃみ(재채기) | 鼻水(콧물) | 鼻づまり(코막힘) | 効く(듣다, 효과가 있다) | 配合(배합) | 炎症(염증) | しずめる(가라앉히다) | さらに(그리고) | せき(기침) | 症状(증상) | 有効(유효) | 効能(효능) | 諸症状(여러 증상) | たん(가래) | 悪寒(오한) | 発熱(발열) | 頭痛(두통) | 関節(관절) | 筋肉(근육) | 緩和(완화) | 用法(용법) | 用量(용량) | 服用(복용) | 錠(정) | 厳守(엄수) | 小児(소아) | 診療(진료) | 優先(우선) | 保管(보관) | 及び(및) | 取扱い(취급) | 上(상) | 直射日光(직사광선) | 湿気(습기) | 容器(용기) | 入れ替える(바꿔 담다) | 誤飲(오복용) | 品質(품질) | 濡れる(젖다) | 本剤(본 약제) | 鶏卵(계란) | ぜんそく(천식) | 操作(조작) | 眠気(졸음) | 授乳中(수유 중) | 前後(전후) | 飲酒(음주) | 長期連用(장기간 복용) | 薬剤師(약사) | 発疹(발진) | かゆみ(가려움) | けいれん(경련) | 吐き気(구역질) | 食欲不振(식욕 부진) | 便秘(변비) | かわき(마름)

---

69 정답 3

감기약과 관련한 주의사항 중, 올바른 것은 어느 것인가?

1 달걀을 먹고 알레르기 증상을 일으킨 경험이 있어도 복용할 수 있다.
2 변비, 입마름에도 효과가 있다.
3 다른 용기에 바꾸어 담으면 품질에 문제가 생길 가능성이 있다.
4 의사의 진료를 받은 후, 올바른 용법·용량을 지켜 복용할 필요가 있다.

해설 「保管及び取扱い上の注意(보관 및 취급상의 주의)」 항목의 3번 「他の容器に入れ替えない(誤飲の原因や品質が変わるため)(다른 용기에 바꿔 담지 말 것 (오복용의 원인과 품질이 변하기 때문에))」을 보아 품질이 변하여 문제가 생길 가능성도 생각하고 있다는 것을 알 수 있으므로 정답은 3번이 된다.

---

70 정답 2

다음 사람들이 이 감기약을 먹으려 한다. 복용 방법이 맞는 것은 어느 것인가?

1 하루 종일 공사 현장에서 크레인 조작을 하는 30대 남성이 점심을 먹은 후, 3정을 복용
2 학교에 갈 준비를 하는 중학교 2학년 여학생이 아침을 먹은 후, 2정을 복용

2교시　청해

본책 163 페이지

問題1　問題1では、まず質問を聞いてください。それ
から話を聞いて、問題用紙の1から4の中か
ら、最もよいものを一つ選んでください。

문제1　문제 1에서는 우선 질문을 들으세요. 그리고 나서
이야기를 듣고 문제지의 1부터 4 안에서 가장 알맞
은 것을 하나 고르세요.

例

新しく引っ越したオフィスで男性と女性が話しています。
このあと女性は何をしますか。

예　정답 4

새로 이사한 사무실에서 남자와 여자가 이야기하고 있습니다. 이
후 여자는 무엇을 합니까?

M：田中さん、1階の会議室に絵画を飾ろうと思うんだけ
ど。

F：まだ机と椅子しか入っていないから、殺風景よね。

M：海をモチーフにした絵なんか、どうかな。

F：入り口のロビーに空の絵を飾ったでしょ。青系統で統一
していく感じなのかな。あるいは部屋別にテーマの色を
決めて、違った雰囲気にしていくのもいいんじゃない。

M：そうか、そういう視点では考えていなかったよ。今
度、時間のあるときに知り合いの画廊を訪ねてみようと
思ってるんだ。

F：インターネットのギャラリーサイトは知ってる？画廊に
足を運ばなくてもオンラインで、しかも手頃な値段で作
品を購入できるのよ。

M：そういえば、知り合いも最近始めたと言ってたな。才能
ある無名アーティストを世に送り出すチャンスだって
ね。

F：私も時々のぞくサイトがあるの。なかなか購入する
まではいかないけど、デザイナーとして勉強にもなる
し。ランチから戻ったら、アドレスを送るわ。

M：ありがとう。お互いにいくつか候補を選んで、その中か
ら決めよう。

M : 다나카 씨, 1층 회의실에 그림을 걸려고 하는데.

F : 아직 책상이랑 의자밖에 없어서 너무 적막해 보이네.

M : 바다를 모티브로 한 그림 같은 건 어떨까?

F : 입구 로비에 하늘 그림을 달았잖아. 파란색 계통으로 통일해가
는 느낌인가? 아니면 방별로 테마 색깔을 정해서 다른 분위기
를 만들어가는 것도 좋지 않을까?

M : 그래? 그런 시점에서는 생각하지 않았어. 다음에 시간 있을 때
아는 사람의 화랑을 찾아가 보려고 해.

F : 인터넷 갤러리 사이트는 알고 있어? 화랑에 가지 않아도 온라
인에서, 게다가 저렴한 가격으로 작품을 구입할 수 있어.

M : 그러고 보니 아는 사람도 최근에 시작했다고 말하더라. 재능
있는 무명 아티스트를 세상에 내보낼 기회라면서.

F : 나도 가끔 찾아보는 사이트가 있어. 좀처럼 구입하기까지는 안
되지만, 디자이너로서 공부도 되고. 점심시간 끝나면 주소 보내
줄게.

M : 고마워. 서로 몇 가지 후보를 골라 그중에서 정하자.

このあと女性は何をしますか。

1　男性にアドレスをメールする
2　デザイナーの絵画作品を選ぶ
3　インターネットの画廊を調べる
4　ランチを食べに出かける

이후 여자는 무엇을 합니까?

1　남자에게 사이트 주소를 메일로 보낸다
2　디자이너의 회화작품을 고른다
3　인터넷 화랑을 조사한다
4　점심을 먹으러 나간다

会社で男の人と女の人が話しています。女の人はこれから
何をしますか。

M：取引先でのプレゼンテーションは明後日だよね？
F：はい、時間が午後2時からになりました。
M：了解。で、プレゼンの準備はできてる？
F：はい、パワーポイントと動画の準備は終わっていま
　　す。ただ、補足資料を配布する予定なんですが、それ
　　に必要な情報が不足していて。
M：あ、あれだろ、過去の事例のことだよな。
F：はい、スライドにも簡単には入れたんですが、より詳細
　　な説明が必要かと思いまして。
M：あれだな、俺が昔担当してた案件の資料が使えると思
　　うから、今から送るわ。確認してみて。
F：分かりました。それと、参加者の名簿なんですけど、青
　　木さんが抜けていることに気がつきまして、修正が必要
　　かなと。
M：あー、彼女、出張で不参加だから、そのままで。
F：えっ、そうだったんですね。分かりました。

女の人はこれから何をしますか。

1　スライドを修正する
2　もらった資料を確認する
3　もらった動画を確認する
4　名簿を修正する

회사에서 남자와 여자가 이야기하고 있습니다. 여자는 지금부터 무
엇을 합니까?

M：거래처 프레젠테이션은 모레지?
F：네. 시간은 오후 두 시부터입니다.
M：알겠어. 그래서, 프레젠테이션 준비는 다 되었나?
F：네. 파워포인트와 영상 준비는 마쳤습니다. 다만 보충 자료를 배
　　포할 예정인데 거기에 필요한 정보가 부족해서요.
M：아 그거지, 과거 사례 말하는 거지?
F：네. 슬라이드에도 간단히 넣었는데 보다 상세한 설명이 필요할
　　까 싶어서요.
M：그건 말이야, 내가 예전에 담당한 안건 자료를 쓸 수 있을 테니
　　지금 보내줄게. 확인해 봐.
F：알겠습니다. 그리고 참가자 명부입니다만, 아오키 씨가 누락된
　　게 생각나서 수정이 필요할까 합니다만.
M：아, 그 친구는 출장 가서 참가하지 않으니까 그대로 진행하게.
F：아, 그랬군요? 알겠습니다.

여자는 지금부터 무엇을 합니까?

1　슬라이드를 수정한다
2　받은 자료를 확인한다
3　받은 동영상을 확인한다
4　명부를 수정한다

해설　여자는 프레젠테이션 준비를 하며 파워포인트와 영상 준비는 다 했는데 보충 자료에 대한 정보가 부족하다고 했다. 그러자 남자는 「俺が
昔担当してた案件の資料が使えると思うから、今から送るわ。確認してみて(내가 예전에 담당한 안건 자료를 쓸 수 있을 테니 지
금 보내줄게. 확인해 봐)」라고 했고 여자는 그렇게 하겠다고 했으니 답은 2번이다.

어휘　取引先(거래처)｜了解する(알다, 이해하다)｜動画(동영상)｜補足資料(보충 자료)｜配布(배포)｜過去(과거)｜事例(사례)｜詳細
(상세)｜案件(안건)｜名簿(명부)｜抜ける(누락되다, 빠지다)｜修正(수정)

제3회 해설 및 풀이 전략　123

花屋で男の人と店員が話しています。男の人はこのあと植物をどうしますか。

M：すみません。数か月前にこちらで観葉植物のポトスを購入したんですが、最近元気がないんですよ。どうしたらいいですか。

F：ポトスは部屋のどのあたりに置いていますか。

M：窓のない廊下に置いています。

F：そうですか。室内の蛍光灯や電球の明るさがあれば育ってくれますけど、あまりに光が当たらないと日光不足で弱ってきますよ。それからポトスの耐寒気温はおよそ8℃です。

M：暖房を入れても、うちの廊下は寒いんですよね。**室内の日光のよく当たる場所のほうがいいですね。**水やりはどうすればいいですか。

F：これからの季節、暖房を入れますから、部屋の空気が乾燥しがちです。葉に水を吹きかけてください。ただし水やりは控えてください。冬に水を与えすぎると根が傷んでしまいます。

M：よく分かりました。ありがとうございました。

男の人はこのあと植物をどうしますか。

1　電気がある明るい廊下に置く
2　室外の日光の当たるところに置く
3　暖房を入れた暖かい廊下に置く
4　室内の日光の当たるところに置く

꽃집에서 남자와 점원이 이야기하고 있습니다. 남자는 이후 식물을 어떻게 합니까?

M : 실례합니다. 몇 달 전에 여기서 관엽식물 포토스를 구입했는데, 요즘 상태가 안 좋아요. 어떡하면 좋을까요?

F : 포토스는 방 어디쯤 두셨나요?

M : 창이 없는 복도에 두었어요.

F : 그래요? 실내의 형광등이나 전구 불빛이 있으면 자라지만, 너무 빛이 안 들면 햇빛 부족으로 약해지기 시작해요. 그리고 포토스가 견딜 수 있는 최저 온도는 대략 8도입니다.

M : 난방을 켜도, 우리 집 복도는 춥거든요. **실내의 볕이 잘 드는 곳이 좋겠군요.** 물주기는 어떻게 하면 좋을까요?

F : 앞으로의 계절, 난방을 켤 테니 방안 공기가 건조해지기 쉬워요. 잎에 물을 뿌려주세요. 단 물주기는 삼가주세요. 겨울에 물을 너무 많이 주면 뿌리가 손상되어 버려요.

M : 잘 알겠습니다. 감사합니다.

남자는 이후 식물을 어떻게 합니까?

1　전기가 있는 밝은 복도에 둔다.
2　실외의 볕이 잘 드는 곳에 둔다.
3　난방을 켠 따뜻한 복도에 둔다.
4　실내의 볕이 잘 드는 곳에 둔다.

해설 남자는 포토스란 식물을 창이 없는 복도에 두었다고 했는데, 여자는 이 식물은 햇빛이 필요하고 추위에도 약하다고 했다. 그래서 남자는 「室内の日光のよく当たる場所のほうがいいですね(실내의 볕이 잘 드는 곳이 좋겠군요)」라고 했고 여자는 이 말에 부정하고 있지 않으므로 답은 4번이 된다.

어휘 観葉植物(관엽식물) | 購入(구입) | どのあたり(어디쯤) | 廊下(복도) | 室内(실내) | 蛍光灯(형광등) | 電球(전구) | 育つ(자라다) | 光が当たる(빛이 들다) | 日光不足(햇빛 부족) | 弱る(약해지다) | 耐寒気温(내한 기온, 추위에 견디는 온도) | 暖房を入れる(난방을 켜다) | 水やり(물주기) | 空気(공기) | 乾燥(건조) | 吹きかける(뿌리다) | 控える(삼가하다) | 傷む(손상되다) | 室外(실외)

レストランで男の人と女の人が話しています。男の人は家に帰ってまず何をしますか。

식당에서 남자와 여자가 이야기하고 있습니다. 남자는 집에 가서 우선 무엇을 합니까?

M：ここのカレー、ほんとおいしいね。

F：うん。やっと食べに来られたね。お互い、ずっと忙しかったから。あれ？たけし君、胸元にシミがついてるよ。

M：うぁー。知らないうちにカレーがついちゃったみたい。久しぶりのデートだからお気に入りのシャツを着てきたのに。これ、買ったばっかりなんだ。ちょっとトイレで洗ってくる。

F：あー、だめだめ。まずはシミの部分の汚れを軽くつまむように拭き取って、汚れを広げないようにするの。家に帰ってから洗剤で洗ったほうがいいから。

M：そうなの？分かった。でも、カレーのシミって落ちにくいよね。洗ったところで落ちやしないよ。捨てるに忍びないけど、もう着られないな。

F：そういえば前にネットで見たんだけど、カレーのシミって洗濯機で普段どおりに洗ったあと、太陽に当てて干したら消えるんだって。

M：え？普通に洗って干すだけでいいの？

F：うん、外にね。日光にしっかり当てるのがポイントだよ。カレーの黄色い色はクルクミンっていう色素によるものなんだけど、このクルクミンが紫外線に弱いんだって。だから、日光に当てると簡単に分解されて、色素沈着が消えるみたい。

M：へー、そうなんだ。さすが我が社きっての才女。生活の知識も並みじゃないね。恐れ入りました。

F：そんな感心するほどのことじゃないよ。ネットの受け売りだもん。フフフ。

男の人は家に帰ってまず何をしますか。

1 服のシミをつまんで拭く
2 服を捨てる
3 服を洗濯機で洗う
4 服を天日干しする

M : 여기 카레, 정말 맛있네.

F : 응. 이제야 먹으러 왔네. 둘 다 계속 바빴으니까. 어? 다케시 군, 가슴팍에 얼룩이 묻어 있어.

M : 으~ 모르는 사이에 카레가 묻어버린 거 같아. 오랜만의 데이트라서, 마음에 드는 셔츠를 입고 왔건만. 이거, 산 지 얼마 안 된 거야. 잠깐 화장실에서 빨고 올게.

F : 아~ 안돼 안돼. 일단은 얼룩 부분의 오염을 가볍게 집듯이 닦아내서, 오염이 퍼지지 않게 해야 돼. 집에 가서 세제로 빠는 게 좋을 거야.

M : 그래? 알았어. 하지만, 카레 얼룩은 잘 안 빠지잖아. 빨아봐야 빠지지 않아. 차마 버릴 수는 있지만, 이제 더는 못 입겠다.

F : 그러고 보니 이전에 인터넷에서 봤는데, 카레 얼룩은 세탁기로 평소대로 빤 다음, 햇볕에 쫴서 말리면 없어진대.

M : 응? 그냥 빨아서 말리기만 하면 돼?

F : 응, 바깥에. 햇볕에 잘 쬐는 것이 핵심 포인트야. 카레의 노란색은 커큐민이라는 색소 때문인데, 이 커큐민이 자외선에 약하대. 그러니까 햇볕에 쬐면 쉽게 분해되어서, 색소 침착이 없어지는 모양이야.

M : 오~ 그렇구나. 역시 우리 회사 최고의 재원이야. 생활 지식도 보통 아닌데. 감탄스럽습니다.

F : 그렇게 감탄할 정도의 일은 아니야. 인터넷에 나온 거 그대로 말한 건데 뭘. 후후후.

남자는 집에 가서 우선 무엇을 합니까?

1 옷의 얼룩을 집어서 닦는다
2 옷을 버린다
3 옷을 세탁기로 빤다
4 옷을 햇볕에 말린다

해설 두 남녀는 옷에 묻은 얼룩을 제거하기 위한 대화 중인데, 여자는 「カレーのシミって洗濯機で普段どおりに洗ったあと、太陽に当てて干したら消えるんだって(카레 얼룩은 세탁기로 평소대로 빤 다음, 햇빛에 쬐서 말리면 없어진대)」라고 했으니, 남자가 집에 가서 제일 먼저 할 일은 세탁기로 셔츠를 빠는 것으로 답은 3번이다. 맨 처음에 여자는 4번을 하라고 했지만, 문제에서는 집에 가서 먼저 할 일을 묻고 있으니 답이 될 수 없다.

어휘 胸元(가슴팍)│シミがつく(얼룩이 묻다)│知らないうちに(모르는 사이에)│お気に入り(맘에 듦)│つまむ(집다)│拭き取る(닦아내다)│汚れ(오염, 얼룩)│広げる(넓히다)│洗剤(세제)│~たところで(~해 봐야)│落ちやしない(빠지지 않다)│~に忍びない(차마 ~할 수 없다)│普段どおりに(평소대로)│太陽に当てる(햇빛에 쬐다)│干す(말리다)│日光にてる(햇빛에 쬐다)│色素

(색소)｜紫外線(자외선)｜分解(분해)｜色素沈着(색소 침착)｜～きっての(~에서 최고의)｜才女(재원)｜並みじゃない(보통 아니다)｜恐れ入りました(감탄스럽습니다)｜感心する(감탄하다)｜受け売り(남의 말 등을 그대로 옮김)｜天日干しする(햇빛에 말리다)｜拭く(닦다)

4番	**4번** 정답 **4**

料理教室で女の人と受付の人が話しています。女の人はまず何をしますか。

F：すみません。今、こちらの料理教室に申し込んだら、入会費が無料になると聞いたんですけど。

M：はい。今、キャンペーン中でして、ご自身のSNSに、この料理教室の写真を投稿する、というイベントにご参加いただいたら、入会費が無料になります。

F：あ、そうなんですね。ところでコースは途中で変えられるんですか。

M：コースの変更は、入会から３か月後に可能となります。

F：実はどのコースにするか迷っていて。ホームページを見ても基本コースと初級コースの授業内容の違いが分からなかったんですよね。何がどう違うんでしょうか。

M：でしたら、初級コースの体験レッスンをおすすめします。毎週日曜日の午後５時からやっています。お申し込みはホームページや電話でもできますし、直接来店でも大丈夫です。

F：そんなのがあったんですね。じゃあ、今日お願いしていきます。

女の人はまず何をしますか。

1　料理教室へ入会するための手続きをする
2　自分のSNSに料理教室の写真を投稿する
3　ホームページでコースの内容を調べる
4　日曜日の体験レッスンの予約をする

요리 교실에서 여자와 접수처 사람이 이야기하고 있습니다. 여자는 우선 무엇을 합니까?

F : 실례합니다. 지금 이 요리 교실에 신청하면, 가입비가 무료가 된다고 들었는데요,

M : 네. 지금 캠페인 중인데, 본인 SNS에 이곳 요리 교실 사진을 올리는 이벤트에 참가하시면, 입회비가 무료가 됩니다.

F : 아, 그렇군요. 그런데 코스는 도중에 변경할 수 있을까요?

M : 코스 변경은 가입하고서 3개월 후에 가능합니다.

F : 실은 어느 코스로 할지 망설이는 중이라서요. 홈페이지를 봐도 기본 코스와 초급 코스의 수업 내용 차이를 모르겠던데요. 무엇이 어떻게 다른 건가요?

M : 그러시다면, 초급 코스 체험 레슨을 권해드립니다. 매주 일요일 오후 5시부터 하고 있어요. 신청은 홈페이지나 전화로도 가능하시고, 직접 와 주셔도 괜찮습니다.

F : 그런 게 있었군요. 그럼, 오늘 부탁드리고 갈게요.

여자는 우선 무엇을 합니까?

1　요리 교실에 가입하기 위한 수속을 한다
2　자신의 SNS에 요리 교실 사진을 올린다
3　홈페이지에서 코스 내용을 조사한다
4　일요일 체험 레슨 예약을 한다

해설 대화에서 여자는 아직 어느 코스를 수강할지 정하지 못하고 있다. 그러자 남자는 「初級コースの体験レッスン(초급 코스 체험 레슨)」을 권하였고 이에 여자는 「今日お願いしていきます(오늘 부탁드리고 갈게요)」라고 답했다. 따라서 여자가 가장 먼저 할 일은 체험 레슨 예약이니 답은 4번이 된다.

어휘 入会費(입회비)｜投稿(투고)｜変更(변경)｜迷う(망설이다)｜基本コース(기본 코스)｜初級コース(초급 코스)｜体験(체험)｜来店(내점, 가게에 오다)｜手続き(수속, 절차)

ホテルで夫婦が話しています。二人はこれから何をしますか。

F：旅行に来たら、いつも観光で歩き回ってたけど、たまにはホテルでゆっくりするのもいいわね。

M：そうだね。オーシャンビューの部屋でくつろぐなんて、贅沢だね。そういえば、ここの最上階にバーがあるんだって。今夜行ってみないか。

F：素敵。バーでおしゃれなお酒でも飲みたいな。わ、プールも5つあるって。海が見えるプールに行きたいな。

M：いいね。夕方に行ってみようよ。

F：明日の朝食も楽しみだな。ここのホテルのパン、すごく有名なのよ。

M：夕食を食べる前に、もう朝食の話？気が早いね。そうだ、フロントの横にあるカフェに行こうか。ケーキがすごくおいしいんだって。

F：いいわね。ちょうど小腹も空いたことだし、プールの前に行きましょうか。

二人はこれから何をしますか。

1　最上階にあるバーに行く
2　ホテルのプールに遊びに行く
3　ホテルの朝食を食べに行く
4　フロントにあるカフェに行く

5번 정답 4

호텔에서 부부가 이야기하고 있습니다. 두 사람은 이제부터 무엇을 합니까?

F : 여행 오면 항상 관광하러 돌아다녔는데, 가끔은 호텔에서 푹 쉬는 것도 괜찮네.

M : 그러게. 오션뷰 방에서 편안히 쉬다니, 호화스럽군. 그러고 보니, 이 호텔 최고층에 바가 있다던데. 오늘 밤 가 볼까?

F : 멋지다. 바에서 분위기 있는 술도 마시고 싶어. 와, 풀장도 5개나 있대. 바다가 보이는 풀장에 가고 싶어.

M : 좋지. 저녁때 가 보자.

F : 내일 조식도 기대되는데. 이 호텔 빵 정말 유명하거든.

M : 저녁 먹기도 전에, 벌써 조식 이야기? 성급하군. 맞다, 프론트 옆에 있는 카페 갈까? 케이크가 엄청 맛있대.

F : 좋아. 마침 출출하기도 하고, 풀장 가기 전에 갈까요?

두 사람은 이제부터 무엇을 합니까?

1　최고층에 있는 바에 간다
2　호텔 풀장에 놀러 간다
3　호텔 조식을 먹으러 간다
4　프론트에 있는 카페에 간다

해설 대화에 바, 풀장, 카페 등이 등장하는데, 남자가 케이크가 맛있다며 「フロントの横にあるカフェに行こうか。ケーキがすごくおいしいんだって(프론트 옆에 있는 카페 갈까? 케이크가 엄청 맛있대)」라고 하자, 여자는 「ちょうど小腹も空いたことだし、プールの前に行きましょうか(마침 출출하기도 하고, 풀장 가기 전에 갈까요?)」라며 맞장구 치고 있다. 따라서 두 사람이 앞으로 먼저 하는 일은 케이크 먹으러 카페에 가는 것이므로 답은 4번이 된다.

어휘 歩き回る(돌아다니다) | くつろぐ(푹 쉬다) | 贅沢だ(사치스럽다, 호화스럽다) | 最上階(최고층, 맨 위 층) | 朝食(조식, 아침밥) | 夕食(석식, 저녁밥) | 気が早い(성질이 급하다) | 小腹が空く(출출하다) | ～ことだし(~하기도 하고)

会社で女の人と男の人が話しています。男の人はこのあと何をしますか。

F：今年も例年通り、新入社員の研修会で使うハンドブックを作るのかな。

6번 정답 2

회사에서 여자와 남자가 이야기하고 있습니다. 남자는 이후 무엇을 합니까?

F : 올해도 예년대로 신입사원 연수회에서 사용할 핸드북을 만들려나?

M：はい。総務課が手伝ってくれるそうです。課長が総務課にお願いしてくれたそうで。僕は今回初めてなんですが、研修内容を一冊にまとめるとなると結構な量になるので大変だと聞きました。

F：そうなのよ。一日や二日で完成するものじゃないからね。私も昔、同期三人でハンドブックを作ったわ。

M：これから総務課の人たちと一緒に夕方まで打ち合わせです。今週はそれにかかりきりになりそうです。

F：分かった。ところで、研修会で何をやるかは決まった？

M：はい。化粧品の会社らしく、まずは肌の基礎知識と化粧品選びのポイントなどを教えることになりました。研修会の内容を決める会議では、もっと応用的なことも取り入れたほうがいいという意見があったんですけどね。

F：そっか。ま、ともかく研修会の準備はいろいろ大変だから頑張ってね。打ち合わせが終わってからでいいから、この間の会議の内容をメールで送っておいてくれる？

男の人はこのあと何をしますか。

1 同期三人と打ち合わせをする
2 総務課と打ち合わせをする
3 研修会の内容を決める会議をする
4 上司に会議の内容をメールする

M：네. 총무과에서 도와준다고 합니다. 과장님이 총무과에 부탁해 주셨다고 하던데요. 저는 이번이 처음입니다만, 연수 내용을 한 권으로 정리하게 되면 상당한 양이 되어서 힘들다고 들었습니다.

F：그렇다니까. 하루 이틀에 완성되는 게 아니라서 말이야. 나도 옛날에 동기 3명이서 핸드북을 만들었어.

M：지금부터 총무과 사람들과 함께 저녁때까지 사전 미팅이 있습니다. 이번 주는 그 일에만 매달리게 될 것 같습니다.

F：알겠어. 그런데 연수회에서 뭘 할지는 정해졌나?

M：네. 화장품 회사답게 우선은 피부 기초지식과 회장품을 고르는 포인트 등을 가르치게 되었습니다. 연수회 내용을 결정하는 회의에서는 좀 더 응용적인 것도 도입하는 편이 좋겠다는 의견이 있었지만요.

F：그래? 뭐, 어쨌든 연수회 준비는 여러모로 힘들 테니까 열심히 해봐. 사전 미팅이 끝나고 나서도 괜찮으니까, 요전 회의 내용을 메일로 보내 주겠어?

남자는 이후 무엇을 합니까?

1 동기 3명과 사전 미팅을 한다
2 총무과와 사전 미팅을 한다
3 연수회 내용을 결정하는 회의를 한다
4 상사에게 회의 내용을 메일로 보낸다

해설 남자는 신입사원 연수회에서 사용할 핸드북을 만들기 위해 「これから総務課の人たちと一緒に夕方まで打ち合わせ(지금부터 총무과 사람들과 함께 저녁때까지 사전 미팅)」가 있다고 했으니 답은 2번이다. 마지막에 여자가 회의 내용을 메일로 보내 달라고 했지만 「打ち合わせが終わってからでいいから(사전 미팅이 끝나고 나서도 괜찮으니까)」라고 했으니, 4번은 나중에 해도 되는 일이다.

어휘 例年通り(예년대로) | 研修会(연수회) | 総務課(총무과) | 手伝う(돕다) | まとめる(정리하다) | 結構な量(상당한 양) | 同期(동기) | 打ち合わせ(사전 미팅) | かかりきり(그 일에만 매달림) | 化粧品(화장품) | 肌(피부) | 基礎知識(기초지식) | 化粧品選び(화장품 선택) | 応用的(응용적) | 取り入れる(도입하다, 받아들이다) | ともかく(어쨌든)

問題2 問題2では、まず質問を聞いてください。そのあと、問題用紙のせんたくしを読んでください。読む時間があります。それから話を聞いて、問題用紙の1から4の中から、最もよいものを一つ選んでください。

문제2 문제 2에서는 우선 질문을 들으세요. 그 후 문제지의 선택지를 읽으세요. 읽을 시간이 있습니다. 그러고 나서 이야기를 듣고 문제지의 1부터 4 안에서 가장 알맞은 것을 하나 고르세요.

例

電話で男の人と女の人が話しています。女の人は何に困っていますか。

M：はい、さくら不動産管理部門、川口です。

F：すみません、さくらマンション101号室の上田と申します。玄関のドアのことでご相談があり、ご連絡しました。

M：上田様、いつもお世話になっております。どういったことでしょうか。

F：実は、数か月前から玄関のドアの調子が悪く、ドアを開閉するときにキーキー音が鳴るんです。音が鳴るだけなら大した問題がないかと思って様子を見ていたんですが、先週あたりから、鍵を閉めるときにドアをしっかり押し込まないとうまく閉まらなくなって、さすがに見てもらったほうがいいかなと思いまして。

M：そうでしたか。それは早急に確認が必要ですね。ご自宅に担当の者を行かせますが、本日はずっとご在宅ですか。

F：はい、今日は一日中、家にいる予定です。

M：かしこまりました。では、本日午後2時頃に担当の者がご自宅へ伺いますので、よろしくお願いいたします。

F：はい。ありがとうございます。

女の人は何に困っていますか。
1 ドアが開かないこと
2 担当者の予約が取れないこと
3 ドアがうまく閉まらないこと
4 ドアの音がうるさいこと

例 정답 3

전화로 남자와 여자가 이야기하고 있습니다. 여자는 무엇을 곤란해하고 있습니까?

M : 네, 사쿠라 부동산 관리과, 가와구치입니다.

F : 실례합니다. 사쿠라 맨션 101호실 우에다라고 합니다. 현관문 때문에 상담할 게 있어 연락드렸습니다.

M : 우에다 님, 항상 신세가 많습니다. 어떤 일이신가요?

F : 실은 몇 달 전부터 현관문의 상태가 좋지 않아서, 문을 여닫을 때 끽끽거리는 소리가 나고 있어요. 그냥 소리가 날 뿐이라면 큰 문제가 없을 거라고 생각해서 상황을 보고 있었는데, 지난 주쯤부터, 열쇠를 잠글 때 문을 제대로 밀어 닫지 않으면 문이 잘 안 닫히게 되어서, 아무래도 좀 봐주셨으면 해서요.

M : 그러셨군요. 그건 조속히 확인할 필요가 있겠네요. 자택에 담당자를 보내겠습니다만, 오늘은 계속 집에 계시나요?

F : 네, 오늘은 하루 종일 집에 있을 예정입니다.

M : 알겠습니다. 그럼, 금일 오후 2시쯤 담당자가 자택에 찾아뵐 테니, 잘 부탁드리겠습니다.

F : 네. 감사합니다.

여자는 무엇을 곤란해하고 있습니까?
1 문이 열리지 않는 것
2 담당자 예약을 할 수 없는 것
3 문이 잘 닫히지 않는 것
4 문 소리가 시끄러운 것

1番

大学の学生相談室のデザインについて大学職員が話しています。今回、相談室を改装しようと決めた理由は何ですか。

F：デザイン班の菊池さんが作った案を見てみたんですけど、いいとは思うんですが、これをすべて実現しようと思うと、予算がかかりすぎるんじゃないでしょうか。

1番 정답 1

대학의 학생 상담실 디자인에 관해 대학 직원이 이야기하고 있습니다. 이번에 상담실을 리모델링하기로 결정한 이유는 무엇입니까?

F : 디자인반의 기쿠치 씨가 만든 안을 봤는데요. 좋은 것 같긴 한데, 이걸 전부 실현하려고 하면, 예산이 너무 많이 들지 않을까요?

M：そうだな、素晴らしいデザインではあるけど、今あるデスクや棚を全て買い替えるとなると、ちょっとね。

F：そもそも今回の改装の最も大事なポイントってどこだと思いますか。

M：「悩みがあるけど相談室には入りにくい」っていう学生の声から始まってるから、まずは入りやすい空気と落ち着ける空間づくりが重要だと思うけど。

F：そうですよね。入りやすさを考えると、今は外から中が一切見えないので、閉鎖的で中で何をやっているかよく分からない雰囲気があると思うんです。だから、まずは入り口部分と相談室前のロビーに力を入れるのはどうですか。

M：確かにね、ある一部分に集中して改装するのはありだね。

F：そうですよね。菊池さんの入り口、ロビーのデザインはとっても素敵ですし、机や棚は最低限必要な分だけ買い替える方向で菊池さんと話してみます。

M：そうだね。よろしく頼むよ。

F：はい、承知しました。

今回、相談室を改装しようと決めた理由は何ですか。
1　入りにくいという利用者の意見があったため
2　閉鎖的だという職員の声が多かったため
3　入り口とロビーが狭く不便なため
4　家具の老朽化が進んだため

M : 그렇지, 훌륭한 디자인이긴 한데, 지금 있는 데스크나 선반을 모두 새로 바꾼다고 하면 좀.

F : 애초에, 이번 리모델링의 가장 중요한 포인트는 어디라고 생각하세요?

M : '고민이 있어도 상담실에는 들어가기 부담스럽다'라는 학생들 의견에서 시작되었으니, 우선은 쉽게 들어올 수 있는 편한 분위기와 차분한 공간 조성이 중요하다고 생각하는데.

F : 그렇죠. 쉽게 들어올 수 있게 하려면, 지금은 밖에서 안이 전혀 보이지 않기 때문에, 폐쇄적이고 안에서 뭘 하고 있는지 잘 알 수 없는 분위기라고 생각해요. 그러니까, 우선은 입구 부분과 상담실 앞 로비에 힘을 쏟는 건 어떨까요?

M : 확실히 그래. 어느 한 부분에 집중해서 개장하는 것도 좋은 방법 같군.

F : 그렇죠. 기쿠치 씨의 입구, 로비 디자인은 매우 훌륭하니, 책상과 선반은 최소한 필요한 만큼만 새로 바꾸는 방향으로 기쿠치 씨와 이야기해 보겠습니다.

M : 그래, 잘 부탁해요.

F : 네, 알겠습니다.

이번에 상담실을 리모델링하기로 결정한 이유는 무엇입니까?
1　들어가기 부담스럽다는 이용자의 의견이 있었기 때문에
2　폐쇄적이라는 직원들의 의견이 많았기 때문에
3　입구와 로비가 좁아 불편하기 때문에
4　가구의 노후화가 진행되었기 때문에

해설 상담실이라면 누구나 마음 편하게 들어올 수 있어야 하는데, 폐쇄적인 분위기라 들어오기 쉽지 않다는 이야기를 하고 있다. 「「悩みがあるけど相談室には入りにくい」っていう学生の声から始まってる('고민이 있어도 상담실에는 들어가기 부담스럽다'는 학생들 의견에서 시작되었다)」라는 말이 상담실을 리모델링하기로 결정한 이유가 되고 답은 1번이 된다.

어휘 改装(개장, 리모델링) | デザイン班(디자인반) | 買い替える(바꾸다) | 空気(공기, 분위기) | 落ち着く(차분하다) | 空間づくり(공간 조성) | 一切(일절, 전혀) | 閉鎖的(폐쇄적) | 雰囲気(분위기) | 力を入れる(힘을 쏟다) | 最低限必要な分だけ(최소한 필요한 만큼만) | 承知する(알다) | 家具(가구) | 老朽化(노후화)

2番

会社で女の人と男の人が話しています。男の人はどうして企画部に異動になりましたか。

F：田中君、来月から企画部に異動になったんだって？

2번 정답 2

회사에서 여자와 남자가 이야기하고 있습니다. 남자는 왜 기획부로 인사 이동되었습니까?

F : 다나카 군, 다음 달부터 기획부로 이동하게 되었다며?

M：そうなんだよ。昨日いきなり部長に呼び出されてさ。営業の仕事、好きだったのに。

F：田中君、営業成績、なかなかいい線いってたもんね。若手の中ではお客さんとの交渉がうまいって評判だったよ。

M：本当？人と話すことは好きなんだけど、初対面だとどうも緊張しちゃって上手く話せないんだ。

F：へー、意外。でも部長に見込まれたんだと思うよ。企画部は今、産休の人が二人になるらしいから、いろんな仕事を任せられて、やりがいもありそう。実は私、前から企画部に移りたいって思ってたんだよね。

M：そうだったんだ。営業が自分に向いてるって思ってたけど、企画部もやってみないと分からないよね。単なる補充要員かと思って、ちょっと落ち込んだけど、来月から頑張ってみるよ。

F：そうそう。田中君なら、うまくできると思うよ。

男の人はどうして企画部に異動になりましたか。

1 営業部での業績が伸びなかったから

2 企画部の人員が不足しているから

3 前から企画部に移りたかったから

4 企画部のほうが合っていると言われたから

M : 맞아. 어제 갑자기 부장님께 불려 갔거든. 영업 일, 좋아했는데.

F : 다나카 군, 영업 성적 꽤 준수했잖아. 젊은 직원들 중에서는 고객과 소통을 잘한다는 평판이었어.

M : 정말? 사람과 이야기하는 것은 좋아하지만, 초면이면 아무래도 긴장해서 이야기를 잘 못 해.

F : 오~ 뜻밖이네. 하지만 부장님께 신임받았다고 생각해. **기획부는 지금 출산 휴가인 사람이 두 명이 되는 모양이라** 여러 가지 업무를 맡게 되어 보람도 있을 것 같아. 실은 나, 이전부터 기획부로 옮기고 싶었거든.

M : 그랬구나. 영업이 나한테 맞다고 생각했는데, 기획부도 해 보지 않으면 알 수가 없겠지. 단순한 보충 요원인가해서 의기소침해 있었는데, 다음 달부터 열심히 해 볼게.

F : 그래 그래, 다나카 군이라면 잘할 수 있을 거라고 생각해.

남자는 왜 기획부로 인사 이동되었습니까?

1 영업부에서의 실적이 늘어나지 않았기 때문에

2 기획부의 인원이 부족하기 때문에

3 이전부터 기획부로 옮기고 싶었기 때문에

4 기획부 쪽이 맞다고 들었기 때문에

해설 남자는 영업 일이 적성에도 맞고 잘하고 있었는데 기획부로 이동하게 되었다고 했다. 그 이유로는 「企画部は今、産休の人が二人になるらしい(기획부는 지금 출산 휴가인 사람이 두 명이 되는 모양이다)」라는 대화에서 알 수 있다. 즉 남자가 기획부로 이동하게 된 것은 인원이 부족하게 되었기 때문으로 답은 2번이다.

어휘 企画部(기획부) | 異動(이동) | 呼び出す(호출하다, 부르다) | 営業成績(영업 성적) | いい線いっている(꽤 준수하다) | 若手(젊은이) | 交渉(교섭, 관계, 소통) | 評判(평판) | 初対面(초면) | 見込む(신임하다, 기대하다) | 産休(출산 휴가) | やりがい(보람) | 移る(옮기다) | 〜に向いている(〜에 맞다) | 単なる(단순한) | 補充要員(보충 요원) | 落ち込む(의기소침하다) | 業績が伸びる(실적이 늘어나다)

3番

会社で女の人と男の人が話しています。女の人は何のために目を温めると言っていますか。

F：佐藤さん、目が充血してるけど大丈夫ですか。

M：うん、ちょっと寝不足で。それに花粉症のアレルギーも関係しているみたい。温めれば治ると思うよ。

3번 정답 4

회사에서 여자와 남자가 이야기하고 있습니다. 여자는 무엇을 위해 눈을 따뜻하게 한다고 말하고 있습니까?

F : 사토 씨, 눈이 충혈되어 있는데 괜찮아요?

M : 응, 좀 수면 부족이라. 거기다 꽃가루 알레르기도 관련되어 있는 것 같아. 따뜻하게 하면 나을 거야.

F：あ、それは逆効果ですよ。目が充血しているときは温めないほうがいいですよ。冷やしてください。

M：あれ？そうなんだ。知らなかったよ。じゃあ、目を温めるのって、どんなとき？

F：目が疲れているときですね。一日中パソコンに向かっていると、頭痛がしたり、目が乾いたりしますよね。それは目の周りの筋肉が固まって、血流が悪くなっている証拠なんです。蒸しタオルやホットアイマスクを使うといいですよ。

M：なるほど。炎症の場合は冷やして、疲労の場合は温めるんだね。

女の人は何のために目を温めると言っていますか。

1 アレルギー症状を緩和させるため
2 炎症による目の充血を抑えるため
3 パソコンで疲れた目を乾かすため
4 目の周りの血行を促進するため

F：아, 그건 역효과예요. 눈이 충혈되어 있을 때에는 따뜻하게 하지 않는 게 좋아요. 차게 하세요.

M：어라? 그렇구나, 몰랐어. 그럼, 눈을 따뜻하게 하는 건 어떤 때야?

F：눈이 피로해 있을 때이지요. 하루 종일 컴퓨터 앞에 앉아 있으면, 두통이 나거나 눈이 건조하거나 하잖아요. 그건 눈 주위의 근육이 뭉쳐서, 피의 흐름이 나빠졌다는 증거예요. 찜질 수건이나 온열 안대를 쓰면 좋아요.

M：그렇군. 염증의 경우에는 차게 하고, 피로할 경우에는 따뜻하게 하는 거구나.

여자는 무엇을 위해 눈을 따뜻하게 한다고 말하고 있습니까?

1 알레르기 증상을 완화시키기 위해
2 염증으로 인한 눈의 충혈을 억제하기 위해
3 컴퓨터 때문에 피로해진 눈을 말리기 위해
4 눈 주위의 혈액 순환을 촉진하기 위해

해설 눈을 따뜻하게 하는 경우와 차게 하는 경우를 혼동하지 않도록 주의하자. 눈을 차게 해야 할 때는 충혈일 경우이고, 눈이 피로하다는 것은 「血流が悪くなっている証拠(피의 흐름이 나빠졌다는 증거)」라고 하며, 이럴 때는 눈을 따뜻하게 해야 한다고 했으니 답은 4번이다.

어휘 温める(따뜻하게 하다) | 充血(충혈) | 寝不足(수면 부족) | 花粉症のアレルギー (꽃가루 알레르기) | 逆効果(역효과) | 頭痛(두통) | 乾く(건조하다, 마르다) | 筋肉(근육) | 固まる(굳어지다, 뭉치다) | 血流(혈류) | 証拠(증거) | 蒸しタオル(찜질 수건) | 炎症(염증) | 疲労(피로) | 症状(증상) | 緩和(완화) | 抑える(억제하다) | 乾かす(말리다, 건조시키다) | 血行(혈액 순환) | 促進(촉진)

4番

大学で女の学生と男の学生が話しています。男の学生は何が楽しみだと言っていますか。

F：来週から夏休みだね。今年の夏休みは丸々、地元に帰る予定なんだ。両親や地元の友達と会うのが楽しみ。

M：へえ、いいね。久しぶりだもんな。僕は来週から急きょ、一人暮らしをすることになったんだ。

F：えー、来週からいきなり？どうして？

M：姉さんにもうすぐ子供が産まれるんだ。来週から母親が姉さんの家に1か月くらい手伝いに行くことになったんだ。父親は単身赴任で大阪にいるから、家に僕一人ってわけ。

F：ああ、何だ。家を借りるんじゃなくて家に一人ってことね。びっくりした。

4번 정답 2

대학에서 여학생과 남학생이 이야기하고 있습니다. 남학생은 무엇이 기대된다고 말하고 있습니까?

F：다음 주부터 여름방학이네. 올해 여름방학은 내내 고향에 돌아가 있을 예정이야. 부모님이나 고향 친구들과 만나는 것이 기대돼.

M：와 좋겠네. 오랜만이지? 나는 다음 주부터 갑작스럽게 자취 생활을 하게 됐어.

F：뭐? 다음 주부터 갑자기? 왜?

M：누나가 이제 곧 아기를 낳거든. 다음 주부터 어머니가 누나 집에 한 달 정도 도와주러 가게 됐어. 아버지는 단신 부임으로 오사카에 있으니까 집에 나 혼자밖에 없다는 거지.

F：아, 뭐야. 집을 빌리는 게 아니고 집에 혼자 있겠다는 거구나. 깜짝 놀랐네.

M：一人暮らしをしたいって前から言ってたんだけど、なかなか親が認めてくれなくて。だから今回、1か月だけど、念願の一人暮らしができるから、わくわくしているよ。

F：そうなんだ。家に親がいないからって、夜遅くまで家で友達と騒ぐつもりなんでしょ。

M：まさか。僕は静かな夏を楽しむつもりだよ。

男の学生は何が楽しみだと言っていますか。

1　幼なじみとどんちゃん騒ぎすること
2　**単身生活を経験すること**
3　ようやく親離れができること
4　夜更かしして夏を満喫すること

M : 자취하고 싶다고 전부터 말했는데, 좀처럼 부모님이 승낙해 주지 않아서. 그러니까 이번에 한 달뿐이지만, 원하던 자취 생활을 할 수 있어서 설레고 있어.

F : 그렇구나. 집에 부모님이 없다고 밤늦게까지 집에서 친구들이랑 떠들 생각인 거지?

M : 설마. 나는 조용한 여름을 즐길 생각이야.

남학생은 무엇이 기대된다고 말하고 있습니까?

1　소꿉친구와 야단법석을 떠는 것
2　**혼자만의 생활을 경험하는 것**
3　드디어 부모님과 떨어져 살 수 있는 것
4　밤늦도록 여름을 만끽하는 것

해설 남자가 왜 혼자 지내게 되는지 그 이유를 설명하며 「念願の一人暮らしができるから、わくわくしているよ(원하던 자취 생활을 할 수 있어서 설레고 있어)」라고 했다. 따라서 남자는 혼자 생활하는 것에 대한 기대가 매우 크다는 것을 알 수 있으므로 답은 2번이 된다.

어휘 丸々(내내, 온통) | 地元(고향) | 急きょ(갑작스럽게) | いきなり(갑자기) | 単身赴任(단신 부임) | 念願(염원) | わくわく(두근두근, 설레는 모양) | まさか(설마) | 幼なじみ(소꿉친구) | どんちゃん騒ぎする(야단법석을 떨다) | 親離れ(부모님과 떨어짐) | 夜更かしする(밤늦게까지 자지 않다) | 満喫(만끽)

5番

ラジオで専門家が、ある街の通りで行われたプロジェクトについて話しています。専門家はどんなことが最も優れていると言っていますか。

M：神社の参道に向かう通りを見事によみがえらせた地域があります。その通りでは一年じゅう四季折々の行事が開催され、昔は神社にお参りする人や観光客で賑わっていたのですが、近年は商店街に空き店舗なども増え、寂しい限りでした。そこでまず、歩道の幅を広くして歩きやすくしました。また、電柱をすべて地中に埋めました。これにより景観と安全の両立が可能になったのです。そして道路はすべてアスファルトから石畳に変えました。簡単なようで大胆な取り組みなんですよ。しかし特筆すべきは、プロジェクトに地元住民が参加したことです。行政主導ではなく、住民が認識を共有し積極的に意見したことが、この通りの復活に大きな力となったのです。

5번 정답 4

라디오에서 전문가가 어떤 도시의 길에서 진행된 프로젝트에 대해서 이야기하고 있습니다. 전문가는 어떤 일이 가장 훌륭한 점이라고 말하고 있습니까?

M : 신사 참배길로 향하는 길을 훌륭하게 다시 살려낸 지역이 있습니다. 그 길에서는 1년 내내 사계절마다 행사가 개최되어, 옛날엔 신사에 참배하는 사람들과 관광객으로 붐비었습니다만, 최근에는 상점가에 빈 점포 등도 늘어나 너무나 적적하게 되었습니다. 그래서 우선, 보도의 폭을 넓혀서 걷기 좋게 했습니다. 그리고 전봇대를 모두 땅속에 묻었습니다. 이로 인해 경관과 안전 확보, 두 가지가 가능해진 것입니다. 그리고, 도로를 모두 아스팔트에서 석조 바닥으로 바꿨습니다. 간단할 것 같지만 대담한 대처입니다. 하지만 주목해야만 할 것은 프로젝트에 지역 주민이 참가한 것입니다. 행정 주도가 아니라, 주민이 인식을 공유해 적극적으로 의견을 낸 것이 이 길의 부활에 큰 힘이 된 것입니다.

専門家はどんなことが最も優れていると言っていますか。

1 無電柱化で歩行空間を確保したこと
2 住民説明会を重ねたこと
3 道路をすべて石畳に変えたこと
4 行政だけでなく住民が参加したこと

전문가는 어떤 일이 가장 훌륭한 점이라고 말하고 있습니까?

1 전봇대를 없애 보행 공간을 확보한 것
2 주민 설명회를 반복한 것
3 도로를 모두 석조 바닥으로 바꾼 것
4 행정뿐 아니라 주민이 참가한 것

해설 전문가는 지역을 활성화하여 부활에 성공한 화제로 다루며 그 이유와 방법 등에 관해 설명하고 있다. 가장 중요한 힌트는 「しかし特筆すべきは、~行政主導ではなく、住民が認識を共有し積極的に意見したこと(하지만 주목해야만 할 것은 ~행정 주도가 아니라, 주민이 인식을 공유해 적극적으로 의견을 낸 것)」라고 말한 점이다. 즉 행정도 물론이지만 주민이 적극적으로 의견을 내며 프로젝트에 참가한 점이 가장 훌륭한 일이라고 말하고 있으니 답은 4번이다.

어휘 通り(길)｜優れる(훌륭하다, 우수하다)｜神社の参道(신사 참배길)｜向かう(향하다)｜見事に(훌륭하게, 멋지게)｜よみがえる(다시 살아나다)｜地域(지역)｜一年じゅう(1년 내내)｜四季折々(사계절마다)｜行事(행사)｜開催(개최)｜お参りする(참배하다)｜賑わう(붐비다)｜近年(근년, 최근)｜商店街(상점가)｜空き店舗(빈 점포)｜~限りだ(너무도 ~하다)｜歩道の幅(보도 폭)｜電柱(전봇대)｜地中(땅속)｜埋める(묻다)｜景観(경관)｜両立(양립)｜石畳(석조 바닥)｜大胆(대담)｜取り組み(대처)｜特筆(특필, 주목)｜地元住民(지역 주민)｜行政主導(행정 주도)｜共有(공유)｜復活(부활)｜無電柱化(전봇대를 없앰)｜歩行空間(보행 공간)｜確保(확보)｜重ねる(반복하다)

大学のロビーで女の学生と男の先輩が話しています。女の学生はなぜ先輩に声を掛けましたか。

F：あ、山本先輩だ。先輩、授業の帰りですか。
M：ああ、美紀ちゃん。元気？
F：はい、久しぶりですね。先輩、自販機の缶コーヒーをおごってくださいよ。
M：え、何それ、いきなり。
F：今日、寒いじゃないですか。温かい缶コーヒーが飲みたいなあって。私も授業終わりで喉が渇いたし。
M：いや、缶コーヒーくらい、おごるけどさ。
F：じゃ、2本お願いします。
M：えっ、2本も飲むの？
F：先輩、忘れてるんですね。この前のバス代。乗ろうとしたら定期が見当たらなくて、260円、貸したじゃないですか。
M：あー、ごめんごめん。今度会ったら返そうと思ってて、すっかり忘れてた。そうそう、ちょうど美紀ちゃんがいたから助かったよ。はい、260円。ありがとな。
F：コーヒー2本って、ちょうど260円なんですよ。はい、先輩。1本どうぞ。

6번 정답 3

대학 로비에서 여학생과 남자 선배가 이야기하고 있습니다. 여학생은 선배에게 왜 말을 걸었습니까?

F : 아, 야마모토 선배님이다. 선배님, 수업하고 오는 길이에요?
M : 아아, 미키. 잘 지냈어?
F : 네, 오랜만이에요. 선배님. 자판기에서 캔 커피 사주세요.

M : 응? 뭐야. 갑자기.
F : 오늘 춥잖아요. 따뜻한 캔 커피가 마시고 싶었거든요. 저도 수업 끝나서 목 마르기도 하고.
M : 아니, 캔 커피 정도는 사주는데.
F : 그럼, 2개 부탁드려요.
M : 응? 2개나 마실 거야?
F : 선배님, 잊어버렸죠. 지난번 버스비. 타려고 했는데 정기권을 못 찾아서 260엔 빌려줬잖아요.

M : 아~ 미안 미안. 다음번에 만나면 갚으려고 했는데, 완전히 잊어버렸네. 그래, 맞아. 마침 미키가 그 자리에 있어서 다행이었어. 자, 여기 260엔. 고마워.
F : 커피 2병이 딱 260엔이에요. 자, 선배님 1병 드세요.

M：僕に？これじゃあ、僕がおごられたことになっちゃうじゃん。

F：どっちでもいいじゃないですか。一緒にコーヒーが飲めれば。

女の学生はなぜ先輩に声を掛けましたか。

1 貸したお金を返してほしかったから
2 先輩に恩を着せたかったから
3 先輩とコーヒーを飲みたかったから
4 温かい缶コーヒーで体を温めたかったから

M : 나한테? 그럼 내가 얻어먹는 게 되잖아.

F : 아무렴 어때요? 같이 커피 마실 수 있으면.

여학생은 왜 선배에게 말을 걸었습니까?

1 빌려준 돈을 돌려받고 싶었기 때문에
2 선배에게 생색내고 싶었기 때문에
3 선배와 커피를 마시고 싶었기 때문에
4 따뜻한 캔 커피로 몸을 따뜻하게 하고 싶었기 때문에

해설 여학생은 예전에 선배에게 버스비를 빌려준 적이 있는데, 현금이 아니라 커피로 대신 사달라고 부탁하고 있다. 마침 커피 2병 값이 정확히 빌려준 금액이고 다시 선배에게 1병을 주며 같이 마시자고 했다. 즉 이 여학생은 1번의 빌려준 돈을 돌려받고 싶은 마음보다는 선배와 커피를 마시고 싶은 마음이 더 컸음을 알 수 있고 답은 3번이 된다.

어휘 声を掛ける(말을 걸다) | 自販機(자판기) | 缶コーヒー(캔 커피) | おごる(사다, 쏘다) | 定期(정기권) | 見当たる(찾다) | すっかり(완전히) | 助かる(다행이다, 도움이 되다) | 恩を着せる(생색내다)

7番

文化センターの歴史講座で講師が清水寺について話しています。講師は清水寺について何が驚くべきことだと言っていますか。

F：今から紹介するのは清水寺です。清水寺といえば、「清水の舞台から飛び降りる」ということわざが日本にはあり、「思い切って大きな決断をする」という意味があります。昔はなんと、そのことわざを信じて、願いをかなえるために飛び降りる人もいたそうです。清水寺は世界遺産にも登録されており、とても広く、一周回るのに1時間ほどかかります。およそ400年前に建てられた、その建築技術が極めて驚異的でして、釘を1本も使わずに木を組み合わせて作られています。本堂から眺める夕日と京都の景色は、「言葉を失うほどの迫力」と絶賛されています。高さ31メートルの三重塔は日本では最大級です。秋には紅葉が、春は桜がとてもきれいで、デートスポットとしても人気です。

講師は清水寺について何が驚くべきことだと言っていますか。

1 飛び降りると願いがかなうこと

7번 정답 2

문화센터의 역사 강좌에서 강사가 기요미즈데라(청수사)에 관해 이야기하고 있습니다. 강사는 기요미즈데라에 관해 무엇이 놀랍다고 말하고 있습니까?

F : 지금부터 소개하는 절은 기요미즈데라입니다. 기요미즈데라라고 하면, '기요미즈의 무대에서 뛰어내린다'라는 속담이 일본에 있는데 '과감하게 큰 결단을 한다'는 의미가 있습니다. 옛날에는 놀랍게도 그 속담을 믿고 소원을 이루기 위해 뛰어내린 사람도 있었다고 합니다. 기요미즈데라는 세계유산에도 등록되어 있으며, 매우 넓어 한 바퀴 도는 데 1시간 정도 걸립니다. 약 400년 전에 지어진 그 건축 기술이 극히 경이적으로 못을 하나도 사용하지 않고, 나무를 짜 맞춰서 만들어졌습니다. 본당에서 바라보는 석양과 교토의 경치는 '말을 잃어버릴 정도의 압도감'이라고 극찬받고 있습니다. 높이 31m의 삼중탑은 일본에서는 최대급입니다. 가을에는 단풍이, 봄에는 벚꽃이 무척 아름다워 데이트 코스로서도 인기입니다.

강사는 기요미즈데라에 관해 무엇이 놀랍다고 말하고 있습니까?

1 뛰어내리면 소원이 이루어지는 것

2 釘を使わずに木を組み合わせて作られていること

3 三重塔が日本の中で最大級なこと

4 とても広くて一周回るのに1時間ほどかかること

2 못을 사용하지 않고 나무를 조합하여 만들어진 것

3 삼중탑이 일본에서 최대급인 것

4 매우 넓어서 한 바퀴 도는 데 1시간이 걸리는 것

解説 기요미즈데라(청수사)에 관한 소개를 하며 「その建築技術が極めて驚異的でして、釘を1本も使わずに木を組み合わせて作られています(그 건축 기술이 매우 경이적으로 못을 하나도 사용하지 않고, 나무를 짜 맞춰서 만들어졌다)」라고 했다. 따라서 답은 2번이다.

어휘 歴史講座(역사 강좌) | 講師(강사) | 舞台(무대) | 飛び降りる(뛰어내리다) | 思い切って(과감하게) | 決断(결단) | 願いをかなえる(소원을 이루다) | 世界遺産(세계유산) | 登録(등록) | 一周回る(한 바퀴 돌다) | 建築技術(건축 기술) | 極めて(극히) | 驚異的(경이적) | 釘(못) | 組み合わせる(조합하다) | 本堂(본당) | 眺める(바라보다) | 夕日(석양) | 迫力(박력, 압도감) | 絶賛(절찬, 극찬) | 三重塔(삼중탑) | 最大級(최대급) | 紅葉(단풍) | 願いがかなう(소원이 이루어지다)

問題3 問題3では、問題用紙に何も印刷されていません。この問題は、全体としてどんな内容かを聞く問題です。話の前に質問はありません。まず話を聞いてください。それから、質問とせんたくしを聞いて、1から4の中から、最もよいものを一つ選んでください。

문제3 문제 3에서는 문제지에 아무것도 인쇄되어 있지 않습니다. 이 문제는 전체로서 어떤 내용인지를 묻는 문제입니다. 이야기 전에 질문은 없습니다. 우선 이야기를 들으세요. 그러고 나서 질문과 선택지를 듣고 1부터 4 안에서 가장 알맞은 것을 하나 고르세요.

例

ラジオで女の人が話しています。

예 정답 3

라디오에서 여자가 이야기하고 있습니다.

F：先日、両親の銀婚式の記念に旅行をプレゼントしたんです。私は昔から両親の誕生日は重視してきたんですが、結婚記念日まで意識したことがありませんでした。ただ、私が結婚してみて、夫婦で仲良く何年も一緒に暮らすこと、家族を養っていくことの大変さを実感して、両親を今まで以上に尊敬するようになりました。私はまだ結婚1年目のひよっこですが、ここから24年間にどんなことが起きるのか、どんな家庭を築いていくのか、両親を見習ってこれからも頑張っていきたい、両親の銀婚式はそう思うきっかけになりました。

F：얼마 전 부모님의 은혼식 기념으로 여행을 선물했습니다. 저는 옛날부터 부모님의 생신은 중요시해 왔습니다만, 결혼기념일까지 챙긴 적은 없었습니다. 다만, 제가 결혼해보니 부부가 사이좋게 몇 년이나 함께 살아가는 것, 가족을 부양하는 것의 어려움을 실감하고 나서, 부모님을 지금까지 이상으로 존경하게 되었습니다. 저는 아직 결혼 1년 차 병아리이지만, 앞으로 24년 사이에 어떤 일이 일어날지, 어떤 가정을 만들어 갈지, 부모님을 본받아 앞으로 열심히 살아가야겠다고, 부모님의 은혼식은 그렇게 생각하는 계기가 되었습니다.

女の人は両親についてどう思っていますか。

1 25年仲良く暮らしてきたことが信じられない

2 両親にこれからもいろいろ教えてもらいたい

3 両親を非常に尊敬している

4 無理をして長く家族を養ってきた

여자는 부모님에 대해 어떻게 생각하고 있습니까?

1 25년간 사이좋게 살아왔다는 게 믿기지 않는다

2 부모님에게 앞으로도 여러모로 배우고 싶다

3 부모님을 너무나 존경하고 있다

4 무리해서 오랫동안 가족을 부양해왔다

こうえんかい ほけんじょ ひと はな
講演会で保健所の人が話しています。

F：魚介類は、毒をもつものがあったり、細菌や寄生虫、
　ウイルスなどが付着しており、時に大きな危険をはら
　んでいる食品と言えます。これらが原因で食中毒にな
　ることがありますので、常に注意が必要です。予防策と
　しては、食品を十分に加熱すること、保管する際には
　冷凍すること、新鮮なものを選び、速やかに内臓を取り
　除くことなどが挙げられます。加熱をする前後で容器や
　調理器具を使い分けることも大事です。魚介類を食べる
　際には、正しい調理方法や予防策を知ってから、安全に
　調理しましょう。

ほけんじょ ひと なに はな
保健所の人は何について話していますか。
1　魚介類の調理法
2　魚介類の危険性
3　食中毒の予防法
4　食中毒の原因

강연회에서 보건소 사람이 이야기하고 있습니다.

F : 어패류는 독을 갖고 있는 것이 있거나, 세균이나 기생충, 바이러스 등이 묻어 있어 때로는 큰 위험성을 품고 있는 식품이라 할 수 있습니다. 이런 것들이 원인이 되어 식중독이 되는 경우가 있으니, 항상 주의가 필요합니다. 예방책으로서는 식품을 충분히 가열할 것, 보관할 때는 냉동할 것, 신선한 것을 골라 신속하게 내장을 제거하는 것 등을 들 수 있습니다. 가열하기 전과 후의 용기와 조리기구를 구별해 사용하는 것도 중요합니다. 어패류를 먹을 때에는 올바른 조리 방법이나, 예방책을 알고 나서 안전하게 조리합시다.

보건소의 사람은 무엇에 대해 이야기하고 있습니까?
1　어패류 조리법
2　어패류의 위험성
3　식중독 예방법
4　식중독의 원인

해설 여자는 어패류에 대한 설명을 하고 있는데, 「予防策としては、食品を十分に加熱すること、保管する際には冷凍すること、新鮮なものを選び、速やかに内臓を取り除くことなどが挙げられます(예방책으로서는 식품을 충분히 가열할 것, 보관할 때는 냉동할 것, 신선한 것을 골라 신속하게 내장을 제거하는 것 등을 들 수 있습니다)」라고 하며, 어패류에 의한 식중독 예방책을 설명하고 있으니 3번이 정답이다. 어패류의 위험성에 대한 언급도 있었으나, 구체적인 설명은 없으므로 2번은 답이 될 수 없고, 식중독의 원인도 언급하였지만 핵심 내용이라고 볼 수는 없으므로 4번도 오답이다.

어휘 講演会(강연회) | 保健所(보건소) | 魚介類(어패류) | 毒(독) | 細菌(세균) | 寄生虫(기생충) | 付着(부착) | はらむ(품다, 내포하다) | 食中毒(식중독) | 常に(항상) | 予防策(예방책) | 加熱(가열) | 保管(보관) | 冷凍(냉동) | 新鮮(신선) | 速やかに(신속하게) | 内臓(내장) | 取り除く(제거하다) | 挙げる(들다) | 容器(용기) | 調理器具(조리기구) | 使い分ける(구별해 사용하다) | 調理法(조리법)

おんな ひと おとこ ひと かんそう き
女の人が男の人のレストランの感想を聞いています。

F：駅前にできた新しいレストラン、どうだった？昨日行く
　って言ってたよね？
M：あぁ、実は色々あってさ〜。予約してそのレストランに
　行ったんだけど、僕が遅刻しちゃって。レストランに到
　着した時には彼女がもういなかったんだよ。事前に連絡
　すればよかったんだけど、昨日、外回りの仕事になっち
　ゃったんだ。それで、充電器を持たずに出勤したから、

여자가 남자에게 레스토랑의 감상을 묻고 있습니다.

F : 역 앞에 생긴 새로운 레스토랑 어땠어? 어제 간다고 했지?
M : 아, 사실 여러가지 일이 있었어. 예약하고 그 레스토랑에 갔는데, 내가 지각해버렸거든. 레스토랑에 도착했을 때는 여자친구가 이미 없었어. 미리 연락했어야 했는데 어제 외근을 하게 되어버렸어. 그래서 충전기를 안 가지고 출근해서 퇴근했을 때에는 스마트폰 전원이 꺼져 버렸지. 집에 가서 연락했더니, 여자

仕事終わりにはスマホの電源が落ちちゃって。家に帰って連絡したら、彼女カンカンでさ…。料理は、もったいないから一人で食べたけど、いろいろ焦って味どころじゃなかったんだよね。本当、散々だったよ。

男の人はレストランについてどう思っていますか。
1 料理の味はおいしかったが、見た目は散々だった。
2 料理の見た目は素敵だったが、味はまあまあだった。
3 料理は食べたが、味わう余裕がなかったため、特に意見はない。
4 予約した甲斐があって、レストランの料理はどれもおいしかった。

친구 엄청 화가 났지 뭐야. 요리는 아까워서 혼자서 먹었는데, 여러 가지로 조바심이 나서 맛도 뭐고 모르겠더라. 진짜 힘들었어.

남자는 레스토랑에 대해서 어떻게 생각합니까?
1 음식 맛은 좋았지만 모양은 형편없었다.
2 요리 모양은 근사했는데 맛은 그저 그랬다.
3 음식은 먹었지만 맛볼 여유가 없어 별 의견이 없다.
4 예약한 보람이 있어 레스토랑 음식은 다 맛있었다.

해설 남자는 레스토랑에 가서 식사를 하기는 했지만 핸드폰 전원이 없어 지각한다는 연락을 못 하는 바람에 여자친구는 먼저 가버리고 혼자서 식사를 하는 불행을 겪었다. 그래서 아까워서라도 혼자서 식사를 하기는 했으므로 정답은 3번이다. 1번, 2번은 남자가 음식 맛, 음식 모양 등에 신경을 쓸 기분이 아니기에 오답이며, 또한 예약을 한 보람도 없이 혼자 식사를 했기 때문에 4번과 같은 내용도 정답이 될 수 없다.

어휘 レストラン(레스토랑) | 感想(감상) | 駅前(역 앞) | 遅刻(지각) | 到着(도착) | 事前(사전) | 外回り(외근) | 充電器(충전기) | 持たずに(소지하지 않은 채로) | 出勤(출근) | スマホ(스마트폰) | 電源(전원) | カンカン(カンカンに怒る와 같이 매우 화를 내는 모습) | 料理(요리) | 焦る(당황하다) | ~どころじゃない(~할 바가 아닌) | 散々(심하게, 지독하게, 지독한 꼴) | 素敵だ(멋지다) | 余裕(여유) | 甲斐(보람)

3番

会議で総務部の社員が話しています。

F：皆さん、お手元の洪水ハザードマップをご覧ください。ご覧の通り我が社は、この地域で洪水が起こった場合、ほとんど被害を受けないであろうと予測されている場所にあります。そこで総務部では、この本社社屋を洪水が起こった場合の避難場所として市民の皆さんに利用してもらうことを検討しています。企業も地域の一員として地域防災に積極的に取り組む必要があるからです。つきましては、今年の防災訓練からは、従来の企業防災、つまり自分たちの身を守る避難訓練ですね。こちらに加えまして、避難所の設営方法、運営方法などを、市役所職員と災害救援NPOの協力のもと、一から学んでいきたいと思います。

この社員は何について話していますか。
1 今年の防災訓練の内容

3번 정답 1

회의에서 총무부 사원이 이야기하고 있습니다.

F : 여러분, 갖고 계신 홍수 해저드 맵을 봐 주세요. 보시는 바와 같이, 우리 회사는 이 지역에서 홍수가 일어났을 경우, 거의 피해를 받지 않을 것이라고 예측되고 있는 장소에 있습니다. 그래서 총무부에서는 이 본사 사옥을 홍수가 일어났을 때의 대피 장소로 시민 여러분이 이용하게 하는 것을 검토하고 있습니다. 기업도 지역의 일원으로서, 지역 방재에 적극적으로 대처할 필요가 있기 때문입니다. 따라서 올해 방재 훈련부터는 종래의 기업 방재, 즉 우리 몸을 지키는 대피 훈련 말이지요. 여기에 추가하여 대피소 설치 방법, 운영 방법 등을 시청 직원과 재해 구원 NPO의 협력하에 처음부터 배워 가고자 합니다.

이 사원은 무엇에 대해 이야기하고 있습니까?
1 올해의 방재 훈련의 내용

2 本社のある地域の特徴

3 市が抱えている防災の現状と課題

4 防災教育の重要性と実践

2 본사가 있는 지역의 특징

3 시가 안고 있는 방재의 현 상황과 과제

4 방재 교육의 중요성과 실천

해설 여자는「今年の防災訓練からは、〜こちらに加えまして、避難所の設設方法、運営方法などを、市役所職員と災害救援NPOの協力のもと、一から学んでいきたいと思います(올해 방재 훈련부터는 〜여기에 추가하여 대피소 설치 방법, 운영 방법 등을 시청 직원과 재해 구원 NPO의 협력하에 처음부터 배워 가고자 합니다)」라고 하며 올해부터 달라지는 방재 훈련 내용을 소개하고 있으니 1번이 답이 된다.

어휘 総務部(총무부) | お手元(갖고 계신, 수중) | 洪水ハザードマップ(홍수 해저드 맵) | ご覧の通り(보시는 바와 같이) | 予測(예측) | そこで(그래서) | 本社社屋(본사 사옥) | 避難場所(대피 장소) | 検討(검토) | 企業(기업) | 地域(지역) | 一員(일원) | 地域防災(지역 방재) | 取り組む(대처하다) | つきましては(따라서) | 防災訓練(방재 훈련) | 従来(종래) | 企業防災(기업 방재) | 避難訓練(대피 훈련) | 〜に加えまして(〜에 추가하여) | 避難所(대피소) | 設設方法(설치 방법) | 運営方法(운영 방법) | 市役所職員(시청 직원) | 災害救援NPO(재해 구원 NPO) | 協力のもと(협력하) | 一から(처음부터) | 抱える(안다) | 現状(현 상황) | 課題(과제) | 実践(실천)

4番

会社の研修で男の人が話しています。

M : 新入社員の皆さん、今日からいよいよ社会人としての生活がスタートします。まずは2週間の合同研修で会社の基本的なルールなどを覚えてもらい、その後、各部署に配属されて2か月の研修があります。その間、いろいろなことを先輩方から教えてもらうと思います。私から一つだけお伝えしたいのは、研修中、絶対に分かったふりをしないこと。皆さんは新入社員です。知らなくて当たり前、分からなくて当たり前です。ですから、「もう一度説明してもらえますか」、「質問があります」という言葉を毎日たくさん使ってください。では皆さん、これから一緒に頑張っていきましょう。

男の人は何について話していますか。

1 新人社員としてのマナー
2 新人社員としての心構え
3 新人社員としての今後の構想
4 新人社員と先輩社員の関係

4번 정답 2

회사 연수에서 남자가 이야기하고 있습니다.

M : 신입사원 여러분, 오늘부터 드디어 사회인으로서의 생활이 시작됩니다. 우선은 2주간의 합동 연수에서 회사의 기본적인 규칙 등을 배우고, 그 후 각 부서에 배정되어 2개월의 연수가 있습니다. 그동안 여러 가지 것들을 선배분들께 배우리라 생각합니다. 제가 한 가지만 전해드리고 싶은 것은 연수 중 절대로 이해한 척을 하지 말 것. 여러분은 신입사원입니다. 모르는 게 당연하고, 이해 못 하는 게 당연합니다. 그러니 '한 번 더 설명해 주시겠습니까?', '질문이 있습니다'라는 말을 매일 많이 사용해 주십시오. 그럼 여러분, 지금부터 함께 열심히 해 봅시다.

남자는 무엇에 대해 이야기하고 있습니까?

1 신입사원으로서의 매너
2 신입사원으로서의 마음가짐
3 신입사원으로서의 앞으로의 구상
4 신입사원과 선배 사원의 관계

해설 남자가 한 말 중에서 가장 핵심이 되는 내용은「私から一つだけお伝えしたいのは(제가 한 가지만 전해드리고 싶은 것은)」뒤에 신입사원들에게 갖추어야 할 자세 및 마음가짐 등에 관해서 말하고 있다. 따라서 답은 2번이 된다.

어휘 いよいよ(드디어) | 合同研修(합동 연수) | 基本的(기본적) | 各部署(각 부서) | 配属(배속, 배정) | その間(그동안) | 先輩方(선배분) | 〜ふりをする(〜척을 하다) | 当たり前(당연) | 心構え(마음가짐) | 今後の構想(앞으로의 구상)

5番

料理番組で女の人が話しています。

F：秋といえば、食欲の秋ですね。今日は秋の旬の食材であるサンマを使った料理をいろいろご紹介したいと思います。まずは、サンマの味を思いっきり楽しめる塩焼きから参りましょう。塩焼きといっても、ただ塩を振って焼けばいいというものではありません。下ごしらえを少し工夫するだけで、シンプルな塩焼きが、ぐっとおいしくなるんですよ。サンマの鱗というのは、お店で売られるまでにほとんど剥がれ落ちていますので、ご家庭では流水で軽くこすり洗いするだけでオーケーです。

女の人は何について話していますか。

1　秋の旬の食材
2　サンマのさまざまな調理法
3　サンマのさばき方
4　サンマの塩焼きのこつ

5번 정답 4

요리 프로그램에서 여자가 이야기하고 있습니다.

F：가을이라 하면 식욕의 가을이지요. 오늘은 가을 제철 식재료인 꽁치를 사용한 요리를 여러 가지 소개하고자 합니다. 우선은 꽁치의 맛을 마음껏 즐길 수 있는 소금구이부터 가 봅시다. 소금구이라고 해도, 단지 소금을 뿌려 굽는다고 다가 아닙니다. 사전에 준비를 조금 해 두는 것만으로, 심플한 소금구이가 훨씬 맛있어져요. 꽁치의 비늘이라는 것은 가게에서 팔 때 대부분 벗겨져 떨어져 있으므로, 가정에서는 흐르는 물로 가볍게 문질러 씻는 것만으로 괜찮습니다.

여자는 무엇에 대해 이야기하고 있습니까?

1　가을의 제철 식재료
2　꽁치의 다양한 조리법
3　꽁치 손질하는 법
4　꽁치 소금구이 요령

해설 본문에서 가을 제철 식재료와 꽁치 손질법에 대한 언급하고, 「下ごしらえを少し工夫するだけで、シンプルな塩焼きが、ぐっとおいしくなる(사전에 준비를 조금 해 두는 것만으로, 심플한 소금구이가 훨씬 맛있어진다)」라고 하며, 즉 어떻게 하면 소금구이가 맛있어지는지에 대한 내용이 가장 핵심이 되는 내용이므로 답은 4번이다. 꽁치에 대한 언급만 나오므로 1번의 가을의 제철 식재료에 대한 내용으로 볼 수 없고, 꽁치 조리법은 소금구이만 소개하고 있으니 2번도 오답이다. 꽁치 손질법에 관해서는 이미 가게에서 대부분 떨어진 상태로 팔고 있기 때문에 가볍게 물로 씻기만 하면 된다고 했으니 손질법에 관한 자세한 설명으로 볼 수 없으므로 3번도 오답이다.

어휘 料理番組(요리 프로그램) | ~といえば(~라 하면) | 食欲(식욕) | 旬の食材(제철 식재료) | サンマ(꽁치) | 思いっきり(마음껏) | 塩焼き(소금구이) | 塩を振る(소금을 뿌리다) | 下ごしらえ(사전 준비) | 工夫する(궁리하다, 준비하다) | ぐっと(훨씬) | 鱗(비늘) | 剥がれ落ちる(벗겨져 떨어지다) | 流水(흐르는 물) | こすり洗いする(문질러 씻다) | さばき方(손질하는 법) | こつ(요령, 비결)

6番

日本語学校で先生が話しています。

M：ハンコは、使う目的によって呼ばれ方に違いがあります。実印、銀行印、認印の３つで、役割が異なっています。実印は、市区町村の役所に登録した印鑑のことです。本人であることを証明する手段として利用でき、印鑑証明書を発行してもらえます。銀行印は、銀行で口座を開設する際に必要な印鑑です。認印は、宅配便の受け取り、会社の書類、アルバイトの雇用契約など、ちょっとした書類に押すことで、「目を通しましたよ」という

6번 정답 3

일본어학교에서 선생님이 이야기하고 있습니다.

M：도장은 사용 목적에 따라 부르는 법이 다릅니다. 실인(인감도장), 은행인, 인인(막도장)의 세 가지로 역할이 다릅니다. 실인은 시구읍면의 행정기관에 등록한 인감을 말합니다. 본인을 증명하는 수단으로서 이용할 수 있으며 인감증명서를 발행할 수 있습니다. 은행인은 은행에서 계좌를 개설할 때 필요한 인감입니다. 인인은 택배 수령, 회사 서류, 아르바이트 고용 계약 등 소소한 서류에 찍어서 '내용을 읽었다'라는 의사 표시의 의미가 있습니다. 반드시 도장이 3개 필요한 것은 아닙니다. 같은 도장

意思表示の意味があります。必ずしもハンコが３つ必要なわけではありません。同じ１本でも構いません。ただ、万が一紛失した場合などを考えると、それぞれに別のものを用意しておいたほうが安全だと言われています。ハンコは日本の社会に古くから根付いている文化の１つです。この先、皆さんもハンコが必要になることがあると思いますので、種類を覚えておいて、機会があれば１つ作っておくといいでしょう。

하나여도 상관없습니다. 다만 만에 하나 분실했을 경우 등을 생각하면, 각각 다른 것으로 준비해두는 편이 안전하다고 합니다. 도장은 일본 사회에 예부터 뿌리내린 문화의 하나입니다. 앞으로 여러분도 도장이 필요할 때가 있을 테니, 종류를 기억해 두었다가 기회가 있으면 하나 만들어 두면 좋을 것입니다.

先生は何について話していますか。

1　ハンコと印鑑の違い
2　ハンコ文化の重要性
3　ハンコの種類と使い方
4　日本の社会でハンコが欠かせない理由

선생님은 무엇에 대해서 이야기하고 있습니까?

1　도장과 인감의 차이
2　도장 문화의 중요성
3　도장의 종류와 사용법
4　일본 사회에서 도장을 빼놓을 수 없는 이유

해설 남자는 「実印、銀行印、認印(실인, 은행인, 인인)」 3종류의 도장을 말하며, 각각 어떤 용도로 사용되는지 설명하고 있으므로 답은 3번이다. 일본은 아직도 다른 나라에 비해 빨간색 도장이 찍힌 서류를 선호하며, 사인을 인정하지 않는 곳도 있으므로 참고로 알아두자.

어휘 ハンコ(도장) | 呼ばれ方(불리는 법, 부르는 법) | 実印(실인, 인감도장) | 銀行印(은행인) | 認印(인인, 막도장) | 役割(역할) | 異なる(다르다) | 市区町村(시구읍면) | 役所(행정기관) | 登録(등록) | 印鑑(인감) | 手段(수단) | 印鑑証明書(인감증명서) | 発行(발행) | 口座を開設する(계좌를 개설하다) | 宅配便(택배) | 受け取る(수취하다) | 雇用契約(고용 계약) | 目を通す(내용을 읽다) | 意思表示(의사 표시) | 万が一(만에 하나) | 紛失(분실) | 古くから(예부터) | 根付く(뿌리내리다) | この先(앞으로) | 欠かす(빼놓다)

問題4　問題4では、問題用紙に何も印刷されていません。まず文を聞いてください。それから、それに対する返事を聞いて、１から３の中から、最もよいものを一つ選んでください。

문제4　문제 4에서는 문제지에 아무것도 인쇄되어 있지 않습니다. 우선 문장을 들으세요. 그러고 나서 그 문장에 맞는 대답을 듣고 1부터 3 안에서 가장 알맞은 것을 하나 고르세요.

例

M：ラファエロ、ダ・ヴィンチとくれば、その次は？
F：1　私は行かないことにするわ。
　　2　ミケランジェロかな。
　　3　世界的に名の知れた画家でしょ。

예　정답 2

M：라파엘로, 다빈치라고 하면 그 다음은?
F：1　난 안 갈래.
　　2　미켈란젤로인가.
　　3　세계적으로 이름이 알려진 화가잖아.

1番

F：こんな暗いとこで本読めば、視力が落ちるに決まってるわ。
M：1　えっ、いつ決めたっけ？
　　2　じゃ、そこの電気つけて。

1번　정답 2

F : 이런 어두운 곳에서 책 읽으면, 시력이 떨어질 게 뻔하잖아.
M：1　아, 언제 결정했더라?
　　2　그럼, 거기 불 켜.

3 おだてても無駄だよ。

3 비행기 태워도 소용없어.

해설 어두운 곳에서 책보면 눈 나빠질 것이라는 충고에 대한 반응으로 가장 적절한 것은 2번이 정답이다.「決まってる(뻔하다)」가 들렸다고 해서 1번「いつ決めたっけ(언제 결정했더라)」와 혼동하지 않도록 주의하자. 문제 4 유형의 문제는 같은 단어나 발음의 단어가 들리면 오답을 유도하는 경우가 많으므로 헷갈리지 않도록 주의하자.

어휘 視力が落ちる(시력이 떨어지다) | ~に決まってる(~일게 뻔하다) | おだてる(비행기 태우다, 치켜세우다) | 無駄だ(소용없다)

2番

M1：何はさておき、まあ一杯。

M2：1　まずは何を置いておきましょうか。

　　　2　これはこれは、恐れ入ります。

　　　3　さてと、何を飲みますか。

2번 정답 2

M1 : 우선 일단, 자 한 잔.

M2 : 1　우선은 무엇을 놓아 둘까요?

　　　2　이것 참, 황송합니다.

　　　3　자 그럼, 무엇을 마십니까?

해설「何はさておき、まあ一杯(우선 일단, 자 한 잔)」는 상대에게 우선 술이나 먼저 한 잔하자고 권할 때 쓰는 표현이다. 이에 가장 적절한 대답은 2번이며,「恐れ入ります(황송합니다)」는 상대의 호의를 고맙게 받아들이며 말할 때 쓰는 표현이다.

어휘 何はさておき(우선 일단) | 恐れ入ります(황송합니다)

3番

M：まいったよ。課長から、朝といわず夜といわず、電話がかかってくるんだ。

F：1　羨ましい。努力の賜物ね。

　　2　課長は名前も名乗らないの？

　　3　それはご愁傷様。

3번 정답 3

M : 곤란해 정말. 과장님한테 아침이고 밤이고 할 것 없이 전화가 걸려와.

F : 1　부럽다. 노력의 산물이네.

　　2　과장님은 이름도 말 안 해?

　　3　그것 참 안 되셨네요.

해설 남자는 시도 때도 없이 과장에게 전화가 온다고 하소연하고 있다.「まいったよ」는 '졌다'라는 뜻도 있지만 여기서는 '곤란하다, 난처하다'라는 뜻으로 쓰이는데, 이 말로 남자는 과장의 전화를 탐탁치 않게 생각하고 있음을 알 수 있다. 3번의「ご愁傷(애통, 상심)」는 원래는 상대에게 위로의 말로 주로 조문할 때 쓰는 표현이지만, 여기서는 가볍게 상대를 놀리는 뉘앙스로 사용되었으므로 답이 된다. 단, 이 경우는 친한 사람에게만 사용할 수 있으니 꼭 주의하자.

어휘 まいった(곤란하다, 난처하다) | ~といわず~といわず(~도 ~도, ~이고 ~이고) | 羨ましい(부럽다) | 努力の賜物(노력의 산물) | 名乗る(이름을 대다, 이름을 말하다) | ご愁傷様(애통하심)

4番

M：さっき、先生から「鈴木君」って呼ばれちゃった。俺、山田なのに。

F：1　見かけによらず、せっかちだね。

　　2　先生きっと勘違いしたんだよ。

　　3　それは山田の誤算だよ。

4번 정답 2

M : 조금 전, 선생님이 '스즈키 군'이라고 불렀어. 나 야마다인데.

F : 1　겉보기와 다르게 성급하네.

　　2　선생님 분명 착각한 거지.

　　3　그건 야마다의 오산이야.

해설 남자가 이름을 혼동하신 선생님에 대한 서운한 마음을 여자에게 호소하자, 여자는 분명히 선생님의「勘違い(착각)」라고 하며 위로하고 있으므로 2번이 답이 된다. 1번의 「せっかちだ(성급하다, 조급하다)」는 사람의 성격을 나타낼 때 잘 쓰이는 표현으로 함께 공부해 두자.

어휘 見かけによらず(겉보기와 다르게) | せっかちだ(성급하다, 조급하다) | 勘違い(착각) | 誤算(오산)

5番

F：ライバル会社のあさひ商事は、いったん倒産の危機を乗り越えてからというもの、この不景気をよそに業績を伸ばしていますね。

M：1　その後の新規事業が軌道に乗ったからな。
　　2　やはり倒産しておいて損はなかったな。
　　3　衰退するのも時間の問題だな。

5번 정답 1

F：라이벌 회사 아사히 상사는 일단 도산 위기를 극복하고 나서부터, 이 불경기를 아랑곳하지 않고 업적(실적)을 늘리고 있네요.

M：1　그 후의 신규 사업이 궤도에 올랐으니까.
　　2　역시 도산해 둬서 손해는 없었군.
　　3　쇠퇴하는 것도 시간문제구나.

해설 여자가 한 말 중 「この不景気をよそに業績を伸ばしています(이 불경기를 아랑곳하지 않고 업적(실적)을 늘리고 있네요)」가 포인트이다. 즉 어려울 때 업적(실적)을 늘리고 있다고 했으니 그 이유로 가장 적절한 것은 1번이 답이 된다.

어휘 商事(상사) | いったん(일단) | 倒産(도산) | 危機(위기) | 乗り越える(극복하다) | 〜てからというもの(〜하고 나서부터) | 不景気(불경기) | 〜をよそに(〜를 아랑곳하지 않고) | 業績を伸ばす(업적(실적)을 늘리다) | 新規事業(신규 사업) | 軌道に乗る(궤도에 오르다) | 損(손해) | 衰退する(쇠퇴하다)

6番

M：アイドルの加藤シゲアキって知ってる？ちなみに僕は最近知ったんだけど。

F：1　へー、よく知り合えたね。羨ましい。
　　2　もちろん。歌手活動だけにとどまらず、作家デビューしたよね。
　　3　顔が売れてきたと思って図に乗らないでよ。

6번 정답 2

M：아이돌 가토 시게아키라고 알아？ 참고로 나는 최근 알았지만.

F：1　와~ 잘도 아는 사이가 될 수 있었네. 부럽다.
　　2　물론. 가수 활동에만 그치지 않고 작가 데뷔했지?
　　3　유명해졌다고 해서 우쭐대지 마.

해설 남자가 여자에게 가토 시게아키라는 아이돌에 대해 아냐고 물었고, 이 질문에 대해 알고 있다고 답한 2번이 가장 적절한 반응이다. 1번은 여자가 남자와 아이돌이 서로 아는 사이가 되었다는 것에 대해 부러운 감정을 나타내고 있으므로 오답이며, 3번은 남자의 질문과 전혀 맞지 않는다.

어휘 ちなみに(덧붙여 말하자면) | 知り合う(아는 사이가 되다) | 羨ましい(부럽다) | 歌手活動(가수 활동) | 〜にとどまらず(〜에 그치지 않고) | 作家(작가) | 顔が売れる(유명해지다) | 図に乗る(우쭐대다)

7番

F：田中さん、ダイエット中ならお酒は控えたほうがいいんじゃない？

M：1　甘いものならいくらでも入るから、心配ご無用だよ。
　　2　酒を我慢してまで痩せる気はないよ。
　　3　それはそうだけど、明日は仕事だからね。

7번 정답 2

F：다나카 씨, 다이어트 중이라면 술은 삼가는 게 좋지 않을까？

M：1　단 거라면 얼마든지 들어가니까, 걱정할 필요 없어.
　　2　술을 참으면서까지 살 뺄 생각은 없어.
　　3　그야 그렇지만, 내일은 출근해야 하니까.

해설 여자는 남자에게 다이어트 중이니 술을 삼가라고 조언하였으므로 상대는 그 조언을 받아들이거나 거부하는 반응을 보이게 될 것이다. 따라서 거부 반응을 하고 있는 2번이 답이 된다. 「~てまで(~하면서까지)」는 문법 문제로도 자주 출제되는 문형이니 꼭 기억해 두자. 다이어트란 단어가 들렸지만 단 것이 아닌 술에 관한 대화이니 1번은 오답이고, 3번은 반대로 상대가 술을 권할 때 거절하는 표현이다.

어휘 控える(삼가다) | 無用だ(필요 없다) | ~てまで(~하면서까지) | ~気はない(~할 생각은 없다)

8番

M1：部長、奥様は料理の腕がプロ並みですね。ごちそうになります。

M2：1 すっかりきれいに食べてくれたね。

2 さあさあ、遠慮なく、たくさん食べてくれ。

3 そうか、あまり食べた気がしなかったか。

8번 **정답** 2

M1 : 부장님, 사모님은 요리 솜씨가 프로 수준이네요. 잘 먹겠습니다.

M2 : 1 완전히 깨끗이 먹어 줬군.

2 어서, 사양하지 말고 많이 먹게나.

3 그래? 별로 먹은 느낌은 안 들었어?

해설 식사 대접을 받을 때 하는 인사말로 「ごちそうになります(잘 먹겠습니다)」라고 했으니 아직 먹기 전이란 것을 알 수 있고, 이 말에 대한 가장 적당한 반응은 2번이다. 1번, 3번은 이미 식사를 다 마친 상황에서 하는 말이다.

어휘 腕(솜씨) | プロ並み(프로 수준) | ごちそうになります(잘 먹겠습니다) | 遠慮なく(사양하지 말고)

9番

F：山口さん、見直したわ。あなた、英語が随分上手ね。

M：1 もう下手なこと言えませんね。

2 じゃあ、ちゃんと見えたんですね。

3 いやー、それほどでもないですよ。

9번 **정답** 3

F : 야마구치 씨, 다시 봤어. 당신, 영어 꽤 잘하네.

M : 1 이제 섣부른 말은 못 하겠네요.

2 그럼, 제대로 보인 거네요.

3 아뇨, 그 정도는 아니에요.

해설 「見直す」는 '재평가하다, 재검토하다'라는 뜻으로 독해에서 상당히 자주 나오는 단어로, 사람에게 쓰면 지금까지의 인식을 바꾸어 '(그 사람을) 다시 보다, 재평가하다'라는 뜻이 된다. 뒤에서 영어 잘한다는 칭찬에 대해 겸손하게 답한 3번이 답이 된다. 「上手(능숙함)」란 단어가 들렸다고 1번의 「下手(서투름)」를 고르지 않도록 주의하자.

어휘 見直す(다시 보다, 재평가하다) | 下手なことを言う(섣부른 말을 하다)

10番

M：品質を維持できないと分かった以上、昨日までの案はいったん忘れるほかないだろうな。

F：1 ええ、振り出しに戻らざるを得ませんね。

2 でも、質はいいんですよね。

3 いいえ、ほかに問題はありません。

10번 **정답** 1

M : 품질을 유지할 수 없다는 걸 안 이상, 어제까지의 안은 일단 잊을 수밖에 없겠지?

F : 1 네, 원점으로 돌아갈 수밖에 없군요.

2 그렇지만 질은 좋은 거죠?

3 아뇨, 다른 문제는 없습니다.

해설 남자는 어제까지의 안은 잊을 수밖에 없다고 했다. 즉, 지금까지 일은 모두 없던 것으로 하자는 말로 「振り出し(원점, 출발점)」라고 하며, 원점으로 돌아갈 수밖에 없다고 답한 1번이 가장 적절하다.

어휘 維持(유지) | いったん(일단) | ~ほかない(~할 수밖에 없다) | 振り出し(원점, 출발점) | ~ざるを得ない(~할 수밖에 없다) | 質(질)

11番

F：育児に積極的な「イクメン」が近頃ブームですよね。

M：1　男であれ女であれ、子育てはするものだよ。

　　2　近くに来ることがあれば、いくらでも。

　　3　行く面子、決まったのか。

11번 정답 1

F：육아에 적극적인 '육아맨'이 요즘 붐이네요.

M：1　남자든 여자든 육아는 해야 하는 법이야.

　　2　근처에 올 일이 있으면 얼마든지.

　　3　갈 멤버, 결정됐어?

해설 「イクメン(육아맨)」은 「子育てする男性(メンズ)(육아하는 남자)」의 줄임말로, 적극적으로 육아를 하는 남자를 가리킨다. 이 말에 동감하고 있는 1번이 가장 어울리는 반응이다. 「イク」라는 발음이 들렸지만 「来る(오다)」나 「行く(가다)」와는 아무 관계없다.

어휘 育児(육아) | イクメン(육아하는 남자) | 近頃(요즘) | ～であれ～であれ(~이든 ~이든) | 子育て(육아) | 面子(멤버)

12番

M：部長が、ちょっと血圧が高いだけだから見舞いに来るまでもないとのことです。

F：1　じゃ、今すぐ病院に行きましょう。

　　2　血圧だけじゃないのね。大丈夫かしら。

　　3　そう言われても心配よね。

12번 정답 3

M：부장님이 약간 혈압이 높을 뿐이니까 병문안 올 것까지 없다고 해요.

F：1　그럼, 지금 바로 병원에 갑시다.

　　2　혈압만이 아니구나. 괜찮으시려나?

　　3　그래도 걱정되네.

해설 「～までもない」는 '~할 필요 없다, ~할 것까지 없다'라는 뜻으로, 남자는 부장님이 「見舞いに来るまでもない(병문안 올 것까지 없다)」라고 했다고 전했는데, 그래도 걱정된다고 한 3번이 가장 적당한 대답이다. 1번은 그럼에도 당장 가자고 했으니 오답이고, 혈압이 좀 높을 뿐이라고 했는데 「血圧だけじゃないのね(혈압만이 아니구나)」라고 한 2번도 오답이다.

어휘 血圧(혈압) | 見舞い(병문안)

13番

F：こんな結末になるなんて、予想だにしなかったな。

M：1　僕も一瞬、目を疑ったよ。

　　2　ダニだなんて、聞くだけでかゆいよ。

　　3　うん、手に取るようにわかったよ。

13번 정답 1

F：이런 결말이 되다니, 예상조차 못 했네.

M：1　나도 순간 눈을 의심했어.

　　2　진드기라니 듣기만 해도 가려워.

　　3　응. 손바닥 보듯이 알겠어.

해설 「～だにしない」는 '~조차 하지 않는다'라는 뜻이다. 즉 여자는 결말이 될 줄은 예상조차 못했다고 했고, 이에 대한 가장 적당한 반응은 「目を疑う(눈을 의심하다)」가 들린 1번이 정답이다. 2번에도 「ダニ(진드기)」가 들렸지만 전혀 다른 단어로 오답을 유도하고 있으니 헷갈리지 않도록 주의하자.

어휘 結末(결말) | 予想だにしない(예상조차 못 하다) | 一瞬(일순, 순간) | 目を疑う(눈을 의심하다) | ダニ(진드기) | かゆい(가렵다) | 手に取るようにわかる(손바닥 보듯이 알다)

14番

M：先週入った新人さん、仕事ぶりはどう？できそう？

F：1　いつもよく助けているわよ。

　　2　私は何の言い分もないわ。

14번 정답 3

M：지난주 들어온 신입사원, 일솜씨는 어때? 잘할 것 같아?

F：1　언제나 잘 도와주고 있어.

　　2　나는 아무 할 말도 없어.

3　飲み込みが早くて、助かってる。

3　이해가 빨라서 도움이 돼.

해설 3번의 「飲み込みが早い(이해가 빠르다, 똑똑하다)」표현을 꼭 알아두자. 남자는 새로 들어온 신입사원의 일솜씨를 묻고 있으니 3번과 같이 대답해야 문맥이 맞게 된다. 1번, 2번은 대답으로 적절하지 않으므로 오답이다.

어휘 仕事ぶり(일솜씨) | 言い分(할 말, 의견, 주장) | 飲み込みが早い(이해가 빠르다)

問題5 問題5では、長めの話を聞きます。この問題には練習はありません。問題用紙にメモをとってもかまいません。

1番、2番

問題用紙に何も印刷されていません。まず話を聞いてください。それから、質問とせんたくしを聞いて、1から4の中から、最もよいものを一つ選んでください。

1番

大学の就職センターで女の学生がインターンシップの相談をしています。

F：インターンシップに参加したいんですが、行き先がいろいろありすぎて、悩んでるんです。私は観光業界への就職を希望していまして、将来は海外でも働きたいと考えています。どうやって選んだらいいでしょうか。

M：そうですか。ではまず、こちらの西日本ツーリストという会社なんですが、国内も海外も扱っている業界大手ですね。参加者同士でグループを作って、旅行業界に関連したテーマの課題を考えるというプログラムになります。「とても勉強になった」と、これまでの参加者の間でも評判がいいですよ。期間は1週間です。

F：有名な会社ですよね。でも、実際の業務は行わないのでしょうか。できれば、実際の仕事の現場を見てみたいと思っていまして。

M：でしたら、プリンセスホテルはどうですか。こちらのプログラムでは社員の方のアシスタントとして、みっちり働くことになりますね。海外展開もしているホテルなので、いろいろとお話も聞けるのではないでしょうか。期間は3週間です。

F：3週間ですか。ちょっと長いですね。私は英語と韓国語ができるのですが、ほかにはないでしょうか。

문제5 문제 5에서는 긴 이야기를 듣습니다. 이 문제에 연습은 없습니다. 문제지에 메모를 해도 됩니다.

1번, 2번

문제지에 아무것도 인쇄되어 있지 않습니다. 우선 이야기를 들으세요. 그러고 나서 질문과 선택지를 듣고 1부터 4 안에서 가장 알맞은 것을 하나 고르세요.

1번 정답 1

대학의 취업 센터에서 여학생이 인턴십 상담을 하고 있습니다.

F : 인턴십에 참가하고 싶은데, 갈 곳이 여기저기 너무 많아 고민하고 있어요. 저는 관광업계 취업을 희망하고, 장래에는 해외에서도 일하고 싶습니다. 어떻게 고르면 좋을까요?

M : 그러시군요. 그럼 먼저, 이 니시니혼 투어리스트라는 회사입니다만, 국내와 해외 모두 다루는 업계의 큰손이에요. 참가자끼리 그룹을 만들어 여행업계와 관련된 테마의 과제를 생각한다는 프로그램이 되겠습니다. '큰 공부가 되었다'라며, 지금까지 참가자들 사이에서도 평판이 좋습니다. 기간은 일주일입니다.

F : 유명한 회사지요. 그런데 실제 업무는 하지 않는 걸까요? 될 수 있으면 실제 업무 현장을 보고 싶어서요.

M : 그렇다면, 프린세스 호텔은 어떠세요? 이 프로그램에서는 사원 분들의 어시스턴트로서, 착실히 일하게 됩니다. 해외 진출도 하고 있는 호텔이니까 다양한 이야기를 들어볼 수 있지 않을까요? 기간은 3주 동안입니다.

F : 3주 동안이요? 좀 기네요. 저는 영어와 한국어를 할 줄 아는데, 또 다른 곳은 없을까요?

M：ええっと。南大門トラベルは韓国専門の旅行会社です。こちらは今年初めてインターンシップに参加される企業ですね。

F：そうなんですね。初めての会社か。

M：あとは、かもめバス旅行は日本国内の旅行のみを扱っていますが、外国人のお客さんが多いので英語は必須です。インターンシップでもTOEICは800点以上ないと参加できません。

F：そうですか。英語より韓国語のほうが得意なんですよね。期間があまり長いのは現実的じゃないし。やっぱり経験した人に体験談を聞けるのがいいです。申し込みをしたいので、詳しい方法を教えてもらってもいいですか。

女の学生はどの会社のインターンシップに応募しますか。

1 西日本ツーリスト
2 プリンセスホテル
3 南大門トラベル
4 かもめバス旅行

M : 흐음. 남대문 트래블은 한국 전문 여행 회사예요. 여긴 올해 처음으로 인턴십에 참가하시는 기업입니다.

F : 그렇군요. 처음 참가하는 회사인가.

M : 그 외에 카모메 버스 여행은 일본 국내 여행만을 취급하지만, 외국인 손님이 많아 영어는 필수입니다. 인턴십이라도 토익 800점 이상이 안 되면 참가할 수 없습니다.

F : 그래요? 영어보다 한국어 쪽이 더 자신 있어요. 기간이 너무 긴 것은 현실적이지 않아서. 역시 경험한 사람에게 체험담을 들을 수 있는 게 좋아요. 신청을 하고 싶은데, 자세한 방법을 가르쳐 주시겠어요?

여학생은 어느 회사의 인턴십에 신청합니까?

1 니시니혼 투어리스트
2 프린세스 호텔
3 남대문 트래블
4 카모메 버스 여행

해설 남자가 소개하는 회사와 그 특징을 빨리 메모하면서 푸는 연습을 해 두자. 여자는 마지막에 「期間があまり長いのは現実的じゃないし。やっぱり経験した人に体験談を聞けるのがいい(기간이 너무 긴 것은 현실적이지 않아서. 역시 경험한 사람에게 체험담을 들을 수 있는 게 좋다)」라고 했다. 이 조건에 가장 부합하는 회사는 니시니혼 투어리스트이니 답은 1번이다. 2번 프린세스 호텔이 여자가 원하는 조건에 맞는 것 같지만 3주 동안이란 기간은 너무 길다고 했으니 오답이다. 3번 남대문 트래블은 처음 참가하는 기업이라 내키지 않으며, 4번 카모메 버스 여행은 토익 성적이 필요하므로 오답이다.

어휘 行き先(갈 곳) | 観光業界(관광업계) | 扱う(다루다) | 業界大手(업계의 큰손) | 参加者同士(참가자끼리) | 旅行業界(여행업계) | 課題(과제) | 評判(평판) | 業務(업무) | 現場(현장) | みっちり(착실히) | 海外展開(해외 진출) | 韓国専門(한국 전문) | 企業(기업) | 必須(필수) | 得意だ(자신 있다) | 現実的(현실적) | 体験談(체험담) | 詳しい(자세하다) | 応募(응모)

2番

男の人と女の人がテレビのニュースを見て話しています。

F1：若者が集まれば、町に活気が生まれる。そんな思いから地域活性化を目指し、大学を誘致する自治体も少なくありません。しかし実態はどうでしょうか。埼玉県では、20年前に東京から誘致したイチョウ大学の経営学部が来年撤退することになりました。大学を卒業しても地元の埼玉で活躍する場がないため、結局若者は東京へ出ていってしまいます。また、大学側

2번 정답 3

남자와 여자가 TV 뉴스를 보며 이야기하고 있습니다.

F1 : 젊은이들이 모이면 마을에 활기가 생겨난다. 그러한 생각에서 지역 활성화를 목표로 대학을 유치하는 자치 단체도 적지 않습니다. 그러나 실태는 어떨까요? 사이타마현에서는 20년 전에 도쿄로부터 유치한 이초 대학 경영학부가 내년에 폐지되었습니다. 대학을 졸업해도 그 지역인 사이타마에서 활약할 곳이 없기 때문에 결국 젊은이들은 도쿄로 나가 버립니다. 또한 대학 측에 따르면, 생각한 것보다 학생들이 모이지 않은 것이

によると、思ったより学生が集まらなかったのがいちばんの原因で、経営学部を東京に戻した途端、志願者数が２倍に増えたそうです。一方、北海道のポプラ大学は全寮制です。全員が一緒になって勉強することにより、成績が上がり、就職後も高い評価が得られているそうです。地元での就職率も高く、就職に有利な大学として人気を集めています。地方への大学誘致によって大学は経営改善を目指し、自治体は地域活性化を期待していますが、結果は明暗分かれているようです。

M ：やっぱり大学って東京にあるほうがいいのかな。東京にあるってだけで、学生の関心度がこんなに違うとはね。僕はのんびり過ごせるのがいいから、地方がいいと思うけどな。

F２：地方でも学生寮に入ってみっちり勉強している大学もあるって、今のニュースで言ってたじゃない。のんびりはできないんじゃないの。

M ：僕は学生時代、のんびりしてたよ。結局、卒業と同時に就職で東京へ来てしまったけどね。

F２：ほら、あなただってそうじゃない。現実に働く場所がないんじゃ、地方に住みたくても住めないわよ。

M ：そうだね。学校の誘致だけじゃなくて、地域で生活を安定させる受け皿を作っていかないとだめだね。

男の人は大学誘致を成功させるためにはどんなことが必要だと言っていますか。

1 キャンパスが東京にあること
2 学生寮があること
3 働き口があること
4 キャンパスが地方にあること

가장 큰 원인으로, 경영학부를 도쿄로 되돌리자마자 지원자 수가 2배로 늘었다고 합니다. 한편, 홋카이도의 포플라 대학은 전원 기숙사제입니다. 전원이 함께 공부하는 것에 의해 성적이 올라가고, 취직 후에도 높은 평가를 얻을 수 있다고 합니다. 현지에서의 취직률도 높아 취직에 유리한 대학으로서 인기를 모으고 있습니다. 지방으로의 대학 유치에 의해 대학은 경영 개선을 목표로 하고, 자치 단체는 지역 활성화를 기대하고 있습니다만 결과는 명암이 갈리고 있는 것 같습니다.

M ：역시 대학은 도쿄에 있는 것이 좋은 걸까? 도쿄에 있다는 것만으로 학생의 관심도가 이렇게 다를 거라고는 생각 못 했는데. 나는 느긋하게 지낼 수 있는 것이 좋으니까 지방이 좋다고 생각하는데 말이야.

F2: 지방에서도 학생 기숙사에 들어가서 착실히 공부하고 있는 대학도 있다고 지금 뉴스에서 말했잖아. 여유롭게 지낼 수 없는 거 아냐?

M ：나는 학창 시절 여유롭게 지냈어. 결국 졸업과 동시에 취직해서 도쿄로 왔지만.

F2: 거봐, 당신도 그렇잖아. 현실적으로 일할 곳이 없으면, 지방에 살고 싶어도 살 수 없어.

M ：그렇군. 학교 유치뿐만 아니라, 지역에서 생활을 안정시키는 수용 태세를 만들지 않으면 안 되겠군.

남자는 대학교 유치를 성공시키기 위해서는 어떤 것이 필요하다고 말하고 있습니까?

1 캠퍼스가 도쿄에 있는 것
2 학생 기숙사가 있는 것
3 일자리가 있는 것
4 캠퍼스가 지방에 있는 것

해설 남자는 여유롭게 지낼 수 있는 지방에 있는 대학이 더 좋다고 했지만, 결국 본인도 학교를 졸업하자마자 취직해서 도쿄로 왔다고 말했고, 이에 여자도 「現実に働く場所がないんじゃ、地方に住みたくても住めないわよ(현실적으로 일할 곳이 없으면, 지방에 살고 싶어도 살 수 없어)」라며 현실적으로 일할 직장이 있어야 한다고 하였다. 따라서 마지막에 한 남자의 말 「学校の誘致だけじゃなくて、地域で生活を安定させる受け皿を作っていかないとだめだね(학교 유치뿐만 아니라, 지역에서 생활을 안정시키는 수용 태세를 만들지 않으면 안 되겠군)」가 결정적 힌트이다. 「受け皿」의 원래 뜻은 '받침 접시'인데, 여기서는 '(졸업생들을) 수용할 직장'을 가리키는 말이고, 따라서 답은 3번이 된다.

어휘 活気(활기) | 地域活性化(지역 활성화) | 目指す(목표하다, 노리다) | 誘致(유치) | 自治体(자치 단체) | 実態(실태) | 経営学部(경영학부) | 撤退する(철퇴하다, 물러나다) | 地元(그 지역, 현지) | 活躍する場(활약할 곳) | ～た途端(~하자마자) | 志願者数(지원자

수) | 全寮制(전원 기숙사제) | 経営改善(경영 개선) | 明暗分かれる(명암이 갈리다) | 関心度(관심도) | 学生寮(학생 기숙사) | みっちり(착실히) | 受け皿(받침 접시) | 働き口(일자리)

3番

まず話を聞いてください。それから、二つの質問を聞いて、それぞれ問題用紙の1から4の中から、最もよいものを一つ選んでください。

3番

予備校のガイダンス動画で男の人が講座の案内をしています。

M1：冬期直前コースは、大学受験までのラスト3か月、時間の無駄を排除して最大限の学習効果を狙うコースです。細分化された対面形式の講座の中から、自分の現在の学力に合わせて自由に時間割を組むことができます。例えば、分野別の対策は「強化講座」で、共通テストの科目は「共通テスト対策講座」でなど、弱点を克服したい人にもおすすめです。グリーンコースは講師による個別の学習マネージメントを受けられるコースです。受験生のメンタル面をサポートしながら合格までを共に歩みます。志望大学や学部選択のサポートはもちろん、最適な学習プランの見直しとアドバイスをもとに5つの講座を厳選。目標に向かって迷いなく学習できるでしょう。本番プレテストコースは、志望校別に本試験と同じ時間割のテストを対面で受ける実戦模試のコースです。より具体的なピンポイント解説と答案添削を受けることができます。解説は都合のよい日時に視聴する映像授業で行われます。そして、完全オンラインコースはその名のとおり、授業のすべてが双方向型のオンラインで行われます。志望学部別の少人数制クラス編成により、リアルタイムで質問が可能です。ライバルでもあり仲間でもある、同じ目標を持った受講生同士のコミュニケーションを通して、合格までのモチベーション維持を図ります。

F ：佐々木君はどのコースにする？もう行きたい大学は絞れているんでしょ？

3번

우선 이야기를 들으세요. 그러고 나서 두 개의 질문을 듣고 각각 문제지의 1부터 4 안에서 가장 알맞은 것을 하나 고르세요.

3번 질문1 정답 1 | 질문2 정답 2

입시 학원 안내 동영상에서 남자가 강좌 안내를 하고 있습니다.

M1 : 겨울철 본시험 직전 코스는 대학 수험까지 남은 3개월 동안, 시간 낭비를 없애고 최대한의 학습 효과를 목표로 하는 코스입니다. 세분화된 대면 형식 강좌 중에서 자신의 현재 학력에 맞게 자유롭게 시간표를 짤 수 있습니다. 예를 들어, 분야별 대비는 '강화 강좌'에서 공통 테스트 과목은 '공통 테스트 대책 강좌'에서 세우는 등, 약점을 극복하고 싶은 사람에게도 추천합니다. 그린 코스는 강사에 의한 개별 학습 관리를 받을 수 있는 코스입니다. 수험생의 멘탈 부분을 서포트하면서 합격까지 함께 나아갑니다. 지망대학과 학부 선택의 서포트는 물론, 최적화된 학습플랜 재검토와 어드바이스를 토대로 다섯 강좌를 엄선. 목표를 향해 아무 망설임 없이 학습할 수 있을 것입니다. 본시험 예비시험 코스는 지망 학교별로 본시험과 같은 시간표의 시험을 대면으로 보는 실전 모의고사 코스입니다. 보다 구체적인 족집게 해설과 답안 첨삭을 받을 수 있습니다. 해설은 편한 날짜와 시간에 시청하는 영상 수업으로 진행됩니다. 그리고 완전 온라인 코스는 그 이름대로, 수업 전체가 양방향형 온라인으로 진행됩니다. 지망 학부별 소수 인원제 반 편성이며, 실시간으로 질문이 가능합니다. 라이벌이자 친구인, 같은 목표를 가진 수강생끼리의 커뮤니케이션을 통해 합격할 때까지 동기부여를 유지할 수 있도록 도모합니다.

F : 사사키 군은 어느 코스로 할 거야? 이미 가고 싶은 대학은 좁혀져 있지?

M２：うん、まあね。受験まで残りないし、自分の弱みを強みに変えるような勉強方法で仕上げをしていかないと。

F　：それはもちろんだし、本番で緊張しないように模擬試験もたくさん受けておきたいな。

M２：本番さながらの模擬試験に特化したコースは、授業がウェブなんだね。これ、志望校別だけど、美咲ちゃんはまだ完全に決めてはいないんだよね？

F　：うーん、完全にではないけど、もう大体は。それより、今まで自分なりに計画を立ててやってきた勉強方法が本当にこれでいいのかなって不安なんだよね。

M２：じゃ、助言をもらえるほうがいいんじゃないかな。仲間と励まし合いながら最後の追い込みをするとか。

F　：私、ライバルを仲間と思えるほど余裕はないな。その点、佐々木君は、競争相手がいるほうが刺激になりそうだよね。

M２：うん、だから対面にしようと思うんだ。

質問１　男の人はどのコースを希望していますか。
1　冬期直前コース
2　グリーンコース
3　本番プレテストコース
4　完全オンラインコース

質問２　女の人にいちばん合うコースはどれですか。
1　冬期直前コース
2　グリーンコース
3　本番プレテストコース
4　完全オンラインコース

M2：응, 그렇지 뭐. 시험도 얼마 안 남았으니, 내 약점을 강점으로 바꾸는 공부법으로 마무리를 해 나가야지.

F　：그건 물론이고, 본시험에서 긴장하지 않게 모의고사도 많이 봐서 단련해 두고 싶어.

M2：본시험을 방불케 하는 모의고사에 특화된 코스는 수업을 웹으로 진행하네. 이건 지망 학교별인데 미사키는 아직 완전히 결정한 건 아니지?

F　：으음, 완전히는 아니지만, 이미 어느 정도는. 그것보다 지금까지 내 나름대로 계획을 세워서 해 왔던 공부법이 정말 이대로 괜찮은 건지 불안해.

M2：그럼, 조언을 받을 수 있는 편이 좋지 않을까? 친구들과 서로 격려하면서 막판 스퍼트를 한다든가.

F　：나에게 라이벌을 친구로 생각할 정도의 여유는 없어. 그 점에서 사사키 군은 경쟁 상대가 있는 것이 더 자극이 될 것 같아.

M2：응, 그래서 대면으로 하려고 생각하고 있어.

질문1　남자는 어느 코스를 원하고 있습니까?
1　겨울철 본시험 직전 코스
2　그린 코스
3　본시험 예비시험 코스
4　완전 온라인 코스

질문2　여자에게 가장 맞는 코스는 어떤 것입니까?
1　겨울철 본시험 직전 코스
2　그린 코스
3　본시험 예비시험 코스
4　완전 온라인 코스

해설 (질문1) 본문에서는 크게 4가지 코스를 소개하고 있는데, 이런 유형의 문제는 다양한 항목이 나오므로 반드시 메모를 하며 듣는 연습을 해 두자. 남자는 「自分の弱みを強みに変えるような勉強方法(내 약점을 강점으로 바꾸는 공부법)」를 원한다고 했고, 마지막에서 「対面にしようと思う(대면으로 하려고 한다)」라고 했다. '겨울철 본시험 직전코스'는 「対面形式の講座(대면 형식의 강좌)」이며 「弱点を克服したい人にもおすすめ(약점을 극복하고 싶은 사람에게도 추천)」라고 했으니 1번이 정답이다.

해설 (질문2) 여자는 「今まで自分なりに計画を立ててやってきた勉強方法が本当にこれでいいのかなって不安(지금까지 내 나름대로 계획을 세워서 해 왔던 공부법이 정말 이대로 괜찮은 건지 불안하다)」라고 했다. 그러자 남자는 조언받을 수 있는 코스가 좋겠다고 권유하였다. 그린 코스의 특징은 「講師による個別の学習マネージメントを受けられるコース(강사에 의한 개별 학습 관리를 받을 수 있는 코스)」, 「受験生のメンタル面をサポートしながら～(수험생의 정신적인 부분을 서포트하면서~)」, 「最適な学習プランの見直しとアドバイスをもとに５つの講座を厳選。目標に向かって迷いなく学習できる(최적화된 학습플랜 재검토와 어드바이스를 토대로 다섯 강좌를 엄선. 목표를 향해 아무 망설임 없이 학습할 수 있다)」라고 이렇게 3가지를 언급하여 여학생이 원하는 코스와 가장 가까운 조건으로 볼 수 있으니 답은 2번이다.

150 JLPT 최신 기출 유형 실전모의고사 N1

어휘 予備校(입시 학원) | 動画(동영상) | 講座(강좌) | 冬期直前コース(겨울철 본시험 직전 코스) | 大学受験(대학 수험) | 無駄(낭비) | 排除(배제) | 最大限(최대한) | 学習効果(학습 효과) | 狙う(목표로 하다) | 細分化(세분화) | 対面形式(대면 형식) | 学力に合わせる(학력에 맞추다) | 時間割を組む(시간표를 짜다) | 分野別(분야별) | 共通テスト(공통 테스트) | 科目(과목) | 対策講座(대책강좌) | 弱点(약점) | 克服(극복) | 講師(강사) | 個別(개별) | 受験生(수험생) | メンタル面(멘탈 면, 정신적인 부분) | 共に(함께) | 歩む(걷다, 나아가다) | 志望(지망) | 学部選択(학부 선택) | 最適(최적) | 学習プラン(학습 플랜) | 見直し(재검토) | ~をもとに(~를 토대로) | 厳選(엄선) | ~に向かって(~를 향해) | 迷いなく(망설임 없이) | 本番プレテストコース(본시험 예비시험 코스) | 志望校別(지망 학교별) | 本試験(본시험) | 実戦模試(실전 모의고사) | 具体的(구체적) | ピンポイント解説(족집게 해설) | 答案添削(답안 첨삭) | 日時(일시) | 視聴(시청) | 映像授業(영상 수업) | 完全(완전) | その名のとおり(그 이름대로) | 双方向型(양방향형) | 志望学部別(지망 학부별) | 少人数制クラス編成(소수 인원제 반 편성) | 仲間(친구, 동료) | 受講生同士(수강생끼리) | 維持(유지) | 図る(도모하다) | 絞る(좁히다) | 残り少ない(얼마 안 남다) | 弱み(약점) | 強み(강점) | 仕上げ(마무리) | 本番(본시험) | 模擬試験(모의시험, 모의고사) | 鍛える(단련하다) | 本番さながらの模擬試験(본시험을 방불케 하는 모의고사) | 特化(특화) | 助言(조언) | 励ます(격려하다) | 最後の追い込み(막판 스퍼트) | 競争相手(경쟁 상대) | 刺激(자극)

日本語能力試験 解答用紙

N1 言語知識（文字・語彙・文法）・読解

受験番号
Examinee Registration Number

名前
Name

<ちゅうい Notes>

1. くろいえんぴつ(HB、No.2)でかいてください。
   (ペンやボールペンで かかないでください。)
   Use a black medium soft (HB or No.2) pencil.
   (Do not use any kind of pen.)

2. かきなおすときは、けしゴムできれいにけしてください。
   Erase any unintended marks completely.

3. きたなくしたり、おったりしないでください。
   Do not soil or bend this sheet.

4. マークれい Marking examples

よいれい Correct Example	わるいれい Incorrect Examples
●	◌ ◯ ◑ ⊘ ◍ ⊖

問題 1

1	①	②	③	④
2	①	②	③	④
3	①	②	③	④
4	①	②	③	④
5	①	②	③	④
6	①	②	③	④

問題 2

7	①	②	③	④
8	①	②	③	④
9	①	②	③	④
10	①	②	③	④
11	①	②	③	④
12	①	②	③	④
13	①	②	③	④

問題 3

14	①	②	③	④
15	①	②	③	④
16	①	②	③	④
17	①	②	③	④
18	①	②	③	④
19	①	②	③	④

問題 4

20	①	②	③	④
21	①	②	③	④
22	①	②	③	④
23	①	②	③	④
24	①	②	③	④
25	①	②	③	④

問題 5

26	①	②	③	④
27	①	②	③	④
28	①	②	③	④
29	①	②	③	④
30	①	②	③	④
31	①	②	③	④
32	①	②	③	④
33	①	②	③	④
34	①	②	③	④
35	①	②	③	④

問題 6

36	①	②	③	④
37	①	②	③	④
38	①	②	③	④
39	①	②	③	④
40	①	②	③	④

問題 7

41	①	②	③	④
42	①	②	③	④
43	①	②	③	④
44	①	②	③	④
45	①	②	③	④

問題 8

46	①	②	③	④
47	①	②	③	④
48	①	②	③	④
49	①	②	③	④

問題 9

50	①	②	③	④
51	①	②	③	④
52	①	②	③	④
53	①	②	③	④
54	①	②	③	④
55	①	②	③	④
56	①	②	③	④
57	①	②	③	④
58	①	②	③	④

問題 10

59	①	②	③	④
60	①	②	③	④
61	①	②	③	④

問題 11

62	①	②	③	④
63	①	②	③	④

問題 12

64	①	②	③	④
65	①	②	③	④
66	①	②	③	④
67	①	②	③	④

問題 13

68	①	②	③	④
69	①	②	③	④

日本語能力試験 解答用紙

N1 聴解

受験番号
Examinee Registration Number

名前
Name

<ちゅうい Notes>

1. <ろいえんぴつ(HB、No.2)でかいてください。
(ペンやボールペンではかかないでください。)
Use a black medium soft (HB or No.2) pencil.
(Do not use any kind of pen.)
2. かきなおすときは、けしゴムできれいにけしてくださ
い。
Erase any unintended marks completely.
3. きたなくしたり、おったりしないでください。
Do not soil or bend this sheet.
4. マークれい Marking examples

よいれい Correct Example	わるいれい Incorrect Examples
●	⊘ ⊖ ○ ◑ ◐ ⦸

問題1

例	①	②	③	●
1	①	②	③	④
2	①	②	③	④
3	①	②	③	④
4	①	②	③	④
5	①	②	③	④
6	①	②	③	④

問題2

例	①	●	③	④
1	①	②	③	④
2	①	②	③	④
3	①	②	③	④
4	①	②	③	④
5	①	②	③	④
6	①	②	③	④
7	①	②	③	④

問題3

例	①	②	●	④
1	①	②	③	④
2	①	②	③	④
3	①	②	③	④
4	①	②	③	④
5	①	②	③	④
6	①	②	③	④

問題4

例	①	●	③
1	①	②	③
2	①	②	③
3	①	②	③
4	①	②	③
5	①	②	③
6	①	②	③
7	①	②	③
8	①	②	③
9	①	②	③
10	①	②	③
11	①	②	③
12	①	②	③
13	①	②	③
14	①	②	③

問題5

1	①	②	③	④
2	①	②	③	④
3 (1)	①	②	③	④
(2)	①	②	③	④

日本語能力試験　解答用紙

N1　言語知識（文字・語彙・文法）・読解

JLPT 최신 기출 유형
실전모의고사 N1 제2회

受験　番号
Examinee Registration Number

名前
Name

<ちゅうい Notes>

1. くろいえんぴつ(HB、No.2)でかいてください。
（ペンやボールペンではかかないでください。）
Use a black medium soft (HB or No.2) pencil.
(Do not use any kind of pen.)

2. かきなおすときは、けしゴムできれいにけしてください。
Erase any unintended marks completely.

3. きたなくしたり、おったりしないでください。
Do not soil or bend this sheet.

4. マークれい Marking examples

よいれい Correct Example	わるいれい Incorrect Examples
●	⊘ ⊙ ◯ ◑ ⦿ ●

問題 1

1	①	②	③	④
2	①	②	③	④
3	①	②	③	④
4	①	②	③	④
5	①	②	③	④
6	①	②	③	④

問題 2

7	①	②	③	④
8	①	②	③	④
9	①	②	③	④
10	①	②	③	④
11	①	②	③	④
12	①	②	③	④
13	①	②	③	④

問題 3

14	①	②	③	④
15	①	②	③	④
16	①	②	③	④
17	①	②	③	④
18	①	②	③	④
19	①	②	③	④

問題 4

20	①	②	③	④
21	①	②	③	④
22	①	②	③	④
23	①	②	③	④
24	①	②	③	④
25	①	②	③	④

問題 5

26	①	②	③	④
27	①	②	③	④
28	①	②	③	④
29	①	②	③	④
30	①	②	③	④
31	①	②	③	④
32	①	②	③	④
33	①	②	③	④
34	①	②	③	④
35	①	②	③	④

問題 6

36	①	②	③	④
37	①	②	③	④
38	①	②	③	④
39	①	②	③	④
40	①	②	③	④

問題 7

41	①	②	③	④
42	①	②	③	④
43	①	②	③	④
44	①	②	③	④
45	①	②	③	④

問題 8

46	①	②	③	④
47	①	②	③	④
48	①	②	③	④

問題 9

49	①	②	③	④
50	①	②	③	④
51	①	②	③	④
52	①	②	③	④
53	①	②	③	④
54	①	②	③	④
55	①	②	③	④
56	①	②	③	④

問題 10

57	①	②	③	④
58	①	②	③	④
59	①	②	③	④
60	①	②	③	④

問題 11

61	①	②	③	④
62	①	②	③	④

問題 12

63	①	②	③	④
64	①	②	③	④
65	①	②	③	④
66	①	②	③	④

問題 13

67	①	②	③	④
68	①	②	③	④

日本語能力試験 解答用紙

N1 聴解

受　験　番　号
Examinee Registration
Number

名　前
Name

<ちゅうい Notes>

1. 〈ろいえんぴつ(HB、No.2)でかいてください。〉
   (ペンやボールペンではかかないでください。)
   Use a black medium soft (HB or No.2) pencil.
   (Do not use any kind of pen.)

2. かきなおすときは、けしゴムできれいにけしてください。
   Erase any unintended marks completely.

3. きたなくしたり、おったりしないでください。
   Do not soil or bend this sheet.

4. マークれい Marking examples

よいれい Correct Example	わるいれい Incorrect Examples
●	⊘ ⊖ ◯ ⦸ ⊙ ●

もんだい 問題 1

例	①	②	③	●
1	①	②	③	④
2	①	②	③	④
3	①	②	③	④
4	①	②	③	④
5	①	②	③	④
6	①	②	③	④

もんだい 問題 2

例	①	②	●	④
1	①	②	③	④
2	①	②	③	④
3	①	②	③	④
4	①	②	③	④
5	①	②	③	④
6	①	②	③	④
7	①	②	③	④

もんだい 問題 3

例	①	②	●	④
1	①	②	③	④
2	①	②	③	④
3	①	②	③	④
4	①	②	③	④
5	①	②	③	④
6	①	②	③	④

もんだい 問題 4

例	①	●	③
1	①	②	③
2	①	②	③
3	①	②	③
4	①	②	③
5	①	②	③
6	①	②	③
7	①	②	③
8	①	②	③
9	①	②	③
10	①	②	③
11	①	②	③
12	①	②	③
13	①	②	③
14	①	②	③

もんだい 問題 5

1		①	②	③	④
2		①	②	③	④
3	(1)	①	②	③	④
	(2)	①	②	③	④

日本語能力試験 解答用紙

N1 言語知識 (文字・語彙・文法)・読解

JLPT 최신 기출 유형
실전모의고사 N1 제3회

受験番号
Examinee Registration
Number

名前
Name

問題 1

1	①	②	③	④
2	①	②	③	④
3	①	②	③	④
4	①	②	③	④
5	①	②	③	④
6	①	②	③	④

問題 2

7	①	②	③	④
8	①	②	③	④
9	①	②	③	④

問題 3

10	①	②	③	④
11	①	②	③	④
12	①	②	③	④
13	①	②	③	④

問題 4

14	①	②	③	④
15	①	②	③	④
16	①	②	③	④
17	①	②	③	④
18	①	②	③	④
19	①	②	③	④
20	①	②	③	④
21	①	②	③	④
22	①	②	③	④
23	①	②	③	④
24	①	②	③	④
25	①	②	③	④

問題 5

26	①	②	③	④
27	①	②	③	④
28	①	②	③	④
29	①	②	③	④
30	①	②	③	④
31	①	②	③	④
32	①	②	③	④
33	①	②	③	④
34	①	②	③	④
35	①	②	③	④

問題 6

36	①	②	③	④
37	①	②	③	④
38	①	②	③	④
39	①	②	③	④
40	①	②	③	④

問題 7

41	①	②	③	④
42	①	②	③	④
43	①	②	③	④
44	①	②	③	④
45	①	②	③	④

問題 8

46	①	②	③	④
47	①	②	③	④
48	①	②	③	④
49	①	②	③	④

問題 9

50	①	②	③	④
51	①	②	③	④
52	①	②	③	④
53	①	②	③	④
54	①	②	③	④
55	①	②	③	④
56	①	②	③	④
57	①	②	③	④
58	①	②	③	④

問題 10

59	①	②	③	④
60	①	②	③	④
61	①	②	③	④
62	①	②	③	④

問題 11

63	①	②	③	④
64	①	②	③	④

問題 12

65	①	②	③	④
66	①	②	③	④
67	①	②	③	④
68	①	②	③	④

問題 13

69	①	②	③	④
70	①	②	③	④

日本語能力試験 解答用紙

N1 聴解

JLPT 최신기출 유형
실전모의고사 N1 제3회

受験番号
Examinee Registration Number

名前
Name

問題1

	1	2	3	4
例	①	②	③	●
1	①	②	③	④
2	①	②	③	④
3	①	②	③	④
4	①	②	③	④
5	①	②	③	④
6	①	②	③	④

問題2

	1	2	3	4
例	①	●	③	④
1	①	②	③	④
2	①	②	③	④
3	①	②	③	④
4	①	②	③	④
5	①	②	③	④
6	①	②	③	④
7	①	②	③	④

問題3

	1	2	3	4
例	①	②	●	④
1	①	②	③	④
2	①	②	③	④
3	①	②	③	④
4	①	②	③	④
5	①	②	③	④
6	①	②	③	④

問題4

	1	2	3
例	①	●	③
1	①	②	③
2	①	②	③
3	①	②	③
4	①	②	③
5	①	②	③
6	①	②	③
7	①	②	③
8	①	②	③
9	①	②	③
10	①	②	③
11	①	②	③
12	①	②	③
13	①	②	③
14	①	②	③

問題5

	1	2	3	4
1	①	②	③	④
2	①	②	③	④
3 (1)	①	②	③	④
(2)	①	②	③	④

시험 직전 기출
시크릿 노트

특별 부록

시원스쿨닷컴

시험 직전 기출
시크릿 노트

실전대비 **특별 부록**

| 어휘편 | + | 문형편 |

기출 어휘 & 문형 암기 미션

	미션	미션일	미션 완료 체크
미션 1 (p. 4)	최신 기출 동사 ① ② + 셀프테스트	월 일	☐
미션 2 (p. 10)	최신 기출 명사 ① ② + 셀프테스트	월 일	☐
미션 3 (p. 16)	최신 기출 명사 ③ ④ + 셀프테스트	월 일	☐
미션 4 (p. 22)	최신 기출 な·い 형용사 + 셀프테스트	월 일	☐
미션 5 (p. 28)	최신 기출 기타 ① ② + 셀프테스트	월 일	☐
미션 6 (p. 36)	최신 기출 문형 ① + 셀프테스트	월 일	☐
미션 7 (p. 38)	최신 기출 문형 ② + 셀프테스트	월 일	☐
미션 8 (p. 40)	최신 기출 문형 ③ + 셀프테스트	월 일	☐
미션 9 (p. 42)	최신 기출 문형 ④ + 셀프테스트	월 일	☐
미션 10 (p. 44)	최신 기출 문형 ⑤ + 셀프테스트	월 일	☐
미션 11 (p. 46)	최신 기출 문형 ⑥ + 셀프테스트	월 일	☐
미션 12 (p. 48)	최신 기출 문형 ⑦ + 셀프테스트	월 일	☐
미션 13 (p. 50)	최신 기출 문형 ⑧ + 셀프테스트	월 일	☐
미션 14 (p. 52)	최신 기출 문형 ⑨ + 셀프테스트	월 일	☐
미션 15 (p. 54)	최신 기출 문형 ⑩ + 셀프테스트	월 일	☐

쉿! 시험 직전 기출 시크릿 노트

N1 최신 기출 동사 ❶

✎ 회독체크 ☐1회독 ☐2회독 ☐3회독

*어휘 옆 숫자는 기출 연도입니다.

어휘	읽기	의미	어휘	읽기	의미
崩れる ⑲	くずれる	무너지다	担う ⑬	になう	(책임을) 지다
慕う ⑮㉒	したう	연모하다	損なう ⑭	そこなう	망가뜨리다
遂げる ⑰	とげる	달성하다	偏る ⑯	かたよる	치우치다
絡む ㉒	からむ	얽히다	慰める ㉑	なぐさめる	위로하다
否む ⑭	いなむ	거절하다	潤す ⑰	うるおす	윤택하게 하다
透ける ㉒	すける	비치다	貫く ⑬	つらぬく	관철하다
戒める ⑱	いましめる	훈계하다	携わる ⑭	たずさわる	관계하다
臨む ⑭㉒	のぞむ	임하다	及ぼす ⑩	およぼす	(영향을) 끼치다
染みる ⑯	しみる	스며들다	唱える ⑮	となえる	외치다
費やす ⑫	ついやす	소비하다	解ける ⑪	ほどける	풀리다
募る ⑱	つのる	모집하다	鈍る ⑪	にぶる	둔해지다
賑わう ⑩	にぎわう	번창하다	退く ⑯	しりぞく	물러나다
滞る ⑱	とどこおる	지체되다	値する ⑮	あたいする	가치가 있다
滅びる ⑰	ほろびる	망하다	帯びる ⑮	おびる	(몸에) 차다
和らぐ ⑫	やわらぐ	누그러지다	締める ⑩	しめる	(바싹) 조르다
拒む ⑭	こばむ	저지하다	託す ⑰	たくす	맡기다
譲る ㉒	ゆずる	양보하다	練る ⑩⑬	ねる	(계획을) 짜다
偽る ⑱	いつわる	속이다	励む ⑮	はげむ	힘쓰다
映える ⑲	はえる	빛나다	廃れる ⑯	すたれる	쇠퇴하다
覆す ⑫	くつがえす	뒤엎다	怠る ⑫⑰	おこたる	게을리하다
漂う ⑭	ただよう	떠돌다	逃れる ⑪	のがれる	달아나다
遮る ⑪	さえぎる	차단하다	蓄える ⑯	たくわえる	비축하다
詫びる ⑯	わびる	사죄하다	阻む ⑰㉒	はばむ	막다, 방해하다

쉿! 시험 직전 기출 시크릿 노트

N1 최신 기출 동사 ❷

✎ 회독체크 ☐ 1회독 ☐ 2회독 ☐ 3회독

*어휘 옆 숫자는 기출 연도입니다.

어휘	읽기	의미	어휘	의미
交える ⑲	まじえる	섞다, 주고받다	もたれる ㉑	의지하다
紛れる ⑮	まぎれる	헷갈리다	おぼれる ㉑	빠지다
報じる ⑩	ほうじる	알리다	しびれる ㉑	저리다
弾く ⑰	はじく	튕기다	よみがえる ⑰	되살아나다
察する ⑯	さっする	헤아리다	たたえる ⑰	칭찬하다
秘める ⑫	ひめる	숨기다	はがす ⑭	벗기다, 떼다
揺らぐ ⑭	ゆらぐ	흔들리다	おびえる ⑯	겁내다
弾む ⑪	はずむ	활기를 띠다	まっとうする ⑲	완수하다
尽くす ⑯	つくす	다하다, 애쓰다	かばう ⑬	감싸다
救う ㉒	すくう	구하다, 건지다	しくじる ⑱	실수하다
噛み合う ㉒	かみあう	일치하다	せかす ⑬	재촉하다
切り出す ⑯	きりだす	(말을) 꺼내다	しがみつく ⑭	달라붙다
取り戻す ⑮	とりもどす	회복하다	ためらう ⑬	망설이다
見落とす ⑩⑰	みおとす	간과하다	けなされる ⑫	흉잡히다
食い止める ⑭	くいとめる	저지하다	うろたえる ⑮	허둥대다
乗り出す ⑱	のりだす	착수하다	ありふれる ⑮	흔하다
立て替える ⑬	たてかえる	대신 치르다	ばてる ⑲	지치다
言い張る ⑫	いいはる	우기다	たどる ⑭	(길을) 더듬다
備え付ける ⑱	そなえつける	비치하다	とまどう ⑯	망설이다
食い違う ⑯	くいちがう	어긋나다	なだめる ⑱	달래다
見失う ⑪	みうしなう	놓치다	もくろむ ⑪	계획하다
食い込む ㉒	くいこむ	파고들다	うなだれる ⑰	고개를 숙이다
気に障る ⑬	きにさわる	비위에 거슬리다	にじむ ⑲	번지다
打ち込む ⑭	うちこむ	열중하다	そそる ㉒	돋우다
張り合う ⑰	はりあう	맞서다	くじける ⑲	(기세가) 꺾이다

쉿! 시험 직전 기출 시크릿 노트

N1 최신 기출 동사 셀프테스트 ①

기출 단어의 읽는 법을 고르고, 밑줄에 뜻을 써 보세요. *어휘 옆 숫자는 기출 연도입니다.

[예] 学生	✓① がくせい	② がっせい	학생

[1] 慰める [21]	① なぐさめる	② ほめる	______
[2] 否む [14]	① いなむ	② いとなむ	______
[3] 蓄える [16]	① たくえる	② たくわえる	______
[4] 募る [18]	① ひえる	② つのる	______
[5] 廃れる [16]	① すたれる	② けなされる	______
[6] 拒む [14]	① こばむ	② はばむ	______
[7] 偏る [16]	① かたよる	② きたえる	______
[8] 臨む [14][22]	① いどむ	② のぞむ	______
[9] 偽る [18]	① いつわる	② おこたる	______
[10] 遮る [11]	① さえぎる	② うさぎる	______
[11] 崩れる [19]	① はずれる	② くずれる	______
[12] 透ける [22]	① すける	② たける	______

N1 기출 어휘 동사 정답

[1] ① 위로하다 [2] ① 거절하다 [3] ② 비축하다 [4] ② 모집하다 [5] ① 쇠퇴하다 [6] ① 저지하다
[7] ① 치우치다 [8] ② 임하다 [9] ① 속이다 [10] ① 차단하다 [11] ② 무너지다 [12] ① 비치다

쉿!
시험 직전 기출 시크릿 노트

N1 최신 기출 동사 셀프테스트 ②

기출 단어의 뜻을 찾아 줄을 그어 보세요.

*어휘 옆 숫자는 기출 연도입니다.

[1] にじむ ⑲	① 저리다
[2] せかす ⑬	② 흔하다
[3] しびれる ㉑	③ 계획하다
[4] ありふれる ⑮	④ 번지다
[5] そそる ㉒	⑤ 완수하다
[6] おびえる ⑯	⑥ 실수하다
[7] しくじる ⑱	⑦ 빠지다
[8] ためらう ⑬	⑧ 돋우다
[9] もくろむ ⑪	⑨ 재촉하다
[10] おぼれる ㉑	⑩ 망설이다
[11] けなされる ⑫	⑪ 겁내다
[12] まっとうする ⑲	⑫ 흉잡히다

N1 기출 어휘 동사 정답

[1] ④ [2] ⑨ [3] ① [4] ② [5] ⑧ [6] ⑪
[7] ⑥ [8] ⑩ [9] ③ [10] ⑦ [11] ⑫ [12] ⑤

쉿! 시험 직전 기출 시크릿 노트

N1 최신 기출 동사 셀프테스트 ③

기출 단어의 뜻을 찾아 줄을 그어 보세요.　　*어휘 옆 숫자는 기출 연도입니다.

[1] 噛み合う ㉒	① 맞서다
[2] 張り合う ⑰	② 회복하다
[3] 切り出す ⑯	③ 저지하다
[4] 見落とす ⑰	④ 일치하다
[5] 食い止める ⑭	⑤ 어긋나다
[6] 言い張る ⑫	⑥ 간과하다
[7] 気に障る ⑬	⑦ 파고들다
[8] 食い違う ⑯	⑧ 열중하다
[9] 乗り出す ⑱	⑨ 비위에 거슬리다
[10] 食い込む ㉒	⑩ 착수하다
[11] 打ち込む ⑭	⑪ 우기다
[12] 取り戻す ⑮	⑫ (말을) 꺼내다

N1 기출 어휘 동사 정답

[1] ④　[2] ①　[3] ⑫　[4] ⑥　[5] ③　[6] ⑪
[7] ⑨　[8] ⑤　[9] ⑩　[10] ⑦　[11] ⑧　[12] ②

쉿!

시험 직전 기출 시크릿 노트

N1 최신 기출 동사 셀프테스트 ④

빈칸에 읽는 법과 뜻을 적고, 정답을 확인하세요. *어휘 옆 숫자는 기출 연도입니다.

단어	읽는 법	뜻	정답
慕う ⑮㉒			したう 연모하다
阻む ⑰㉒			はばむ 막다, 방해하다
費やす ⑫			ついやす 소비하다
練る ⑩⑬			ねる (계획을) 짜다
滅びる ⑰			ほろびる 망하다
怠る ⑫⑰			おこたる 게을리하다
鈍る ⑪			にぶる 둔해지다
救う ㉒			すくう 구하다, 건지다
値する ⑮			あたいする 가치가 있다
戒める ⑱			いましめる 훈계하다
担う ⑬			になう (책임을) 지다
携わる ⑭			たずさわる 관계하다
覆す ⑫			くつがえす 뒤엎다
滞る ⑱			とどこおる 지체되다
貫く ⑬			つらぬく 관철하다
遂げる ⑰			とげる 달성하다

쉿! 시험 직전 기출 시크릿 노트

N1 최신 기출 명사 ❶

✎ 회독체크 ☐1회독 ☐2회독 ☐3회독 *어휘 옆 숫자는 기출 연도입니다.

어휘	읽기	의미	어휘	읽기	의미
触発 ㉒	しょくはつ	촉발	開拓 ⑰	かいたく	개척
忠告 ㉒	ちゅうこく	충고	緊迫 ㉑	きんぱく	긴박
解明 ⑲	かいめい	해명	伴奏 ⑩	ばんそう	반주
沈下 ㉒	ちんか	침하	遮断 ㉒	しゃだん	차단
繁殖 ⑲	はんしょく	번식	遂行 ⑭	すいこう	수행
満喫 ⑩	まんきつ	만끽	要請 ㉒	ようせい	요청
連携 ⑪	れんけい	연계	昇進 ⑰	しょうしん	승진
興奮 ⑮	こうふん	흥분	復興 ⑰	ふっこう	부흥
作動 ⑱	さどう	작동	配布 ⑪	はいふ	배포
発覚 ㉒	はっかく	발각	妥協 ⑫	だきょう	타협
了承 ⑰	りょうしょう	승낙, 양해	派生 ㉒	はせい	파생
免除 ⑫	めんじょ	면제	殺菌 ⑰	さっきん	살균
従事 ⑲	じゅうじ	종사	処置 ⑬	しょち	처치, 조치
暴露 ⑰	ばくろ	폭로	把握 ⑬	はあく	파악
赴任 ⑪	ふにん	부임	抜粋 ⑱	ばっすい	발췌
繁盛 ⑩	はんじょう	번성, 번창	陳列 ⑯	ちんれつ	진열
督促 ⑭	とくそく	독촉	配布 ⑰	はいふ	배포
調達 ⑩	ちょうたつ	조달	寄与 ⑫	きよ	기여
添付 ⑮	てんぷ	첨부	破損 ⑮	はそん	파손
発散 ⑫㉓	はっさん	발산	妨害 ⑱	ぼうがい	방해
保護 ㉒	ほご	보호	凝縮 ⑭	ぎょうしゅく	응축
承諾 ⑮	しょうだく	승낙	解除 ⑱	かいじょ	해제
出荷 ㉒	しゅっか	출하	変遷 ⑮	へんせん	변천
推理 ⑩	すいり	추리	合意 ⑮	ごうい	합의

쉿! 시험 직전 기출 시크릿 노트

N1 최신 기출 명사 ❷

✎ 회독체크　☐ 1회독　☐ 2회독　☐ 3회독　　　*어휘 옆 숫자는 기출 연도입니다.

어휘	읽기	의미	어휘	읽기	의미
監督 ㉒	かんとく	감독	念願 ⑩㉒	ねんがん	염원
克服 ⑲	こくふく	극복	回顧 ⑱	かいこ	회고
枯渇 ㉑	こかつ	고갈	仲裁 ㉒	ちゅうさい	중재
規制 ⑯	きせい	규제	一任 ⑬	いちにん	일임
稼働 ⑮	かどう	가동	網羅 ⑫	もうら	망라
丘陵 ⑱	きゅうりょう	구릉	調達 ㉒	ちょうたつ	조달
打開 ⑬	だかい	타개	交錯 ⑱	こうさく	교착
打診 ⑰	だしん	타진	踏襲 ⑫	とうしゅう	답습
緩和 ⑬	かんわ	완화	撤回 ⑰	てっかい	철회
拮抗 ㉒	きっこう	팽팽함	駆使 ⑭	くし	구사
会心 ⑪	かいしん	회심	改革 ⑫	かいかく	개혁
自粛 ⑱	じしゅく	자숙	没頭 ⑮㉓	ぼっとう	몰두
照会 ⑰	しょうかい	조회	誇張 ⑮	こちょう	과장
殺到 ⑮	さっとう	쇄도	修復 ⑪	しゅうふく	복원
逸脱 ⑰	いつだつ	일탈	安堵 ⑯	あんど	안도
回想 ⑭	かいそう	회상	閲覧 ⑪	えつらん	열람
驚嘆 ⑱	きょうたん	경탄, 감탄	断念 ⑫	だんねん	단념
忍耐 ⑱	にんたい	인내	起用 ⑱	きよう	기용
加工 ⑫	かこう	가공	錯覚 ⑮㉑	さっかく	착각
指図 ⑰	さしず	지시, 지휘	合併 ⑪	がっぺい	합병
予断 ⑭	よだん	예측	察知 ⑫	さっち	알아차림
躍進 ⑭	やくしん	약진	提起 ⑰	ていき	제기
釈明 ⑪	しゃくめい	해명	鑑定 ⑯	かんてい	감정
念頭 ⑬	ねんとう	염두	考慮 ⑪	こうりょ	고려

쉿! 시험 직전 기출 시크릿 노트

N1 최신 기출 명사 셀프테스트 ①

★ 기출 단어의 읽는 법을 고르고, 밑줄에 뜻을 써 보세요. *어휘 옆 숫자는 기출 연도입니다.

[예] 学生	✓① がくせい	② がっせい	학생

[1] 沈下	[22]	① ちんか	② ちんが	________
[2] 派生	[22]	① はせい	② きせい	________
[3] 督促	[14]	① どくそく	② とくそく	________
[4] 凝縮	[14]	① ぎょうしゅく	② ぎょうしゃく	________
[5] 推理	[10]	① すいり	② すり	________
[6] 忠告	[22]	① ちゅうごく	② ちゅうこく	________
[7] 破損	[15]	① きそん	② はそん	________
[8] 閲覧	[11]	① えつらん	② えいらん	________
[9] 躍進	[14]	① やくじん	② やくしん	________
[10] 網羅	[12]	① もうぎ	② もうら	________
[11] 忍耐	[18]	① にんたい	② じんたい	________
[12] 緩和	[13]	① わんわ	② かんわ	________

N1 최신 기출 명사 정답

[1] ① 침하 [2] ① 파생 [3] ② 독촉 [4] ① 응축 [5] ① 추리 [6] ② 충고
[7] ② 파손 [8] ① 열람 [9] ② 약진 [10] ② 망라 [11] ① 인내 [12] ② 완화

쉿! 시험 직전 기출 시크릿 노트

N1 최신 기출 명사 셀프테스트 ②

기출 단어의 읽는 법을 고르고, 밑줄에 뜻을 써 보세요. *어휘 옆 숫자는 기출 연도입니다.

[예] 学生	✓① がくせい	② がっせい	학생

[1] 予断	[14]	① ようだん	② よだん	____
[2] 殺菌	[17]	① さっきん	② さつきん	____
[3] 処置	[13]	① そち	② しょち	____
[4] 緊迫	[21]	① きんばく	② きんぱく	____
[5] 錯覚	[15][21]	① さっかく	② さっきゃく	____
[6] 妥協	[12]	① たきょう	② だきょう	____
[7] 鑑定	[16]	① かんてい	② きんてい	____
[8] 驚嘆	[18]	① きょうたん	② ぎょうたん	____
[9] 改革	[12]	① かいがく	② かいかく	____
[10] 踏襲	[12]	① としゅう	② とうしゅう	____
[11] 枯渇	[21]	① こかつ	② こうかつ	____
[12] 監督	[22]	① かんとく	② かんどく	____

N1 최신 기출 명사 정답

[1] ② 예측 [2] ① 살균 [3] ② 조치 [4] ② 긴박 [5] ① 착각 [6] ② 타협
[7] ① 감정 [8] ① 경탄, 감탄 [9] ② 개혁 [10] ② 답습 [11] ① 고갈 [12] ① 감독

쉿!
시험 직전 기출 시크릿 노트
N1 최신 기출 명사 셀프테스트 ③

빈칸에 읽는 법과 뜻을 적고, 정답을 확인하세요.

*어휘 옆 숫자는 기출 연도입니다.

단어	읽는 법	뜻	정답
抜粋 [18]			ばっすい 발췌
回顧 [18]			かいこ 회고
照会 [17]			しょうかい 조회
合併 [11]			がっぺい 합병
察知 [12]			さっち 알아차림
稼働 [15]			かどう 가동
打開 [13]			だかい 타개
逸脱 [17]			いつだつ 일탈
釈明 [11]			しゃくめい 해명
指図 [17]			さしず 지시, 지휘
克服 [19]			こくふく 극복
遂行 [14]			すいこう 수행
伴奏 [10]			ばんそう 반주
開拓 [17]			かいたく 개척
作動 [18]			さどう 작동
了承 [17]			りょうしょう 승낙, 양해

쉿!

시험 직전 기출 시크릿 노트

N1 최신 기출 명사 셀프테스트 ④

빈칸에 읽는 법과 뜻을 적고, 정답을 확인하세요.

*어휘 옆 숫자는 기출 연도입니다.

단어	읽는 법	뜻	정답
撤回 ⑰			てっかい 철회
規制 ⑯			きせい 규제
丘陵 ⑱			きゅうりょう 구릉
自粛 ⑱			じしゅく 자숙
加工 ⑫			かこう 가공
念頭 ⑬			ねんとう 염두
考慮 ⑪			こうりょ 고려
断念 ⑫			だんねん 단념
誇張 ⑮			こちょう 과장
没頭 ⑮			ぼっとう 몰두
駆使 ⑭			くし 구사
変遷 ⑮			へんせん 변천
把握 ⑬			はあく 파악
陳列 ⑯			ちんれつ 진열
復興 ⑰			ふっこう 부흥
繁殖 ⑲			はんしょく 번식

쉿!

시험 직전 기출 시크릿 노트

N1 최신 기출 명사 ❸

✎ 회독체크 ☐ 1회독 ☐ 2회독 ☐ 3회독 *어휘 옆 숫자는 기출 연도입니다.

어휘	읽기	의미	어휘	읽기	의미
仰天 13	ぎょうてん	기겁함	存続 21	そんぞく	존속
熟知 21	じゅくち	숙지	風習 21	ふうしゅう	풍습
閉口 22	へいこう	질림, 손듦	基盤 16	きばん	기반
利益 11	りえき	이익	愛着 16	あいちゃく	애착
趣旨 13	しゅし	취지	該当 15	がいとう	해당
軽率 22	けいそつ	경솔	可決 14	かけつ	가결
相場 16	そうば	시세	大筋 12	おおすじ	대략, 요점
起伏 15	きふく	기복	多岐 16	たき	다방면
名誉 12	めいよ	명예	実情 11	じつじょう	실정
樹木 16	じゅもく	수목	逸材 11	いつざい	뛰어난 인재
支障 14	ししょう	지장	結束 10	けっそく	결속
根拠 11	こんきょ	근거	抱負 17	ほうふ	포부
貧富 13	ひんぷ	빈부	人出 12	ひとで	인파
拠点 17	きょてん	거점	弁解 15	べんかい	변명
需要 13	じゅよう	수요	腕前 13	うでまえ	솜씨
由緒 12	ゆいしょ	유서, 내력	目安 19	めやす	목표, 기준
重複 17	じゅうふく	중복	様相 19	ようそう	양상, 상태
本筋 10	ほんすじ	본론	面識 18	めんしき	면식
履歴 19	りれき	이력	配属 18	はいぞく	배속
人脈 16	じんみゃく	인맥	基調 18	きちょう	기조
中枢 14	ちゅうすう	중추	優位 13	ゆうい	우위
傾斜 17	けいしゃ	경사	発足 10	ほっそく	발족, 출발
日夜 13	にちや	밤낮, 항상	合致 13	がっち	합치, 일치
手際 12	てぎわ	솜씨, 재주	不服 11	ふふく	불복

쉿! 시험 직전 기출 시크릿 노트

N1 최신 기출 명사 ❹

회독체크 ☐1회독 ☐2회독 ☐3회독 *어휘 옆 숫자는 기출 연도입니다.

어휘	읽기	의미	어휘	읽기	의미
糸口 ⑮	いとぐち	실마리, 단서	重宝 ⑪	ちょうほう	편리함, 귀중함
雑踏 ⑬	ざっとう	혼잡, 붐빔	苦情 ⑮	くじょう	불평, 불만
抜群 ⑬	ばつぐん	발군, 뛰어남	難点 ⑰	なんてん	불안한 점
触発 ⑫	しょくはつ	촉발	一掃 ⑯	いっそう	일소
内訳 ⑯	うちわけ	내역, 명세	勘違い ⑮	かんちがい	착각
経緯 ⑯	けいい	경위	気掛かり ⑭	きがかり	걱정
還元 ⑯㉓	かんげん	환원	禁物 ⑲	きんもつ	금물
軌道 ⑮	きどう	궤도	手分け ⑭	てわけ	분담
安静 ⑮	あんせい	안정	意気込み ⑯	いきごみ	의욕
総合 ⑮	そうごう	종합, 총합	裏づけ ⑬	うらづけ	뒷받침
一律 ⑭	いちりつ	일률	見込み ⑫	みこみ	예상, 전망
工面 ⑭	くめん	돈 마련	心構え ⑭	こころがまえ	각오
拍子 ⑬	ひょうし	박자	仕組み ⑬	しくみ	구조
仕業 ⑫	しわざ	소행, 짓	心当たり ⑱	こころあたり	짐작 가는 데
意地 ⑩	いじ	고집	術 ⑬	すべ	방법, 수단
目先 ⑩	めさき	눈앞, 현재	枠 ⑫	わく	테두리
密集 ⑩	みっしゅう	밀집	兆し ⑪㉓	きざし	조짐, 징조
加味 ⑬	かみ	가미	巡り ⑰	めぐり	순환, 순례
気配 ⑬	けはい	낌새, 기색	口出し ⑬	くちだし	말참견
入手 ⑯	にゅうしゅ	입수	手がかり ⑪	てがかり	실마리
辞任 ⑮	じにん	사임	手立て ⑱	てだて	수단
落胆 ⑪	らくたん	낙담	自尊心 ⑯	じそんしん	자존심
先方 ⑫	せんぽう	상대방	改訂版 ⑫	かいていばん	개정판
規模 ⑫	きぼ	규모	賛成派 ㉑	さんせいは	찬성파
従来 ⑬	じゅうらい	종래	嫌悪感 ⑱	けんおかん	혐오감

쉿!
시험 직전 기출 시크릿 노트

N1 최신 기출 명사 셀프테스트 ①

기출 단어의 읽는 법을 고르고, 밑줄에 뜻을 써 보세요. *어휘 옆 숫자는 기출 연도입니다.

[예] 学生	① がくせい ✓	② がっせい	학생

[1] 利益 ⑪	① りえき	② りりき	________
[2] 相場 ⑯	① そうじょう	② そうば	________
[3] 樹木 ⑯	① じゅもく	② しゅもく	________
[4] 貧富 ⑬	① ひんぷ	② ひんぶ	________
[5] 由緒 ⑫	① ゆいしょ	② ゆしょ	________
[6] 履歴 ⑲	① りれき	② りえき	________
[7] 人脈 ⑯	① じんまく	② じんみゃく	________
[8] 本筋 ⑩	① ほんすじ	② ほんずじ	________
[9] 需要 ⑬	① しゅよう	② じゅよう	________
[10] 根拠 ⑪	① こんこ	② こんきょ	________
[11] 名誉 ⑫	① めいよ	② めいよう	________
[12] 趣旨 ⑬	① しゅうし	② しゅし	________

N1 최신 기출 명사 정답

[1] ① 이익 [2] ② 시세 [3] ① 수목 [4] ① 빈부 [5] ① 유서, 내력 [6] ① 이력
[7] ② 인맥 [8] ① 본론 [9] ② 수요 [10] ② 근거 [11] ① 명예 [12] ② 취지

쉿! 시험 직전 기출 시크릿 노트

N1 최신 기출 명사 셀프테스트 ②

기출 단어의 뜻을 찾아 줄을 그어 보세요.

*어휘 옆 숫자는 기출 연도입니다.

[1] 手分け ⑭	① 방법, 수단
[2] 見込み ⑫	② 테두리
[3] 術 ⑬	③ 짐작 가는 데
[4] 口出し ⑬	④ 분담
[5] 糸口 ⑮	⑤ 의욕
[6] 仕組み ⑬	⑥ 예상, 전망
[7] 心当たり ⑱	⑦ 실마리, 단서
[8] 巡り ⑰	⑧ 구조
[9] 心構え ⑭	⑨ 순환, 순례
[10] 気配 ⑬	⑩ 낌새, 기색
[11] 意気込み ⑯	⑪ 각오
[12] 枠 ⑫	⑫ 말참견

N1 최신 기출 명사 정답

[1] ④ [2] ⑥ [3] ① [4] ⑫ [5] ⑦ [6] ⑧
[7] ③ [8] ⑨ [9] ⑪ [10] ⑩ [11] ⑤ [12] ②

쉿!

시험 직전 기출 시크릿 노트

N1 최신 기출 명사 셀프테스트 ③

기출 단어의 뜻을 찾아 줄을 그어 보세요. *어휘 옆 숫자는 기출 연도입니다.

[1] 気掛かり ⑭	① 인파
[2] 苦情 ⑮	② 고집
[3] 抜群 ⑬	③ 내역, 명세
[4] 意地 ⑩	④ 걱정
[5] 仕業 ⑫	⑤ 돈 마련
[6] 工面 ⑭	⑥ 질림, 손듦
[7] 内訳 ⑯	⑦ 눈앞, 현재
[8] 人出 ⑫	⑧ 종래
[9] 閉口 ㉒	⑨ 발군, 뛰어남
[10] 目安 ⑲	⑩ 소행, 짓
[11] 目先 ⑩	⑪ 불평, 불만
[12] 従来 ⑬	⑫ 목표, 기준

N1 최신 기출 명사 정답

[1] ④ [2] ⑪ [3] ⑨ [4] ② [5] ⑩ [6] ⑤
[7] ③ [8] ① [9] ⑥ [10] ⑫ [11] ⑦ [12] ⑧

쉿! 시험 직전 기출 시크릿 노트

N1 최신 기출 명사 셀프테스트 ④

빈칸에 읽는 법과 뜻을 적고, 정답을 확인하세요.

*어휘 옆 숫자는 기출 연도입니다.

단어	읽는 법	뜻	정답
抱負 ⑰			ほうふ 포부
合致 ⑬			がっち 합치, 일치
不服 ⑪			ふふく 불복
様相 ⑲			ようそう 양상, 상태
名誉 ⑫			めいよ 명예
根拠 ⑪			こんきょ 근거
支障 ⑭			ししょう 지장
需要 ⑬			じゅよう 수요
日夜 ⑬			にちや 밤낮, 항상
手際 ⑫			てぎわ 솜씨, 재주
鑑定 ⑯			かんてい 감정
規模 ⑫			きぼ 규모
拍子 ⑬			ひょうし 박자
軌道 ⑮			きどう 궤도
一律 ⑭			いちりつ 일률
由緒 ⑫			ゆいしょ 유서, 내력

쉿! 시험 직전 기출 시크릿 노트

N1 최신 기출 な형용사

✎ 회독체크 ☐ 1회독 ☐ 2회독 ☐ 3회독

*어휘 옆 숫자는 기출 연도입니다.

어휘	읽기	의미	어휘	읽기	의미
軽快な ㉒	けいかいな	경쾌한	強硬な ⑬	きょうこうな	강경한
勇敢な ㉒	ゆうかんな	용감한	絶大な ㉒	ぜつだいな	절대적인
煩雑な ⑬	はんざつな	번잡한	細心な ⑩	さいしんな	세심한
忠実な ㉒	ちゅうじつな	충실한	画一的な ⑮	かくいつてきな	획일적인
健やかな ⑭	すこやかな	건강한	円滑な ⑬	えんかつな	원활한
簡素な ⑫⑲	かんそな	간소한	互角な ⑮	ごかくな	막상막하인
猛烈な ⑲	もうれつな	맹렬한	不備な ⑪	ふびな	미비한
厳正な ⑭㉒	げんせいな	엄정한	顕著な ⑯	けんちょな	현저한
温和な ㉒	おんわな	온화한	緊密な ⑰	きんみつな	긴밀한
穏やかな ㉒	おだやかな	온화한	巧妙な ⑬	こうみょうな	교묘한
速やかな ⑱	すみやかな	신속한	閑静な ⑯	かんせいな	한적한
手薄な ⑩	てうすな	허술한	漠然な ⑪	ばくぜんな	막연한
爽やかな ⑫	さわやかな	상쾌한	質素な ⑪	しっそな	검소한
過密な ⑯	かみつな	과밀한	円滑な ⑩	えんかつな	원활한
無謀な ⑪	むぼうな	무모한	愚かな ⑬	おろかな	어리석은
広大な ⑫	こうだいな	광대한	不用意な ⑭	ふよういな	조심성 없는
膨大な ⑱	ぼうだいな	방대한	絶対な ⑭	ぜったいな	절대적인
有数な ⑫	ゆうすうな	손꼽히는	格段な ⑭	かくだんな	각별한
壮大な ⑲	そうだいな	장대한	平凡な ⑪⑮	へいぼんな	평범한
肝心な ⑪	かんじんな	중요한	堅実な ⑱	けんじつな	견실한
不審な ⑲	ふしんな	의심스러운	厄介な ⑭	やっかいな	성가신
綿密な ⑩	めんみつな	면밀한	豪快な ⑱	ごうかいな	호쾌한
些細な ⑯	ささいな	사소한	盛大な ⑱	せいだいな	성대한
巧みな ⑱	たくみな	교묘한	克明な ㉑	こくめいな	극명한
頑固な ⑰	がんこな	완고한	おおらかな ⑮		대범한
華やかな ⑯	はなやかな	화려한	かたくな ⑰		고집스러운
均等な ㉒	きんとうな	균등한	おっくうな ⑫		귀찮은
無造作な ⑫	むぞうさな	아무렇지 않은	シビアな ⑪		엄격한

쉿! 시험 직전 기출 시크릿 노트

N1 최신 기출 い형용사

✎ 회독체크 ☐ 1회독 ☐ 2회독 ☐ 3회독

*어휘 옆 숫자는 기출 연도입니다.

어휘	읽기	의미	어휘	의미
手痛い [22]	ていたい	호되다	ぎこちない [22]	(동작이) 어색하다
手強い [22]	てづよい	힘겹다	すさまじい [15]	대단히 무섭다
賢い [16]	かしこい	현명하다	あどけない [22]	천진난만하다
怪しい [19]	あやしい	의심스럽다	あっけない [11]	어이없다
心地よい [12][19]	ここちよい	상쾌하다	おびただしい [14]	엄청나다
煩わしい [16]	わずらわしい	번거롭다	すがすがしい [12]	상쾌하다
紛らわしい [12][23]	まぎらわしい	혼동하기 쉽다	しぶとい [18]	고집이 세다
尊い [12]	とうとい	귀(중)하다	たやすい [16]	용이하다
心細い [14]	こころぼそい	불안하다	あじけない [21]	따분하다
目覚ましい [11]	めざましい	눈부시다	もどかしい [21]	애가타다
堅苦しい [21]	かたくるしい	거북하다	ほほえましい [19]	흐뭇하다
幅広い [15]	はばひろい	폭넓다	はなはだしい [15]	매우 심하다
淡い [15]	あわい	진하지 않다	あつかましい [21]	뻔뻔스럽다

쉿! 시험 직전 기출 시크릿 노트

N1 최신 기출 な형용사 셀프테스트 ①

기출 단어의 읽는 법을 고르고, 밑줄에 뜻을 써 보세요. *어휘 옆 숫자는 기출 연도입니다.

[예] 学生	✓① がくせい	② がっせい	학생

[1] 勇敢な ㉒	① ゆうかんな	② ゆうがんな	______
[2] 画一的な ⑮	① かくいちてきな	② かくいつてきな	______
[3] 健やかな ⑭	① すこやかな	② すきやかな	______
[4] 豪快な ⑱	① ごうかいな	② こうかいな	______
[5] 膨大な ⑱	① ぼうだいな	② ほうだいな	______
[6] 巧妙な ⑬	① こうみょな	② こうみょうな	______
[7] 漠然な ⑪	① ばくせんな	② ばくぜんな	______
[8] 愚かな ⑬	① おろかな	② おろそかな	______
[9] 巧みな ⑱	① だくみな	② たくみな	______
[10] 無謀な ⑪	① むもうな	② むぼうな	______
[11] 肝心な ⑪	① かんじんな	② かんしんな	______
[12] 猛烈な ⑲	① もれつな	② もうれつな	______

N1 최신 기출 な형용사 정답

[1] ① 용감한 [2] ② 획일적인 [3] ① 건강한 [4] ① 호쾌한 [5] ① 방대한 [6] ② 교묘한
[7] ② 막연한 [8] ① 어리석은 [9] ② 교묘한 [10] ② 무모한 [11] ① 중요한 [12] ② 맹렬한

쉿! 시험 직전 기출 시크릿 노트

N1 최신 기출 い형용사 셀프테스트 ②

기출 단어의 뜻을 찾아 줄을 그어 보세요. *어휘 옆 숫자는 기출 연도입니다.

[1] 心地よい ⑫⑲	① 번거롭다
[2] 煩わしい ⑯	② 귀(중)하다
[3] 目覚ましい ⑪	③ 뻔뻔스럽다
[4] 怪しい ⑲	④ 상쾌하다
[5] 賢い ⑯	⑤ 폭넓다
[6] あじけない ㉑	⑥ 눈부시다
[7] あつかましい ㉑	⑦ 현명하다
[8] しぶとい ⑱	⑧ 따분하다
[9] 淡い ⑮	⑨ 고집이 세다
[10] 尊い ⑫	⑩ 혼동하기 쉽다
[11] 幅広い ⑮	⑪ 진하지 않다
[12] 紛らわしい ⑫	⑫ 의심스럽다

N1 최신 기출 い형용사 정답

[1] ④ [2] ① [3] ⑥ [4] ⑫ [5] ⑦ [6] ⑧
[7] ③ [8] ⑨ [9] ⑪ [10] ② [11] ⑤ [12] ⑩

쉿!

시험 직전 기출 시크릿 노트

N1 최신 기출 な형용사 셀프테스트 ③

기출 단어의 뜻을 찾아 줄을 그어 보세요. *어휘 옆 숫자는 기출 연도입니다.

[1] 不備な ⑪	① 고집스러운
[2] かたくな ⑰	② 엄격한
[3] おっくうな ⑫	③ 아무렇지 않은
[4] シビアな ⑪	④ 미비한
[5] 互角な ⑮	⑤ 조심성 없는
[6] 不用意な ⑭	⑥ 귀찮은
[7] 無造作な ⑫	⑦ 막상막하인
[8] 爽やかな ⑫	⑧ 대범한
[9] 質素な ⑪	⑨ 검소한
[10] 厄介な ⑭	⑩ 완고한
[11] 頑固な ⑰	⑪ 상쾌한
[12] おおらかな ⑮	⑫ 성가신

N1 최신 기출 な형용사 정답

[1] ④	[2] ①	[3] ⑥	[4] ②	[5] ⑦	[6] ⑤
[7] ③	[8] ⑪	[9] ⑨	[10] ⑫	[11] ⑩	[12] ⑧

쉿! 시험 직전 기출 시크릿 노트

N1 최신 기출 な형용사 셀프테스트 ④

빈칸에 읽는 법과 뜻을 적고, 정답을 확인하세요.

*어휘 옆 숫자는 기출 연도입니다.

단어	읽는 법	뜻	정답
強硬な ⑬			きょうこうな 강경한
穏やかな ㉒			おだやかな 온화한
煩雑な ⑬			はんざつな 번잡한
顕著な ⑯			けんちょな 현저한
細心な ⑩			さいしんな 세심한
堅実な ⑱			けんじつな 견실한
簡素な ⑲			かんそな 간소한
壮大な ⑲			そうだいな 장대한
厳正な ⑭㉒			げんせいな 엄정한
手薄な ⑩			てうすな 허술한
些細な ⑯			ささいな 사소한
克明な ㉑			こくめいな 극명한
緊密な ⑰			きんみつな 긴밀한
閑静な ⑯			かんせいな 한적한
過密な ⑯			かみつな 과밀한
不審な ⑲			ふしんな 의심스러운

쉿!

시험 직전 기출 시크릿 노트

N1 최신 기출 기타 ❶

회독체크 □ 1회독 □ 2회독 □ 3회독

*어휘 옆 숫자는 기출 연도입니다.

어휘	읽기	의미	어휘	의미
若干 ㉒	じゃっかん	약간	おおむね ⑬	대체로, 대강
総じて ⑫	そうじて	대체로	とりわけ ⑬	특히, 유난히
極めて ⑩	きわめて	지극히, 매우	てっきり ㉒	틀림없이
断じて ㉒	だんじて	결코, 반드시	いとも ⑰	매우, 대단히
極力 ⑪	きょくりょく	힘껏, 최대한	しいて ⑮	억지로, 굳이
概略 ⑭	がいりゃく	대략	もはや ⑮	이제는, 벌써
一環 ⑰	いっかん	일환, 꾸준히	とっくに ⑪	훨씬 전에
予め ⑬	あらかじめ	미리, 사전에	ふいに ⑮	갑자기
非はない ⑰	ひはない	잘못은 없다	ひとまず ⑩	일단, 하여튼
随時 ⑮	ずいじ	수시, 그때그때	てきぱきと ⑭	(일을) 척척
如実に ㉒	にょじつに	여실히	めいめいに ⑱	각자
無性に ⑬	むしょうに	몹시	きっぱり ㉑	딱 잘라, 단호히
粘り強く ⑰	ねばりづよく	끈질기게	かろうじて ⑯	겨우, 간신히
急遽に ⑫	きゅうきょに	갑작스럽게	しきりに ⑫	자주, 끊임없이
案の定 ⑭	あんのじょう	예상대로	おのずと ⑫	저절로
今更 ⑮	いまさら	이제와서	にわかに ⑪	갑자기
入念に ⑰	にゅうねんに	공들여, 꼼꼼히	すんなり ⑯	수월하게
故意に ⑯	こいに	고의로, 일부러	もっぱら ⑰	오로지

쉿! 시험 직전 기출 시크릿 노트

N1 최신 기출 기타 ❷

회독체크 ☐ 1회독 ☐ 2회독 ☐ 3회독 *어휘 옆 숫자는 기출 연도입니다.

어휘	의미	어휘	의미
がらり ⑱	싹 (변하다)	メカニズム ⑬	메커니즘, 구조
ひしひしと ⑲	오싹오싹	ピント ㉒	초점
せかせかと ⑱	성급하게	ブランク ⑫	여백
ありありと ⑱	역력히	サイクル ㉒	사이클, 주기
ことごとく ⑬	모조리	コンスタントに ⑰	일정하게
やんわり ⑩	부드럽게	コントラスト ⑪	콘트라스트, 대비
いたって ⑭	지극히, 대단히	クレーム ⑮	클레임, 불평
くまなく ⑮	빠짐없이, 분명히	スケール ⑫	스케일, 규모
てきぱき ㉒	척척	レイアウト ⑱	레이아웃, 배치
そわそわ ⑬	안절부절	キャリア ⑩	커리어, 경력
ひそかに ⑫	살짝, 몰래	フォロー ⑩	보조, 지원
こっそり ⑫	살짝, 몰래	ストック ⑪	재고
めきめき ⑩㉑	무럭무럭	ハードル ⑫	허들, 장애물
じめじめ ⑬	끈적끈적	ウェイト ⑭	중점, 무게
まちまち ⑪	가지각색	ノルマ ⑭	기준량
くよくよ ⑮	끙끙 (고민하다)	シェア ⑰	셰어, 공유
かねがね ⑯	진작부터	リスク ⑱	위험
うすうす ⑰	어렴풋이	プライド ⑯	프라이드, 자존심

쉿! 시험 직전 기출 시크릿 노트

N1 최신 기출 기타 셀프테스트 ①

기출 단어의 뜻을 찾아 줄을 그어 보세요. *어휘 옆 숫자는 기출 연도입니다.

[1] ピント ㉒	① 레이아웃, 배치
[2] コンスタントに ⑰	② 스케일, 규모
[3] レイアウト ⑱	③ 콘트라스트, 대비
[4] ハードル ⑫	④ 초점
[5] リスク ⑱	⑤ 허들, 장애물
[6] ノルマ ⑭	⑥ 기준량
[7] スケール ⑫	⑦ 위험
[8] ブランク ⑫	⑧ 클레임, 불평
[9] プライド ⑯	⑨ 여백
[10] コントラスト ⑪	⑩ 보조, 지원
[11] フォロー ⑩	⑪ 프라이드, 자존심
[12] クレーム ⑮	⑫ 일정하게

N1 최신 기출 기타 정답

[1] ④	[2] ⑫	[3] ①	[4] ⑤	[5] ⑦	[6] ⑥
[7] ②	[8] ⑨	[9] ⑪	[10] ③	[11] ⑩	[12] ⑧

쉿!

시험 직전 기출 시크릿 노트

N1 최신 기출 기타 셀프테스트 ①

기출 단어의 뜻을 찾아 줄을 그어 보세요.

*어휘 옆 숫자는 기출 연도입니다.

[1] がらりと ⑱	① 모조리
[2] せかせかと ⑱	② 끙끙 (고민하다)
[3] ことごとく ⑬	③ (일을) 척척
[4] くまなく ⑮	④ 싹 (변하다)
[5] ひそかに ⑫	⑤ 무럭무럭
[6] てきぱき ㉒	⑥ 성급하게
[7] めきめき ⑩㉑	⑦ 살짝, 몰래
[8] くよくよ ⑮	⑧ 딱 잘라, 단호히
[9] そわそわ ⑬	⑨ 훨씬 전에
[10] にわかに ⑪	⑩ 안절부절
[11] とっくに ⑪	⑪ 빠짐없이, 분명히
[12] きっぱり ㉑	⑫ 갑자기

N1 최신 기출 기타 정답

[1] ④ [2] ⑥ [3] ① [4] ⑪ [5] ⑦ [6] ③
[7] ⑤ [8] ② [9] ⑩ [10] ⑫ [11] ⑨ [12] ⑧

쉿!

시험 직전 기출 시크릿 노트

N1 최신 기출 기타 셀프테스트 ③

기출 단어의 뜻을 찾아 줄을 그어 보세요.

*어휘 옆 숫자는 기출 연도입니다.

[1] メカニズム ⑬	① 대체로, 대강
[2] おおむね ⑬	② 오싹오싹
[3] しいて ⑮	③ 억지로, 굳이
[4] めいめいに ⑱	④ 메커니즘, 구조
[5] おのずと ⑫	⑤ 오로지
[6] 入念に ⑰	⑥ 진작부터
[7] かねがね ⑯	⑦ 저절로
[8] ひしひしと ⑲	⑧ 이제는, 벌써
[9] じめじめ ⑬	⑨ 겨우, 간신히
[10] かろうじて ⑯	⑩ 끈적끈적
[11] もっぱら ⑰	⑪ 각자
[12] もはや ⑮	⑫ 공들여, 꼼꼼히

N1 최신 기출 기타 정답

[1] ④ [2] ① [3] ③ [4] ⑪ [5] ⑦ [6] ⑫
[7] ⑥ [8] ② [9] ⑩ [10] ⑨ [11] ⑤ [12] ⑧

쉿! 시험 직전 기출 시크릿 노트

N1 최신 기출 기타 셀프테스트 ④

빈칸에 읽는 법과 뜻을 적고, 정답을 확인하세요. *어휘 옆 숫자는 기출 연도입니다.

단어	읽는 법	뜻
予め ⑬		
若干 ㉒		
極めて ⑩		
概略 ⑭		
無性に ⑬		
案の定 ⑭		
故意に ⑯		
急遽に ⑫		
粘り強く ⑰		
極力 ⑪		
随時 ⑮		
今更 ⑮		
非はない ⑰		
一環 ⑰		
断じて ㉒		
総じて ⑫		

정답
あらかじめ 미리, 사전에
じゃっかん 약간
きわめて 지극히, 매우
がいりゃく 대략
むしょうに 몹시
あんのじょう 예상대로
こいに 고의로, 일부러
きゅうきょに 갑작스럽게
ねばりづよく 끈질기게
きょくりょく 힘껏, 최대한
ずいじ 수시, 그때그때
いまさら 이제와서
ひはない 잘못은 없다
いっかん 일환, 꾸준히
だんじて 결코, 반드시
そうじて 대체로

✿ MEMO

쉿! 시험 직전 기출 시크릿 노트

N1 기출 문형 ❶

✎ 회독체크 ☐1회독 ☐2회독 ☐3회독 *어휘 옆 숫자는 기출 연도입니다.

기출 문형	의미
海(うみ)の町(まち)ならではの新鮮(しんせん)な ⑩⑪⑱	바닷가 마을만의 신선한
のんびりしてはいられない ㉒	느긋하게 있을 수는 없다
失礼極(しつれいきわ)まりない ⑩	너무 무례하기 짝이 없다
無理(むり)をしていたことは否(いな)めない ⑰	무리했던 것은 부정할 수 없다
元気(げんき)ではあるまいと思(おも)ったが ⑲	건강하지 않을 거라고 생각했는데, 의외로~
花(はな)という花(はな) ⑭	모든 꽃, 꽃이란 꽃 전부
せいぜい1万円(まんえん)といったところだ ⑯	기껏해야 만 엔 정도이다
感激(かんげき)といったらない ⑬	감격스럽기 그지없다
愛(あい)あっての結婚生活(けっこんせいかつ)だ ⑩	사랑이 있어야 결혼생활도 있는 것이다
出席(しゅっせき)しようと出席(しゅっせき)するまいと ⑫	출석하든 안 하든

쉿! 시험 직전 기출 시크릿 노트

N1 기출 문형 셀프테스트 ①

주요 표현을 우리말로 적어 봅시다.　　*어휘 옆 숫자는 기출 연도입니다.

기출 문형	의미
海(うみ)の町(まち)ならではの新鮮(しんせん)な ⑩⑪⑱	
のんびりしてはいられない ㉒	
失礼(しつれい)極(きわ)まりない ⑩	
無理(むり)をしていたことは否(いな)めない ⑰	
元気(げんき)ではあるまいと思(おも)ったが ⑲	
花(はな)という花(はな) ⑭	
せいぜい1万円(まんえん)といったところだ ⑯	
感激(かんげき)といったらない ⑬	
愛(あい)あっての結婚生活(けっこんせいかつ)だ ⑩	
出席(しゅっせき)しようと出席(しゅっせき)するまいと ⑫	

쉿!
시험 직전 기출 시크릿 노트
N1 기출 문형 ❷

✎ 회독체크 □ 1회독 □ 2회독 □ 3회독 *어휘 옆 숫자는 기출 연도입니다.

기출 문형	의미
友(とも)だちに言(い)わせると ⑬	친구의 의견으로는, 친구가 말하기로는
危(あや)うくだまされるところだった ⑲	하마터면 속을 뻔했다
泣(な)かせるつもりはなかったけど ㉒	울게 할 생각은 없었는데
夢(ゆめ)を夢(ゆめ)で終(お)わらせない ⑬	꿈을 꿈만으로 끝내지 않겠다
一般(いっぱん)に公開(こうかい)されるとあっては ⑬	일반에게 공개되기 때문에
空(そら)を飛(と)べないものか ⑲	하늘을 날 수는 없을까
社長(しゃちょう)ともなれば・社長(しゃちょう)ともなると ⑯	사장 정도 되면
有名(ゆうめい)な水泳選手(すいえいせんしゅ)であるがゆえに ⑰	유명한 수영 선수이기 때문에
急(いそ)いで帰(かえ)るべく業務(ぎょうむ)をこなしていても ⑫	서둘러 귀가하기 위해 업무를 처리하고 있어도
どんな反論(はんろん)をしようと自由(じゆう)だが ⑯	어떤 반론을 할지라도 자유이지만

쉿!
시험 직전 기출 시크릿 노트

N1 기출 문형 셀프테스트 ②

주요 표현을 우리말로 적어 봅시다. *어휘 옆 숫자는 기출 연도입니다.

기출 문형	의미
友(とも)だちに言(い)わせると ⑬	
危(あや)うくだまされるところだった ⑲	
泣(な)かせるつもりはなかったけど ㉒	
夢(ゆめ)を夢(ゆめ)で終(お)わらせない ⑬	
一般(いっぱん)に公開(こうかい)されるとあっては ⑬	
空(そら)を飛(と)べないものか ⑲	
社長(しゃちょう)ともなれば・社長(しゃちょう)ともなると ⑯	
有名(ゆうめい)な水泳選手(すいえいせんしゅ)であるがゆえに ⑰	
急(いそ)いで帰(かえ)るべく業務(ぎょうむ)をこなしていても ⑫	
どんな反論(はんろん)をしようと自由(じゆう)だが ⑯	

쉿!

시험 직전 기출 시크릿 노트

N1 기출 문형 ❸

✎ 회독체크　□ 1회독　□ 2회독　□ 3회독　　*어휘 옆 숫자는 기출 연도입니다.

기출 문형	의미
ご覧(らん)になった上(うえ)でお申(もう)し込(こ)みください ⑬	보신 후에 신청해 주세요
お詫(わ)び申(もう)し上(あ)げます ⑩	사죄의 말씀드립니다
お客様(きゃくさま)に食事(しょくじ)をお出(だ)しする以上(いじょう) ⑪	손님에게 식사를 제공하는 이상
もらってやってください ⑫	받아 주세요
お聞(き)かせ願(ねが)えますか ⑪	들려 주시겠습니까?
お忙(いそが)しいことと存(ぞん)じます ⑲	바쁘실 거라고 생각합니다
よく存(ぞん)じ上(あ)げています ⑮	잘 알고 있습니다
見(み)ていただけると助(たす)かります ⑮	봐 주셨으면 좋겠습니다
お客様(きゃくさま)から頂戴(ちょうだい)したご意見(いけん) ⑭	손님에게 받은 의견
ご変更(へんこう)お願(ねが)いいたします ⑫⑰	변경 부탁드립니다

쉿! 시험 직전 기출 시크릿 노트

N1 기출 문형 셀프테스트 ③

주요 표현을 우리말로 적어 봅시다.

*어휘 옆 숫자는 기출 연도입니다.

기출 문형	의미
ご覧(らん)になった上(うえ)でお申(もう)し込(こ)みください ⑬	
お詫(わ)び申(もう)し上(あ)げます ⑩	
お客様(きゃくさま)に食事(しょくじ)をお出(だ)しする以上(いじょう) ⑪	
もらってやってください ⑫	
お聞(き)かせ願(ねが)えますか ⑪	
お忙(いそが)しいことと存(ぞん)じます ⑲	
よく存(ぞん)じ上(あ)げています ⑮	
見(み)ていただけると助(たす)かります ⑮	
お客様(きゃくさま)から頂戴(ちょうだい)したご意見(いけん) ⑭	
ご変更(へんこう)お願(ねが)いいたします ⑫⑰	

쉿! 시험 직전 기출 시크릿 노트

N1 기출 문형 ❹

✎ 회독체크 ☐ 1회독 ☐ 2회독 ☐ 3회독

*어휘 옆 숫자는 기출 연도입니다.

기출 문형	의미
一時的(いちじてき)な現象(げんしょう)のように思(おも)われる ⑬	일시적인 현상 같은 생각이 든다
上回(うわまわ)る見込(みこ)みだ ㉒	웃돌 전망이다
どう書(か)くんだっけ ㉒	어떻게 쓰는 거였지?
これだと思(おも)える道(みち)を進(すす)みたい ㉒	이거라고 생각되는 길을 가고 싶다
顧客(こきゃく)をも満足(まんぞく)させるクオリティ ㉒	고객을 만족시킬 퀄리티
建(た)てられたものとは思(おも)えないほど ㉒	지어진 것이라고는 생각되지 않을 정도
確保(かくほ)できるか否(いな)かにかかっている ㉒	확보할 수 있는냐 없느냐에 달려 있다
大人(おとな)は大人(おとな)で ⑮	어른은 어른대로
俳優(はいゆう)の演技力(えんぎりょく)によるところが大(おお)きい ⑩⑬	배우의 연기력에 의한 바가 크다
小学校(しょうがっこう)に入(はい)るか入(はい)らないかのころ ⑭	초등학교에 막 입학했을 무렵

쉿!

시험 직전 기출 시크릿 노트

N1 기출 문형 셀프테스트 ④

주요 표현을 우리말로 적어 봅시다.

*어휘 옆 숫자는 기출 연도입니다.

기출 문형	의미
一時的(いちじてき)な現象(げんしょう)のように思(おも)われる [13]	
上回(うわまわ)る見込(みこ)みだ [22]	
どう書(か)くんだっけ [22]	
これだと思(おも)える道(みち)を進(すす)みたい [22]	
顧客(こきゃく)をも満足(まんぞく)させるクオリティ [22]	
建(た)てられたものとは思(おも)えないほど [22]	
確保(かくほ)できるか否(いな)かにかかっている [22]	
大人(おとな)は大人(おとな)で [15]	
俳優(はいゆう)の演技力(えんぎりょく)によるところが大(おお)きい [10][13]	
小学校(しょうがっこう)に入(はい)るか入(はい)らないかのころ [14]	

쉿!

시험 직전 기출 시크릿 노트

N1 기출 문형 5

회독체크 ☐ 1회독 ☐ 2회독 ☐ 3회독

*어휘 옆 숫자는 기출 연도입니다.

기출 문형	의미
やらなきゃいけないわけじゃない ⑲	하지 않으면 안 되는 것은 아니다
途中(とちゅう)でやめるわけにはいかない ⑰⑱	도중에 그만둘 수는 없다
意識調査(いしきちょうさ)を行(おこな)ったところ ㉒	의식조사를 한 결과
意外(いがい)と簡単(かんたん)に作(つく)れるものだと思(おも)った ⑮	의외로 쉽게 만들 수 있구나하고 생각했다
A国(くに)の象徴(しょうちょう)ともいうべき存在(そんざい)となっている ⑮	A나라의 상징이라고 할 만한 존재가 되고 있다
きちんと手(て)を洗(あら)ったつもりでも ⑰	제대로 손을 씻었다고 해도
慎重(しんちょう)な山田(やまだ)さんのことだから ⑲	신중한 야마다 씨라서
学生(がくせい)にあるまじき行為(こうい) ⑰	학생으로서 해서는 안 될 행위
参加者(さんかしゃ)には知(し)らされておらず ⑭	참가자에게는 알려지지 않고
時間(じかん)があったらあったで ⑭	시간이 있으면 있는 대로

쉿!
시험 직전 기출 시크릿 노트
N1 기출 문형 셀프테스트 ⑤

주요 표현을 우리말로 적어 봅시다. *어휘 옆 숫자는 기출 연도입니다.

기출 문형	의미
やらなきゃいけないわけじゃない ⑲	
途中でやめるわけにはいかない ⑰⑱	
意識調査を行ったところ ㉒	
意外と簡単に作れるものだと思った ⑮	
A国の象徴ともいうべき存在となっている ⑮	
きちんと手を洗ったつもりでも ⑰	
慎重な山田さんのことだから ⑲	
学生にあるまじき行為 ⑰	
参加者には知らされておらず ⑭	
時間があったらあったで ⑭	

쉿! 시험 직전 기출 시크릿 노트

N1 기출 문형 ❻

✎ 회독체크 ☐1회독 ☐2회독 ☐3회독

*어휘 옆 숫자는 기출 연도입니다.

기출 문형	의미
対応(たいおう)し切(き)れないことから ⑰㉒	대응할 수 없어서
厳(きび)しい攻撃(こうげき)に耐(た)えぬいた末(すえ)に ⑰	심한 공격에 끝까지 견딘 끝에
疑(うたが)いようがないものの ⑲⑫	의심할 여지가 없지만
絶対(ぜったい)読(よ)み切(き)れっこない ⑰	절대 다 읽을 수 있을리 없다
本当(ほんとう)かどうか信(しん)じがたい ⑪	진실인지 어떤지 믿기 힘들다
ご意見(いけん)には賛成(さんせい)しかねます ⑫	의견에는 찬성할 수 없습니다
毒(どく)も使(つか)いようによっては薬(くすり)になる ⑫	독도 쓰는 법에 따라서는 약이 된다
体(からだ)は順調(じゅんちょう)に回復(かいふく)しつつある ⑰	몸은 순조롭게 회복되어 가는 중이다
多(おお)くの人(ひと)に受(う)け入(い)れられはしない ⑩	많은 사람에게 받아들여 지지는 않는다
挨拶(あいさつ)に来(き)もしない ⑯	인사하러 오지도 않는다

쉿! 시험 직전 기출 시크릿 노트
N1 기출 문형 셀프테스트 ⑥

주요 표현을 우리말로 적어 봅시다.

*어휘 옆 숫자는 기출 연도입니다.

기출 문형	의미
対応(たいおう)し切(き)れないことから ⑰㉒	
厳(きび)しい攻撃(こうげき)に耐(た)えぬいた末(すえ)に ⑰	
疑(うたが)いようがないものの ⑲⑫	
絶対(ぜったい)読(よ)み切(き)れっこない ⑰	
本当(ほんとう)かどうか信(しん)じがたい ⑪	
ご意見(いけん)には賛成(さんせい)しかねます ⑫	
毒(どく)も使(つか)いようによっては薬(くすり)になる ⑫	
体(からだ)は順調(じゅんちょう)に回復(かいふく)しつつある ⑰	
多(おお)くの人(ひと)に受(う)け入(い)れられはしない ⑩	
挨拶(あいさつ)に来(き)もしない ⑯	

[쉿!] 시험 직전 기출 시크릿 노트

N1 기출 문형 ❼

✎ 회독체크 ☐ 1회독 ☐ 2회독 ☐ 3회독

*어휘 옆 숫자는 기출 연도입니다.

기출 문형	의미
新店舗(しんてんぽ)の開店(かいてん)を控(ひか)えて ⑲	새로운 점포의 개점을 앞두고
妥協(だきょう)を余儀(よぎ)なくされた ⑲	어쩔 수 없이 타협을 했다
そもそも何(なに)をもって幸(しあわ)せとするのだろうか ⑮㉒	애당초 무엇으로 행복이라고 할 것인가
車内(しゃない)の混雑(こんざつ)をよそに ⑯	차내의 혼잡에도 아랑곳하지 않고
今年(ことし)は景気(けいき)の回復傾向(かいふくけいこう)を受(う)けて ⑭	올해는 경기 회복세로 인해
故郷(ふるさと)の海(うみ)を見(み)るにつけ ⑪㉒	고향의 바다를 볼 때마다
時間(じかん)をかけて調査(ちょうさ)したにしては ⑭	시간을 들여 조사한 것 치고는
専門家(せんもんか)にして初(はじ)めて書(か)けるものである ⑱㉓	전문가가 되고 나서야 비로소 쓸 수 있는 것이다
高度情報社会(こうどじょうほうしゃかい)にあって必要(ひつよう)な教養(きょうよう) ⑫	고도 정보사회에서 필요한 교양
人(ひと)を笑(わら)わせることにかけては天才(てんさい)だ ⑰	다른 사람을 웃기는 것에 있어서는 천재다

쉿!
시험 직전 기출 시크릿 노트
N1 기출 문형 셀프테스트 ⑦

주요 표현을 우리말로 적어 봅시다.

*어휘 옆 숫자는 기출 연도입니다.

기출 문형	의미
新店舗(しんてんぽ)の開店(かいてん)を控(ひか)えて ⑲	
妥協(だきょう)を余儀(よぎ)なくされた ⑲	
そもそも何(なに)をもって幸(しあわ)せとするのだろうか ⑮㉒	
車内(しゃない)の混雑(こんざつ)をよそに ⑯	
今年(ことし)は景気(けいき)の回復傾向(かいふくけいこう)を受(う)けて ⑭	
故郷(ふるさと)の海(うみ)を見(み)るにつけ ⑪㉒	
時間(じかん)をかけて調査(ちょうさ)したにしては ⑭	
専門家(せんもんか)にして初(はじ)めて書(か)けるものである ⑱	
高度情報社会(こうどじょうほうしゃかい)にあって必要(ひつよう)な教養(きょうよう) ⑫	
人(ひと)を笑(わら)わせることにかけては天才(てんさい)だ ⑰	

쉿!

시험 직전 기출 시크릿 노트

N1 기출 문형 ❽

✎ 회독체크 ☐ 1회독 ☐ 2회독 ☐ 3회독

*어휘 옆 숫자는 기출 연도입니다.

기출 문형	의미
復旧状況(ふっきゅうじょうきょう)次第(しだい)では ⑯	복구 상황에 따라서는
無理(むり)だと言(い)われるに決(き)まっている ⑮	무리라고 듣는 것은 당연하다, 분명 무리라고 들을 것이다
特定(とくてい)の場合(ばあい)に除(のぞ)いて ㉒	특정한 경우를 제외하고
部長(ぶちょう)になってからというもの ㉒	부장이 되고 나서부터는
入(い)れっぱなしだった ㉒	넣어 둔 채 그대로였다
広(ひろ)いなんてもんじゃないよ ㉒	넓다는 게 아니야
乗(の)りたがったものだ ㉒	타고 싶어했군
続(つづ)けていってほしいものだ ⑫	계속해 나가 주었으면 좋겠다
許(ゆる)すまじき行為(こうい)だ ⑰	용서해서는 안 될 행위이다
日本一(にほんいち)といっても過言(かごん)ではない ⑭	일본 제일이라고 해도 과언이 아니다

쉿! 시험 직전 기출 시크릿 노트

N1 기출 문형 셀프테스트 ⑧

주요 표현을 우리말로 적어 봅시다.

*어휘 옆 숫자는 기출 연도입니다.

기출 문형	의미
復旧状況(ふっきゅうじょうきょう)次第(しだい)では ⑯	
無理(むり)だと言(い)われるに決(き)まっている ⑮	
特定(とくてい)の場合(ばあい)に除(のぞ)いて ㉒	
部長(ぶちょう)になってからというもの ㉒	
入(い)れっぱなしだった ㉒	
広(ひろ)いなんてもんじゃないよ ㉒	
乗(の)りたがったものだ ㉒	
続(つづ)けていってほしいものだ ⑫	
許(ゆる)すまじき行為(こうい)だ ⑰	
日本一(にほんいち)といっても過言(かごん)ではない ⑭	

쉿!
시험 직전 기출 시크릿 노트
N1 기출 문형 ❾

✎ 회독체크 ☐ 1회독 ☐ 2회독 ☐ 3회독

*어휘 옆 숫자는 기출 연도입니다.

기출 문형	의미
青空(あおぞら)と相(あい)まって ㉒	푸른 하늘에 더해져
立(た)ち上(あ)がれそうにないぐらい ㉒	일어날 수 없을 정도로
長(なが)く寝(ね)ればいいかというと ㉒	오래 자면 좋은가 하면 (그렇지도 않다)
機能性(きのうせい)もさることながら ㉒	기능성은 물론이거니와
知識(ちしき)はあるに越(こ)したことはありません ⑯	지식은 있어서 나쁠 것이 없다
創立(そうりつ)50周年(しゅうねん)を機(き)に ㉒	창립 50주년을 계기로
批判(ひはん)を浴(あ)びようとも ⑭	비판을 받는다 할지라도
反対(はんたい)するかと思(おも)いきや ⑪⑬	반대할 줄 알았는데 (뜻밖에도)
叶(かな)わないとも限(かぎ)らない ⑲	이루어지지 않는다고도 할 수 없다
子(こ)どものためを思(おも)ってのことなのだが ⑫	아이를 염려해서 하는 것인데

쉿! 시험 직전 기출 시크릿 노트

N1 기출 문형 셀프테스트 ⑨

주요 표현을 우리말로 적어 봅시다.

*어휘 옆 숫자는 기출 연도입니다.

기출 문형	의미
青空(あおぞら)と相(あい)まって ㉒	
立(た)ち上(あ)がれそうにないぐらい ㉒	
長(なが)く寝(ね)ればいいかというと ㉒	
機能性(きのうせい)もさることながら ㉒	
知識(ちしき)はあるに越(こ)したことはありません ⑯	
創立(そうりつ)50周年(しゅうねん)を機(き)に ㉒	
批判(ひはん)を浴(あ)びようとも ⑭	
反対(はんたい)するかと思(おも)いきや ⑪⑬	
叶(かな)わないとも限(かぎ)らない ⑲	
子(こ)どものためを思(おも)ってのことなのだが ⑫	

쉿!

시험 직전 기출 시크릿 노트

N1 기출 문형 ⑩

회독체크 ☐ 1회독 ☐ 2회독 ☐ 3회독

*어휘 옆 숫자는 기출 연도입니다.

기출 문형	의미
果(は)たしてどちらが勝(か)つのでしょうか ⑯	과연 어느 쪽이 이길까요?
高(たか)い値段(ねだん)で買(か)ったことはまず間違(まちが)いない ⑫	비싼 값에 산 것은 거의 틀림없다
いっさい認(みと)められていない ⑮㉑㉒	일절 인정되지 않는다
オリンピックにはまるで興味(きょうみ)がない ⑮	나는 올림픽에는 전혀 흥미가 없다
品質(ひんしつ)にはなんら問題(もんだい)はない ⑰	품질에는 아무런 문제는 없다
雨(あめ)だろうと雪(ゆき)だろうと ⑫	비가 오든 눈이 오든
落(お)ち込(こ)んでばかりいても始(はじ)まらない ⑮	침울해 하고만 있어도 소용없다
ミスをしたばかりに ⑩	실수를 한 바람에
大人(おとな)の鑑賞(かんしょう)にたえるようなアニメ映画(えいが) ⑮	어른들이 감상할 만한 애니메이션 영화
働(はたら)けるかぎりは働(はたら)きたい ⑭	일할 수 있는 한은 일하고 싶다

N1 기출 문형 셀프테스트 ⑩

✷ 주요 표현을 우리말로 적어 봅시다.

*어휘 옆 숫자는 기출 연도입니다.

기출 문형	의미
果_はたしてどちらが勝_かつのでしょうか ⑯	
高_{たか}い値段_{ねだん}で買_かったことはまず間違_{まちが}いない ⑫	
いっさい認_{みと}められていない ⑮㉑㉒	
オリンピックにはまるで興味_{きょうみ}がない ⑮	
品質_{ひんしつ}にはなんら問題_{もんだい}はない ⑰	
雨_{あめ}だろうと雪_{ゆき}だろうと ⑫	
落_おち込_こんでばかりいても始_{はじ}まらない ⑮	
ミスをしたばかりに ⑩	
大人_{おとな}の鑑賞_{かんしょう}にたえるようなアニメ映画_{えいが} ⑮	
働_{はたら}けるかぎりは働_{はたら}きたい ⑭	

MEMO